PRÁTICA TRABALHISTA

Cálculos

15ª edição

1ª edição — 1986
2ª edição — 1987
3ª edição — 1987
4ª edição — 1989
5ª edição — 1990
6ª edição — 1992
7ª edição — 1993
8ª edição — 1996
9ª edição — 2001
10ª edição — 2003
11ª edição — 2005
12ª edição — 2006
13ª edição — 2007
14ª edição — 2009
15ª edição — 2011

JULPIANO CHAVES CORTEZ
Advogado trabalhista e Professor Universitário.

PRÁTICA TRABALHISTA

Cálculos

15ª edição

Edição totalmente atualizada de acordo com as disposições da Constituição Federal e do atual Código Civil (Lei n. 10.406/2002), da Lei de Falência (Lei n. 11.101/2005), e do Estatuto Nacional da Microempresa e da Empresa de Pequeno Porte (LC n. 123/2006)

LTr 75

LTr®
EDITORA LTDA.

Rua Jaguaribe, 571
CEP 01224-001
São Paulo, SP — Brasil
Fone (11) 2167-1101

Produção Gráfica e Editoração Eletrônica: R. P. TIEZZI
Projeto de Capa: FÁBIO GIGLIO
Impressão: ASSAHI GRÁFICA E EDITORA
LTr 4398.5
Março, 2011

Visite nosso site:
www.ltr.com.br

Dados Internacionais de Catalogação na Publicação (CIP)
(Câmara Brasileira do Livro, SP, Brasil)

Cortez, Julpiano Chaves

Prática trabalhista : cálculos / Julpiano Chaves Cortez. — 15. ed. — São Paulo : LTr, 2011. "Edição totalmente atualizada de acordo com as disposições da Constituição Federal e do atual Código Civil (Lei n. 10.496/ 2002) e da nova Lei de falência (Lei n. 11.101/2005) do Estatuto Nacional da Microempresa e da Empresa de pequeno porte (LC n. 123/2006)"

Bibliografia

ISBN 978-85-361-1683-9

1. Contratos de trabalho — Brasil 2. Direito do trabalho — Brasil 3. Jurisprudência trabalhista — Brasil 4. Salários — Brasil — Tabelas e cálculos 5. Trabalho e classes trabalhadoras — Brasil I. Título.

11-00407 CDU-34:331.2(81)(083.5)

Índice para catálogo sistemático:

1. Brasil : Salários : Cálculos e tabelas : Direito do trabalho 34:331.2(81)(083.5)

Explicação

Este é um livro prático, no qual foram elaboradas questões sobre os mais diversos institutos do Direito do Trabalho. Cada questão representa um "caso concreto", e foi formulada de acordo com a sistematização da Consolidação das Leis do Trabalho. Para cada questão apresentamos a solução numérica (cálculo) com a respectiva explicação, seguida das notas, onde aparece a fundamentação legal, jurisprudencial e doutrinária.

Na parte dedicada à cessação do contrato, mostramos, simultaneamente, o funcionamento dos dois regimes trabalhistas (indenização ao trabalhador despedido ou fundo de garantia). Cada questão é formulada com empregado não optante pelo FGTS (regime da indenização) e, nas Notas, indicamos o funcionamento do regime do FGTS para a mesma questão.

Normalmente, na cessação do contrato individual de trabalho cabem ao empregado certos créditos trabalhistas. Para saber quais são esses créditos, basta olhar, na parte deste livro dedicada à cessação do contrato, a questão que corresponde ao caso desejado e nela consultar a Nota "Recebimento de outras verbas", verificando aquelas a que o empregado tem direito. Feito isso, é só calcular o valor de cada verba, e, para tanto, basta localizar no livro o modelo correspondente.

Consta do livro uma tabela de incidência de Previdência Social, FGTS e Imposto de Renda.

Em espaço próprio, reunimos as fórmulas criadas e utilizadas em algumas questões e que concorrem para facilitar os cálculos.

Com o objetivo de facilitar as consultas, foi introduzida uma tabela na qual constam todos os valores dos salários mínimos.

Complementando, do apêndice constam assuntos de relevo, como o disciplinamento da atividade dos técnicos em radiologia, do seguro-desemprego, do contrato de aprendizagem e do vale-transporte.

O Autor

Índice

HORAS EXTRAORDINÁRIAS

TRABALHO NOTURNO

REPOUSO SEMANAL E FERIADOS

SALÁRIO MÍNIMO

SALÁRIO-FAMÍLIA

FÉRIAS

INSALUBRIDADE E PERICULOSIDADE

SALÁRIO-MATERNIDADE

GRATIFICAÇÃO DE NATAL — 13º SALÁRIO

AVISO PRÉVIO

CESSAÇÃO DO CONTRATO

QUESTÕES GERAIS

APÊNDICE

HORAS EXTRAORDINÁRIAS

HORAS EXTRAS NORMAIS

As que são feitas mediante acordo prévio entre empregador e empregado.

MENSALISTA

Questão n. 01

Empregado que trabalha em jornada normal, ganha R$ 2.200,00 (dois mil e duzentos reais) mensais. Em determinado mês, mediante acordo escrito, fez 40 horas extras. Quanto receberá por este trabalho suplementar?

Solução

a) R$ 2.200,00 : 220 = R$ 10,00 x 50% = R$ 5,00

b) R$ 10,00 + R$ 5,00 = R$ 15,00 x 40 = R$ 600,00

aplicando a fórmula: valor da hora normal x n. de horas extras x 1,5 = R$ 10,00 x 40 x 1,5 = R$ 600,00

Explicação

1) R$ 2.200,00 — salário mensal;

2) 220 — número de horas trabalhadas no mês [220 = (30 x 44) : 6] — CF/1988, art. 7º, XIII (V. Nota 3 a seguir);

3) R$ 10,00 — valor da hora normal;

4) 50% — adicional por hora extra (CF/1988, art. 7º, XVI);

5) R$ 5,00 — valor do adicional por hora extra;

6) R$ 15,00 — valor da hora extra (hora normal mais adicional) — na prática obtém-se multiplicando o valor da hora normal por 150 e dividindo por 100, ou melhor, por 1,5 — assim: R$ 10,00 x 1,5 = R$ 15,00;

7) 40 — número de horas extraordinárias;

8) R$ 600,00 — o valor que receberá pelas horas extras trabalhadas.

Notas

1. Jornada de trabalho — Conceito

Jornada de trabalho é o tempo diário em que o empregado fica à disposição do empregador, executando ou aguardando ordens.

2. A CF/1988 estabelece:

"Art. 7º São direitos dos trabalhadores urbanos e rurais, além de outros que visem à melhoria de sua condição social:

...

XIII — duração do trabalho normal não superior a oito horas diárias e quarenta e quatro semanais, facultada a compensação de horários e a redução da jornada, mediante acordo ou convenção coletiva de trabalho;

XIV — jornada de seis horas para o trabalho realizado em turnos ininterruptos de revezamento, salvo negociação coletiva(1);

XVI — remuneração do serviço extraordinário superior, no mínimo, em cinquenta por cento à do normal."

3. Duração da jornada normal de trabalho — Jornadas especiais — Divisor

A CLT, como regra geral, preceitua que a jornada normal de trabalho não excederá de 8 horas diárias (art. 58, *caput*). A CF/1988 estabelece a duração do trabalho normal não superior a oito horas diárias e quarenta e quatro semanais (art. 7º, XIII). Dessa forma, a média da jornada normal nos dias úteis (segunda-feira a sábado) será de 7 horas e 20 minutos (44/6 = 7,33 h = 7:20 h(2)) e a duração do trabalho normal no mês corresponderá a 220 horas (44/6 x 30 = 220).

---

(1) Neste caso, o divisor para se achar o valor da hora normal é 180.

(2) As calculadoras, normalmente, são programadas para elaborar os cálculos na forma centesimal; por isso, é necessário transformar as horas centesimais encontradas (7,33 h) em horas de relógio (sexagesimal) e, para tanto, basta multiplicar a fração centesimal por 60. Assim: 7,33 h = 7:20 h (0,33 x 60 = 20). A diferença de identificação entre o sistema centesimal e o sexagesimal é que, no primeiro, a separação entre hora e minutos ocorre por vírgula (7,33 h) e no segundo por dois pontos (7:20 h).

Na parte da CLT que trata das normas especiais e em certas leis trabalhistas não consolidadas, para determinados tipos de atividades, há previsão de jornada reduzida de trabalho.

Exemplos de trabalhadores empregados que gozam de jornada especial

Trabalhadores	Jornada	Legislação
regime de revezamento	6 horas	CF/1988, art. 7º, XIV
bancários	6 horas	CLT, art. 224
telefonistas/telegrafistas	6 ou 7 horas	CLT, arts. 227 e 229
op. cinematográficos	6 horas	CLT, art. 234
mineiros em subsolo	6 horas	CLT, art. 293
jornalistas	5 horas	CLT, art. 303
professores	4 ou 6 horas/aula	CLT, art. 318
menor aprendiz	6 a 8 horas	CLT, art. 432
músicos profissionais	5 ou 6 horas	Lei n. 3.857/1960
advogados	4 horas	Lei n. 8.906/1994

A jornada normal de trabalho poderá ser reduzida por lei, convenção ou acordo coletivo de trabalho, regulamento da empresa e pelo próprio contrato individual de trabalho.

No caso de jornada reduzida, a regra é a mesma, para obtenção do divisor para efeito do cálculo do valor da hora normal de trabalho do empregado mensalista, basta dividir a jornada normal da semana (segunda-feira a sábado) por 6 (dias úteis da semana) e o resultado multiplicar por 30 (dias do mês). Exemplos: para o bancário, o divisor é 180 (36/6 = 6 x 30), sendo que o sábado do bancário é considerado dia útil não trabalhado (Súmula n. 113 do TST); jornalista, o divisor é 150 (30/6 = 5 x 30) etc. De forma simplificada, o divisor será obtido pela multiplicação da jornada normal por 30.

4. Trabalho em regime de tempo parcial

A Medida Provisória n. 2.164-41/2001 (com vigência indeterminada pelo art. 2º da EC n. 32/2001), dispondo sobre o trabalho a tempo parcial, acrescentou à CLT:

> "Art. 58-A. Considera-se trabalho em regime de tempo parcial aquele cuja duração não exceda a vinte e cinco horas semanais.

§ 1º O salário a ser pago aos empregados sob o regime de tempo parcial será proporcional à sua jornada, em relação aos empregados que cumprem, nas mesmas funções, tempo integral.

§ 2º Para os atuais empregados, a adoção do regime de tempo parcial será feita mediante opção manifestada perante a empresa, na forma prevista em instrumento decorrente de negociação coletiva." (NR)

5. Cálculo do salário-hora — Fórmula

salário-hora = salário mensal : 220

Para o cálculo do valor hora normal, como regra geral, o divisor é 220. Quando se tratar de jornada especial, o divisor varia e o seu valor é obtido multiplicando-se a jornada normal por 30, que são os dias do mês, incluídos os dias de descanso. Exemplos de cálculo de salário-hora, conforme a jornada normal de trabalho:

Empregado	Jornada	Divisor	Salário mensal	Salário-hora
comerciário	8 horas	220	R$ 1.100,00	5,00 = 1.100,00 : 220
bancário	6 horas	180	R$ 1.100,00	6,11 = 1.100,00 : 180
jornalista	5 horas	150	R$ 1.100,00	7,33 = 1.100,00 : 150
advogado	4 horas	120	R$ 1.100,00	9,17 = 1.100,00 : 120

6. Conceito de hora extra

Hora extra ou extraordinária, também chamada de suplementar, é a que ultrapassa a jornada normal de trabalho.

7. Cálculo da hora extra — Fórmula

Hora extra = salário-hora x 1,5

Com o uso da fórmula (letra *b* da solução), quando se multiplica o valor da hora normal pelo fator 1,5, já se obtém o valor da hora acrescido do adicional de 50% (1 + 50/100 = 1 + 0,5 = 1,5). Se o adicional for 70%, o fator será 1,7; 90% será 1,9 etc.

8. Horas extras habituais — Integração

As horas extras habituais que refletem nos repousos semanais remunerados não geram novos reflexos nas férias, aviso prévio, 13º salário e FGTS. Nesse sentido, a OJ n. 394 da SBDI-1-TST preceitua: A majoração do valor do repouso semanal remunerado, em razão da integração das horas extras habitualmente prestadas, não repercute no cálculo das férias, da gratificação natalina, do aviso prévio e do FGTS, sob pena de caracterização de *bis in idem*. A respeito de habitualidade, consultar na questão 02, a nota 2.

9. Mês de 30 dias

Para efeito de cálculos, serão considerados os meses de 30 (trinta) dias, incluídos os dias de repouso (CLT, art. 64, *caput*, Lei n. 605/1949, art. 7º, § 2º e CC/2002, art. 132, § 2º).

10. Prorrogação (Horas extras — Limite — Adicional)

No caso de empregado (homem ou mulher) maior de 18 anos, legalmente, podem ser feitas horas extras normais no máximo de duas por dia, com adicional de, no mínimo, 50% (cinquenta por cento) sobre a hora normal, mediante acordo escrito entre empregado e empregador ou mediante instrumento coletivo de trabalho (convenção ou acordo coletivo) — CLT, art. 59, *caput*; CF/1988, art. 7º, XVI; Instrução Normativa n. 1/1988 do MTb e Lei n. 10.244/2001.

A regra é de que seja no mínimo de 50% (cinquenta por cento) o percentual do adicional de hora extra, conforme estabelecido legalmente, podendo ser superior por meio de convenção ou acordo coletivo, liberalidade do empregador etc.

Em se tratando de normas especiais previstas na CLT e/ou de profissões regulamentadas, o adicional mínimo por hora extra varia em cada caso. Exemplificando: a hora extra do advogado empregado é no mínimo de 100% da hora normal (Lei n. 8.906/1994, art. 20, § 2º).

11. Prorrogação para compensar

Poderá ser dispensado o acréscimo de salário se, por força de acordo ou convenção coletiva de trabalho, o excesso de horas em um dia for compensado pela correspondente diminuição em outro dia, de maneira que não exceda, no período máximo de um ano, à soma das jornadas semanais de trabalho previstas, nem seja ultrapassado o limite máximo de dez horas diárias. (CLT, art. 59, § 2º, parágrafo com redação dada pela Medida Provisória n. 2.164-41, de 2001)

A compensação de jornada de trabalho deve ser ajustada por acordo individual escrito, acordo coletivo ou convenção coletiva, conforme preceitua a Súmula n. 85 do TST.

Na prática, para maior segurança da empresa, é aconselhável que o acordo seja negociado coletivamente (convenção ou acordo coletivo).

O acordo de compensação pode ser feito de forma livre: *semanal* (ex. na jornada semanal de 44 horas, por meio de acordo de compensação, se trabalhar 8 horas e 48 minutos de 2ª a 6ª feira, não haverá trabalho no sábado), *mensal* ou por prazo maior (banco de horas), desde que não exceda, no período máximo de um ano, à soma das jornadas semanais de trabalho previstas, nem seja ultrapassado o limite máximo de dez horas diárias.

12. Acumulação de acordo de compensação e de prorrogação

A este respeito tem havido divergências tanto na doutrina como na jurisprudência. Entendemos que, na nossa sistemática legal, há possibilidade de acumulação das duas situações. Como visto no exemplo acima, por meio de acordo coletivo de compensação, para não haver trabalho no sábado, a jornada de segunda a sexta-feira será de 8 horas e 48 minutos, podendo ser feito um acordo de horas extras diárias de 1 hora e 12 minutos, o que será perfeitamente possível, desde que seja respeitado o limite legal de prorrogação de 2 horas diárias. Nesse caso, o empregado trabalhará 50 horas por semana, sendo 44 correspondentes à jornada normal e 6 horas extras, com adicional de 50%. Na área administrativa, Adriano Campanhole (*Prática e jurisprudência trabalhista*. 4. ed. São Paulo: Atlas, 1972. p. 69) informa que há bastante tempo o Ministério do Trabalho manifestou-se no Processo n. 00.245.763/47 — DET, no sentido de que poderá ser estabelecido, entre empregados e empregadores, acordos simultâneos de prorrogação e compensação de horas.

O TST, por meio da Súmula n. 85, IV, entende que a prestação de horas extras habituais descaracteriza o acordo de compensação de jornada. Nesta hipótese, as horas que ultrapassarem a jornada semanal normal deverão ser pagas como horas extraordinárias e, quanto àquelas destinadas à compensação, deverá ser pago a mais apenas o adicional por trabalho extraordinário.

13. Prorrogação — Menores

No caso de menores de 18 anos de idade, só podem prorrogar para compensar e/ou por motivo de força maior (CLT, art. 413). Nesta última hipótese, o adicional é de, no mínimo, 50% (cinquenta por cento) sobre a hora normal (CF/1988, art. 7º, XVI).

14. Turnos ininterruptos de revezamento — Jornada de trabalho 12 x 36

A nova Carta estabelece a duração do trabalho normal não superior a oito horas diárias e quarenta e quatro semanais (art. 7º, XIII). Todavia, quando se tratar de trabalho em turnos ininterruptos de revezamento, o prof. Amauri Mascaro Nascimento escreveu: "O mesmo problema atinge os contratos coletivos de trabalho que preveem trabalho diário de doze horas por trinta e seis de descanso, como no setor hospitalar, uma vez que a nova Constituição permite esses acordos unicamente para o fim de redução ou de compensação, mas não para ampliação da jornada de oito horas. Se o sistema é de revezamento, é válida a negociação para aumentar a jornada normal, nos termos do art. 7º, XIV, da Constituição"[(3)].

Administrativamente, o então Ministério do Trabalho e da Administração, por sua Consultoria Jurídica, emitiu o Parecer CJ/MTA n. 162/92, cuja ementa tem o seguinte teor:

> "Convenção Coletiva de Trabalho — Fixação de escalas compensadas de 12 x 36 e 12 x 24 horas — Categoria profissional ligada à área hospitalar — Possibilidade — Inteligência do art. 7º, XIII, da CF — Fixação, porém, que fica limitada e condicionada ao respeito às disposições mínimas de proteção ao trabalho, estabelecidas pela Constituição."

A Instrução Normativa SIT/MTE n. 64, de 25 de abril de 2006 (DOU 26.4.2006), que dispõe sobre a fiscalização do trabalho em empresas que operam com turnos ininterruptos de revezamento, considera trabalho em turno ininterrupto de revezamento aquele prestado por trabalhadores que se revezam nos postos de trabalho nos horários diurnos e noturnos em empresa que funcione ininterruptamente ou não (art. 2º). Para fins de fiscalização da jornada normal de trabalho em turnos ininterruptos de revezamento, o limite será de seis horas diárias, trinta e seis horas semanais e cento e oitenta horas mensais (art. 3º).

A Portaria MTE n. 412, de 20 de setembro de 2007 (DOU 21.9.2007), considera ilícita a alteração da jornada e do horário de trabalho dos empregados que trabalhem em regime de turnos ininterruptos de revezamento, salvo mediante convenção ou acordo coletivo de trabalho (art. 1º). A não observância do disposto no *caput* implica infração aos preceitos dos arts. 444 e 468 da Consolidação das Leis do Trabalho, aprovada pelo Decreto-Lei n. 5.452, de 1º de maio de 1943, e enseja aplicação da multa estabelecida no art. 510 daquele diploma legal (parágrafo único).

---

(3) *Direito do Trabalho na Constituição de 1988*. São Paulo: Saraiva, p. 170.

O Precedente Administrativo n. 81 da Secretaria de Inspeção do Trabalho/ MTE admite o regime de compensação 12 x 36, quando previsto em negociação coletiva. O mencionado Precedente pode ser consultado abaixo no item 16.

15. Jornada do operador de televendas (*telemarketing*)

A jornada do operador de televendas (*telemarketing*) segue a regra geral prevista na CF/1988, art. 7º, XIII: duração do trabalho normal não superior a oito horas diárias e quarenta e quatro semanais. Não há lei prevendo jornada diferente para o operador de televendas.

A Portaria SIT/DSST n. 9, de 30 de março de 2007 (DOU 2.4.2007), aprova o Anexo II da NR-17 da Portaria n. 3.214, de 8 de junho de 1978, nos termos do Anexo I (art. 1º), tratando do trabalho em teleatendimento/ *telemarketing*. Essa Portaria determina para o operador de televendas jornada de seis horas e duração semanal de trinta e seis horas. Consultar o Precedente Administrativo SIT/MTE n. 73, transcrito abaixo no item 16.

Jurisprudência

A jornada reduzida de que trata o art. 227 da CLT não é aplicável, por analogia, ao operador de televendas, que não exerce suas atividades exclusivamente como telefonista, pois, naquela função, não opera mesa de transmissão, fazendo uso apenas dos telefones comuns para atender e fazer as ligações exigidas no exercício da função. (OJ n. 273 da SBDI-1 do TST)

Portaria — Duração do trabalho — Inconstitucionalidade — A dicção do art. 200 da CLT não autoriza a edição de portaria pelo Ministério do Trabalho e Emprego, com o fim de instituir jornada de trabalho especial. Portaria que fixa jornada de trabalho de certa categoria, que viola o princípio da reserva legal e da competência exclusiva do Poder Legislativo com a sanção presidencial para editar normas sobre Direito do Trabalho (arts. 5º e 22, II, da Constituição Federal), sofre da mácula de inconstitucionalidade. Recurso provido. [TRT 24ª Reg. — RO n. 0140/2008-001-24-00-9 — Rel. Des. Francisco das C. Lima Filho — *Revista IOB Trabalhista e Previdenciária* n. 232, p. 98, ementa 250871]

Pelo exposto acima, conclui-se que os empregadores não são obrigados a cumprir a mencionada norma administrativa, por ser ilegal (CF/1988, art. 7º, XIII e CLT, art. 58) e inconstitucional (CF/1988, art. 5º — princípio da igualdade).

16. Precedentes Administrativos SIT/MTE

30. Jornada. Prorrogação. Convenção ou acordo coletivo

A mera inserção em acordo ou convenção coletiva de cláusula com previsão de percentuais acima de cinquenta por cento para a remuneração das horas extraordinárias, por si só, não autoriza o elastecimento da jornada normal de trabalho. Imprescindível autorização expressa, pois o acessório, exigido pelo § 1º do art. 59, não substitui o principal, cuja obrigação decorre do *caput*.

49. Jornada. Controle. Gerentes

O empregador não está desobrigado de controlar a jornada de empregado que detenha simples título de gerente, mas que não possua poderes de gestão nem perceba gratificação de função superior a 40% do salário efetivo. (Ato Declaratório DFT n. 4/2002)

55. Jornada. Fixação de limite especial. Turnos ininterruptos de revezamento

Para a caracterização de trabalho em turnos ininterruptos de revezamento é necessária a constante alternância de horário de trabalho.

73. Jornada. Telefonista. *Telemarketing*. Revisão do Precedente Administrativo n. 26

Estende-se ao operador de *telemarketing* a proteção prevista no art. 227 da CLT. O tempo de efetivo labor em teleatendimento deve ser de, no máximo, 6 horas diárias. Essa exigência não prejudica a existência de jornadas de duração superior, nos termos da legislação, desde que o restante da jornada seja ocupado com outras tarefas e que se respeitem as pausas obrigatórias diárias previstas no Anexo II da NR-17 e o limite semanal de 36 horas de teleatendimento/*telemarketing*. (Referência normativa: art. 227 da CLT e itens 5.3 e 5.3.1 do Anexo II da NR-7 da Portaria n. 9, de 30.3.2007)

76. Adicional de insalubridade. Reflexo sobre horas extras. Revisão do Precedente Administrativo n. 67

A remuneração do trabalho extraordinário realizado em condições insalubres deve ter como base de cálculo o salário normal acrescido do adicional de insalubridade. (Referência normativa: art. 59, § 1º e art. 192 da CLT)

78. Registros de ponto. Marcação incorreta. Defeito em relógio. Falha de sistema

O controle de registro de jornada é responsabilidade do empregador. Assim sendo, se houve marcação incorreta do ponto, responde o autuado pela falta cometida, por *culpa in vigilando,* vez que o empregador é dotado legalmente de poder diretivo e disciplinar para cumprir e fazer cumprir as disposições do estatuto celetizado. (Referência normativa: art. 74, § 2º da CLT)

81. Regime de compensação. Jornada de trabalho 12 x 36 horas. Admissibilidade

Não obstante a limitação do art. 59, *caput*, da CLT, admite-se o regime de compensação 12 x 36, quando previsto em convenção coletiva e praticado em atividade que não exige esforço constante e intenso, devido às vantagens que proporciona ao trabalhador: descanso de 36 horas entre as jornadas, menor número de deslocamentos residência — trabalho — residência, duração do trabalho semanal inferior a 44 horas. (Referência normativa: art. 7º, XIII da Constituição Federal)

90. Jornada. Gerentes e ocupantes de cargos de confiança em bancos. Controle

Os gerentes ou ocupantes de cargos de confiança não estão dispensados do ponto, apesar de não terem direito à jornada de seis horas. Somente o gerente bancário com amplos poderes de mando e gestão — o gerente-geral — a quem todos os outros gerentes, direta ou indiretamente, estão subordinados, é que está dispensado do ponto, por força do art. 62, II, da CLT. (Referência normativa: art. 224 e art. 62, II da CLT)

17. Jurisprudência

Súmulas do TST:

61. Ferroviário. Estação do Interior. Horas extras

Aos ferroviários que trabalham em estação do interior, assim classificada por autoridade competente, não são devidas horas extras (art. 243 da CLT).

85. Compensação de jornada

I — A compensação de jornada de trabalho deve ser ajustada por acordo individual escrito, acordo coletivo ou convenção coletiva. (ex-Súmula n. 85 — primeira parte — Res. n. 121, DJ 21.11.2003)

II — O acordo individual para compensação de horas é válido, salvo se houver norma coletiva em sentido contrário. (ex-OJ n. 182 — Inserida em 8.11.2000)

III — O mero não atendimento das exigências legais para a compensação de jornada, inclusive quando encetada mediante acordo tácito, não implica a repetição do pagamento das horas excedentes à jornada normal diária, se não dilatada a jornada máxima semanal, sendo devido apenas o respectivo adicional. (ex-Súmula n. 85 — segunda parte — Res. n. 121, DJ 21.11.003)

IV — A prestação de horas extras habituais descaracteriza o acordo de compensação de jornada. Nesta hipótese, as horas que ultrapassarem a jornada semanal normal deverão ser pagas como horas extraordinárias e, quanto àquelas destinadas à compensação, deverá ser pago a mais apenas o adicional por trabalho extraordinário. (ex-OJ n. 220 — Inserida em 20.6.001)

102. Bancário. Cargo de confiança

I — A configuração, ou não, do exercício da função de confiança a que se refere o art. 224, § 2º, da CLT, dependente da prova das reais atribuições do empregado, é insuscetível de exame mediante recurso de revista ou de embargos. (ex-Súmula n. 204 — RA n. 121, DJ 21.11.003)

II — O bancário que exerce a função a que se refere o § 2º do art. 224 da CLT e recebe gratificação não inferior a um terço de seu salário já tem remuneradas as duas horas extraordinárias excedentes de seis. (ex-Súmula n. 166 — RA n. 102, DJ 11.10.1982 e DJ 15.10.1982)

III — Ao bancário exercente de cargo de confiança previsto no art. 224, § 2º, da CLT são devidas as 7ª e 8ª horas, como extras, no período em que se verificar o pagamento a menor da gratificação de 1/3. (ex-OJ n. 288, DJ 11.8.2003)

IV — O bancário sujeito à regra do art. 224, § 2º, da CLT cumpre jornada de trabalho de 8 (oito) horas, sendo extraordinárias as trabalhadas além da oitava. (ex-Súmula n. 232 — RA n. 14, DJ 19.9.1985)

V — O advogado empregado de banco, pelo simples exercício da advocacia, não exerce cargo de confiança, não se enquadrando, portanto, na hipótese do § 2º do art. 224 da CLT. (ex-OJ n. 222 — Inserida em 20.6.2001)

VI — O caixa bancário, ainda que caixa executivo, não exerce cargo de confiança. Se perceber gratificação igual ou superior a um terço do salário do posto efetivo, essa remunera apenas a maior responsabilidade do cargo e não as duas horas extraordinárias além da sexta. (ex-Súmula n. 102 — RA n. 66, DJ 18.6.1980 e republicada DJ 14.7.1980)

VII — O bancário exercente de função de confiança, que percebe a gratificação não inferior ao terço legal, ainda que norma coletiva contemple percentual superior, não tem direito às sétima e oitava horas como extras, mas tão somente às diferenças de gratificação de função, se postuladas. (ex-OJ n. 15 — Inserida em 14.3.1994)

109. Bancário. Gratificação de função. Horas extraordinárias

O bancário não enquadrado no § 2º do art. 224 da CLT, que receba gratificação de função, não pode ter o salário relativo a horas extraordinárias compensado com o valor daquela vantagem.

113. Bancário. Sábado. Dia útil

O sábado do bancário é dia útil não trabalhado, não dia de repouso remunerado. Não cabe a repercussão do pagamento de horas extras habituais em sua remuneração.

115. Horas extras. Gratificações semestrais

O valor das horas extras habituais integra a remuneração do trabalhador para o cálculo das gratificações semestrais. (Nova redação — Res. n. 121, DJ 21.11.2003)

119. Jornada de trabalho. Empregados de empresas distribuidoras de títulos e valores mobiliários

Os empregados de empresas distribuidoras e corretoras de títulos e valores mobiliários não têm direito à jornada especial dos bancários.

124. Bancário. Hora de salário. Divisor

Para o cálculo do valor do salário-hora do bancário mensalista, o divisor a ser adotado é 180 (cento e oitenta).

199. Bancário. Pré-contratação de horas extras

I — A contratação do serviço suplementar, quando da admissão do trabalhador bancário, é nula. Os valores assim ajustados apenas remuneram a jornada normal, sendo devidas as horas extras com o adicional de, no mínimo, 50% (cinquenta por cento), as quais não configuram pré-contratação, se pactuadas após a admissão do bancário. (ex--Súmula n. 199, Res. n. 41/1995, DJ 17.2.1995 e ex-OJ n. 48 — Inserida em 25.11.1996)

II — Em se tratando de horas extras pré-contratadas, opera-se a prescrição total se a ação não for ajuizada no prazo de cinco anos, a partir da data em que foram suprimidas. (ex-OJ n. 63 — Inserida em 14.3.1994)

203. Gratificação por tempo de serviço. Natureza salarial

A gratificação por tempo de serviço integra o salário para todos os efeitos legais.

226. Bancário. Gratificação por tempo de serviço. Integração no cálculo das horas extras

A gratificação por tempo de serviço integra o cálculo das horas extras.

253. Gratificação semestral. Repercussões

A gratificação semestral não repercute no cálculo das horas extras, das férias e do aviso prévio, ainda que indenizados. Repercute, contudo, pelo seu duodécimo na indenização por antiguidade e na gratificação natalina. (Nova redação — Res. n. 121, DJ 21.11.2003)

264. Hora suplementar. Cálculo

A remuneração do serviço suplementar é composta do valor da hora normal, integrado por parcelas de natureza salarial e acrescido do adicional previsto em lei, contrato, acordo, convenção coletiva ou sentença normativa.

287. Jornada de trabalho. Gerente bancário

A jornada de trabalho do empregado de banco gerente de agência é regida pelo art. 224, § 2º, da CLT. Quanto ao gerente-geral de agência bancária, presume-se o exercício de encargo de gestão, aplicando-se-lhe o art. 62 da CLT. (Nova redação — Res. n. 121, DJ 21.11.2003)

291. Horas extras. Revisão do Enunciado n. 76

A supressão, pelo empregador, do serviço suplementar prestado com habitualidade, durante pelo menos 1 (um) ano, assegura ao empregado o direito à indenização correspondente ao valor de 1 (um) mês das horas suprimidas para cada ano ou fração igual ou superior a seis meses de prestação de serviço acima da jornada normal. O cálculo observará a média das horas suplementares efetivamente trabalhadas nos últimos 12 (doze) meses, multiplicada pelo valor da hora extra do dia da supressão.

338. Jornada de trabalho. Registro. Ônus da prova

I — É ônus do empregador que conta com mais de 10 (dez) empregados o registro da jornada de trabalho na forma do art. 74, § 2º, da CLT. A não apresentação injustificada dos controles de frequência gera presunção relativa de veracidade da jornada de trabalho, a qual pode ser elidida por prova em contrário. (ex-Súmula n. 338 — Res. n. 121, DJ 21.11.2003)

II — A presunção de veracidade da jornada de trabalho, ainda que prevista em instrumento normativo, pode ser elidida por prova em contrário. (ex-OJ n. 234 — Inserida em 20.6.2001)

III — Os cartões de ponto que demonstram horários de entrada e saída uniformes são inválidos como meio de prova, invertendo-se o ônus da prova, relativo às horas extras, que passa a ser do empregador, prevalecendo a jornada da inicial se dele não se desincumbir. (ex-OJ n. 306 — DJ 11.8.2003)

343. Bancário. Hora de salário. Divisor. Revisão do Enunciado n. 267

O bancário sujeito à jornada de 8 (oito) horas (art. 224, § 2º, da CLT), após a CF/1988, tem salário-hora calculado com base no divisor 220 (duzentos e vinte), não mais 240 (duzentos e quarenta).

347. Horas extras habituais. Apuração. Média física

O cálculo do valor das horas extras habituais, para efeito de reflexos em verbas trabalhistas, observará o número de horas efetivamente prestadas e a ele aplica-se o valor do salário-hora da época do pagamento daquelas verbas.

366. Cartão de ponto. Registro. Horas extras. Minutos que antecedem e sucedem a jornada de trabalho

Não serão descontadas nem computadas como jornada extraordinária as variações de horário do registro de ponto não excedentes de cinco minutos, observado o limite máximo de dez minutos diários. Se ultrapassado esse limite, será considerada como extra a totalidade do tempo que exceder a jornada normal. (ex-OJs ns. 23 — Inserida em 3.6.1996 e 326 — DJ 9.12.2003)

370. Médico e engenheiro. Jornada de trabalho. Leis ns. 3.999/1961 e 4.950/1966

Tendo em vista que as Leis ns. 3.999/1961 e 4.950/1966 não estipulam a jornada reduzida, mas apenas estabelecem o salário mínimo da categoria para uma jornada de 4 horas para os médicos e de 6 horas para os engenheiros, não há que se falar em horas extras, salvo as excedentes à oitava, desde que seja respeitado o salário mínimo/horário das categorias. (ex-OJs ns. 39 e 53 — Inseridas respectivamente em 7.11.1994 e 29.4.1994)

376. Horas extras. Limitação. Art. 59 da CLT. Reflexos

I — A limitação legal da jornada suplementar a duas horas diárias não exime o empregador de pagar todas as horas trabalhadas. (ex-OJ n. 117 — Inserida em 20.11.1997)

II — O valor das horas extras habitualmente prestadas integra o cálculo dos haveres trabalhistas, independentemente da limitação prevista no *caput* do art. 59 da CLT. (ex--OJ n. 89 — Inserida em 28.4.1997)

391. Petroleiros. Lei n. 5.811/1972. Turno ininterrupto de revezamento. Horas extras e alteração da jornada para horário fixo

I — A Lei n. 5.811/1972 foi recepcionada pela CF/1988 no que se refere à duração da jornada de trabalho em regime de revezamento dos petroleiros. (ex-OJ n. 240 — Inserida em 20.6.2001)

II — A previsão contida no art. 10 da Lei n. 5.811/1972, possibilitando a mudança do regime de revezamento para horário fixo, constitui alteração lícita, não violando os arts. 468 da CLT e 7º, VI, da CF/1988. (ex-OJ n. 333 — DJ 9.12.2003)

423. Turno ininterrupto de revezamento. Fixação de jornada de trabalho mediante negociação coletiva. Validade (conversão da Orientação Jurisprudencial n. 169 da SBDI-1 — Res. n. 139 — DJ 10.10.2006)

Estabelecida jornada superior a seis horas e limitada a oito horas por meio de regular negociação coletiva, os empregados submetidos a turnos ininterruptos de revezamento não têm direito ao pagamento das 7ª e 8ª horas como extras.

Orientações Jurisprudenciais da SBDI-1-TST:

60. Portuários. Hora noturna. Horas extras (Lei n. 4.860/1965, arts. 4º e 7º, § 5º)

I — A hora noturna no regime de trabalho no porto, compreendida entre dezenove horas e sete horas do dia seguinte, é de sessenta minutos.

II — Para o cálculo das horas extras prestadas pelos trabalhadores portuários, observar-se-á somente o salário básico percebido, excluídos os adicionais de risco e produtividade. (ex-OJ n. 61 da SBDI-1 — inserida em 14.3.1994)

206. Professor. Horas extras. Adicional de 50%

Excedida a jornada máxima (art. 318 da CLT), as horas excedentes devem ser remuneradas com o adicional de, no mínimo, 50% (art. 7º, XVI, CF/1988).

213. Telex. Operadores. Art. 227 da CLT. Inaplicável

O operador de telex de empresa, cuja atividade econômica não se identifica com qualquer uma das previstas no art. 227 da CLT, não se beneficia de jornada reduzida.

233. Horas extras. Comprovação de parte do período alegado

A decisão que defere horas extras com base em prova oral ou documental não ficará limitada ao tempo por ela abrangido, desde que o julgador fique convencido de que o procedimento questionado superou aquele período.

235. Horas extras. Salário por produção

O empregado que recebe salário por produção e trabalha em sobrejornada faz jus à percepção apenas do adicional de horas extras.

242. Prescrição total. Horas extras. Adicional. Incorporação

Embora haja previsão legal para o direito à hora extra, inexiste previsão para a incorporação ao salário do respectivo adicional, razão pela qual deve incidir a prescrição total.

273. *Telemarketing*. Operadores. Art. 227 da CLT. Inaplicável

A jornada reduzida de que trata o art. 227 da CLT não é aplicável, por analogia, ao operador de televendas, que não exerce suas atividades exclusivamente como telefonista, pois, naquela função, não opera mesa de transmissão, fazendo uso apenas dos telefones comuns para atender e fazer as ligações exigidas no exercício da função.

274. Turno ininterrupto de revezamento. Ferroviário. Horas extras. Devidas

O ferroviário submetido a escalas variadas, com alternância de turnos, faz jus à jornada especial prevista no art. 7º, XIV, da CF/1988.

275. Turno ininterrupto de revezamento. Horista. Horas extras e adicional. Devidos

Inexistindo instrumento coletivo fixando jornada diversa, o empregado horista submetido a turno ininterrupto de revezamento faz jus ao pagamento das horas extraordinárias laboradas além da 6ª, bem como ao respectivo adicional.

308. Jornada de trabalho. Alteração. Retorno à jornada inicialmente contratada. Servidor público

O retorno do servidor público (administração direta, autárquica e fundacional) à jornada inicialmente contratada não se insere nas vedações do art. 468 da CLT, sendo a sua jornada definida em lei e no contrato de trabalho firmado entre as partes.

323. Acordo de compensação de jornada. "Semana espanhola". Validade

É válido o sistema de compensação de horário quando a jornada adotada é a denominada "semana espanhola", que alterna a prestação de 48 horas em uma semana e 40 horas em outra, não violando os arts. 59, § 2º, da CLT e 7º, XIII, da CF/1988 o seu ajuste mediante acordo ou convenção coletiva de trabalho.

332. Motorista. Horas extras. Atividade externa. Controle de jornada por tacógrafo (Resolução n. 816/1986 do CONTRAN)

O tacógrafo, por si só, sem a existência de outros elementos, não serve para controlar a jornada de trabalho de empregado que exerce atividade externa.

360. Turno ininterrupto de revezamento. Dois turnos. Horário diurno e noturno. Caracterização

Faz jus à jornada especial prevista no art. 7º, XIV, da CF/1988 o trabalhador que exerce suas atividades em sistema de alternância de turnos, ainda que em dois turnos de trabalho, que compreendam, no todo ou em parte, o horário diurno e o noturno, pois submetido à alternância de horário prejudicial à saúde, sendo irrelevante que a atividade da empresa se desenvolva de forma ininterrupta.

388. Jornada 12x36. Jornada mista que compreenda a totalidade do período noturno. Adicional noturno. Devido

O empregado submetido à jornada de 12 horas de trabalho por 36 de descanso, que compreenda a totalidade do período noturno, tem direito ao adicional noturno, relativo às horas trabalhadas após as 5 horas da manhã.

394. Repouso semanal remunerado — RSR. Integração das horas extras. Não repercussão no cálculo das férias, do décimo terceiro salário, do aviso prévio e dos depósitos do FGTS

A majoração do valor do repouso semanal remunerado, em razão da integração das horas extras habitualmente prestadas, não repercute no cálculo das férias, da gratificação natalina, do aviso prévio e do FGTS, sob pena de caracterização de *bis in idem*.

395. Turno ininterrupto de revezamento. Hora noturna reduzida. Incidência

O trabalho em regime de turnos ininterruptos de revezamento não retira o direito à hora noturna reduzida, não havendo incompatibilidade entre as disposições contidas nos arts. 73, § 1º, da CLT e 7º, XIV, da Constituição Federal.

396. Turnos ininterruptos de revezamento. Alteração da jornada de 8 para 6 horas diárias. Empregado horista. Aplicação do divisor 180

Para o cálculo do salário hora do empregado horista, submetido a turnos ininterruptos de revezamento, considerando a alteração da jornada de 8 para 6 horas diárias, aplica-se o divisor 180, em observância ao disposto no art. 7º, VI, da Constituição Federal, que assegura a irredutibilidade salarial.

Súmulas do STJ (ex-TFR):

222. Contrato de trabalho. Prorrogação da jornada diária

A prorrogação da jornada diária de trabalho não constitui alteração unilateral do contrato, desde que mantido o limite do horário semanal avençado.

226. Mulher-bancária. Prorrogação da jornada de trabalho

Na prorrogação da jornada de trabalho da mulher-bancária, até oito horas diárias, não excedente de quarenta horas semanais (CLT, art. 225), com observância do disposto no art. 59 e seu § 1º da CLT, é inaplicável a regra do art. 374 desse diploma legal.

Ementas diversas:

Regime de prorrogação

Horas extras. Sentença normativa

"É constitucional a instituição do percentual de 100% sobre a remuneração das horas suplementares, por sentença normativa." (TST, RO-DC 283/1986, Ac. TP-2.361/1986, 1º.10.86, Rel. Min. Orlando Teixeira da Costa, in *Rev. LTr* 51-1/42)

Horas extras. Integração salarial

"A integração de horas extraordinárias se faz pelo valor médio relativo a cada parcela de direito adquirido." (TRT-5ª Reg., AP-276/1986 — Ac. 873/1986, 2ª T., 4.9.1986, Rel. Juiz Manoel Portugal, in *Rev. LTr* 51-4/476)

Horas extras. Participação em cursos e palestras. Descabimento

"*Horas extras — Participação em cursos e palestras* — Restando evidenciado pelas provas carreadas aos autos, que não havia obrigação expressa para que os empregados participassem dos eventos promovidos pela recorrida não se pode considerar como extras as horas gastas na realização dos cursos e palestras, pois não se enquadram na definição de horas à disposição do empregador, estampada no art. 4º da CLT, que são aquelas em que o empregado está aguardando ou executando ordens." [TRT 3ª Reg., RO 01026-2003-070-03-00-0 (Ac. 3ª T.) — Relª Juíza Taísa Maria Macena de Lima, DJMG 27.3.2004, p. 5 — *apud LTr Sup. Jurisp.* 18/2004, p. 142]

Horas extras. Adicional noturno. Adicional de insalubridade

"O adicional noturno e o adicional de insalubridade, habitualmente pagos, integram a remuneração para o cômputo das horas extras, ante as condições duplamente danosas à saúde do trabalhador." [TRT 15ª R. — Proc. 00356-2001-122-15-00-6 (16.672/03-5) — 1ª T. — Rel. Juiz Eduardo Benedito de Oliveira Zanella, DOESP 1º.10.2004 — *apud Revista Síntese Trabalhista* n. 188, p. 78]

Horas extras. Intervalo intrajornadas

"Não se confundem horas extras, que são deferidas em razão do labor extraordinário, com o pagamento do intervalo intrajornadas não concedido pelo reclamado, cuja previsão é encontrada no § 4º, do art. 71, da CLT, acrescentado pela Lei n. 8.923, de 17.7.1994. Assim, havendo fatos geradores diversos, não há que se falar em *bis in idem.*" (TRT-18ª Reg., RO 0026/97, Rel. Juiz Breno Medeiros — DJGO, n. 12.554, de 14.5.1997, p. 75)

Regime de compensação

Regime de compensação de jornada. Trabalho no dia a ser compensado

"Havendo trabalho no dia que deveria ser compensado durante a semana, o direito é o de receber oito horas como extras e não o total de 16 horas como pretendido." (TST, RR 4.131/84, Ac. 3ª T., 1.688/85, 20.5.1985, Rel. Min. Guimarães Falcão, in: *Rev. LTr* 50-3/305)

Compensação de jornada

"Quando o constituinte dispôs que a compensação de horários e a redução da jornada devem ocorrer mediante acordo ou convenção coletiva de trabalho, nada mais fez senão alçar a nível constitucional a norma contida no art. 59 da CLT, não afastando a validade do acordo individual para tanto. Revista conhecida e provida." (TST, RR 86.701/93.8, Ac. 2ª T. 409/95, 9.2.1995, Rel. Min. Vantuil Abdala, in: *Rev. LTr* 59-10/1.413)

Compensação de horário. Acordo tácito. Validade

"Acordo tácito de compensação de jornada. A partir da promulgação da Constituição Federal de 1988, é válido o ajuste tácito compensatório de jornada. É incontestável a vantagem do trabalhador, em decorrência do regime de compensação, em face do aumento dos dias sob disponibilidade para o empregado. É transcendental registrar que o *caput* do art. 7º da Carta Maior fala em direitos dos trabalhadores direcionados à melhoria das suas condições sociais, e seria, no mínimo, um contrassenso cristalizar qualquer interpretação restritiva e condicionadora à obtenção da vantagem." [TRT 12ª R. — RO 00268-2006-021-12-00-0 — (Ac. 4494/2007) — 2ª T. — Rel. Juiz Geraldo José Balbinot — DJSC 5.11.2007 — In: *Revista IOB* n. 224, p. 120, ementa 24318]

Banco de horas. Validade

"Banco de horas — Validade — A validade do regime de compensação de horas, sob a forma de banco de horas, pressupõe avença coletiva — acordo ou convenção —, prazo máximo de um ano para compensação e limite de dez horas diárias (§ 2º do art. 59, da CLT, com redação dada pela MP n. 2.076-38, de 21.6.01). Oferece, pois, o sistema juslaboral vigoroso instrumento ao empregador na administração da jornada de seus empregados, consoante as necessidades empresariais, mas desde que observadas as formalidades legais. Com efeito, na esteira flexibilizatória emergiu esse instituto, mas não totalmente despido de elementos de moderação, consubstanciados na necessária negociação coletiva e vedação à extrapolação de trabalho por mais de 10 horas diárias, cujo desrespeito conduz à descaracterização da novel figura juslaboral." [TRT 3ª Reg. — RO 01486-2003-043-03-00-6 (Ac. 8ª T.) — Relª Juíza Denise Alves Horta, DJMG 3.4.2004, p. 19 — *apud LTr Sup. Jurisp.* 21/2004, p. 167]

Banco de horas. Invalidação. Extrapolamento do limite de 10 horas diárias de trabalho

"*Banco de horas — Invalidação — Extrapolamento do limite de 10 horas diárias de trabalho.* O fundamento jurídico para a invalidação do acordo de compensação, quando há extrapolamento do limite máximo de dez horas diárias de trabalho, é a proteção à saúde e segurança do trabalhador, consoante prescreve o art. 59, § 2º, da CLT, vez que o desrespeito a este limite produz efeito extenuante à higidez física e mental do trabalhador, contrariando a finalidade da norma prevista no inciso XXII do art. 7º da CF, que orienta as políticas públicas no sentido de adotar medidas de proteção à saúde, higiene e segurança no trabalho. Recurso da reclamada a que se nega provimento." [TRT 9ª Reg. RO-6391/2006-892-09-00.4 — (Ac. 3ª T.) — Rel. Cássio Colombo Filho — DJe/TRT 9ª Reg. n. 456/10, 12.4.2010, p. 34 — *Apud LTr Sup. Jurisp.* 25/2010, p. 199]

Acumulação de acordo de prorrogação e de compensação

"*Horas extras. Acordo de compensação. Coexistência com o labor extraordinário.* O fato de ser cumprida jornada maior que a estabelecida não invalida o acordo de compensação, porquanto a existência do aludido regime em nada impede a ocorrência do labor extraordinário, considerando o disposto no art. 59, § 2º, da CLT, que se refere, apenas, à ampliação da jornada em um ou mais dias da semana para diminuir ou eliminar o trabalho de outro dia, mais comumente no sábado. Saliente-se, ainda, que tratando-se de institutos distintos entre si a presença de um deles não implica anulabilidade do outro." (TST, RR n. 315.613/96.6 — Ac. 5ª T., 16.6.1999 — Rel. Min. Candeia de Souza. *Revista LTr* 64-01/71)

Turnos ininterruptos de revezamento

Turnos ininterruptos. Supremo Tribunal Federal

"I. Se os turnos são de revezamento, numa empresa cujo trabalho é exercido durante vinte e quatro horas, o turno será de seis horas. CF, art. 7º, XIV. II. Precedentes do STF: RE 205.815-RS, Jobim p/ acórdão(4), Plenário, 4.12.1997. III. ... Agravo não provido." (STF, AG em RE 227.899-8-MG — Ac. 2ª T., 14.12.1998 — Rel. Min. Carlos Velloso — in *Revista LTr* 63-04/509)

Turnos ininterruptos. Acordo coletivo. Validade

"*Embargos. Turnos ininterruptos de revezamento. Validade. Jornada superior a 6 horas fixada em acordo coletivo. Impossibilidade. Extrapolação da jornada de 36 horas semanais. Prejudicialidade. Saúde. Empregado.* O art. 7º, inciso XIV, da Lei Maior, ao contemplar a jornada de trabalho em turnos ininterruptos de revezamento de 6 horas diárias, permitiu sua ampliação por meio de negociação coletiva. Essa possibilidade de alteração de jornada, contudo, não é ilimitada, pois deve ser observada a compensação ou concessão de vantagens ao empregado. Nunca, porém, a eliminação do direito à jornada reduzida, como se verifica na hipótese. O Acordo Coletivo pode estabelecer turnos ininterruptos de revezamento com jornadas superiores a seis horas, como ocorreu, desde que se observe o limite de 36 horas semanais, pois o limite semanal representa para o empregado a garantia de higidez física, uma vez que a redução do labor em turno ininterrupto de revezamento decorre de condições mais penosas à saúde. O Acordo Coletivo em exame, ao fixar duração do trabalho de 8 horas e 44 semanais, contrariou as disposições de proteção ao trabalho, porquanto descaracterizou a jornada reduzida vinculada ao turno ininterrupto de revezamento, que é assegurada constitucionalmente pelo limite semanal de 36 horas. Recurso de Embargos não conhecido." (Processo n. TST-E-RR-435/2000-003-15-00 — Ac. SBDI 1 — Rel. Min. Carlos Alberto Reis de Paula, in: *Revista do TST*, v. 69, n. 2, p. 410)

Jornada de 12 x 36. Pactuação em convenção coletiva. Validade

"*Recurso ordinário em ação anulatória. Jornada de 12 x 36. Pactuação em convenção coletiva. Validade. Inteligência dos incisos XIII e XXVI do art. 7º da Constituição.* I — Diferentemente do art. 59 da CLT, a norma o inciso XIII do art. 7º da Carta Magna não impõe limites ao excedimento da jornada legal de oito horas, deixando a critério dos

(4) O acórdão prevê que "o fato de a empresa conceder intervalo para descanso e refeição não descaracteriza o turno ininterrupto de revezamento, com direito à jornada de seis horas previstas no art. 7º, XVI, da CF". *Revista Síntese Trabalhista*, n. 168, p. 64.

protagonistas das relações coletivas de trabalho estabelecerem regime especial de compensação que melhor consulte as peculiaridades das respectivas atividades profissional e econômica, tal como se verifica no âmbito da atividade hospitalar, em que a adoção do regime de 12 por 36 horas se identifica como regime padrão e histórico. II — Efetivamente, enquanto o artigo 59 da CLT cuida de acordo de compensação firmado entre o empregado e o empregador, caso em que a jornada diária não pode exceder a 10 horas, o inciso XIII do art. 7º da Constituição cuida de regime especial de compensação, em que essa pode eventualmente exceder aquele limite diário, desde que, ao fim e ao cabo, não seja ultrapassada a duração semanal de quarenta e quatro horas, tendo por norte a norma do inciso XXVI daquele artigo, pela qual o Constituinte de 88 elevou a patamar constitucional a supremacia da vontade coletiva privada. III — Nesse mesmo sentido precedentes da SBDI-I desta Corte. Recurso desprovido." [TST-ROAA-233/2005-000-24-00-4 — (Ac. SDC) — 24ª Reg. — Rel. Min. Antônio José de Barros Levenhagem. DJU 16.2.2007, p. 175 — In: *LTr Sup. Jurisp.* 17/2007, p. 134]

Validade da jornada de trabalho 12 x 36

"Recurso de revista — Regime de trabalho de 12 x 36 — Horas excedentes à 8ª diária — Horas extras — Não ocorrência. A C. SBDI-1 já decidiu, sobre o regime de trabalho de 12x36 horas, pela sua validade quando previsto em norma coletiva, não havendo falar, nessas condições, em trabalho extraordinário no cumprimento da jornada convencionada. Reconhecida a validade do regime de compensação de 12 X 36 horas, quando autorizado por norma coletiva, não há falar em pagamento de horas extras, na forma prevista pela Súmula n. 85, item IV, do TST. Recurso de Revista conhecido parcialmente e provido." [TST-RR 99441/2003-900-02-00 — Relª Minª MariaCristina Irigoyen Peduzzi — DJe 7.4.2009]

Regime 12 x 36. Validade. Limite da jornada. Art. 59, da CLT. Horas extras acima da 10ª Indevidas

"Regime 12 x 36 — Validade — Limite da jornada — Art. 59, da CLT — Horas extras acima da 10ª — Indevidas. Apesar da extrapolação do limite diário, no sistema de 12x36 é respeitada a jornada semanal de quarenta e quatro horas, prevista no art. 7º, XIII, da CF e o máximo permitido pelo art. 59 da CLT. Malgrado a extrapolação da jornada diária, neste sistema são trabalhadas doze horas seguidas, descansando-se às trinta e seis subsequentes, para só após retornar ao labor. Assim, a jornada semanal de quarenta e quatro horas, com previsão constitucional, não é desrespeitada, tendo-se como correta a compensação de horário, ajustada por instrumento coletivo." [TRT 15ª Reg. (Campinas/SP) Proc. 25500-60.2009.5.15.0018 RO (Ac. 31726/10-PATR, 11ª C.) — Relª Maria Cecília Fernandes Álvares Leite — DEJT 2.6.2010, p. 353 — *Apud LTr Sup. Jurisp.* 30/2010, p. 237]

DIARISTA

Questão n. 02

Empregado, com jornada normal de trabalho, ganha R$ 25,00 (vinte e cinco reais) por dia. Durante dois meses, por meio de acordo escrito com o empregador, fez diariamente duas horas extras. Quanto receberá a título de horas extraordinárias?

Solução

a) R$ 25,00 x 30 = R$ 750,00 : 220 = R$ 3,41

b) R$ 3,41 x 1,5 = R$ 5,11

c) R$ 5,11 x 100 = R$ 511,00

ou

R$ 3,41 x 100 x 1,5 = R$ 511,00 (v. fórmula na solução da questão n. 01)

Explicação

1) R$ 25,00 — salário diário;

2) 30 — os dias do mês;

3) R$ 750,00 — valor do salário mensal;

4) 220 — (v. item 2 da Explicação na questão n. 01);

5) R$ 3,41 — valor da hora normal (v. a seguir nota 4);

6) R$ 5,11 — valor da hora extra (hora normal mais adicional);

7) 100 — total das horas extras devidas pelo fato de não serem habituais (v. Súmula n. 172 do TST). Dessa forma, não são computadas no cálculo do repouso remunerado.

Assim, em cada mês (30 dias), para efeito de cálculo, consideram-se 25 dias úteis trabalhados. Portanto, em 2 meses, trabalhando 2 horas extras por dia, o empregado faz 100 horas extras (25 x 2 x 2 = 100); caso o empregador tenha qualquer tipo de anotação, para controle de frequência, consideram-se os dias por ela indicados;

8) R$ 511,00 — importância correspondente ao trabalho suplementar.

Notas

1. Salário por unidade de tempo

É o salário pago ao empregado, em razão do tempo em que este fica à disposição do empregador, não sendo levada em consideração a produção realizada pelo trabalhador. Exemplos: salário por hora, dia, semana, quinzena ou mês.

2. Habitualidade — Horas extras

A legislação trabalhista não define, tampouco delimita, o que seja habitual. A jurisprudência trabalhista admite como caracterizadora da habitualidade a repetição em número razoável de vezes. O juiz José Serson ensina:

> "Aquilo que, embora não tenha sido prometido, se repetiu tantas vezes que se acredita se repetirá sempre, é habitual.
>
> A habitualidade não se confunde com a uniformidade, e isso significa que as horas de trabalho, extras ou noturnas, se consideram habituais mesmo que não se tenham repetido em número sempre igual.
>
> Não se exclui o caráter de habitualidade quando a repetição não é diária, pois a repetência periódica também cria a convicção de permanência.
>
> A partir de que momento, de que vez, a repetição caracteriza uma habitualidade, não há como fixar."(5)

Entendemos como habituais as horas extras trabalhadas em período razoável durante o ano. A habitualidade não está ligada ao número de horas trabalhadas, posto que podem ser variáveis, mas ao número de meses em que se realizou o trabalho extraordinário. Não está definida em lei. Mas, usando-se do critério usado pelo legislador que considerou completo para efeito de integração do "avos" o trabalho em fração igual ou superior a (15) quinze dias, temos como razoável a presença da habitualidade, quando durante o período o empregado laborou em horas extraordinárias por (6) seis ou mais meses.(6)

3. Horas extras habituais — Repouso semanal remunerado — Legislação

As letras *a* e *b* do art. 7º da Lei n. 605/1949, com redação dada pela Lei n. 7.415, de 9.12.1985 (DOU 10.12.1985), estabelecem:

> "Art. 7º A remuneração do repouso semanal corresponderá:
>
> a) para os que trabalham por dia, semana, quinzena ou mês, à de um dia de serviço, computadas as horas extraordinárias habitualmente prestadas;
>
> b) para os que trabalham por hora, à de sua jornada normal de trabalho, computadas as horas extraordinárias habitualmente prestadas."

4. Salário diário — Cálculo da hora

A Constituição de 1988 estabelece duração do trabalho normal não superior a oito horas diárias e quarenta e quatro semanais (art. 7º, XIII). Com

---

(5) *Suplemento Trab. LTr* 103-445/85.

(6) OLIVEIRA, Francisco Antonio de. *Comentários aos enunciados do TST*. 5. ed. São Paulo: RT, 2001. p. 136/137.

a instituição da jornada normal de 44 horas de trabalho em 6 dias, desapareceu a uniformidade da jornada normal de 8 horas. Portanto, se for conhecido o valor do ganho diário, como na questão, e se se quiser achar o valor da hora, não dá para dividir por 8, que era a média da jornada semanal antes da CF/1988, e sim proceder como visto acima, na letra *a* da Solução. Entretanto, como a média da jornada normal nos dias úteis (segunda-feira a sábado) é de 7 horas e 20 minutos (questão n. 01, nota 3), pode-se obter o valor da hora pela divisão do valor do salário-dia pela média da jornada normal. Assim: R$ 25,00/7:20 = R$ 25,00/7,33 = R$ 3,41.

5. Jurisprudência

Súmulas do TST:

172. Repouso remunerado. Horas extras. Cálculo

Computam-se no cálculo do repouso remunerado as horas extras habitualmente prestadas. (Ex-Prejulgado n. 52)

376. Horas extras. Limitação. Art. 59 da CLT. Reflexos

I — A limitação legal da jornada suplementar a duas horas diárias não exime o empregador de pagar todas as horas trabalhadas. (ex-OJ n. 117 — Inserida em 20.11.1997)

II — O valor das horas extras habitualmente prestadas integra o cálculo dos haveres trabalhistas, independentemente da limitação prevista no *caput* do art. 59 da CLT. (ex--OJ n. 89 — Inserida em 28.4.1997)

Ementas diversas:

Horas extras habituais. Caracterização

"A caracterização da habitualidade do trabalho extraordinário decorre da repetição frequente, que não precisa ser diária." (TRT 15ª Reg., RO 012609/1997-7 — Ac. 1ª T. — 034451/1998 — Rel. Juiz Antônio Miguel Pereira — DJSP 28.9.1998, p. 145 — In *LTr Sup. Trab.* 28/99, p. 145)

Turnos ininterruptos de revezamento. Horista. Direito apenas ao adicional de hora extra

"Não viola o princípio da irredutibilidade salarial, inserto no inciso VI do art. 7º da Constituição Federal, decisão que determina o pagamento apenas do adicional de horas extras sobre as sétimas e oitavas horas prestadas pelo empregado horista, que trabalha em turnos ininterruptos de revezamento, haja vista que, nesta hipótese, já que eram contraprestadas as sétimas e oitavas horas laboradas. Embargos não conhecidos." [TST-E-RR 499.123/1998.2 — (Ac. SBDI1) — TRT-13ª Reg. Rel. Min. Vantuil Abdala — DJU 1º.9.2000, p. 352 — *Apud LTr Sup. Trab.* 138/00, p. 764]

Horas extras. Habitualidade. Conceito

"*Recurso ordinário — Habitualidade — Conceito* — A habitualidade não se confunde com a uniformidade, e isso significa que as horas de trabalho, extras ou noturnas, se consideram habituais mesmo que não se tenham repetido em número sempre igual." [TRT 2ª Reg. RO 00050200606202006 — (Ac. 11ª T. 20070475363) — Rel. Juiz

Carlos Francisco Berardo. DOE/TRT 2ª Reg., 26.6.2007, p. 201 — In *LTr Sup. Jurisp.* 35/2007, p. 277]

COMISSIONISTA

Questão n. 03

Vendedor balconista, em determinado mês, a título de comissões, considerados os repousos semanais, ganhou a importância de R$ 5.000,00 (cinco mil reais), sendo que nesse mês fez 30 (trinta) horas extras. Quanto receberá de adicional pelas horas extras trabalhadas?

Solução

a) R$ 5.000,00 : 250 = R$ 20,00

b) R$ 20,00 x 50% = R$ 10,00

c) R$ 10,00 x 30 = R$ 300,00

Explicação

1) R$ 5.000,00 — valor das comissões recebidas no mês, incluídos os dias de repouso (v. questão n. 19);

2) 250 — número de horas efetivamente trabalhadas (220 normais + 30 extras); em caso de jornada especial, o divisor em vez de 220, poderá ser outro, como foi mostrado na questão 01, nota 5;

3) R$ 20,00 — valor-hora das comissões recebidas no mês;

4) 50% — percentual do adicional por hora extra;

5) R$ 10,00 — valor do adicional por hora extra;

6) R$ 300,00 — valor correspondente ao adicional das 30 horas extras.

Notas

1. Questão — Solução — Súmula do TST

A questão em estudo foi solucionada, seguindo a orientação da Súmula n. 340 do TST, com nova redação dada pela Resolução n. 121/2003, razão do divisor 250. Consultar a jurisprudência abaixo.

2. Divisor — Desconsideração dos repousos semanais

Na questão em estudo, foi considerado o divisor 250, que corresponde ao número de horas efetivamente trabalhadas, incluídos os repousos semanais a que o empregado tem direito, como mostrado na questão n. 19, Nota 2. No caso de não serem considerados os repousos semanais, o divisor será 208,33 que resulta da exclusão dos repousos semanais (1/6). Assim: 220 + 30 = 250 x 5/6 = 208,33.

3. Horas extras — Adicional

Na questão foi calculado o adicional das horas extras, sendo que o valor dessas horas encontra-se embutido nas comissões recebidas (R$ 5.000,00). Consultar a OJ n. 235 da SDI-1-TST.

4. Salário por unidade de tempo e resultado

É a forma do salário em que são considerados o tempo de serviço e a produção do empregado, como evidenciado na questão em debate.

5. Rurícola — Pagamento integral das horas extras — Não incidência da Súmula n. 340 do TST

O Enunciado n. 20, *aprovado na 1ª jornada de direito material e processual na Justiça do Trabalho, estabelece:* "É devida a remuneração integral das horas extras prestadas pelo trabalhador rurícola, inclusive com o adicional de, no mínimo, 50%, independentemente de ser convencionado regime de remuneração por produção. Inteligência dos arts. 1º, incisos III e IV e 3º, 7º, XIII, XVI e XXIII, da CF/1988. Não incidência da Súmula n. 340 do C. TST, uma vez que as condições de trabalho rural são bastante distintas das condições dos trabalhadores comissionados internos ou externos e a produção durante o labor extraordinário é manifestamente inferior àquela da jornada normal, base de cálculo de horas extras para qualquer tipo de trabalhador". (TST, Brasília, 23.11.2007 — in *LTr Sup. Trab.* 149/2007)

6. Jurisprudência

Comissionista. Horas extras. Súmula n. 340 do TST

O empregado, sujeito ao controle de horário, remunerado à base de comissões, tem direito ao adicional de, no mínimo, 50% (cinquenta por cento) pelo trabalho em horas extras, calculado sobre o valor-hora das comissões recebidas no mês, considerando-

-se como divisor o número de horas efetivamente trabalhadas. (*Revisão do Enunciado* n. 56 — Nova redação — Res. n. 121/2003)

Horas extras. Salário por produção. Orientação Jurisprudencial n. 235 da SDI-1-TST

O empregado que recebe salário por produção e trabalha em sobrejornada faz jus à percepção apenas do adicional de horas extras.

Comissionista misto. Horas extras. Base de cálculo. Aplicação da Súmula n. 340. OJ n. 397 da SDI-1 do TST

O empregado que recebe remuneração mista, ou seja, uma parte fixa e outra variável, tem direito a horas extras pelo trabalho em sobrejornada. Em relação à parte fixa, são devidas as horas simples acrescidas do adicional de horas extras. Em relação à parte variável, é devido somente o adicional de horas extras, aplicando-se à hipótese o disposto na Súmula n. 340 do TST.

Horas extras. Trabalho em regime de produção

"Trabalhando o empregado em regime de produção, não tem ele direito às horas extras, mas ao seu respectivo adicional." (TRT-6ª Reg., RO-201/1985, Ac. 1ª T., 17.7.1985, Rel. Juiz Henrique Mesquita, in *Rev. LTr* 49-10/1238)

Trabalho por produção. Direito

"Horas extras. Trabalho por produção. O fato do trabalho por produção considerar o resultado alcançado e não o tempo em que o empregado esteja ativando em benefício do empregador, não exclui o direito do trabalhador ao recebimento de horas extras em caso de extrapolação do limite diário previsto no art. 58 da CLT, pois a regra inserta no art. 63 da CLT não exclui o trabalho por produção do regime relativo ao capítulo da jornada de trabalho. Entretanto, em face dessa modalidade de trabalho, na qual as horas trabalhadas são remuneradas pela própria produção, é devido apenas o adicional sobre a jornada excedente da legal." [TRT 15ª Reg. (Campinas/SP) — Proc. 12616/00 (Ac. 1ª T. — 51010/01) — Rel. Juiz Lorival Ferreira dos Santos — DJSP 3.12.2001, p. 36 — In *LTr Sup. Trab.* 12/2002, p. 56]

Salário por tarefa. Adicional de horas extras

"O pagamento do salário por tarefa não retira do empregado o direito à percepção do adicional pelo trabalho prestado em horário suplementar, cujo percentual deve incidir sobre o valor da unidade produzida." (TRT-12ª Reg., RO-760/85, Ac. 40/86, 3.12.1986, Rel. Juiz Umberto Grillo, in *Rev. LTr* 51-4/492)

Comissionista

"O empregado que recebe à base de comissões não faz jus às horas extras na íntegra, mas sim ao adicional sobre a remuneração correspondente às comissões, na forma dos Enunciados ns. 56 e 340, do Colendo TST." (TRT-8ª Reg., 1ª T., Proc. RO-3.647/97, j. 31.10.1997, Rel. Juiz Raimundo Costa — *Apud* TEIXEIRA FILHO, João de Lima. *Repertório de jurisprudência trabalhista*. Rio de Janeiro: Renovar, 1999. v. 7, ementa n. 886).

Trabalho por produção. Hora extra

"Tendo o acórdão transitado em julgado condenado a reclamada a pagar ao ora agravante o adicional sobre horas extras pelo trabalho além das 8 horas, realizado em regime por produção, note-se que no valor total recebido pelo exequente, correspondente à sua produção, já estavam pagas a jornada normal mais a jornada extraordinária. Assim, para se encontrar o valor de 1 hora (com o fito de se encontrar o valor do adicional/hora), divide-se o valor total pago pela produção, pelo número de horas de trabalho diário que restou provado nos autos. Não faz sentido pretender que o divisor seja o número legal de horas." (TRT-15ª Reg., Proc. 6.666/99, 5ª T., Ac. 18.633/99, Relª Juíza Olga Aida Joaquim Gomiere — DOESP 29.6.1999 — *Apud Revista Síntese Trabalhista* n. 122, p. 95, Ementa n. 14.445)

SALÁRIO FIXO MAIS COMISSÃO

Questão n. 04

Empregado, vendedor balconista, percebe salário misto. A parte fixa do salário corresponde a R$ 660,00 e, em determinado mês, o empregado ganhou, a título de comissões, considerados os repousos semanais, a importância de R$ 2.400,00. Nesse mês trabalhou 20 horas suplementares. Quanto receberá pelo trabalho efetuado durante as horas extraordinárias?

Solução

a) parte fixa (cálculo idêntico à questão n. 01):

R$ 660,00 : 220 = R$ 3,00 x 50% = R$ 1,50

R$ 3,00 + R$ 1,50 = R$ 4,50 x 20 = R$ 90,00

ou

R$ 3,00 x 20 x 1,5 = R$ 90,00

b) comissão:

R$ 2.400,00 : 240 = R$ 10,00 (v. questão 03, item 2 da explicação)

R$ 10,00 x 1,5 = R$ 15,00

R$ 15,00 x 20 = R$ 300,00

c) somando-se *a* com *b*, isto é, o valor das horas extras da parte fixa com os da comissão (R$ 90,00 + R$ 300,00 = R$ 390,00), encontra-se o valor das 20 horas extras.

Notas

1. Salário misto

Salário misto, como o próprio nome induz, é aquele constituído de uma parte fixa e outra variável. A questão em análise serve como exemplo de salário misto.

2. Comissões — Horas extras

Na questão em estudo, no valor das comissões do mês (R$ 2.400,00) já se encontra o do período extra trabalhado, bastando achar o valor do adicional dessas horas suplementares, como foi feito na questão anterior. A indagação é quanto o empregado receberá pelo trabalho efetuado durante as horas extraordinárias; nesse caso, é necessário achar o valor das comissões das 20 horas extras, como efetuado na letra *b* da solução. Para efeito de pagamento ao empregado, resulta: a) salário fixo = R$ 660,00; b) comissões correspondentes à jornada normal = R$ 2.200,00 [R$ 2.400,00 — R$ 200,00 (valor das 20 horas sem o adicional de 50%)]; c) horas extras (parte fixa + comissões) = R$ 390,00; d) total mensal = R$ 3.250,00.

3. Jurisprudência

"Comissionista misto — O empregado comissionista misto tem direito a horas extras, acrescidas do adicional respectivo, no que tange à remuneração fixa; e, apenas, ao adicional de horas extras, no que pertine à remuneração variável. É que, quanto a esta, as horas suplementares já foram quitadas, de forma simples, ao ensejo do pagamento das comissões. O contrário seria permitir o *bis in idem*. Inteligência do Enunciado n. 340, do Colendo TST." [TRT-3ª Reg., RO 17289/1997 (Ac. 1ª T.), Rel. Juiz Manuel Cândido Rodrigues, DJMG 18.7.1998, p. 15 — *Apud* FERRARI, Irany; MARTINS, Melchíades Rodrigues. *Julgados trabalhistas selecionados*. São Paulo: LTr, 1999. v. VI, p. 244]

HORAS EXTRAS ANORMAIS

As que são feitas sem necessidade de acordo prévio entre empregador e empregado.

FORÇA MAIOR

Questão n. 05

Empregado que ganha R$ 1.100,00 (um mil e cem reais) mensais trabalha em jornada normal. Em determinado mês, por motivo de força maior, fez 150 horas extras. Quanto receberá pelo trabalho suplementar?

Solução

a) R$ 1.100,00 : 220 = R$ 5,00 (valor da hora normal);

b) R$ 5,00 x 150 x 1,5 = R$ 1.125,00 (valor das 150 horas extras).

Notas

1. Força maior — Definição legal

Entende-se como força maior todo acontecimento inevitável, em relação à vontade do empregador, e para realização do qual este não concorreu, direta ou indiretamente (CLT, art. 501, *caput*).

2. Prorrogação — Limite — Adicional — Comunicação

Em caso de força maior, a prorrogação da jornada normal de trabalho não tem limite de duração, não havendo necessidade de acordo entre as partes (empregador e empregado) e as horas prorrogadas são pagas com adicional de, no mínimo, 50% sobre a hora normal. O empregador deverá fazer a comunicação da prorrogação, dentro de 10 dias, à autoridade administrativa competente em matéria de trabalho, ou antes desse prazo, justificado no momento da fiscalização sem prejuízo dessa comunicação (CF/1988, art. 7º, XVI e CLT, art. 61, § 1º).

3. Força maior — Menores

Tratando-se de menores de 18 anos de idade (art. 413, II, da CLT), há um limite de 4 horas extras por dia e adicional de 50% sobre a hora normal, conforme o art. 7º, XVI, da CF/1988.

4. Fator 1,5 — Explicação

A explicação do fator 1,5 encontra-se na questão n. 01, item 6 da Explicação.

5. Advogado empregado — Adicional de horas extras

Em se tratando de advogado empregado, as horas extras são pagas com adicional não inferior a 100% do valor da hora normal (Lei n. 8.906/1994, art. 20, § 2º).

SERVIÇO INADIÁVEL OU CUJA INEXECUÇÃO POSSA ACARRETAR DANOS

Questão n. 06

Empregado, com jornada normal de trabalho, por necessidade imperiosa, para atender à realização de serviço inadiável ou cuja inexecução possa acarretar danos, em certo mês teve de trabalhar 80 (oitenta) horas extras. Ganhava R$ 616,00 (seiscentos e dezesseis reais) mensais. Quanto receberá por este trabalho suplementar?

Solução

a) R$ 616,00 : 220 = R$ 2,80 (valor da hora normal)

b) R$ 2,80 x 50% = R$ 1,40 (valor do adicional)

c) R$ 2,80 + R$ 1,40 = R$ 4,20 (valor da hora extra)

d) R$ 4,20 x 80 = R$ 336,00 (valor das 80 horas suplementares)

ou

R$ 2,80 x 80 x 1,5 = R$ 336,00 (v. Nota n. 2)

Notas

1. Serviços inadiáveis

Serviços inadiáveis, como o nome indica, são os que devem ser concluídos na mesma jornada de trabalho. Não podem ser terminados na jornada seguinte sem prejuízos. Devem ser terminados no mesmo dia. Não por que assim pretenda o empregador, mas como decorrência da sua própria natureza. São serviços que não podem ser truncados num horário determinado, que não podem ser abandonados pelo fato de terminar a jornada normal.(7)

2. Prorrogação — Limite — Adicional — Comunicação

No caso de realização ou conclusão de serviços inadiáveis ou cuja inexecução possa acarretar prejuízo manifesto, a prorrogação da jornada normal de trabalho será de, no máximo, 4 horas diárias; não havendo necessidade de acordo entre as partes, a hora extra terá um adicional de no mínimo 50% e deverá haver comunicação à autoridade competente em matéria trabalhista dentro de 10 dias (CF/1988, art. 7º, XVI e CLT, art. 61, §§ 1º e 2º).

---

(7) NASCIMENTO, Amauri Mascaro. Jornada diária de trabalho e horas extras. *Revista LTr*, 1981, v. 45, n. 10, p. 1.169.

3. Exemplificação de serviço inadiável

Como exemplo, podemos citar a concretagem de uma laje que, segundo os técnicos, exige muita atenção e, em determinadas situações, não poderá ser deixada de um dia para outro sob pena de acarretar danos. Terminada a jornada normal de trabalho, caso não tenha sido concluída a concretagem, justifica-se a prorrogação da jornada de trabalho, pois o serviço é inadiável e se não for concluído poderá acarretar prejuízos.

4. Serviços inadiáveis — Menores

Os menores de dezoito anos de idade não podem fazer este tipo de prorrogação da jornada normal de trabalho (CLT, art. 413).

5. Cálculo — Fórmula

Fórmula para cálculo = valor da hora normal x n. das horas extras x 1,5. A explicação do fator 1,5 é a mesma da questão n. 01, item 6 da Explicação.

6. Precedentes Administrativos SIT/MTE

31. Jornada — Prorrogação — Necessidade imperiosa

I — Os serviços inadiáveis ou cuja inexecução possa acarretar prejuízos manifestos autorizam a prorrogação da jornada apenas até 12 horas, caracterizando-se como tais aqueles que, por impossibilidade decorrente de sua própria natureza, não podem ser paralisados num dia e retomados no seguinte, sem ocasionar prejuízos graves e imediatos. II — Se a paralisação é apenas inconveniente, por acarretar atrasos ou outros transtornos, a necessidade de continuação do trabalho não se caracteriza como imperiosa e o excesso de jornada não se justifica. (Referência normativa: arts. 59, *caput* e 61 da Consolidação das Leis do Trabalho — CLT)

63. Jornada. Redução do intervalo intrajornada

A existência de acordo coletivo com previsão de intervalo para repouso ou alimentação inferior ao limite mínimo legal não é suficiente para que seja considerada regular a jornada de trabalho. O acordo coletivo é apenas um dos requisitos para a imprescindível autorização, pelo Ministro do Trabalho e Emprego ou autoridade delegada, da redução do intervalo para menos de uma hora. (Referência normativa: art. 71 da CLT e Portaria MTb n. 3.116, de 5 de abril de 1989)

HORAS EXTRAS SEM E/OU ALÉM DO ACORDO

Questão n. 07

Empregado que ganha R$ 880,00 (oitocentos e oitenta reais) mensais, com jornada normal de trabalho, em determinado mês assinou acordo com o seu empregador para trabalhar 2 horas extras diariamente, durante 20 dias daquele mês. Entretanto, durante o período combinado, em vez de 2, fez 3 horas suplementares por dia. Quanto receberá pelas horas extraordinárias?

Solução

a) R$ 880,00 : 220 = R$ 4,00 (valor da hora normal)

b) R$ 4,00 x 50% = R$ 2,00 (valor do adicional/hora)

c) R$ 4,00 + R$ 2,00 = R$ 6,00 (valor da hora extra)

d) R$ 6,00 x 60 = R$ 360,00 (valor das 60 horas extras)

ou

R$ 4,00 x 60 x 1,5 = R$ 360,00 (fórmula — v. questão anterior)

Notas

1. Horas extras — Adicional

A CF/1988 preceitua: remuneração do serviço extraordinário superior, no mínimo, em cinquenta por cento à do normal (art. 7º, XVI).

2. Horas *in itinere*

São as horas no itinerário, no trajeto do empregado de sua casa para o trabalho e vice-versa. A CLT, nos §§ 2º e 3º do art. 58, preceitua:

...

"§ 2º O tempo despendido pelo empregado até o local de trabalho e para o seu retorno, por qualquer meio de transporte, não será computado na jornada de trabalho, salvo quando, tratando-se de local de difícil acesso ou não servido por transporte público, o empregador fornecer a condução." (Parágrafo acrescentado pela Lei n. 10.243, de 19.6.2001, DOU 20.6.2001).

"§ 3º Poderão ser fixados, para as microempresas e empresas de pequeno porte, por meio de acordo ou convenção coletiva, em caso de transporte fornecido pelo empregador, em local de difícil acesso ou não servido por transporte público, o tempo médio despendido pelo empregado, bem como a forma e a natureza da remuneração." (Acrescentado pela LC n. 123, 14.12.2006, DOU 15.12.2006)

3. Jornada. Prorrogação. Efeitos do pagamento relativo ao trabalho extraordinário. Precedente SIT/MTE n. 33

O pagamento do adicional por serviço extraordinário não elide a infração pela prorrogação de jornada além dos limites legais ou convencionais, uma vez que o serviço extraordinário deve ser remunerado, independentemente de sua licitude. Isso porque as normas limitadoras da jornada visam a evitar males ao trabalhador, protegendo-lhe a saúde e o bem-estar, não se prestando a retribuição pecuniária como substituta da proteção ao bem jurídico. (Referência normativa: art. 59 da Consolidação das Leis do Trabalho — CLT)

4. Jurisprudência

Súmulas do TST:

90. Horas *in itinere*. Tempo de serviço

I — O tempo despendido pelo empregado, em condução fornecida pelo empregador, até o local de trabalho de difícil acesso, ou não servido por transporte público regular, e para o seu retorno é computável na jornada de trabalho. (ex-Súmula n. 90 — RA 80, DJ 10.11.1978)

II — A incompatibilidade entre os horários de início e término da jornada do empregado e os do transporte público regular é circunstância que também gera o direito às horas *in itinere*. (ex-OJ n. 50 — Inserida em 1º.2.1995)

III — A mera insuficiência de transporte público não enseja o pagamento de horas *in itinere*. (ex-Súmula n. 324 — RA 16, DJ 21.12.1993)

IV — Se houver transporte público regular em parte do trajeto percorrido em condução da empresa, as horas *in itinere* remuneradas limitam-se ao trecho não alcançado pelo transporte público. (ex-Súmula n. 325 — RA 17, DJ 21.12.1993)

V — Considerando que as horas *in itinere* são computáveis na jornada de trabalho, o tempo que extrapola a jornada legal é considerado como extraordinário e sobre ele deve incidir o adicional respectivo. (ex-OJ n. 236 — Inserida em 20.6.2001)

320. Horas *in itinere*. Obrigatoriedade de cômputo na jornada de trabalho

O fato de o empregador cobrar, parcialmente ou não, importância pelo transporte fornecido, para local de difícil acesso ou não servido por transporte regular, não afasta o direito à percepção do pagamento das horas *in itinere*.

376. Horas extras. Limitação. Art. 59 da CLT. Reflexos

I — A limitação legal da jornada suplementar a duas horas diárias não exime o empregador de pagar todas as horas trabalhadas. (ex-OJ n. 117 — Inserida em 20.11.1997)

II — O valor das horas extras habitualmente prestadas integra o cálculo dos haveres trabalhistas, independentemente da limitação prevista no *caput* do art. 59 da CLT. (ex-OJ n. 89 — Inserida em 28.4.1997)

Orientação Jurisprudencial n. 36 da SDI-1 — Transitória:

Hora *in itinere*. Tempo gasto entre a portaria da empresa e o local do serviço. Devida. Açominas

Configura-se como hora *in itinere* o tempo gasto pelo obreiro para alcançar seu local de trabalho a partir da portaria da Açominas. (ex-OJ n. 98 da SBDI-1 — inserida em 30.5.1997)

Ementas diversas:

Efeitos do pagamento relativo ao trabalho extraordinário

"Pacífica a jurisprudência desta Corte no sentido de que a limitação de prestação de horas extras diárias prevista no art. 59 da CLT não exime o empregador de pagar todas as horas trabalhadas." (TST, SBDI-1, Proc. E-RR-197.340/95, Rel. Min. Vantuil Abdala, DJ n. 241/97 — *apud* TEIXEIRA, Lima. Ob. cit., v. 7, ementa n. 2.666)

"Horas extras. Integração ao salário. Inexiste, na legislação pátria, qualquer dispositivo que limite esta integração a duas horas extras diárias. O que diz o art. 59 da Consolidação das Leis do Trabalho é que as horas suplementares não devem exceder a duas horas diárias. Pretender que o empregador, ao exigir do empregado o trabalho além deste limite, possa, depois, remunerá-lo como se o excesso não tivesse existido é sancionar o enriquecimento sem causa daquele em detrimento deste." (TRT-1ª Reg., 6ª T., Proc. RO-33.357/94, Relª Juíza Doris Castro Neves, DORJ n. 172/97 — *apud* TEIXEIRA, Lima. Ob. cit., v. 7, ementa n. 2.671)

Horas *in itinere:*

Horas *in itinere*. Supressão. Norma coletiva. Invalidade

"Horas *in itinere* — Supressão — Norma coletiva — Invalidade. Padece de validade o ajuste coletivo que suprime o pagamento das horas *in itinere* pelo fornecimento de meio de transporte apropriado ao trabalhador, por violar texto expresso de lei — art. 58, § 2º, da CLT. A flexibilização mediante acordo coletivo, quanto às horas *in itinere*, está restrita à fixação do tempo de percurso devido, não podendo alcançar a supressão do direito assegurado, por lei, ao trabalhador." [TRT-15ª Reg. — Proc. n. 3.340/03 — (23.225/03 — PATR) — 1ª T. — Rel. Juiz Luiz Antonio Lazarin — DOESP 15.8.2003 — *apud Revista Síntese Trabalhista* n. 175, p. 96, ementa n. 20.161]

Horas *in itinere*. Adicional de horas extras

"Horas *in itinere — Adicional de horas extras*. As horas de percurso, despendidas em condução fornecida pelo empregador, em trecho não servido por transporte público regular, embora não consubstanciem horas de prestação de serviços, constituem tempo à disposição do empregador, nos termos do que dispõe o art. 4º da CLT. Tais horas integram a jornada de trabalho que, uma vez ultrapassada, dá ensejo ao pagamento das horas excedentes, acrescidas do adicional de horas extras. Recurso de Embargos a que se nega provimento." (Processo TST, E-RR n. 371.557/97 — Ac. SBDI-1 — Rel. Min. Carlos Alberto Reis de Paula — DJU 17.8.2000 — in: *Revista do TST*, v. 67, n. 4, p. 328)

Horas *in itinere*. Trecho não servido por condução coletiva. Causa de exclusão de sua incidência

"Horas *in itinere — Trecho não servido por condução coletiva — Causa de exclusão de sua incidência*. Não é jurídico, nem justo que se condene a empresa pelo fato de destinar condução para o trabalhador deixar de andar dois quilômetros. No Brasil, muito mais do que isto, muitos trabalhadores, às suas expensas, andam a pé muito mais caminhos do que este." [TRT, 15ª R., RO n. 11.497/00 — (29.906/2002) — T. — Rel. Juiz José Pitas — DOESP 15.7.2002. In *Revista Síntese Trabalhista* n. 161, p. 72]

Horas *in itinere*. Transporte fornecido pela empresa. Improcedência

"Horas *in itinere* — Transporte fornecido pela empresa. Improcedência — Sendo o trabalhador transportado em condução fornecida pela empresa, tal fato refuta a pretensão de pagamento sobre as horas de percurso. Com efeito, após a promulgação da Lei n. 7.418/85, que instituiu o vale-transporte, assegurando diversos benefícios ao empregador que proporcionar, por meios próprios ou contratados, em veículos adequados ao transporte coletivo, o deslocamento integral de seus trabalhadores (art. 8º), os Enunciados ns. 90, 324 e 325 do TST encontram-se superados. A Lei n. 10.243/01 em nada modifica esse entendimento." [TRT, 15ª R., Proc. n. 38.553/2002 — (27.192/2002) — 5ª T. Relª Juíza Olga Ainda Joaquim Gomieri — DOESP 15.7.2002. In *Revista Síntese Trabalhista* n. 161, p. 92, ementa 18630]

Horas *in itinere*. Percurso de até 5 quilômetros. Não caracterização de difícil acesso

"Horas *in itinere* — Percurso de até 5 quilômetros — Não caracterização de difícil acesso. Não se pode considerar de difícil acesso a empresa que se encontra a até cinco quilômetros de rodovia servida por transporte público regular, eis que esta distância pode ser percorrida facilmente, sem qualquer prejuízo ao trabalhador." [TRT, 15ª R., Proc. n. 25.641/2002 (26.368/2002 — PATR) — 5ª T. — Rel. Juiz Nildemar da Silva Ramos — DOESP 8.11.2002. In *Revista Síntese Trabalhista* n. 166, ementa 19185, p. 60]

Hora *in itinere*. Afastamento. Acordo coletivo de trabalho. Validade

"*Hora* in itinere *— Afastamento. Acordo coletivo de trabalho. Validade.* 1. A eficácia de acordo coletivo de trabalho, dispondo sobre a desconsideração de horas *in itinere* como tempo à disposição do empregador, encontra estofo no art. 7º, inciso XXVI, da Constituição da República, não havendo falar na inadequada disponibilidade de direitos irrenunciáveis ou ainda na violação direta do art. 9º da CLT. 2. Recurso de revista conhecido desprovido. (RR 646151/00, 1ª Turma, Rel. Juiz Convocado João Amílcar Pavan, data do julg.: 13.11.2002. Fonte: *site* do TST)." (TRT 18ª Reg., RO-01403-2004-121-18-00-9, Rel. Juiz Luiz Francisco Guedes de Amorim, DJGO 14.625, de 27.10.2005, p. 46)

Horas *in itinere*. Supressão do pagamento. Inadmissibilidade

"Recurso ordinário em ação anulatória — Horas *in itinere* — Supressão do pagamento — Inadmissibilidade. I — Embora o princípio do conglobamento, adotado na interpretação dos acordos e convenções coletivos, permita a redução de determinado direito mediante a concessão de outras vantagens similares, de modo que no seu conjunto o ajuste se mostre razoavelmente equilibrado, não é admissível a utilização de instrumentos normativos para a preterição pura e simples de direito legalmente previsto. II — O inciso XIII do art. 7º da Constituição, ao prever a possibilidade de redução da jornada laboral, por meio de acordo ou convenção coletiva, não autoriza a ilação de que os protagonistas das relações coletivas de trabalho possam ajustar a supressão integral de direito assegurado em lei. III — Conquanto deva-se prestigiar os acordos e convenções coletivas, por injunção do art. 7º, inciso XXVI da Constituição, em que se consagrou o princípio da autonomia privada da vontade coletiva, impõe-se sua submissão ao princípio da reserva legal. IV — Do contrário, a manutenção de cláusulas dessa natureza implicaria conferir-lhes o *status* de lei em sentido estrito, em condições de lhes atribuir inusitado efeito derrogatório de preceito legal. V — Estando a matéria relativa às horas *in itinere* atualmente regulada no § 2º do art. 58 da CLT, depara-se com a nulidade da cláusula convencional em que as partes acertaram o seu não pagamento, mesmo que materializados os requisitos de caracterização das horas de trânsito. Recurso provido." (TST-ROAA-17/2005-000-24-00.9 — (Ac. SDC) 24ª Reg. — Rel. Min. Antonio José de Barros Levenhagen. DJU 11.11.2005, p. 824 — In *LTr Sup. Jurisp.* 50/2005, p. 393)

Horas *in itinere*. Acordo coletivo que prevê o não pagamento do adicional. Validade

"*Horas in itinere — Acordo coletivo que prevê o não pagamento do adicional — Validade — Inteligência do art. 7º, inciso XXVI da Constituição.*

I — É sabido que o princípio do conglobamento, adotado na interpretação dos acordos e convenções coletivos, permite a redução de determinado direito mediante a concessão de outras vantagens similares, de modo que no seu conjunto o ajuste se mostre razoavelmente equilibrado.

II — Por isso mesmo é que se deve prestigiar os acordos e convenções coletivas, por injunção do art. 7º, inciso XXVI, da Constituição, em que se consagrou o princípio da autonomia privada da vontade coletiva, desde que a pactuação não agrida norma de ordem pública ou norma constitucional de proteção mínima ao empregado.

III — O § 2º do art. 58 da CLT, introduzido pela Lei n. 10.243/2001, embora reconhecesse o direito às horas de trânsito, nada dispôs sobre o critério de seu pagamento, se o deveria ser de forma simples ou enriquecido do adicional de 50% das horas extras.

IV — É imperativo, portanto, observar o que fora soberanamente pactuado no instrumento normativo de as horas de trânsito serem devidas de forma simples, até porque não guardam nenhuma correlação com as horas extras, visto que não há efetiva prestação de serviço, daí sobressaindo a denunciada violação do art. 7º, XXVI da Constituição. Recurso conhecido e provido." (TST — RR 649/2005-072.03.00 — TRT 3ª R. — 4ª T. — Rel. Min. Barros Levenhagen — DJU 4.8.2006 — In *Revista IOB Trabalhista e Previdenciária* n. 207, p. 97, ementa 21130)

Transporte fornecido pelo empregador. Previsão em acordo coletivo. Horas *in itinere*. Inadmissibilidade

"Transporte fornecido pelo empregador — Previsão em acordo coletivo — Horas *in itinere* — Inadmissibilidade. Tendo a atual Carta Magna garantido expressamente, como direito dos trabalhadores, o reconhecimento das Convenções e Acordos Coletivos de Trabalho (art. 7º, inciso XXVI), deve, pois, prevalecer o entendimento de que os pactos coletivos devem ser preservados, notadamente nos dias atuais, onde se verifica êxodo cada vez maior da normatização da esfera heterônoma para a autônoma, esta última consubstanciada nos instrumentos de negociação coletiva. Não me parece lógico entender que a Constituição Federal autorize a redução do salário *stricto sensu*, mediante negociação coletiva, e não possam as partes, através do mesmo procedimento, flexibilizar outros direitos trabalhistas como as horas *in itinere*. Recurso improvido por maioria no particular." (TRT 24ª R. — RO1287-2004-022-24-00-3 — Rel. Juiz João de Deus Gomes de Souza — DOMS 12.1.2006 — In *Revista IOB Trabalhista e Previdenciária* n. 209, p. 150, ementa 21319)

Horas *in itinere*. Supressão por convenção e acordo coletivo. impossibilidade

"Agravo de instrumento — Recurso de revista — Horas *In Itinere* — O reconhecimento das convenções e acordos coletivos de trabalho, previsto no art. 7º, XXVI, da Carta Magna, não autoriza que através destes instrumentos seja promovida a simples supressão de direitos e garantias legalmente assegurados. No caso em exame, a norma coletiva, objeto de discussão, subtraiu direito do empregado assegurado em norma cogente, qual seja, o art. 58, § 2º, da CLT. A situação dos autos não encontra amparo no ordenamento jurídico, que não contempla a supressão, mediante acordo ou convenção coletiva, de direitos trabalhistas protegidos por norma legal de caráter cogente. Por conseguinte, as horas *in itinere* são devidas como extras, já que implicam transbordamento da jornada normal. Incidência da Súmula n. 90, itens I e V, do TST. Violação constitucional não configurada (art. 896, *c*, da CLT). Agravo de Instrumento a que se nega provimento." [TST-AIRR-397/2005-271-06-40.8 — (Ac. 3ª T.) — Rel. Min. Carlos Alberto Reis de Paula. DJU 20.10.2006, p. 1.109 — In *LTr Sup. Jurisp.* 52/2006, p. 414]

Horas *in itinere*. Acordo coletivo de trabalho. Período posterior à edição da Lei n. 10.243/01. Validade

"Agravo de instrumento. Recurso de revista. Rito sumaríssimo. Horas *in itinere*. Acordo coletivo de trabalho. Período posterior à edição da Lei n. 10.243/2001. Validade. A Lei n. 10.243/2001 acrescentou o § 2º ao art. 58 da CLT, passando o conceito de horas *in itinere*, que decorria de construção jurisprudencial, a ser um direito legalmente assegurado aos trabalhadores. O entendimento que vem sendo firmado nesta Corte é o de que normas coletivas que reduzem o pagamento das horas *in itinere*, ajustadas após a vigência da Lei n. 10.243/2001, não são válidas. Horas extras. Restrição ao adicional. Súmula n. 340/TST. A Corte Regional registra hipótese fática que não atrai a incidência da Súmula n. 340/TST. Contrariedade não demonstrada. Agravo de instrumento não provido." [TST — AIRR-51019/2004-025-09-40 — (Ac. 6ª T.) — Relª Min. Rosa Maria Weber Candiota da Rosa — DJU 30.11.2007 — in: *Revista IOB Trabalhista e Previdenciária* n. 223, p. 81, ementa 24217]

Horas *in itinere*. Direito indisponível. Desvirtuamento da negociação coletiva

Ementa: H*oras in itinere. Direito indisponível. Desvirtuamento da negociação coletiva.* É inaceitável que uma norma coletiva, decorrente de acordo ou convenção, obrigue a renúncia a direitos adquiridos ou a direitos previstos no ordenamento legal. As horas *in itinere* são direitos referentes à jornada de trabalho e, portanto, irrenunciáveis. O fornecimento de transporte, pela empresa, não pode ser visto como contrapartida oferecida aos empregados, diante da irrenunciabilidade do direito. Ademais, se o transporte configura a única forma de os trabalhadores chegarem ao seu local de destino e, assim, cumprirem a obrigação que o contrato de trabalho lhes impõem, a empresa é obrigada a transportar seus empregados em veículos com condições mínimas de tráfego. E mais: compete-lhe ainda computar as horas do percurso na jornada de trabalho de cada um desses empregados, conforme disciplina o art. 58 da CLT. [TRT 8ª Reg. RO 00222-2008-126-08-00-5 — (Ac. 1ª T.) — Relª Desª Rosita de Nazaré Sidrim Nassar — DJe/TRT 8ª Reg. n. 206/2009, p. 10 — *LTr Sup. Jurisp.* 28/2009, p. 220]

Horas *in itinere*. Supressão de direito mediante negociação coletiva. Validade

Ementa: Horas *in itinere* — Supressão de direito mediante negociação coletiva — Validade. A cláusula normativa que suprime o direito ao pagamento das horas *in itinere* tem plena eficácia, nos termos expressos do art. 7º, XXVI da Constituição Federal, que reconhece a fiel observância das convenções e acordos coletivos de trabalho, legitimamente firmados pelas entidades sindicais representativas das categorias econômicas e profissionais. A hora de percurso não se traduz como norma de ordem pública e tampouco cuida da higiene, saúde e segurança do trabalhador, sendo matéria própria para flexibilização através da norma coletiva, porquanto não se enquadra como direito indisponível do trabalhador, ainda que previsto no art. 58, § 2º da CLT. (TRT 3ª Reg. RO529/2009-056-03-00-8 — (Ac. 2ª T.) — Red. Des. Luiz Ronan Neves Koury — DJe/TRT 3ª Reg. n. 309/09, 3.9.2009, p. 101 — *LTr Sup. Jurisp.* 50/2009, p. 398]

INTERVALO INTRAJORNADA — INDENIZAÇÃO

Questão n. 08

Empregado, com jornada normal de trabalho de 8 horas e intervalo para repouso e/ou alimentação de 2 horas, ganha R$ 2.640,00 por mês. Em determinado mês, durante 20 dias, cumpriu a jornada de trabalho sem o devido intervalo legal. Quanto receberá pela falta de gozo desse intervalo?

Solução

a) R$ 2.640,00 : 220 = R$ 12,00 (valor da hora normal)

b) R$ 12,00 + (50% x R$ 12,00) = R$ 18,00 (hora normal + adicional)

c) R$ 18,00 x 40 = R$ 720,00 (valor pela não concessão das 40 horas de intervalos)

ou

R$ 12,00 x 1,5 x 40 = R$ 720,00

Notas

1. Intervalos intrajornada — Legislação — Quadro ilustrativo — Indenização — Exemplificação — Pagamento proporcional

1.1. Legislação

A CLT preceitua:

Art. 71. Em qualquer trabalho contínuo, cuja duração exceda de 6 (seis) horas, é obrigatória a concessão de um intervalo para repouso ou alimentação, o qual será, no mínimo, de 1 (uma) hora e, salvo acordo escrito ou contrato coletivo em contrário, não poderá exceder de 2 (duas) horas.

§ 1º Não excedendo de 6 (seis) horas o trabalho, será, entretanto, obrigatório um intervalo de 15 (quinze) minutos quando a duração ultrapassar 4 (quatro) horas.

§ 2º Os intervalos de descanso não serão computados na duração do trabalho.

§ 3º O limite mínimo de uma hora para repouso ou refeição poderá ser reduzido por ato do Ministro do Trabalho, quando ouvido o Departamento Nacional de Higiene e Segurança do Trabalho (DNHST) atualmente Secretaria de Segurança e Medicina do Trabalho, se verificar que o estabelecimento atende integralmente às exigências concernentes à organização dos refeitórios, e quando os respectivos empregados não estiverem sob regime de trabalho prorrogado a horas suplementares.

§ 4º Quando o intervalo para repouso e alimentação, previsto neste artigo, não for concedido pelo empregador, este ficará obrigado a remunerar o período correspondente com um acréscimo de no mínimo 50% (cinquenta por cento) sobre o valor da remuneração da hora normal de trabalho. (Incluído pela Lei n. 8.923, de 27.7.1994)

1.2. Quadro ilustrativo

Jornada	**Intervalo**	**Não concessão**	**Legislação**
mais de 6 horas	1 a 2 horas	indenização	CLT, art. 71, *caput* e § 4º
mais de 6 horas	mais de 2 horas (acordo)	indenização	CLT, art. 71, *caput* e § 4º
mais de 6 horas	menos de 1 hora (refeitório)	indenização	CLT, art. 71, §§ 3º e 4º
4 até 6 horas	15 minutos	indenização	CLT, art. 71, §§ 1º e 4º
empregado rural	usos e costumes	divergência	Lei n. 5.889/1973, art. 5º

1.3. Indenização — Multa administrativa — Horas extras

A CLT (art. 71, § 4º) prevê indenização pela não concessão do intervalo para repouso e/ou alimentação, a favor do empregado, independentemente da sanção administrativa por infringência da norma pelo empregador (CLT, art. 75). Caso ocorra acréscimo na jornada normal de trabalho, além das penalidades enumeradas, haverá pagamento de horas extras.

1.4. Exemplificação — Situações — Divergência

Empregado com jornada normal de trabalho, tem o horário de trabalho das 8 às 11 e das 12 às 17 horas:

a) o empregador não fornece intervalo para repouso e alimentação e exige do empregado trabalho das 8 às 16 horas; nesse caso, não haverá pagamento de horas extras, pois não foi ultrapassada a jornada normal de trabalho, mas haverá pagamento de indenização pelo período do intervalo não concedido (1 hora) acrescido de 50% e que não tem a natureza de salário (não gerando reflexos), além da multa administrativa que deverá ser aplicada pelo Ministério do Trabalho e Emprego;

b) o empregador não fornece intervalo para repouso e alimentação e exige do empregado trabalho das 8 às 17 horas; nessa situação, haverá pagamento de 1 hora extra por dia, pois foi ultrapassada a jornada normal de trabalho (8 horas) e haverá pagamento de indenização por não ter havido a concessão do período de intervalo para repouso e/ou alimentação, além da multa administrativa que deverá ser aplicada pelo MTE;

c) se o empregador não concede o devido intervalo para repouso ou alimentação viola direito da personalidade do empregado, atingindo o princípio da dignidade da pessoa humana, ficando sujeito à reparação (indenização) pelo dano causado. O direito ao intervalo para repouso ou alimentação é direito fundamental, se desrespeitado pelo empregador, causa dano moral ao empregado, devendo o mesmo ser indenizado, conforme preceitua o art. 927, *caput*, do Código Civil. Desta forma, a natureza jurídica do pagamento correspondente ao período do intervalo não concedido é indenizatória, sendo que o § 4º, do art. 71, da CLT, apenas, fixa os parâmetros para o estabelecimento do valor da indenização pela inobservância da concessão total ou parcial do intervalo;

d) todavia, a OJ n. 354 da SDI-1 do TST entendeu que a natureza jurídica do pagamento pela não concessão ou redução do intervalo previsto no § 4º do art. 71 da CLT é de hora extra, consequentemente, salarial, com reflexos sobre as demais verbas trabalhistas.

1.5. Pagamento proporcional — Divergência

O pagamento do intervalo para repouso e/ou alimentação poderá ser proporcional ao espaço de tempo do intervalo não concedido. É o que determina o § 4º do art. 71 da CLT, quando diz que o empregador "ficará obrigado a remunerar o período correspondente...", ou seja, o período não concedido do intervalo.

Do voto condutor da Desª Káthia Maria Bomtempo de Albuquerque (TRT da 18ª Reg. — RO 002161-2007-002-18-00-7 — DJE 23.6.2008) destaca-se:

> A expressão "período correspondente", que segue "pagamento total", refere-se, portanto, ao lapso temporal que o obreiro deixou de usufruir de intervalo, seja parcial ou integral.
>
> Destarte, utilizando de uma análise sistemática dos preceitos jurisprudenciais do C. TST, tenho que a ausência ou concessão parcial do intervalo intrajornada enseja a remuneração apenas do período suprimido, nos termos do art. 71, § 4º, da CLT, acrescido (...).

Exemplificando: empregado que tenha intervalo para repouso e alimentação de 1 hora e 30 minutos e o empregador só concedeu 1 hora; nesse caso, o empregador ficará obrigado a indenizar, com acréscimo mínimo de 50%, os 30 minutos não concedidos e não o período total do intervalo.

É este o entendimento da 4ª Turma do TST, por meio da ementa: "Intervalo intrajornada de uma hora. Art. 71, § 4º, da CLT. Gozo de apenas 15 minutos para refeição e descanso. Direito aos quarenta e cinco minutos faltantes. Conforme estabelece o art. 71, *caput,* e § 1º, da CLT, em qualquer trabalho contínuo prestado, cuja duração exceda a jornada de seis horas, é obrigatória a concessão de um intervalo para repouso ou alimentação de, no mínimo, uma hora. No caso, o TRT salientou que o reclamante somente desfrutava de intervalo para refeição e descanso de 15 minutos. Assim, considerando que o intervalo a ser observado era o de uma hora previsto no art. 71, *caput,* da CLT, tem-se por correta a decisão do TRT, à luz da OJ n. 307 da SBDI-1 do TST, que manteve o deferimento apenas dos 45 minutos faltantes para completar o intervalo de uma hora. Recurso de revista não conhecido". (TST — RR 748/2002-092-15-00-15ª R. — 4ª T. — Rel. Min. Ives Gandra Martins Filho — DJU 1 10.3.2006 — In *Revista IOB Trabalhista e Previdenciária* n. 205, p. 150, ementa 23000)

Por sua vez, a OJ n. 307 da SDI-1 do TST preceitua: "(...) a não concessão total ou parcial do intervalo intrajornada mínimo, para repouso e alimentação, implica o pagamento total do período correspondente, com acréscimo de, no mínimo, 50% sobre o valor da remuneração da hora normal de trabalho".

2. Intervalos interjornadas — Descanso — Duração — Desrespeito

2.1. Intervalo entre duas jornadas de trabalho para descanso — Duração

Entre duas jornadas de trabalho haverá um período mínimo de onze horas consecutivas para descanso (CLT, art. 66).

Como regra geral, entre a jornada de um dia e a do dia seguinte, haverá um intervalo mínimo de 11 horas consecutivas para descanso. Nesse caso, terá o empregado um período maior para recompor as suas energias.

Para certas atividades, o intervalo entre duas jornadas de trabalho varia para mais ou para menos de 11 horas, que é a regra geral, conforme quadro ilustrativo.

Intervalo entre 2 jornadas	Duração	Legislação
urbano — regra geral	11 horas	CLT — art. 66
rural — regra geral	11 horas	Lei n. 5.889/1973 — art. 5º, final
telegrafistas/telefonistas	17 horas	CLT — art. 229
operadores cinematográficos	12 horas	CLT — art. 235, § 2º
ferroviários/equipagem	10 horas	CLT — art. 239, § 1º
ferroviários/cabineiros	14 horas	CLT — art. 245
jornalistas profissionais	10 horas	CLT — art. 308

2.2. Descanso semanal e nos feriados — Duração

A CF/1988 assegura: repouso semanal remunerado, preferencialmente aos domingos (art. 7º, XV). A CLT (Decreto-lei n. 5.452/43) disciplina o assunto nos arts. 67 a 70. É interessante observar que a CLT determina que seja dado o repouso semanal e nos feriados, mas não determinou o seu pagamento. A obrigatoriedade legal do pagamento só veio com a Constituição de 1946, sendo regulada pela Lei n. 605, de 5 de janeiro de 1949, que dispôs sobre o repouso semanal remunerado e o pagamento de salário nos dias feriados civis e religiosos. Essa lei foi regulamentada pelo Decreto n. 27.048, de 12 de agosto de 1949.

Assim, todo empregado tem direito ao repouso semanal remunerado de 24 horas consecutivas, preferencialmente aos domingos e, nos limites das exigências técnicas das empresas, nos feriados civis e religiosos, de acordo com a tradição local (Lei n. 605/1949, art. 1º).

A duração do repouso semanal e dos feriados será de 24 horas consecutivas, que, somadas às 11 horas do intervalo entre duas jornadas de trabalho (CLT, art. 66), totalizará 35 horas consecutivas de intervalo de descanso.

2.3. Intervalos interjornadas — Duração — Desrespeito — Efeitos

No caso de não concessão dos intervalos interjornadas (total ou parcial), há divergência de entendimento quanto aos seus efeitos. Para uns, haverá pagamento de indenização pelas horas não concedidas do intervalo de descanso e infração administrativa sujeita a sanção; para outros, haverá pagamento de horas extras e infração administrativa sujeita a penalidade.

O TST, por meio da Súmula n. 110, preceitua: "No regime de revezamento, as horas trabalhadas em seguida ao repouso semanal de 24 horas, com prejuízo do intervalo mínimo de 11 horas consecutivas para descanso entre jornadas, devem ser remuneradas como extraordinárias, inclusive com o respectivo adicional".

2.4. Intervalo antes do início da prorrogação

Para a mulher, a CLT prevê que "em caso de prorrogação do horário normal, será obrigatório um descanso de quinze (15) minutos no mínimo, antes do início do período extraordinário de trabalho" (art. 384).

O empregador que deixar de conceder à trabalhadora o intervalo de 15 minutos, entre a jornada normal e a extraordinária, fica sujeito ao pagamento do tempo correspondente, com acréscimo de 50% (CLT, art. 71, § 4º), sem prejuízo da penalidade administrativa.

Com base no princípio da igualdade de direitos entre homens e mulheres (CF/1988, art. 5º, I), há entendimento de que a norma do art. 384 da CLT deve ser extensiva a todos os casos de prorrogação de serviço de qualquer trabalhador. Consultar as ementas transcritas no item abaixo.

3. Precedentes administrativos

79. Intervalos intra e interjornadas e descanso semanal. Descumprimento. Necessidade imperiosa. Inaplicabilidade art. 61 da CLT

A ocorrência de necessidade imperiosa não autoriza o descumprimento do intervalo mínimo de onze horas consecutivas para descanso entre duas jornadas de trabalho, tampouco a não concessão do descanso semanal de vinte e quatro horas consecutivas, ou ainda a não concessão do intervalo mínimo intrajornada. (Referência normativa: arts. 66 e 67, *caput* e 71, *caput*, da CLT)

82. Jornada. Intervalo para repouso e alimentação. Não cumulatividade

Os intervalos para repouso e alimentação previstos no art. 71, *caput* e §1º não são cumulativos, inexistindo obrigação legal de concessão de dois intervalos. A expressão "trabalho contínuo" deve ser entendida como jornada diária e não como períodos individuais que antecedem ou sucedem o horário de repouso. Ainda que o segundo período da jornada diária do empregado, após o intervalo concedido, seja superior a seis horas, o empregador não está obrigado a conceder-lhe novo intervalo. (Referência normativa: art. 71, *caput* e § 1º da CLT)

84. Jornada. Intervalo interjornadas de 11 horas e descanso semanal de 24 horas.

O intervalo interjornada corresponde ao lapso temporal de 11 horas consecutivas que deve separar uma jornada e outra de trabalho. Tal intervalo não se confunde ou se compensa com o descanso semanal remunerado, de 24 horas consecutivas. Entre módulos semanais somam-se os dois intervalos: 11 horas (entre dias) e 24 horas (entre semanas), totalizando, pois, 35 horas. (Referência normativa: arts. 66 e 67 da CLT)

4. Jurisprudência

Súmulas do TST

110. Jornada de trabalho. Intervalo

No regime de revezamento, as horas trabalhadas em seguida ao repouso semanal de 24 horas, com prejuízo do intervalo mínimo de 11 horas consecutivas para descanso entre jornadas, devem ser remuneradas como extraordinárias, inclusive com o respectivo adicional.

118. Intervalos concedidos por liberalidade. Horas extras

Os intervalos concedidos pelo empregador na jornada de trabalho, não previstos em lei, representam tempo à disposição da empresa, remunerados como serviço extraordinário, se acrescidos ao final da jornada.

346. Digitador. Intervalos intrajornada. Aplicação analógica do art. 72 da CLT

Os digitadores, por aplicação analógica do art. 72 da CLT, equiparam-se aos trabalhadores nos serviços de mecanografia (datilografia, escrituração ou cálculo), razão pela qual têm direito a intervalos de descanso de 10 (dez) minutos a cada 90 (noventa) de trabalho consecutivo.

360. Turnos ininterruptos de revezamento. Intervalos intrajornada e semanal

A interrupção do trabalho destinada a repouso e alimentação, dentro de cada turno, ou o intervalo para repouso semanal, não descaracteriza o turno de revezamento com jornada de 6 (seis) horas previsto no art. 7º, XIV, da CF/1988.

Orientações Jurisprudenciais da SDI-1-TST

307. Intervalo intrajornada (para repouso e alimentação) — Não concessão ou concessão parcial — Lei n. 8.923/1994. Após a edição da Lei n. 8.923/1994, a não concessão total ou parcial do intervalo intrajornada mínimo, para repouso e alimentação, implica o pagamento total do período correspondente, com acréscimo de, no mínimo, 50% sobre o valor da remuneração da hora normal de trabalho (art. 71 da CLT).

342. Intervalo intrajornada para repouso e alimentação. Não concessão ou redução. Previsão em norma coletiva. Invalidade. Exceção aos condutores de veículos rodoviários, empregados em empresas de transporte coletivo urbano (alterada em decorrência do julgamento do processo. [TST-IUJEEDEDRR (1226/2005-005-24-00.1) — Res. n. 159/2009, DJe divulgado em 23, 24 e 25.11.2009]

I — É inválida cláusula de acordo ou convenção coletiva de trabalho contemplando a supressão ou redução do intervalo intrajornada porque este constitui medida de higiene, saúde e segurança do trabalho, garantido por norma de ordem pública (art. 71 da CLT e art. 7º, XXII, da CF/1988), infenso à negociação coletiva.

II — Ante a natureza do serviço e em virtude das condições especiais de trabalho a que são submetidos estritamente os condutores e cobradores de veículos rodoviários, empregados em empresas de transporte público coletivo urbano, é válida cláusula de acordo ou convenção coletiva de trabalho contemplando a redução do intervalo intrajornada, desde que garantida a redução da jornada para, no mínimo, sete horas diárias ou quarenta e duas semanais, não prorrogada, mantida a mesma remuneração e concedidos intervalos para descanso menores e fracionados ao final de cada viagem, não descontados da jornada.

354. Intervalo intrajornada. Art. 71, § 4º, da CLT. Não concessão ou redução. Natureza jurídica salarial. Possui natureza salarial a parcela prevista no art. 71, § 4º, da CLT, com redação introduzida pela Lei n. 8.923, de 27 de julho de 1994, quando não concedido ou reduzido pelo empregador o intervalo mínimo intrajornada para repouso e alimentação, repercutindo, assim, no cálculo de outras parcelas salariais.

355. Intervalo interjornadas. Inobservância. Horas extras. Período pago como sobrejornada. Art. 66 da CLT. Aplicação analógica do § 4º do art. 71 da CLT. O desrespeito ao intervalo mínimo interjornadas previsto no art. 66 da CLT acarreta, por analogia, os mesmos efeitos previstos no § 4º do art. 71 da CLT e na Súmula n. 110, do TST, devendo-se pagar a integralidade das horas que foram subtraídas do intervalo, acrescidas do respectivo adicional.

380. Intervalo intrajornada. Jornada contratual de seis horas diárias. Prorrogação habitual. Aplicação do art. 71, *caput* e § 4º, da CLT. Ultrapassada habitualmente a jornada de seis horas de trabalho, é devido o gozo do intervalo intrajornada mínimo de uma hora, obrigando o empregador a remunerar o período para descanso e alimentação não usufruído como extra, acrescido do respectivo adicional, na forma prevista no art. 71, *caput* e § 4º, da CLT.

381. Intervalo intrajornada. Rurícola. Lei n. 5.889, de 8.6.1973. Supressão total ou parcial. Decreto n. 73.626, de 12.2.1974. Aplicação do art. 71, § 4º, da CLT. A não concessão total ou parcial do intervalo mínimo intrajornada de uma hora ao trabalhador rural, fixado no Decreto n. 73.626, de 12.2.1974, que regulamentou a Lei n. 5.889, de 8.6.1973, acarreta o pagamento do período total, acrescido do respectivo adicional, por aplicação subsidiária do art. 71, § 4º, da CLT.

Ementas diversas

Intervalo intrajornada. Pré-anotação. Fracionamento

"*Intervalo intrajornada — Pré-anotação — Validade.* A pré-anotação do intervalo intrajornada é válida, conforme autorização da Portaria n. 3.626/1991, em seu art. 13, gerando presunção *juris tantum* quanto à sua observância, sendo ônus do empregado demonstrar o contrário." [TRT 12ª Reg., RO-V 610-2003-020-12-00-3 — (Ac. 1ª T. 02564/04, 18.2.2004) — Rel. Juiz Gerson Paulo Taboada Conrado, DJSC 16.3.2004, p. 181 — *apud LTr Sup. Jurisp.* 18/2004, p. 143]

"*Intervalo intrajornada — Fracionamento da concessão — Impossibilidade.* O intervalo intrajornada, por se tratar de norma de saúde (cogente e inafastável pela manifestação volitiva das partes) não pode ser fracionado e usufruído em períodos distintos durante a jornada de trabalho. A concessão fracionada equivale à ausência de concessão, pela frustração da finalidade da norma que é assegurar período mínimo de descanso ao empregado. Não é válida a diminuição do intervalo intrajornada, ainda que através de instrumento normativo, em virtude do princípio da adequação setorial negociada. Isto porque, falece poderes ao sindicato para transacionar normas de saúde e higiene." [TRT, 9ª Reg. — RO 01977-2002-661-09-00-4 — (Ac. 3ª T. 04257/05) — Rel. Juiz Célio Horst Waldraff, DJPR 22.2.2005, p. 231 — *apud LTr Sup. Jurisp.* n. 18/2005, p. 142]

"*Jornada de trabalho — Intervalo — Pré-assinalação — Permissão legal — CLT, art. 74, § 4º — Ônus da prova.* A regra é de que o empregador deve controlar os horários de entrada e saída dos seus empregados, sendo que, para o estabelecimento com mais de dez empregados poderá ocorrer a pré-assinalação do período de repouso (CLT, art. 74, § 2ª). Logo, o empregador não tem obrigação de anotar o horário de intervalo diariamente, mas apenas sua pré-assinalação, que consiste na colocação no cabeçalho do cartão ou folha de ponto do horário destinado ao intervalo. Feito isso, o ônus de provar que o intervalo não era gozado pertence ao empregador (CLT, art. 818). [TRT 10ª Reg. ROPS-1394/2008-010-10-00.1 — (Ac. 1ª T.) — Rel. Des. Pedro Luís Vicentin Foltran — DJe/TRT 10ª Reg. n. 226/09, 7.5.2009, p. 22 — *Apud LTr Sup. Jurisp.* 34/2009, p. 268]

"*Intervalo intrajornada. Ausência de registro nos cartões de ponto do período de intervalo intrajornada usufruído. Validade da norma coletiva por meio da qual se dispensa a marcação de tais períodos. Violação do art. 896 da Consolidação das Leis do Trabalho.* 1. Ainda que em tese se possa admitir a autorização, por meio de norma coletiva, da dispensa da marcação diária do intervalo intrajornada nos cartões de ponto, subsiste para o empregador a obrigação legal de pré-anotar tais períodos nos registros de frequência, nos termos do art. 74, § 2º, da CLT. Tal formalidade mínima revela-se essencial à garantia de condição relacionada com a higiene e segurança no trabalho, além de assegurar a necessária transparência na relação de emprego e a possibilidade de fiscalização pela autoridade administrativa não podendo, por isso, ser objeto de disposição pelas partes. 2. Na hipótese dos autos, todavia, afigura-se inócuo o debate em torno da validade do instrumento normativo por meio do qual se teria dispensado a marcação do intervalo intrajornada nos cartões de ponto, em razão de a instância de prova ter constatado a ausência, nos registros de frequência acostados aos autos, de qualquer informação a respeito dos períodos de descanso concedidos pela reclamada. 3. Recurso de embargos não conhecido. [TST-E-RR 5282200-85-2002.5.12.0900 — (Ac. SDI-1) — Rel. Min. Lélio Bentes Corrêa — DEJT 19.3.2010]

Intervalo intrajornada. Natureza indenizatória

"Intervalo para repouso. Indenização. A não concessão ou a redução do intervalo para repouso deve ser indenizado de acordo com as disposições do § 4º do art. 71 da CLT e não remunerado como extra." [TRT 15ª Reg. (Campinas/SP — ROS-15397/00 — (Ac. 9952/2002) — Rel. Juiz Eduardo Benedito de Oliveira Zanella, DJSP 18.3.2002, p. 28 — *apud* FERRARI, Irany; MARTINS, Melchíades Rodrigues. *LTr Sup. Jurisp.* n. 4/2002, p. 30]

"*Intervalo intrajornada — Descumprimento — Direito à indenização.* Se a Empresa exige o retorno do trabalhador ao serviço antes do intervalo de descanso assegurado pela lei, ocasionando um desgaste maior ao empregado, por ainda não se haver recuperado do esforço despendido, deve indenizá-lo pela exigência suplementar.

Convém destacar que o pagamento do intervalo não gozado não se confunde com o de horas extras, quando a jornada continua inalterada no seu cômputo geral. Não se trata de reconhecimento de sobrejornada, mas do direito à indenização prevista em lei, tomando por base o valor da hora normal, acrescendo-o de 50% (CLT, art. 71, § 4º). Recurso de revista parcialmente conhecido e desprovido." (TST-RR-40523-2002-900-04-00, 4ª T., Rel. Min. Ives Gandra Martins Filho, DJU 5.9.2003)

"*Intervalo intrajornada. Indenização.* Não correspondência com horas extraordinárias. O § 4º, do art. 71, da CLT, não estabelece a paga no intervalo intrajornada que deixou de ser usufruído como horas extraordinárias, mas sim uma indenização decorrente do desrespeito ao comando legal contido em seu *caput*. Trata-se, portanto, de penalidade que não se confunde com a contraprestação por eventual excesso de jornada, razão pela qual é indevida a incidência de reflexos, em face da natureza indenizatória do título." [TRT 15ª Reg. — Proc. 24.908/2002 (8.942/2003 — PATR) — 1ª T. — Rel. Juiz Fernando da Silva Borges — DOESP 11.4.2003 — *apud Revista Síntese Trabalhista* n. 172, p. 75, ementa n. 19.831]

"*Intervalo intrajornada violado — Pagamento de horas extras* — O pagamento do intervalo intrajornada não usufruído como hora extra não se confunde com a condenação das próprias horas extraordinárias trabalhadas, posto que se referem a parcelas de natureza jurídica diversa. Enquanto as horas extras visam à quitação do labor efetivamente realizado em sobrejornada, o pagamento previsto no § 4º, do art. 71, da CLT, de natureza nitidamente indenizatória, tem como base a compensação dos malefícios causados à saúde física e mental do empregado em face da ausência do intervalo." [TRT 9ª Reg. AP-02698-2002 — (Ac. SE 00185-2003) — Rel. Juiz Luiz Celso Napp, DJPR 24.1.2003, p. 187 — *apud LTr Suplemento de Jurisprudência* n. 10/ 2003, p. 78)

"*Intervalo intrajornada não concedido. Efeitos.* O fato de o empregado trabalhar aquém da jornada mensal de 220 horas não afasta o seu direito ao intervalo para refeição e descanso previsto no art. 71 da CLT. O lapso temporal para refeição e descanso dentro da jornada de trabalho visa, fundamentalmente, a recuperar as energias do empregado e sua concentração ao longo da prestação diária de serviços. Revela-se como instrumento relevante de preservação da higidez física e mental do trabalhador, de modo que o seu desrespeito conspira contra os objetivos de saúde e segurança no ambiente de trabalho. A partir da edição da Lei n. 8.923, de 27.7.1994, que incluiu o § 4º ao art. 71 da CLT, a inobservância do intervalo intrajornada gera para o trabalhador o direito à indenização do período correspondente como se fosse tempo trabalhado e acrescido do adicional de 50% sobre o valor da remuneração da hora normal. A nova lei criou a figura do tempo fictício extraordinário. Essa indenização, ressalte-se, não se compensa ou se confunde com o salário mensal percebido pelo trabalhador. O salário é a contraprestação devida e paga pelos serviços prestados, enquanto a indenização visa a ressarcir os malefícios gerados pela não concessão do intervalo para refeição e descanso. Recurso de Revista conhecido e provido, no particular." [TST--RR-02206/1999-096-15-00-0 — (Ac. 5ª T.) — 15ª Reg. — Rel. Min. Rider Nogueira de Brito, DJU 6.6.2003, p. 839 — *apud LTr Sup. Trab.* n. 101/2003, p. 458]

"*Intervalo intrajornada — Supressão — Efeitos remuneratórios — Natureza indenizatória.* 1. O art. 71, § 4º, da CLT, em redação conferida pela Lei n. 8.923, de 27.7.1994, alterou o entendimento consubstanciado no então Enunciado n. 88 desta Corte, de que o desrespeito ao intervalo mínimo entre dois turnos de trabalho, sem importar em excesso na jornada, configurava mera infração administrativa, para determinar a produção de efeitos remuneratórios. 2. O diploma legal estabeleceu verdadeira punição à prática de não observância do comando legal de concessão do intervalo intrajornada, obrigando à indenização correspondente à totalidade da remuneração do empregado, considerando o intervalo suprimido, acrescido de no mínimo 50% (cinquenta por cento) sobre o valor da hora normal de trabalho. 3. A indenização a que tem jus o empregado não corresponde ao efetivo exercício de trabalho extraordinário, sendo devida com o escopo de reparação pelo descumprimento da norma de saúde e segurança laboral — garantia fundamental conferida pelo art. 7º, XXII, da Constituição da República. 4. Dada a natureza indenizatória da parcela, não há falar em incorporação à remuneração para os efeitos legais. Recurso de Revista conhecido e provido." (TST-RR-250/2002-022-02-00 — Ac. 3ª Turma — Relª Min. Maria Cristina Irigoyen Peduzzi — In *Revista do TST*, v. 72, n. 1, p. 241)

"Intervalo para repouso. Indenização. A não concessão ou a redução do intervalo para repouso deve ser indenizado de acordo com as disposições do § 4º do art. 71 da CLT e não remunerado como extra." [TRT 15ª Reg. (Campinas/SP — ROS-15397/00 — (Ac. 9952/2002) — Rel. Juiz Eduardo Benedito de Oliveira Zanella, DJSP 18.3.2002, p. 28 — *apud* FERRARI, Irany; MARTINS, Melchíades Rodrigues. *LTr Sup. Jurisp.* n. 4/2002, p. 30]

Intervalo intrajornada. Natureza salarial

"*Intervalo. Penalidade.* A intenção do legislador não foi a de simplesmente determinar o pagamento da hora como extra, pois esse raciocínio já era imperioso ante aos limites de jornada fixados pela Constituição Federal, mas sim, foi o de penalizar o empregador que descumpre uma determinação legal que está atrelada ao bem-estar e à saúde do trabalhador. Destarte, somente se pode ter que a falta de concessão do intervalo induz à aplicação de uma pena ao empregador, pelo descumprimento da obrigação de conceder o intervalo, pena essa consubstanciada no pagamento da hora como extraordinária." (TRT 2ª Reg. — Processo n. 00284200100802003 — Relatora Juíza Vera Marta Públio Dias)

"*Intervalo intrajornada suprimido. Natureza jurídica salarial.* A melhor exegese da norma contida no art. 71, § 4º, da CLT, tanto observada a literalidade de sua dicção, quanto de uma perspectiva teleológica ou finalística — presentes as razões higiênicas que informam o intervalo intrajornada —, é a que conclui pela natureza salarial da hora extra ficta nele assegurada em caso de indevida redução e/ou supressão. Súmula n. 333/TST. Recurso de embargos não conhecido." (TST- E-RR 1591-2002-074-02-00 — (SBDI-1) — Relª Min. Rosa Maria Weber Candiota da Rosa, DJ 16.3.2007)

"*Intervalo intrajornada. Descumprimento. Hora extra. Art. 71, § 4º, da CLT. Natureza jurídica.* 1. Ostenta natureza salarial e, portanto, não indenizatória, a parcela prevista no art. 71, § 4º, da CLT, com a redação conferida pela Lei n. 8.923/1994, em virtude da não concessão pelo empregador de intervalo mínimo intrajornada para repouso e alimentação. Além de a própria lei mandar remunerar tal período, está superada a doutrina clássica que conceituava salário estritamente como contraprestação de serviço. No caso, trata-se de remunerar como hora extra o tempo em que o empregado é privado de descanso essencial à recuperação das energias. Ademais, sempre que um trabalho é exigido do empregado em condições excepcionais, ou mais gravosas, a lei cuida de penalizar o empregador impondo um sobresalário que o desencoraje de tal prática deletéria à saúde do empregado (por exemplo, dobra salarial referente ao repouso semanal não usufruído). 2. Devido, portanto, o pagamento de seus reflexos sobre as demais verbas trabalhistas deferidas à empregada. 3. Embargos conhecidos e não providos." [TST-E-RR 2675-2002-079-02-00 — (SBDI-1) — Rel. Min. João Oreste Dalazen — DJ 2.3.2007]

Intervalo intrajornada. Pagamento proporcional

"*Intervalo intrajornada. Supressão parcial.* Na hipótese de supressão parcial do intervalo intrajornada, resta devido ao trabalhador apenas o período não usufruído. Isto porque, o deferimento integral importaria em pagamento por parte da reclamada inclusive do período relativo ao descanso efetivamente usufruído, constituindo um autêntico *bis in idem*. Ademais, como se trata de norma sancionadora, sua interpretação deve ser restritiva, não comportando a interpretação ampliativa pretendida pelo recorrente. Recurso improvido." [(TRT/15ª Reg., Acórdão n. 040560/2001, Relator Fernando da Silva Borges, decisão 1º.1.2001) — parte de ementa citada por Carlos Augusto Marcondes de Oliveira Monteiro, in *LTr Sup. Trab.* 91/2004, p. 406]

"*Intervalo intrajornada.* É devido o pagamento da hora mais o adicional extraordinário sobre o tempo faltante para complementar o intervalo mínimo legal." (TRT 4ª Reg. RO 00299-2007-812-04-00-0 — Relator Juiz Ricardo Carvalho Fraga — DJ 19.5.08)

"*Intervalo intrajornada. Art. 71 da CLT. Concessão parcial.* O gozo de intervalo intrajornada em frações inferiores ao mínimo legal enseja ao empregado o direito de receber o período faltante, e não o integral, conforme dispõe o § 4º do art. 71 da CLT. Tendo o reclamante usufruído de trinta minutos de intervalo para descanso e alimentação, serão devidos apenas os outros trinta minutos trabalhados, já que o interregno deveria ter sido de uma hora." [TRT 12ª Reg. — RO 01777-2003-019-12-86-7 — (3ª Turma) — Relª Desª Lígia Maria Teixeira Gouvêa — DOESC 27.6.2008]

"*Recurso ordinário. Intervalo intrajornada. Art. 71, § 4º, da CLT.* A remuneração prevista no art. 71, § 4º, da CLT, equipara-se às horas extras propriamente ditas e não a simples indenização, tendo em vista o objetivo da Lei de enaltecer a importância do intervalo para repouso e alimentação, considerando ser norma de saúde e segurança laborais, protegida, inclusive constitucionalmente (art. 7º, inciso XXII, da Constituição Federal), que preconiza o direito do trabalhador em ter reduzidos 'os riscos inerentes ao trabalho, por meio de normas de saúde, higiene e segurança'. Assim, tratando-se de desrespeito a intervalo para repouso e alimentação, independentemente de haver acréscimo na jornada laboral, a remuneração consistirá no pagamento do período não usufruído como se fosse hora efetivamente trabalhada e extraordinária, para todos os efeitos legais, notadamente, no que tange às incidências." [TRT 2ª Reg. — RO 00779200746402009 — (11ª Turma) — Rel. Carlos Francisco Berardo — DOE 8.4.2008]

"*Intervalo intrajornada. Horas extras. Tempo faltante para completar o intervalo legal não usufruído.* A concessão de intervalo para refeição e descanso inferior a 1 (uma) hora não autoriza o pagamento do período integral como extra. Uma interpretação literal do § 4º, do art. 71 da CLT induz à conclusão que o mesmo determina o pagamento apenas do período em que não houve intervalo, ou seja, da diferença e não do tempo do intervalo legalmente instituído. Sentença que se mantém." [TRT 9ª Reg. RO 21762--2008-012-09-00-6 — (Ac. 4ª T.) — Rel. Des. Sérgio Murilo Rodrigues Lemos — DJPR 1º.6.2010]

Intervalo intrajornada. Pagamento integral

"*Intervalo intrajornada. Supressão.* O desrespeito ao intervalo para repouso e alimentação, independente de haver acréscimo na jornada laboral, acarreta o pagamento integral do período não usufruído com adicional de 50%. Este pagamento tem como objetivo ressarcir os danos decorrentes da supressão do intervalo intrajornada, não se confundindo com a condenação relativa às horas extras, a qual constitui contraprestação pela sobrejornada realizada. Ademais, a natureza jurídica da obrigação instituída no § 4º, do art. 74 da CLT é indenizatório. Neste sentido a Orientação Jurisprudencial n. 307 da SDI-I do Colendo TST." (TRT 18ª Região — RO-01760-2003-007-18-00-1 — Rel. Juiz Gentil Pio de Oliveira — DJGO 14.407, de 7.12.2004, p. 46)

Intervalo antes da prorrogação

"*Brasil Telecom S/A — Intervalo do art. 384 da CLT* — O art. 384 da CLT, que prevê, para a mulher, o direito a intervalo de quinze minutos antes do início da jornada extraordinária, transmuda-se, constatada a sua inobservância, em direito ao pagamento do tempo correspondente como extra. Não se cogita de ofensa ao princípio da igualdade (art. 5º, I, da CF), decorrendo o tratamento diferenciado, no caso, da condição desigual da mulher, relativamente à sua higidez física." [TRT 9ª Reg. — RO 0156/2001 — (Ac. 26479 — 2ª T.) — Rel. Juiz Luiz Eduardo Gunther — J. 10.7.2001]

"*Intervalo previsto no art. 384 da CLT* — O art. 384 da Consolidação das Leis do Trabalho, que assegura à empregada mulher o direito ao intervalo de quinze minutos antes do início do labor em prorrogação ao horário normal, não foi recepcionado pela ordem constitucional vigente porque as peculiaridades do trabalho feminino não justificam o tratamento diferenciado entre ambos. Entendimento diverso importaria em violação ao princípio da igualdade de direitos e obrigações, insculpido no inciso I do art. 5º da Constituição Federal e até ensancha para discriminação no mercado de trabalho. Recurso ordinário conhecido e desprovido." [TRT 9ª Reg. — RO 01306-2006-071-09-00-5 — (Ac. 3ª T. — 04112/08) — Rel. Paulo Ricardo Pozzoto — DJPR 13.2.2008, p. 397 — in: *LTr Supl. Jurisp.* 20/2008, p. 160]

"*Trabalho da mulher — Horas extras decorrentes do intervalo para descanso previsto no art. 384 da CLT — Princípio isonômico* — I — Conquanto homens e mulheres, à luz do inciso I do art. 5º da Constituição da República/1988, sejam iguais em direitos e obrigações, é forçoso reconhecer que elas se distinguem dos homens, sobretudo em relação às condições de trabalho, pela sua peculiar identidade biossocial. II — Inspirado nela é que o legislador, no art. 384 da CLT, concedeu às mulheres, no caso de prorrogação da jornada normal, um intervalo de quinze minutos antes do início do período de sobretrabalho, cujo sentido protetivo, claramente discernível na *ratio legis* da norma consolidada, afasta, a um só tempo, a pretensa agressão ao princípio da isonomia e a avantajada ideia de *capitis diminutio* em relação às mulheres. III — Aliás, a se levar às últimas consequências o que prescreve o inciso I do art. 5º da Constituição, a conclusão então deveria ser no sentido de estender aos homens o mesmo direito reconhecido às mulheres, considerando a penosidade inerente ao sobretrabalho, comum a ambos os sexos, e não a que preconizam aqui e acolá de o princípio da isonomia, expresso também no tratamento desigual dos desiguais na medida das respectivas desigualdades, prestar-se como fundamento para a extinção do direito consagrado no art. 384 da CLT. Recurso provido." [TST-RR-12600/2003-008-09-00.3 — (Ac. 4ª T.) — Rel. Min. Barros Levenhagen — DJ 27.4.2007]

Intervalo intrajornada. Trabalhador rural

"*Trabalhador rural — Indenização do § 4º, do art. 71, da CLT — Aplicabilidade.* Apesar de não haver qualquer referência à aplicação do § 4º, do art. 71, da CLT às relações de trabalho rural, no *caput* do art. 4º, do Decreto n. 73.626/1974, que regulamentou a Lei n. 5.889/1973, é certo que, com a promulgação da Constituição Federal em 5 de outubro de 1988, restaram assegurados aos trabalhadores urbanos e rurais os mesmos direitos, quando então recepcionou a legislação infraconstitucional — exceção feita a situações peculiares relativas a esta categoria de trabalhadores — inclusive, mantendo no inciso XIII, de seu art. 7º, quanto à duração da jornada de trabalho, isonomia de tratamento entre urbanos e rurais, circunstância esta que atrai a aplicação do parágrafo de lei em comento ao trabalhador rural. Além do mais, o art. 1º, da Lei n. 5.889/1973, prevê a aplicação dos preceitos contidos na CLT às relações de trabalho rural, no que não colidirem estes com as normas reguladoras previstas naquela. Por fim, a norma em comento tem por finalidade a preservação da saúde física do trabalhador, sendo certo que negar aplicação de referido instituto ao rurícola representaria violação de direito constitucionalmente assegurado a todos os empregados, urbanos ou rurais." [TRT 15ª Reg. (Campinas/SP) — ROS-0 15.692/00 — (Ac. 1ª T. 10.974/2002) — Rel. Juiz Lorival Ferreira dos Santos, DJSP 18.2.2002, p. 62 — *apud LTr Sup. de Jurisp.* 7/2002, p. 56]

"*Intervalo — Trabalho rural — Art. 71 da CLT — Inaplicabilidade.* A norma específica afasta a incidência de qualquer outra de caráter geral. Como o art. 5º, da Lei n. 5.889/1973, regulou integralmente o intervalo para refeição e descanso do trabalho rural, o disposto no art. 71 e parágrafos da CLT não se aplica aos rurícolas." [TRT 15ª Reg. — ROS 05610/2002 — (Ac. 19.698/2002) — 5ª T. — Rel. p/ o Ac. Juiz Paulo de Tarso Salomão — DOESP 13.5.2002 — *apud Revista Síntese Trabalhista* n. 160, p. 52]

"*Intervalo intrajornada (art. 71, § 4º, da CLT) — Aplicabilidade ao trabalhador rural.* O art. 1º da Lei n. 5.889/1973, que regula o trabalho rural, dispõe: 'As relações de trabalho rural serão reguladas por esta Lei e, no que com ela não colidirem, pelas normas da Consolidação das Leis do Trabalho, ...'. O art. 5º da Lei n. 5.889/1973 preconiza que, no trabalho contínuo com duração superior a seis horas, será obrigatória a concessão de intervalo para repouso e alimentação, observados os usos e costumes da região, intervalo este que deve ser de no mínimo 1 hora, na forma do Decreto n. 73.626, de 12.2.1974, que aprovou a regulamentação da Lei n. 5.889/1973 e que, em seu art. 5º, § 1º, assevera que é obrigatória a concessão de no mínimo uma hora de intervalo para repouso e alimentação, observados os usos e costumes da região, para todo trabalho contínuo cuja duração seja superior a seis horas. Inobservado o intervalo entre as partes pactuado, ou qualquer outro, decorrente de um costume usual da região, não prevê a legislação aplicável ao rurícola qualquer sanção ao empregador ou reparação que seja ao empregado devida e, em sendo assim, aplicável, mesmo, os ditames previstos no art. 71 da CLT, mormente em seu § 4º, que não colidem com essas disposições e que, na forma preconizada pelo art. 1º, da Lei n. 5.889/1973, devem ser aplicadas em complementação. O *caput* do art. 7º da Constituição Federal equiparou trabalhadores urbanos e rurais, a não ser naquilo em que permaneceu em vigor a legislação específica a estes últimos aplicável, que, reprise-se, não se choca com a disposição do art. 71, § 4º, da CLT. Recurso de Revista não conhecido." [TST-RR-1.279/2002-011-15-00.0 — (Ac. 3ª T.) — 15ª Reg. — Rel. Min. Carlos Alberto Reis de Paula — DJU 24.8.2007, p. 1.171 — in: *LTr Sup. Jurisp.* 39/2007, p. 312]

"*Intervalo intrajornada — Parâmetro para o rurícola — Usos e costumes da região — Art. 5º da Lei n. 5.889/1973 — Inaplicabilidade da indenização prevista no art. 71, § 4º, da CLT* — 1. O fato de a Constituição Federal haver equiparado o trabalhador rurícola ao urbano (CF, art. 7º) não significa dizer que as normas especiais, nos capítulos específicos, tenham sido revogadas, até porque a Carta Magna não disciplinou, nos seus diversos incisos do referido art. 7º, a questão do intervalo intrajornada, devendo ser observados os preceitos vigentes, no caso, os arts. 71 da CLT e 5º da Lei n. 5.889/1973. 2. Cumpre destacar que o Decreto n. 73.626/1974, que disciplina a aplicação das normas concernentes às relações individuais e coletivas de trabalho rural, estatuídas pela citada lei, lista em seu art. 4º todos os preceitos da CLT aplicáveis às relações de trabalho rural, não constando no citado dispositivo legal a referência ao art. 71 da CLT. Decerto que, se fosse intenção do legislador estender ao rurícola a regra do § 4º do art. 71 da CLT, que foi acrescida pela Lei n. 8.923/1994, teria procedido à idêntica alteração na lei especial, o que não ocorreu. 3. Assim, a partir do momento em que há norma específica do trabalhador rurícola em que não foi fixado o tempo destinado para o intervalo intrajornada, porque se remeteu aos usos e costumes da região, não há como se albergar a norma da CLT que prevê genericamente o intervalo de uma hora para tal descanso. 4. Ora, como o estatuto próprio dos rurícolas não fixa o período do descanso, entende-se como usual e costumeiro aquele para o qual o trabalhador foi contratado. 5. Nessa linha, não se aplica ao trabalhador rural a indenização pelo descumprimento do intervalo intrajornada, nos termos do art. 71, § 4º, da CLT. Recurso de revista parcialmente conhecido e provido." [TST-RR-1.415/2005-006-15-00.00 — (Ac. 7ª T.) — 15ª Reg. — Rel. Min. Ives Gandra Martins Filho. DJU 15.2.2008, p. 1.145. In *LTr Sup. Jurisp.* 16/2008, p. 128]

Intervalo. Digitador

"*Função de digitador — Intervalo — Art. 72 da CLT e NR-17 da Portaria n. 3.214/1978* — Só faz jus ao intervalo próprio do digitador o empregado que exerce permanentemente a função, prestando serviço contínuo de entrada de dados. Se esse trabalho é entremeado com outras tarefas, aí incluídas as entrevistas com clientes, de sorte que a digitação propriamente dita ocupa apenas uma parte da jornada, fica afastada a aplicação das normas invocadas." (TRT 3ª Reg. — RO 01149-2006-143-03-00-0 — 3ª T. — Rel. Juiz Convocado Rogério Valle Ferreira — Data de publicação: 25.8.2007)

Intervalo. Ambiente artificialmente frio

"*Recurso de revista. horas extras. Ausência do intervalo previsto no art. 253 da CLT.* Ainda que o empregado não labore em câmara frigorífica propriamente dita, o labor em ambiente considerado artificialmente frio para a respectiva zona climática, nos termos do parágrafo único do art. 253 da CLT enseja o direito ao intervalo de vinte minutos a cada uma hora e quarenta minutos de trabalho contínuo, por tratar de medida que visa preservar a saúde do trabalhador submetido habitualmente a baixas temperaturas. Recurso de revista conhecido e provido." [TST-RR 359/2007-096-24-00.4 — (Ac. 8ª Turma) — Relª Minª Dora Maria da Costa — DEJT 13.2.2009]

TRABALHO NOTURNO

ADICIONAL NOTURNO

Questão n. 09

Empregado que ganha R$ 748,00 (setecentos e quarenta e oito reais) mensais trabalha em jornada normal que se encerra à 1 hora. Quanto receberá no final do mês a título de adicional noturno?

Solução

a) R$ 748,00 : 220 = R$ 3,40

b) R$ 3,40 x 20% = R$ 0,68

c) R$ 0,68 : 7 = R$ 0,10

d) R$ 0,68 + R$ 0,10 = R$ 0,78

e) R$ 0,78 x 90 = R$ 70,00

ou

aplicando a fórmula: valor da hora normal diurna x n. de horas normais noturnas x 22,857142% = R$ 3,40 x 90 x 22,857142% = R$ 70,00 (v. Nota 5, a seguir).

ou

aplicando o fator de redução da hora noturna 1,1428571 (v. Nota 7):

R$ 748,00 : 220 = R$ 3,40

R$ 3,40 x 20% x 90 = R$ 61,20

R$ 61,20 x 1,1428571 = R$ 70,00

Explicação

1) R$ 748,00 — valor do salário mensal;

2) 220 — jornada mensal (v. item 2 da Explicação na questão n. 01);

3) R$ 3,40 — valor da hora normal diurna (v. questão n. 01);

4) 20% — adicional noturno (CLT, art. 73, *caput*);

5) R$ 0,68 — valor correspondente ao adicional de uma hora noturna (52'30") — CLT, art. 73, § 1º;

6) 7 — como a hora noturna (52'30") é menor do que a hora normal de relógio (60'), o empregado se beneficia também no tempo, ganhando 7'30" em cada hora noturna em relação à hora de relógio. Verifica-se que a hora noturna (52'30") contém 7 vezes 7'30". Logo, para achá-los, basta aplicar a fórmula: 7'30" = (52'30" : 7); ou em horas centesimais (7,50 = 52,50 : 7) — v. Nota na questão n. 11;

7) R$ 0,10 — valor do adicional noturno dos 7'30" e que se obtém aplicando a fórmula acima, sendo 52'30" = 0,68 (como está indicado no item 5);

8) R$ 0,78 — valor do adicional noturno correspondente a uma hora normal de relógio (60'). O empregado trabalhou até 1 hora e o fez com base nas horas de relógio, tendo, portanto, a seu favor, 7'30" em cada hora normal de relógio trabalhada, pois a hora noturna é de 52'30". Logo, 52'30" + 7'30" = 60', ou, traduzindo em dinheiro: R$ 0,68 + R$ 0,10 = R$ 0,78;

9) 90 — total das horas normais feitas no período noturno (das 22 à 1 hora) durante o mês, considerados os dias de repouso;

10) R$ 70,00 — valor que receberá a título de adicional noturno no final do mês.

Notas

1. Trabalho noturno — Direito constitucional

A CF/1988 preceitua:

"Art. 7º São direitos dos trabalhadores urbanos e rurais, além de outros que visem à melhoria de sua condição social: (IX) — remuneração do trabalho noturno superior à do diurno; .... (XXXIII) — proibição de trabalho noturno, perigoso ou insalubre a menores de dezoito e de qualquer trabalho a menores de dezesseis anos, salvo na condição de aprendiz, a partir de quatorze anos ..."

2. Trabalho noturno — Convenção da OIT

A Convenção n. 171 da OIT relativa ao trabalho noturno, promulgada pelo Decreto n. 5.005, de 8 de março de 2004 (DOU 9.3.2004), preceitua: "a expressão 'trabalho noturno' designa todo trabalho que seja realizado durante um período de pelo menos sete horas consecutivas, que abranja o intervalo compreendido entre a meia-noite e as cinco horas da manhã, e que será determinado pela autoridade competente mediante consulta prévia com as organizações mais representativas dos empregadores e de trabalhadores ou através de convênios coletivos" (art. 1º, *a*).

3. Trabalho noturno — Quadro demonstrativo

Empregado	Período	Duração	Adicional	Legislação
urbano	22 às 5	52'30"	20%	CLT, art. 73, §§ 1º e 2º
rural (lavoura)	21 às 5	60'	25%	Lei n. 5.889/1973, art. 7º
rural (pecuária)	20 às 4	60'	25%	Lei n. 5.889/1973, art. 7º
advogado	20 às 5	60'	25%	Lei n. 8.906/1994, art. 20, § 3º
engenheiro	22 às 5	60'	25%	Lei n. 4.950/1966, art. 7º
químico	22 às 5	60'	25%	Lei n. 4.950/1966, art. 7º
arquiteto	22 às 5	60'	25%	Lei n. 4.950/1966, art. 7º
agrônomo	22 às 5	60'	25%	Lei n. 4.950/1966, art. 7º
veterinário	22 às 5	60'	25%	Lei n. 4.950/1966, art. 7º
petroleiro	22 às 5	60'	20%	Lei n. 5.811/1972 e En. n. 112 do TST
portuário	19 às 7	60'	20%	Lei n. 4.860/1965 e SDI-1-TST = 60
aeronauta	entre o pôr e o nascer do sol	52'30"	20%	Lei n. 7.183/1984, art. 41, §§ 1º e 2º

4. Adicional noturno — Percentual mais favorável

A lei estabelece o percentual mínimo do adicional noturno, podendo este ser superior ao estabelecido em lei, por deliberação do empregador, regulamento da empresa ou por meio de negociação coletiva (convenção e/ou acordo coletivo de trabalho).

5. Fórmula (valor da hora normal diurna x n. de horas normais noturnas x 22,857142%)

É interessante o uso da fórmula na solução da questão, devido à rapidez. Entretanto, corre-se o risco da mecanização, quando não se entende o porquê da coisa. O fator 22,857142% obtém-se por meio de uma regra de três simples:

52,5 minutos — correspondem a 20%

60 minutos — correspondem a X

$$X = \frac{60 \times 20}{52,5} = \frac{1.200}{52,5} = 22,857142\%$$

6. Sistema centesimal x sistema sexagesimal

As calculadoras, normalmente, são programadas para elaborar os cálculos na forma centesimal; por isso, é necessário transformar as horas de relógio, no caso (52'30") em centesimal e, para tanto, basta dividir os 30" por 60. Assim: 30 : 60 = 0,50 (resultado de uma regra de três simples). Logo, 52'30" = 52,50. Inversamente, conhecendo-se o valor centesimal da hora, para se obter a hora de relógio (sexagesimal), basta multiplicar a fração centesimal por 60. Assim: 7,20 h = 7:12 h (0,20 x 60 = 12); ou 52,50 minutos = 52'30" (0,50 x 60 = 30"). A diferença de identificação entre o sistema centesimal e o sexagesimal é que, no primeiro, a separação entre hora e minutos ocorre por vírgula (7,20 h) e no segundo por dois pontos (7:12 h).

7. Aplicação do fator de redução

O fator de redução da hora noturna (1,1428571) foi obtido pela divisão das 8 horas reduzidas do período noturno (22 às 5) pelas 7 horas normais (relógio) do mesmo período. Assim: 8/7 = 1,1428571 ou 60'/52'30" = 60/ 52,50 = 1,1428571 (v. Nota na questão n. 11). Dessa forma, a hora noturna reduzida é igual à hora diurna x 1,1428571.

8. Jurisprudência

Súmulas do TST:

60. Adicional noturno. Integração no salário e prorrogação em horário diurno

I — O adicional noturno, pago com habitualidade, integra o salário do empregado para todos os efeitos. (ex-Súmula n. 60 — RA 105, DJ 24.10.1974)

II — Cumprida integralmente a jornada no período noturno e prorrogada esta, devido é também o adicional quanto às horas prorrogadas. Exegese do art. 73, § 5º, da CLT. (ex-OJ n. 6 — Inserida em 25.11.1996)

112. Trabalho noturno. Petróleo

O trabalho noturno dos empregados nas atividades de exploração, perfuração, produção e refinação do petróleo, industrialização do xisto, indústria petroquímica e transporte de petróleo e seus derivados, por meio de dutos, é regulado pela Lei n. 5.811, de 11.10.1972, não se lhe aplicando a hora reduzida de 52 minutos e 30 segundos prevista no art. 73, § 2º, da CLT.

140. Vigia. Adicional noturno

É assegurado ao vigia sujeito ao trabalho noturno o direito ao respectivo adicional. (ex-Prejulgado n. 12)

265. Adicional noturno. Alteração de turno de trabalho. Possibilidade de supressão

A transferência para o período diurno de trabalho implica na perda do direito ao adicional noturno.

Súmulas do Supremo Tribunal Federal

213. Adicional noturno. Revezamento

É devido o adicional de serviço noturno ainda que sujeito o empregado ao regime de revezamento.

214. Adicional noturno. Vantagem suplementar

A duração legal da hora de serviço noturno (52 minutos e 30 segundos) constitui vantagem suplementar, que não dispensa o salário adicional.

313. Adicional noturno sem limitação

Provada a identidade entre o trabalho diurno e o noturno, é devido o adicional, quanto a este, sem a limitação do art. 73, § 3º, da CLT, independentemente da natureza da atividade do empregador.

Orientações Jurisprudenciais da SDI-1-TST

60. Portuários. Hora noturna. Horas extras. (Lei n. 4.860/1965, arts. 4º e 7º, § 5º)

I — A hora noturna no regime de trabalho no porto, compreendida entre dezenove horas e sete horas do dia seguinte, é de sessenta minutos.

II — Para o cálculo das horas extras prestadas pelos trabalhadores portuários, observar-se-á somente o salário básico percebido, excluídos os adicionais de risco e produtividade. (ex-OJ n. 61 da SBDI-1 — inserida em 14.3.1994)

127. Hora noturna reduzida. Subsistência após a CF/1988

O art. 73, § 1º da CLT, que prevê a redução da hora noturna, não foi revogado pelo inciso IX do art. 7º da CF/1988.

388. Jornada 12x36. Jornada mista que compreenda a totalidade do período noturno. Adicional noturno. Devido

O empregado submetido à jornada de 12 horas de trabalho por 36 de descanso, que compreenda a totalidade do período noturno, tem direito ao adicional noturno, relativo às horas trabalhadas após as 5 horas da manhã.

395. Turno ininterrupto de revezamento. Hora noturna reduzida. Incidência

O trabalho em regime de turnos ininterruptos de revezamento não retira o direito à hora noturna reduzida, não havendo incompatibilidade entre as disposições contidas nos arts. 73, § 1º, da CLT e 7º, XIV, da Constituição Federal.

Ementas diversas

Hora noturna. Condição mais favorável. Convenção coletiva de trabalho. Validade

"A livre fixação, em convenção coletiva de trabalho, de hora noturna em 60 minutos, com acréscimo do seu respectivo adicional para 40% (quarenta por cento), em contrapartida aos 20% (vinte por cento) previstos em lei (art. 73, § 1º, da CLT), resulta em benefício financeiro e não compromete a higidez do trabalhador. Nos termos do art. 7º, XXVI, da CF, deve-se privilegiar o reconhecimento dos acordos e convenções coletivas de trabalho, buscando-se condições mais favoráveis aos empregados. A autocomposição deve ser examinada como um todo e não particularizada, cláusula a cláusula. Recurso ordinário provido." (TST, ROAA 45.707/2002-900-09-00.7 — Ac. SDC, 13.2.2003 — Rel. Min. Milton de Moura França — *apud Revista LTr* 67-04/457)

Interpretação da redução da hora noturna

"O § 1º do art. 73 da CLT não pode ser interpretado literalmente, ou seja, a redução apenas incidir quando o laborista completar uma hora no período noturno. Se laborar frações de hora após as 22h, estas devem ser remuneradas não só com o adicional respectivo, mas com a redução proporcional horária; do contrário estar-se-ia criando restrição odiosa e se afastando do princípio constitucional relativo à remuneração do labor noturno (art. 7º, IX, CF)." [TRT 15ª Reg. (Campinas/SP) — RO 00532-2001/002-15-00-7 — (Ac. 4ª T. 23567/2002 — PATR) — Rel. Desig. Flávio Allegretti de Campos Cooper, DJSP 17.10.2002, p. 19 — *apud LTr Sup. Trab.* 154/2002, p. 732]

Turnos ininterruptos de revezamento x hora noturna reduzida. Incompatibilidade

"O trabalho em regime de turnos ininterruptos de revezamento não se compatibiliza com o cômputo da jornada noturna como reduzida, uma vez que supõe a fixação de 4 turnos de 6 horas para cobrir as 24 horas do dia. Se fosse computada a jornada noturna reduzida, seria impossível fechar o quadro de 4 turnos, pois aquele que correspondesse à jornada noturna seria menor e descompassaria os demais. Revista provida em parte." (TST, RR n. 347.763/97-9 — Ac. 4ª T., 20.9.2000 — Rel. Min. Ives Gandra Martins Filho — in: *Revista LTr* 65-01/42)

Hora noturna reduzida. Turnos ininterruptos de revezamento

"O art. 73, § 1º, da CLT, que trata da redução da hora noturna, não é incompatível com o regime de trabalho previsto no art. 7º, XIV, da Constituição Federal, na medida em que tem, entre outras, finalidade fisiológica, em face da penosidade do trabalho noturno, que se desenvolve em horas destinadas ao repouso, exigindo esforço maior do organismo humano, que deve descansar à noite, no hábito firmado por muitas gerações. Daí a sua aplicação mesmo em relação a regimes de trabalho com jornada reduzida. Saliente-se, ainda, que a norma do art. 73, § 1º, da CLT é de ordem pública. Assim, diante do seu caráter cogente, não há como se caracterizar a alegada incompatibilidade com o art. 7º, XXVI, da Carta Magna. Recurso parcialmente conhecido e não provido." [TST-RR-542/20001-088-03-00.4 — (Ac. 4ª T.) — 3ª Reg. — Rel. Min. Milton de Moura França. DJU 26.3.2004, p. 660, in: *LTr Sup. Jurisp.* 19/2004, p. 152]

Adicional noturno. Nulidade da cláusula do acordo coletivo que prevê a inexistência do direito

"Adicional noturno — Nulidade da cláusula do acordo coletivo que prevê a inexistência do direito — Violação ao art. 7º, IX, da CRFB. Embora a Carta Magna tenha acolhido em parte a ideia de flexibilização dos direitos trabalhistas, ao permitir a redução salarial e de jornada mediante negociação coletiva (incisos VI e XIII do art. 7º), o fez somente nesses dois aspectos, sendo certo que o inciso IX do mesmo Dispositivo Constitucional é muito claro ao dispor que a remuneração do trabalho noturno será superior à do diurno, não admitindo aqui nenhum tipo de negociação coletiva em sentido contrário, como fez nos incisos antes mencionados ao tratar do salário e da jornada de trabalho. Assim sendo, é nula a cláusula do acordo coletivo de trabalho que estabelece a inexistência do direito ao adicional noturno para os empregados que trabalham em horário noturno." [TRT 12ª Reg. RO-V 01187-2003-019-12-00-9 — (Ac. 1.344/06, 3ª T., 13.12.2005) — Rel. Juiz Gilmar Cavalheri. DJSC 2.2.2006, p. 168 — in: *LTr Sup. Jurisp.* 12/2006, p. 96]

Trabalhador rural. Inexistência da hora noturna reduzida

"Ao trabalhador rural não se aplica a redução da hora noturna prevista no art. 73 da CLT, mas a Lei n. 5.889/1973, que prevê adicional noturno de 25% (art. 7º, parágrafo único), de forma a compensar a inexistência da hora reduzida." (TRT 12ª R. — RO 01362-2005-049-00-1 — 1ª T. — Rel. Juiz Edson Mendes de Oliveira — DJSC 2.6.2006 — in: *Revista IOB Trabalhista e Previdenciária* n. 206, p. 30, ementa 23039)

HORAS EXTRAS NOTURNAS

Questão n. 10

Empregado que ganha R$ 8.976,00 (oito mil, novecentos e setenta e seis reais) mensais, em determinado mês, mediante acordo, trabalhou horas suplementares das 22 às 24 horas. Quanto perceberá por essas horas extraordinárias?

Solução

a) R$ 8.976,00 : 220 = R$ 40,80

b) R$ 40,80 + (20% x R$ 40,80) = R$ 48,96 ou R$ 40,80 x 1,2 = R$ 48,96

c) R$ 48,96 + (50% x R$ 48,96) = R$ 73,44 ou R$ 48,96 x 1,5 = R$ 73,44

d) R$ 73,44 : 7 = R$ 10,49

e) R$ 73,44 + R$ 10,49 = R$ 83,93

f) R$ 83,93 x 50 = R$ 4.196,50

ou

aplicando a fórmula: valor da hora diurna x n. de horas normais noturnas extras x 205,71427% = R$ 40,80 x 50 x 205,71427% = R$ 4.196,50 (v. abaixo Nota n. 2)

ou

aplicando o fator de redução da hora noturna (v. questão 09):

R$ 8.976,00 : 220 = R$ 40,80

R$ 40,80 x 50 x 1,8 x 1,1428571 = R$ 4.196,50

Explicação

1) R$ 8.976,00 — valor do salário;

2) 220 — jornada normal mensal;

3) R$ 40,80 — valor da hora diurna (v. questão n. 01);

4) 20% — adicional noturno;

5) R$ 48,96 — valor da hora noturna (52'30"), que é o mesmo da hora diurna com adicional de 20%;

6) 50% — item "c" — adicional por hora extra;

7) R$ 73,44 — valor da hora noturna extra (52'30");

8) 7 — fator 7 (v. questão anterior, no item 6 da Explicação);

9) R$ 10,49 — valor dos 7'30", já aplicados os adicionais a que o empregado tem direito por trabalhar em período noturno (das 22 às 24 horas);

10) R$ 83,93 — valor por hora extra noturna normal (60') que realmente foi feita pelo empregado das 22 às 24 horas. Como por determinação legal a hora noturna é de 52'30", ele ganha ainda em cada hora noturna 7'30". Logo, 52'30" + 7'30" = 60' ou no caso, traduzindo em dinheiro: R$ 73,44 + R$ 10,49 = R$ 83,93;

11) 50 — são as horas normais feitas no mês trabalhado, assim: 2 x 25 = 50, sendo: a) 2 as horas normais por dia (das 22 às 24 horas); b) 25 os dias úteis trabalhados, não sendo considerados os 30 dias do mês, porque na questão as horas extras noturnas não são habituais (v. questão n. 02, item 7 da Explicação).

Notas

1. Horas extras — Limite — Sanção administrativa

Na questão o empregado trabalhou, mediante acordo prévio, das 22 às 24 horas, fazendo duas horas extras normais (60'). Como foram feitas no período noturno, em que a hora é de 52'30" (art. 73, § 1º, da CLT), na realidade foram trabalhadas duas horas e quinze minutos. Como só é permitido ao empregado trabalhar no máximo duas horas extras normais por dia (CLT, art. 59), o empregador, além de pagar o excedente, fica passível de ser autuado pela fiscalização trabalhista.

2. Maneira prática para se obter o valor da:

2.a) hora noturna = hora diurna x 137,14285%;

2.b) hora noturna extra = hora diurna x 205,71427%.

Estes fatores foram obtidos por meio de uma regra de três simples:

52,5 minutos — correspondem a 100%
60 minutos — correspondem a X

X = (60 x 100) : 52,5 = 114,28571%; aplicando-se o adicional noturno de 20%, teremos: 137,14285%. Sobre este resultado, se aplicarmos o adicional de 50% por hora extra, acharemos: 205,71427%. Logo, para a questão podemos estabelecer a fórmula: valor da hora diurna x n. de horas normais noturnas extras x 205,71427%.

3. Adicionais — Cálculo cumulativo

O prof. Amauri Mascaro Nascimento observa: "Se a jornada é extra e noturna há dois adicionais, um aplicado sobre o outro, cumulativamente, de modo que sobre a remuneração da hora normal acrescida do adicional de horas extras incide o adicional noturno. Outra seria a solução se houvesse regra explícita no direito do trabalho brasileiro definindo o cálculo não cumulativo e se outra fosse a jurisprudência"[(8)].

4. Jurisprudência

Súmulas do TST:

60. Adicional noturno. Integração no salário e prorrogação em horário diurno (incorporada a Orientação Jurisprudencial n. 6 da SBDI-1)

I — O adicional noturno, pago com habitualidade, integra o salário do empregado para todos os efeitos. (ex-Súmula n. 60)

II — Cumprida integralmente a jornada no período noturno e prorrogada esta, devido é também o adicional quanto às horas prorrogadas. Exegese do art. 73, § 5º, da CLT. (ex-OJ n. 6 da SBDI-1 — inserida em 25.11.1996)

354. Gorjetas. Natureza jurídica. Repercussões.

As gorjetas, cobradas pelo empregador na nota de serviço ou oferecidas espontaneamente pelos clientes, integram a remuneração do empregado, não servindo de base de cálculo para as parcelas de aviso prévio, adicional noturno, horas extras e repouso semanal remunerado.

---

(8) *Teoria jurídica do salário.* São Paulo: LTr, 1994. p. 234.

Orientações Jurisprudenciais da SDI-1-TST:

97. Horas extras. Adicional noturno. Base de cálculo

O adicional noturno integra a base de cálculo das horas extras prestadas no período noturno.

259. Adicional noturno. Base de cálculo. Adicional de periculosidade. Integração

O adicional de periculosidade deve compor a base de cálculo do adicional noturno, já que também neste horário o trabalhador permanece sob as condições de risco.

Ementas diversas:

Trabalho extraordinário. Horas extras noturnas

Evidenciado nos autos que por ocasião do cálculo das horas extras não era observada a redução na hora noturna, é devida a hora extra decorrente da referida redução. (TRT 6ª Reg. — RO-1.054/86, Ac. 2ª T., 3.12.1986, Rel. Juiz Paulo Didier de Britto, in *Rev. LTr* 51-5/593)

HORAS EXTRAS DIURNAS E NOTURNAS

Questão n. 11

Empregado que ganha R$ 6.600,00 (seis mil e seiscentos reais) mensais, em certo mês, mediante acordo, trabalhou horas suplementares durante 20 dias úteis, das 21 às 23 horas. Quanto receberá por esse trabalho extraordinário?

Solução

Na questão, considerando a hora de 60', o empregado trabalhou 40 horas extras (2 horas por dia, durante 20 dias), sendo 20 horas diurnas e 20 noturnas.

1. Cálculo das horas extras diurnas (v. questão n. 01):

a) R$ 6.600,00 : 220 = R$ 30,00

b) R$ 30,00 + (50% de R$ 30,00) = R$ 45,00 ou R$ 30,00 x 1,5 = R$ 45,00

c) R$ 45,00 x 20 = R$ 900,00

2. Cálculo das horas extras noturnas (v. questão n. 10):

R$ 6.600,00 : 220 = R$ 30,00

R$ 30,00 x 20 x 1,8 x 1,1428571 = R$ 1.234,28

3. Somando-se 1 e 2, temos: R$ 900,00 + R$ 1.234,28 = R$ 2.134,28, importância que o empregado receberá pelo trabalho suplementar

ou

aplicando-se as fórmulas:

1) R$ 30,00 x 20 x 1,5 = R$ 900,00 (v. questão n. 01);

2) R$ 30,00 x 20 x 205,71427% = R$ 1.234,28 (v. questão n. 10);

3) somando-se 1 e 2 temos: R$ 900,00 + R$ 1.234,28 = R$ 2.134,28.

Nota

Equivalência entre horas-relógio e horas centesimais

O prof. Paulo César Baria de Castilho, com muita propriedade, ensina:

"Quando da prática de cálculos trabalhistas, é importante observar que a hora relógio tem 60 minutos e a hora centesimal, como o próprio nome diz, trabalha com frações de 100.

Assim, temos a seguinte equivalência:

1 hora relógio = 60 minutos

1 hora centesimal - 100 centésimos de hora

Nas calculadoras normais, os cálculos relativos às horas sempre devem ser elaborados na forma centesimal, para os quais foram programadas. Para isto é necessário transformar a quantidade de horas, quando estiverem em hora relógio, para hora centesimal.

Se a sentença determina que o empregado tem direito a 1:45 horas a título de horas extras, não podemos simplesmente multiplicar o valor da hora extra por 1,45. Estaria errado. Isso porque, antes de mais nada, é necessário transformar 1:45 horas, que estão representadas na forma de hora relógio, para a forma de horas centesimais, que é a linguagem que a calculadora normal entende.

Para isto, basta a aplicação da regra de três simples:

60 minutos = 1 hora

45 minutos = X

Teríamos então:

$$\frac{(45 \times 1)}{60} = \frac{45}{60} = 0{,}75$$

Assim, 45 minutos na forma sexagesimal equivalem a 0,75 horas centesimais, ou seja, basta tomar-se o número de minutos que se deseja transformar em horas centesimais e dividi-lo por 60 (45/60 = 0,75)."[9]

(9) *Prática de cálculos trabalhistas.* São Paulo: RT, 1993. p. 71.

REPOUSO SEMANAL E FERIADOS

SALÁRIO FIXO — HORISTA

Questão n. 12

Servente de pedreiro, com jornada de trabalho normal, ganha R$ 12,00 (doze reais) por hora. Quanto perceberá a título de repouso semanal remunerado?

Solução

(salário/hora x 44) : 6 = (R$ 12,00 x 44) : 6 = R$ 88,00 (v. notas 3 e 4 abaixo)

ou

R$ 12,00 x 7,33 ... = R$ 88,00 (v. questão 01, Nota 3).

Notas

1. Repouso semanal remunerado e feriados (RSR/F) — Direito

Todo empregado tem direito ao repouso semanal remunerado de 24 horas consecutivas, preferencialmente aos domingos, nos feriados civis e nos religiosos, nos termos da lei, desde que tenha trabalhado toda a semana, cumprindo integralmente o seu horário de trabalho (Lei n. 605/1949, arts. 1º e 6º, *caput,* e CF/1988, art. 7º, XV).

2. Repouso semanal remunerado e feriados (RSR/F) — Remuneração

Para os que trabalham por hora, dia, semana, quinzena ou mês, a remuneração do repouso corresponderá à de um dia de serviço, computadas as horas extraordinárias habitualmente prestadas [art. 7º, letras *a* e *b,* da Lei n. 605/1949 e art. 10, § 1º, letra *a,* do Regulamento (Decreto n. 27.048/1949)].

3. Repouso semanal — Alteração da média

A CF/1988 estabelece duração do trabalho normal não superior a oito horas diárias e quarenta e quatro semanais (art. 7º, XIII). Com a instituição da jornada normal de 44 horas de trabalho em 6 dias, desapareceu a uniformidade da jornada normal diária de 8 horas. Portanto, se o empregado ganha por hora, como na questão, para se calcular o valor do repouso semanal, não dá para multiplicar por 8 horas, que era a média da jornada de 48 horas de trabalho da semana e sim pela nova média (7:20 = 7,33) da jornada semanal, conforme mostrado na questão 01, nota 3.

4. Cálculo do repouso semanal remunerado (RSR) — Fórmulas

a) horista = salário-hora x 44/6 = salário-hora x 7,33

b) diarista = valor do salário-dia

c) semanalista = salário semanal/6

d) mensalista = salário mensal/6.

5. Ementa Normativa n. 26 da SRT/MTE

Homologação. Rescisão de contrato de trabalho. Descanso semanal remunerado

Nos contratos por prazo indeterminado, será devido o pagamento do descanso semanal remunerado por ocasião da rescisão do contrato de trabalho nas seguintes hipóteses: quando o descanso for aos domingos e a carga horária semanal tiver sido cumprida integralmente; quando o prazo do aviso prévio terminar em sábado ou sexta-feira e o sábado for compensado; quando existir escala de revezamento e o prazo do aviso prévio se encerrar no dia anterior ao do descanso previsto.

6. Jurisprudência

Orientação Jurisprudencial da SBDI-1 do TST:

410. Repouso semanal remunerado. Concessão após o sétimo dia consecutivo de trabalho. Art. 7º, XV, da CF. Violação

Viola o art. 7º, XV, da CF a concessão de repouso semanal remunerado após o sétimo dia consecutivo de trabalho, importando no seu pagamento em dobro.

Ementas diversas:

Descanso semanal remunerado. Sistema de trabalho de 7 x 1

"A CF, no seu art. 7º, XIII, limitou o trabalho semanal em 44 h com o objetivo de preservar a higidez física e mental do empregado. A norma infraconstitucional, recepcionada pela atual Carta Maior, assegura o descanso semanal num dia de cada semana (preferencialmente aos domingos), o que faz concluir que o trabalho pode ser desenvolvido por seis dias dentro de cada semana, considerando-se a semana como um ciclo de sete dias (Lei n. 605/1949). Portanto, o labor no sistema de 7 (sete) dias de trabalho por 1 (um) de descanso padece de ilegalidade, por contrariar norma de ordem pública, fazendo incidir o disposto no art. 9º da CLT. [TRT 15ª Reg. — Proc. 35.308/03 — RO (20707/04 — PATR) — 4ª T. — Rel. Juiz Flavio Allegretti de Campos Cooper — DOESP 9.6.2004 — *apud Revista Síntese Trabalhista* n. 184, p. 89, ementa n. 21.080]

Repouso semanal. Gozo em outro dia

"Repouso semanal. Se a lei dispõe que o repouso é preferencialmente aos domingos, ela admite o gozo em outro dia, mediante exigências técnicas, sem ônus adicional." (TRT 18ª Reg. — RO 00608-20004-006-18-00-6 — Rel. Juiz Saulo Emídio dos Santos — DJGO 14.391, de 12.11.04, p. 59)

Descanso semanal remunerado. Concessão no oitavo dia. Ilegalidade

"Ilegal a concessão de descanso após o sétimo dia de trabalho corrido, já que o art. 1º do Decreto n. 27.048, de 12 de agosto de 1949, que aprovou o Regulamento da Lei n. 605, de 5 de janeiro de 1949, como também os arts. 67 da CLT e 7º, inciso XV, da atual Constituição da República, asseguram a todo empregado o direito ao repouso semanal remunerado dentro da mesma semana, preferencialmente aos domingos. O trabalho no sétimo dia deve ser pago com o adicional compulsório e em dobro, na forma prevista no art. 9º da Lei n. 605/49." [TRT 15ª Reg. (Campinas/SP) — RO 00225-2003-074-15-00-1 — (Ac. 5ª T. 16821/2005 — PATR) — Relª Juíza Elency Pereira Neves. DJSP 29.4.2005, p. 77 — *apud LTr Sup. Jurisp.* n. 22/2005, p. 174]

Folgas semanais. Gozo após o sétimo dia. Compensações

"*Recurso de revista — Folgas semanais — Gozo após o sétimo dia — Compensações* — O art. 7º, inciso XV, da Carta da República, dispõe ser direito do trabalhador o repouso semanal remunerado, preferencialmente aos domingos. Referido instituto tem previsão ainda na CLT, nos arts. 67 e seguintes e na Lei n. 605/1949. Em se tratando de sistema de rodízio (fato consignado nos autos), é de se exigir o gozo da folga dentro da semana, assim compreendido o período de sete dias. Portanto, a concessão do descanso a cada oito dias importa no seu pagamento em dobro. Recurso de revista conhecido e provido." [TST-RR-115.957/2003-900-01-00.8 — (Ac. 2ª T.) — 1ª Reg. — Rel. Min. Renato de Lacerda Paiva. DJU 23.6.2006, p. 848 — *LTr Sup. Jurisp.* 37/2006, p. 295]

SALÁRIO FIXO — DIARISTA — HORAS EXTRAS HABITUAIS

Questão n. 13

Carpinteiro que presta serviços para certa empresa ganha R$ 110,00 (cento e dez reais) por dia para trabalhar em jornada normal. Ao ser admitido, fez acordo para prestar diariamente duas horas extraordinárias, e o vem fazendo habitualmente. Quanto receberá a título de repouso semanal?

Solução

a) R$ 110,00 x 30 = R$ 3.300,00 : 220 = R$ 15,00

b) R$ 15,00 x 2 x 1,5 = R$ 45,00 (v. questão n. 01)

c) R$ 110,00 + R$ 45,00 = R$ 155,00

Explicação

1) R$ 110,00 — valor do salário/dia;
2) 30 — os dias do mês;
3) R$ 3.300,00 — salário mensal;
4) 220 — divisor mensal (v. questão n. 01);
5) R$ 15,00 — valor da hora normal;
6) 2 — número de horas extras diárias;
7) 1,5 — v. item 6 da Explicação na questão n. 01;
8) R$ 45,00 — valor das 2 horas extras diárias;
9) R$ 155,00 — valor do repouso semanal.

Notas

1. Conceituação de horas extras habituais

A legislação trabalhista não define, nem tampouco delimita, o que seja habitual. A respeito de habitualidade, consultar a Nota 2 na questão 02.

2. Remuneração do repouso acrescido das horas extras habituais

A remuneração do repouso será a de um dia de serviço, acrescida do valor das horas extras habituais (v. Lei n. 605/1949, art. 7º, letras *a* e *b*).

3. Horas extras habituais — Reflexo no RSR/F

As horas extras habituais refletem (integram) nos repousos semanais remunerados e nos feriados (RSR/F) e o cálculo se faz por uma das fórmulas:

a) semanal = (média das horas extras nos dias úteis da semana) x (n. RSR/F da semana);

b) mensal = (média das horas extras nos dias úteis do mês) x (n. RSR/F do mês).

4. Horas extras habituais — Reflexos nas verbas trabalhistas

As horas extras habituais, além de refletirem nos RSR/F, integram, para efeito de cálculo, as férias, 13º salário, aviso prévio, indenização de antiguidade, FGTS etc.

5. Adicionais — Cálculo cumulativo — Reflexo no RSR/F

Em caso de incidência de adicionais, um aplicado sobre o outro, cumulativamente, como ocorre nas horas extras noturnas, o resultado constituirá a base de cálculo para reflexo sobre o RSR/F e demais verbas trabalhistas. (v. OJ n. 47 da SDI-1-TST)

6. Jurisprudência

Súmulas do TST:

172. Repouso remunerado. Horas extras. Cálculo

Computam-se no cálculo do repouso remunerado as horas extras habitualmente prestadas. (ex-Prejulgado n. 52)

347. Horas extras habituais. Apuração. Média física

O cálculo do valor das horas extras habituais, para efeito de reflexos em verbas trabalhistas, observará o número das horas efetivamente prestadas e a ele aplica-se o valor do salário-hora da época do pagamento daquelas verbas.

SALÁRIO FIXO — MENSALISTA

Questão n. 14

Empregado que trabalha em jornada normal ganha R$ 2.880,00 (dois mil, oitocentos e oitenta reais) mensais. Em determinado mês, faltou injustificadamente dois dias em uma semana e na seguinte faltou um dia sem motivo. Quanto deverá receber no final do mês?

Solução

a) R$ 2.880,00 : 30 = R$ 96,00

b) R$ 96,00 x 25 = R$ 2.400,00

Explicação

1) R$ 2.880,00 — valor do salário mensal;

2) 30 — são os dias do mês;

3) R$ 96,00 — valor do salário diário;

4) 25 — são os dias do mês que irá receber, pois perderá 3 (três) dias por ter faltado injustificadamente e 2 (dois)

repousos remunerados, sendo um em cada semana que não foi trabalhada integralmente. Logo, ser-lhe-ão descontados, no mês, 5 (cinco) dias;

5) R$ 2.400,00 — valor do salário mensal, descontados os 5 (cinco) dias resultantes das faltas imotivadas.

Notas

1. Valor do repouso semanal remunerado

O valor do repouso semanal remunerado do empregado mensalista é igual a 1/6 do salário mensal (v. questão n. 12, Nota 4, *d*), o que corresponde ao valor de 5 dias do mês (30 : 6 = 5); no salário fixo do mensalista já se encontra embutido o RSR/F; regra geral, dos 30 dias do mês, 25 são tidos como dias úteis de trabalho e 5 dias de descanso (5/25); outra forma, para obtenção do número de dias de repouso e feriados, consequentemente dos seus valores, seria consultar o calendário e os feriados municipais e verificar o número efetivo dos dias de descanso.

2. Perda do repouso semanal remunerado

Qualquer empregado que, sem motivo justificado, não trabalhar toda a semana, cumprindo integralmente o seu horário de trabalho, perde a remuneração do repouso semanal. A lei não estabeleceu nenhuma distinção entre os mensalistas, diaristas, horistas, semanalistas etc.

3. Jurisprudência

Súmulas do TST:

113. Bancário. Sábado. Dia útil

O sábado do bancário é dia útil não trabalhado, não dia de repouso remunerado. Não cabe a repercussão do pagamento de horas extras habituais em sua remuneração.

225. Repouso semanal. Cálculo. Gratificações por tempo de serviço e produtividade

As gratificações por tempo de serviço e produtividade, pagas mensalmente, não repercutem no cálculo do repouso semanal remunerado.

351. Professor. Repouso semanal remunerado. Art. 7º, § 2º, da Lei n. 605, de 5.1.1949 e art. 320 da CLT

O professor que recebe salário mensal à base de hora-aula tem direito ao acréscimo de 1/6 a título de repouso semanal remunerado, considerando-se para esse fim o mês de quatro semanas e meia.

Ementas diversas:

Repouso remunerado. Mensalista

"Em alcançando o salário do mensalista a remuneração dos trinta dias do mês — art. 7º, § 2º, da Lei n. 605, tem-se como pertinente o disposto no art. 6º, segundo o qual a falta injustificada no correr da semana torna indevido o pagamento do repouso, autorizando, portanto, o desconto não só do dia da ausência como também daquele destinado ao repouso. Entendimento diverso leva ao estabelecimento de verdadeiro privilégio, com a manutenção, em relação aos mensalistas, do direito ao repouso, independentemente da assiduidade durante a semana." (TST-E-RR-4.019/79, Ac. TP 26/1983, 2.2.83, Rel. Min. Marco Aurélio Mendes de Farias Mello, in *Revista LTr* 47-3/334)

"Tendo o reclamado comprovado que o obreiro era mensalista, os RSRs são considerados como remunerados, nos termos do art. 7º, § 2º, da Lei n. 605/1949." (TRT 18ª Reg. — RO 2.374/2002 — Relª Juíza Elza Cândida da Silveira — DJGO n. 13.898, de 5.11.2002, p. 86)

RSR. Integração de adicionais habituais

"*Descanso semanal remunerado* — Integrações de horas extras e adicional noturno sobre descanso semanal remunerado. Empregado mensalista. Cabível. Recebendo o empregado salário mensal, tem remunerado o descanso semanal remunerado considerando apenas o trabalho normal. Cumprindo jornada extraordinária e noturna, recebe acréscimo de salário, o que torna mais caro o DSR, sobre o qual devem incidir as parcelas extras habitualmente percebidas. É o que dispõe a Lei n. 605/1949, havendo, pois, legislação a embasar a condenação da empregadora." [TRT 2ª Reg. — RO 35378200290202000 (2003006483) — 3ª T. — Relª Juíza Mércia Tomazinho — DOESP 28.2.2003 — *Apud Revista Síntese Trabalhista* n. 167, ementa n. 19.268, p. 71]

Descontos da remuneração de empregado, com falta injustificada, relativamente ao dia da falta e ao do repouso remunerado

"A falta injustificada ao serviço no correr da semana torna indevido o pagamento da remuneração relativa ao dia da falta e ao do repouso compulsório, de conformidade com o art. 6º da Lei n. 605/1949, que se refere a empregado, sem distinção, quanto a horista, diarista, semanalista, mensalista, tarefeiro ou comissionista. Apelação provida, para conceder a segurança, face à ilegitimidade da atuação fiscal pretendida." (TFR-AMS 101.158/PA 3.481.956, Ac. 5ª T., 14.12.1983, Rel. Min. Geraldo Sobral, in *Revista LTr* 48-4/427)

Sábado dia útil não trabalhado

"Por ser sábado dia útil não trabalhado, não pode ser remunerado como descanso legal. Revista parcialmente conhecida e provida." (Proc. TST-RR-46.039/92.1, Ac. 1ª T. 3.448/92, 3ª Reg., Rel. Min. Ursulino Santos — DJ 18.12.92 — p. 24.595 — In *BIT-Revista* n. 22, p. 43)

Repouso Semanal Remunerado (RSR). Desconto por falta ou atraso do empregado

"Repouso semanal — Faltas injustificadas — A recorrente, em razões de apelo, enumera os documentos acostados aos autos que confrontados com os seus correspondentes controles de frequência às fls. 20/49 atestam que o autor se fez ausente injustificadamente pelo menos um dia da semana ao serviço. Regência do *caput* do art. 6º da Lei n. 605/1949. É imperativo o trabalho durante os seis dias da semana para se auferir o direito ao pagamento de descanso compulsório. Descabe a remuneração do repouso semanal nos períodos apontados. Recurso ordinário empresarial parcialmente provido." (TRT da 19ª Reg. — Proc. 98601476.69 — Relª. Juíza Helena E. Mello — J. 20.5.1999 — *Apud IOB SLJD* 6/2009, p. 210)

SALÁRIO FIXO — SEMANALISTA

Questão n. 15

Empregado que trabalha em jornada normal ganha R$ 150,00 (cento e cinquenta reais) por dia, pagamento semanal. Em determinada semana que possui um feriado, o empregado faltou imotivadamente dois dias. Qual será a remuneração da semana?

Solução

R$ 150,00 x 3 = R$ 450,00

Explicação

1) R$ 150,00 — valor do salário diário;

2) 3 — os dias da semana trabalhados e que serão pagos, pois faltou injustificadamente dois dias, consequentemente perderá o feriado e o domingo. Logo, deixará de receber quatro dias;

3) R$ 450,00 — valor dos três dias trabalhados na semana.

Notas

1. Semana para efeito de descontos

O empregado perdeu o feriado da semana e o domingo em seguida à semana trabalhada, porque assim determina a Lei n. 605/1949, art. 6º, *caput*, c/c o art. 8º, e assim é o uso e costume das empresas ao efetuarem os descontos. Fosse seguido o regulamento — Dec. n. 27.048/1949, art. 11, § 4º —, que exorbita, dizendo: "Para os efeitos do pagamento da remuneração, entende-se como semana o período de segunda-feira a domingo, anterior à semana em que recair o dia de repouso definido no art. 1º", como ficaria a situação acima, se se referisse à primeira semana de trabalho e, no final dela, depois de receber, o empregado deixasse de trabalhar?

A respeito desta questão já foi dito: "Interessante é o problema gerado pela aplicação do art. 6º da Lei n. 605/1949: 'Não será devida a remuneração quando, sem motivo justificado, o empregado não tiver trabalhado durante toda a semana anterior, cumprindo integralmente o seu horário de trabalho'. Daí surgiu uma curiosa forma de entender a semana, constante do § 4º do art. 11 do Regulamento: 'Para os efeitos do pagamento da remuneração, entende-se como semana o período de segunda-feira a domingo, anterior à semana em que recair o dia de repouso definido no art. 1º'".

Entretanto, o que pretendia a lei era reportar-se aos dias úteis anteriores ao domingo, ou seja, de segunda a sábado, ao empregar a expressão "semana anterior", já que a semana termina no sábado, ou, como diz o *Pequeno Dicionário Brasileiro da Língua Portuguesa*: "espaço de sete dias, desde o domingo ao sábado inclusive"; sábado quer mesmo dizer "sétimo dia". Tendo o legislador utilizado as palavras em sua acepção verdadeira, não foi entendido pelo Executivo, que regulamentou erradamente a lei, fazendo a semana começar na segunda-feira, e, em consequência, o repouso foi por ele removido para uma semana depois.

Pelo que consta da lei, se o empregado faltou, digamos, no dia 23.10.1987, segunda-feira, ele perde o domingo, dia 29, que é o imediatamente posterior à semana de 22 a 28. Pelo regulamento, a semana seria considerada de 23 a 29 e o empregado perderia a remuneração do feriado de 2 de novembro e o domingo de 5 de novembro. A acepção legal deve prevalecer, como é óbvio, e, em consequência, se deverá fazer o desconto do domingo, imediatamente seguinte ao sábado, assim como do feriado da própria semana e não da semana seguinte. Quanto ao feriado, aliás, o Tribunal Superior do Trabalho já teve oportunidade de afirmar: "Compreende-se como semana aquisitiva, para efeito de remuneração, aquela que inclui o dia destinado ao repouso" (2ª T., RR 282/1963, in: SERSON, José. *Curso de rotinas trabalhistas*. 18. ed. São Paulo: LTr, 1981. p. 153).

2. Jurisprudência

"Incidência de hora extra no repouso só é devida se o empregado faz jus ao mesmo. Se por qualquer motivo perdeu o repouso, não há como fazer-se a integração pretendida." (TRT-1ª Reg., 2ª T., Proc. RO-5.387/1983, j. 2.5.1984, Rel. Juiz Pimenta de Mello — *Apud* TEIXEIRA FILHO, João de Lima. *Repertório de jurisprudência trabalhista*. Rio de Janeiro: Freitas Bastos, 1986, v. 4, ementa n. 4.128, p. 834)

SALÁRIO VARIÁVEL — TAREFEIRO

Questão n. 16

Empregado "braçagista" trabalha em jornada normal, prestando serviço em carga e descarga. Ganha R$ 1,20 (um real e vinte centavos) por volume carregado. Em determinada semana, de segunda-feira a sábado, carregou 390 volumes. Quanto receberá como remuneração do repouso semanal?

Solução

(390 x 1,20) : 6 = R$ 78,00

Explicação

1) 390 — número de volumes carregados durante a semana;

2) 1,20 — valor por volume carregado;

3) 6 — os dias trabalhados na semana;

4) R$ 78,00 — valor da remuneração do repouso semanal.

Notas

1. Salário variável

Salário variável é o que depende da produção do empregado, podendo ser estabelecido por comissão, peça, tarefa etc.

2. Salário por unidade de tempo e resultado

O salário-tarefa depende da produção e do tempo gasto para obtê-la, mas sempre garantido o mínimo legal.

3. Repouso remunerado do tarefeiro ou peceiro

A Lei n. 605/1949 preceitua: "para os que trabalham por tarefa ou peça, o equivalente ao salário correspondente às tarefas ou peças feitas durante a semana, no horário normal de trabalho, dividido pelos dias de serviço efetivamente prestado ao empregador" (art. 7º, letra *c*).

4. Pagamento mensal

No caso de pagamento mensal, basta dividir a importância ganha no mês pelo número de dias úteis trabalhados e o resultado multiplicar pelos dias de repouso. Na questão n. 12, nota 4, consultar as fórmulas indicadas.

5. Jurisprudência

Empregado tarefeiro

"O empregado tarefeiro deve receber o pagamento de sua tarefa semanal, acrescido de um sexto, correspondente ao repouso hebdomadário, durante a vigência do seu contrato de trabalho." (TRT-3ª Reg., RO 362/89, Ac. 2.135/89, 3.8.1989, Rel. Juiz Ruy Eloy, in *Revista LTr* 54-8/1003)

Repouso semanal remunerado. Forma de pagamento

"A paga do RSR deve ser calculada sobre o ganho semanal do trabalhador, quando este percebe, habitualmente, as parcelas salariais variáveis — art. 7º, *a*, da Lei n. 605/1949." (TRT 15ª Reg. — Proc. 1513/00 — (20.874/01) — 1ª T. — Rel. Juiz Luiz Antonio Lazarim — DOESP 4.6.20— *Apud Revista Síntese Trabalhista* n. 148, ementa n. 17.212, p. 85)

SALÁRIO VARIÁVEL — TAREFEIRO — FALTAS LEGAIS

Questão n. 17

Mesmo enunciado da questão anterior, sendo que o empregado teve duas faltas legais na semana e carregou nos quatro dias trabalhados 280 (duzentos e oitenta) volumes. Qual será o valor da remuneração da semana?

Solução

(280 x 1,20) : 4 = 84,00 x 7 = R$ 588,00

Explicação

1) 280 — volumes carregados nos 4 (quatro) dias trabalhados na semana;
2) 1,20 — valor por volume carregado;
3) 4 — os dias trabalhados na semana (Lei n. 605/1949 — art. 7º, *c*);
4) 84,00 — valor da remuneração do repouso e de cada dia faltado legalmente;
5) 7 — os dias da semana;
6) R$ 588,00 — valor da remuneração da semana.

Notas

1. Faltas legais ou justificadas

As faltas legais e/ou justificadas são remuneradas e não prejudicam a remuneração do repouso semanal (Lei n. 605/1949, art. 6º). A respeito das faltas legais, consultar na questão n. 27, a Nota 1.

2. Falta justificada — Atestado médico — Ordem de preferência

Em caso de doença, a justificativa da ausência deve observar a ordem preferencial dos atestados: médico da empresa; médico do órgão previdenciário a que estiver filiado o empregado; médico do SESI, SESC, SENAR ou SEST; médico de órgão público (federal, estadual ou municipal) responsável pelo serviço de higiene e saúde; médico do sindicato do empregado e, por último, médico particular, na falta do profissional que preencha os requisitos acima enumerados.

3. Jurisprudência

Abono de faltas. Serviço médico da empresa — Enunciado n. 282 do TST

Ao serviço médico da empresa ou ao mantido por esta última mediante convênio compete abonar os primeiros 15 (quinze) dias de ausência ao trabalho.

SALÁRIO VARIÁVEL — TAREFEIRO — FALTA INJUSTIFICADA

Questão n. 18

Mesmo enunciado da questão n. 16, sendo que o empregado cometeu duas faltas legais e uma injustificada. Nos demais dias da semana carregou 225 volumes. Qual será o valor da remuneração da semana?

Solução

(225 x 1,20) : 3 = 90 x 5 = R$ 450,00

Explicação

Solução idêntica à questão anterior, com as diferenças:

a) foram 3 (três) os dias trabalhados (Lei n. 605/1949 — art. 7º, *c*);

b) faltou um dia sem motivo, consequentemente perdeu este dia e o do repouso semanal remunerado (art. 6º da Lei n. 605/1949).

SALÁRIO VARIÁVEL — COMISSIONISTA

Questão n. 19

Vendedor balconista ganha comissão de 5% sobre as vendas que realizar. Em determinada semana, trabalhando de segunda-feira a sábado, vendeu R$ 12.000,00 (doze mil reais). Quanto receberá a título de repouso semanal remunerado?

Solução

12.000,00 x 5% = 600,00 : 6 = R$ 100,00 (valor do repouso)

Notas

1. Salário variável — Comissão

O salário por comissão, como todo salário variável, depende da produção do trabalhador, ficando-lhe assegurado, qualquer que seja o resultado, o salário mínimo (Lei n. 8.716/1993, art. 1º). Essa forma de salário é bastante usual em relação aos empregados vendedores balconistas e viajantes ou pracistas (Lei n. 3.207/1957).

O prof. Amauri Mascaro Nascimento nos chama a atenção para um aspecto interessante: "Não se confundem a comissão e a percentagem, porque pode haver comissão estipulada em bases não percentuais, mas sim em quantia fixa por unidade vendida"[(10)].

2. Repouso semanal — Comissionista — Semanalista

Em se tratando de comissionista, a Lei n. 605/1949 nada previu a respeito do repouso. A doutrina e a jurisprudência entendem que se deve aplicar a regra dos tarefeiros, prevista no art. 7º, letra *c*, da Lei n. 605/1949, como mostrado na questão n. 16, Nota n. 3.

(10) *Teoria jurídica do salário.* São Paulo: LTr, 1994. p. 242.

3. Repouso semanal — Comissionista — Mensalista

Em caso de pagamento mensal (v. Nota n. 4 da questão n. 16).

4. Repouso semanal — Cálculos — Fórmulas

Procedimentos idênticos aos das questões ns. 16, 17 e 18. Consultar, na questão n. 12, a Nota 4.

5. Jurisprudência

Comissionista. Súmula n. 27 do TST

É devida a remuneração do repouso semanal e dos dias feriados ao empregado comissionista, ainda que pracista.

Vendedor pracista. Repouso semanal remunerado. Súmula n. 201 do STF

O vendedor pracista, remunerado mediante comissão, não tem direito ao repouso semanal remunerado.

Súmulas ns. 27 do TST e 201 do STF. Conflito

Não existe lei que estabeleça hierarquia entre súmulas conflitantes dos Tribunais. Trata-se de entendimentos jurisprudenciais e não de norma jurídica de Direito positivo, como assinala em seu voto o relator do acórdão cuja ementa transcrevemos:

"O conflito de interpretação diversa entre Súmula de Tribunais diversos é despiciendo para o Magistrado. Juridicamente, ele somente se curva à Lei e sua própria convicção. Razões de prudência e de política judicial poderão levá-lo a integrar-se na corrente majoritária, principalmente quando se trata de decisões em matéria de competência dos diversos órgãos jurisdicionais preferindo o mais alto, por motivos óbvios. Não é o caso do conflito existente entre o STF (Súmula n. 201) e o TST (Súmula n. 27), quanto ao descanso remunerado do comissionista." (TRT-2ª Reg., RO-24.276/85, Ac. 8ª T., 6.868/1987, 30.3.1987, Rel. Juiz Valentin Carrion, in *Revista LTr* 51-10/1.230)

Ementas diversas:

Repouso semanal remunerado. Comissionista

"O repouso semanal remunerado do empregado que percebe mediante comissão sobre vendas deve ser calculado sobre o salário a que teve direito o empregado durante a semana — calculando-se sobre o salário do mês chega-se ao mesmo resultado prático —, dividido pelo número de dias de serviço efetivamente prestados ao empregador. Aplica-se, por analogia, o mesmo critério adotado para os que trabalham por peça ou tarefa (art. 7º, *c*, da Lei n. 605/1949)." (TRT-9ª Reg., RO-616/84, Ac. 1ª T., 041719/86, 17.12.85, Rel. Juiz Indalécio Gomes Neto, in *Revista LTr* 50-7/855)

Salário complessivo. Conceituação. Ilicitude

"Repouso remunerado — Salário comissional. É ilícito o pagamento de repouso semanal remunerado embutido em valor comissional fixo, pois caracteriza salário complessivo, vedado por lei." (TRT-2ª Reg., RO 02900084410, Ac. 1ª T., Relª Dora Vaz Treviño — DJSP, de 10.1.1992, p. 72 — in: OT n. 4/92, p. 215)

DIAS REDUZIDOS DA SEMANA

Questão n. 20

Empregado trabalha de segunda a quinta-feira, em jornada normal diária, para uma casa lotérica. Ganha R$ 72,00 (setenta e dois reais) por dia, pagamento semanal. Quanto receberá como descanso remunerado?

Solução

(R$ 72,00 x 4) : 6 = R$ 48,00 (valor do repouso).

Explicação

Regra: divide-se o total ganho na semana por 6 (número de dias úteis da semana).

Notas

1. Repouso Semanal Remunerado — Cálculo

A regra acima, apesar das divergências existentes, parece-nos ser a aplicável nestes casos. Dessa forma é que estabeleceu o legislador para o trabalhador avulso que vive situações semelhantes às do empregado que trabalha semana reduzida. Assim preceitua a Lei n. 605/1949 em seu art. 3º: "O regime desta Lei será extensivo àqueles que, sob forma autônoma, trabalhem agrupados, por intermédio de Sindicato, Caixa Portuária, ou entidade congênere. A remuneração do repouso obrigatório, neste caso, consistirá no acréscimo de um sexto (1/6) calculado sobre os salários efetivamente percebidos pelo trabalhador e paga juntamente com os mesmos".

2. Jurisprudência

Repouso semanal remunerado. Dias reduzidos da semana. Divergência

"A remuneração do repouso semanal corresponde a um sexto do que aufere na semana, ainda quando se trata de empregado contratado para prestar serviço apenas em três dias da mesma." (TST-RR-3.880/1981, Ac. 2ª T. 2.515/82, 1º.10.1982, Rel. Min. Pedro Natali, in *Revista LTr* 48-2/180)

"Ainda quando o empregado não é contratado para trabalhar todos os dias, a jurisprudência vem entendendo que o mesmo tem direito ao pagamento do salário correspondente a um dia de descanso por semana, desde que não dê falta ao serviço.

O cálculo desse dia de repouso é feito tomando-se por base os salários dos dias trabalhados durante a semana e dividido esse total por seis. Como o reclamante só trabalhava, em média, dois dias, há que se dividir a soma dos salários desses dias por seis, para calcular o repouso remunerado de cada semana em que não deu falta ao serviço. Os dias de repouso não serão, portanto, apenas dois por mês." (TRT-8ª Reg., Proc. RO-52/87, j. 30.3.1987, Relª Juíza Semíramis Ferreira — *Apud* TEIXEIRA FILHO, João de Lima. *Repertório de jurisprudência trabalhista.* Rio de Janeiro: Freitas Bastos, 1989, v. 6, ementa n. 4.495, p. 1.071)

"Trabalhador que presta serviços em jornadas reduzidas a três dias durante a semana tem direito a receber o repouso remunerado na base de um dia normal de atividade. A tese de que se deve fazer a média dos proventos auferidos durante a semana dividindo-se por seis, isto é, pelo número de dias úteis do período, não procede quando o trabalhador, como no caso, ganha por 'unidade-tempo' (diarista) e não por 'unidade-produção' (tarefeiro, peceiro, comissionista, trabalhador a domicílio etc.). Interpretação da Lei n. 605, de 5 de janeiro de 1949." (TST, RR 1.432/1980, Ac. 2ª T., 1.529/81, 16.6.1981, Rel. *ad hoc* Min. Mozart Victor Russomano, in *Revista LTr* 45-11/1.341)

TRABALHO EM DIA DE REPOUSO

Questão n. 21

Empregado que trabalha em jornada normal ganha R$ 3.600,00 (três mil e seiscentos reais) mensais. Em determinado mês, trabalhou dois feriados, que não foram compensados. Quanto receberá no final do mês?

Solução

a) R$ 3.600,00 : 30 = R$ 120,00

b) R$ 120,00 x 2 x 2 = R$ 480,00

c) R$ 3.600,00 + R$ 480,00 = R$ 4.080,00

Explicação

1) R$ 3.600,00 — salário mensal;

2) 30 — os dias do mês;

3) R$ 120,00 — valor do salário diário;

4) 2 — os feriados;

5) 2 — dobra do pagamento dos feriados não compensados;

6) R$ 480,00 — valor dos dois feriados trabalhados; apesar de já estarem incluídos no salário mensal, os feriados foram tra-

balhados e não compensados por outros dias de folga, devendo ser pagos em dobro (Súmula n. 146 do TST);

7) R$ 4.080,00 — valor que receberá no final do mês.

Notas

1. Feriados — Pagamento em dobro — Natureza jurídica

Nas atividades em que não for possível, em virtude das exigências técnicas das empresas, a suspensão do trabalho, nos dias feriados civis e religiosos, a remuneração será paga em dobro, salvo se o empregador determinar outro dia de folga (art. 9º da Lei n. 605/1949). Há divergência a respeito da natureza jurídica do pagamento da remuneração em dobro. Para uns, a natureza é de salário, produzindo reflexos no repouso semanal remunerado e em certas parcelas trabalhistas. Para outros, a natureza jurídica da dobra é de indenização, pelo descumprimento da obrigação de conceder o descanso, não havendo que se falar em reflexos em outras verbas trabalhistas. A doutrina e a jurisprudência, como visto abaixo, oscilam em favor da segunda corrente.

2. Feriados civis e religiosos

A Lei n. 9.093, de 12 de setembro de 1995 (DOU 13.9.1995), que revogou o art. 11 da Lei n. 605/1949, preceitua que são feriados civis: os declarados em lei federal e a data magna do Estado fixada em lei estadual. São feriados religiosos os dias de guarda, declarados em lei municipal, de acordo com a tradição local, em número não superior a quatro, neste incluída a Sexta-feira da Paixão.

Data	Feriado	Legislação
1º de janeiro	Confraternização Universal	Lei n. 662/1949
21 de abril	Tiradentes	Lei n. 10.607/2002
1º de maio	Dia do Trabalho	Lei n. 662/1949
7 de setembro	Independência	Lei n. 662/1949
12 de outubro	Nossa Senhora Aparecida	Lei n. 6.802/1980
2 de novembro	Finados	Lei n. 10.607/2002
15 de novembro	Proclamação da República	Lei n. 662/1949
25 de dezembro	Natal	Lei n. 662/1949
Variável	Eleições	Lei n. 4.737/1965 e CF/1988, arts. 28, 29 e 77

Nota: Lei n. 662, de 6 de abril de 1949, com redação dada pela Lei n. 10.607, de 19 de dezembro de 2002.

3. Permissão para trabalhar aos domingos e feriados

O trabalho nesses dias depende de prévia permissão da autoridade competente. A permissão será concedida em caráter permanente ou transitório.

A permissão em caráter permanente é dada por decreto do Poder Executivo e as atividades que gozam dessa autorização são as constantes da relação anexa ao Decreto n. 27.048/1949 (regulamento da Lei n. 605/1949).

A permissão transitória pode ser dada em duas situações:

a) no caso de ocorrência de necessidade imperiosa para atender à realização ou conclusão de serviços inadiáveis, ou cuja inexecução possa acarretar prejuízo manifesto, e por motivo de força maior; no caso de necessidade imperiosa, a permissão deverá discriminar o período autorizado, o qual, de cada vez, não excederá de 60 dias e será dada pela autoridade regional competente em matéria de trabalho; quando ocorrer motivo de força maior, que é todo acontecimento inevitável em relação à vontade do empregador, e para a realização do qual este não concorreu, direta ou indiretamente (CLT, art. 501), não haverá necessidade de prévia autorização, mas o empregador deverá justificar a ocorrência perante a autoridade regional do trabalho, no prazo de 10 dias;

b) por necessidade de ordem técnica, em que a autorização prévia será dada pelo Delegado Regional do Trabalho (atualmente Superintendente Regional do Trabalho).

A Lei n. 10.101, de 19 de dezembro de 2000 (DOU 20.12.2000), modificada pela Lei n. 11.603, de 5 de dezembro de 2007 (DOU 6.7.2007), determina:

> "Art. 6º Fica autorizado o trabalho aos domingos nas atividades do comércio em geral, observadas a legislação municipal, nos termos do inciso I do *caput* do art. 30 da Constituição Federal.
>
> Parágrafo único. O repouso semanal remunerado deverá coincidir, pelo menos 1 (uma) vez no período máximo de 3 (três) semanas, com o domingo, respeitadas as demais normas de proteção ao trabalho e outras a serem estipuladas em negociação coletiva." (NR)
>
> "Art. 6º-A. É permitido o trabalho em feriados nas atividades do comércio em geral, desde que autorizado em convenção coletiva de trabalho e observada a legislação municipal, nos termos do inciso I do art. 30 da Constituição Federal."
>
> "Art. 6º-B. As infrações ao disposto aos arts. 6º e 6º-A desta Lei serão punidas com a multa prevista no art. 75 da Consolidação das Leis do Trabalho, aprovada pelo Decreto-Lei n. 5.452, de 1º de maio de 1943.
>
> Parágrafo único. O processo de fiscalização, de autuação e de imposição de multas reger-se-á pelo disposto no Título VII da Consolidação das Leis do Trabalho."

4. Precedentes Administrativos (SIT/MTE)

41. Remuneração. Repouso semanal remunerado. Incidência do adicional noturno. I — Cabível a repercussão do adicional noturno nos cálculos do repouso semanal remunerado de empregado que tem salário pago na base da unidade dia ou mensalistas e quinzenalistas cujo trabalho não seja exclusivamente noturno. II — Para os empregados mensalistas ou quinzenalistas que cumprem jornada exclusivamente noturna, o salário acrescido do adicional de 20% já inclui a remuneração do repouso. (Referência normativa: art. 73 da CLT; art. 7º da Lei n. 605, de 5 de janeiro de 1949)

45. Trabalho em domingos e feriados. Comércio varejista em geral. I — O comércio varejista em geral, inclusive supermercados, pode manter trabalhadores laborando aos domingos, independentemente de convenção ou acordo coletivo e de autorização municipal, desde 9.11.1997, data da introdução da autorização legislativa no ordenamento jurídico. II — Revogado pelo Ato Declaratório n. 7, da SIT/MTE, de 12.6.2003, DOU 16.6.2003. III — Por sua vez, a abertura do comércio aos domingos é de competência municipal e a verificação do cumprimento das normas do município incumbe à fiscalização de posturas local. IV — Não tendo sido contemplado na lei permissivo para trabalho em feriados, permanecem aplicáveis as disposições contidas no Decreto n. 27.048, de 12 de agosto de 1949. V — A autorização da Lei n. 605/1949 para funcionamento em domingos e feriados nos estabelecimentos de comércio de gêneros alimentícios e similares compreende mercados, supermercados e congêneres. (Relação a que se refere o art. 7º do Decreto n. 27.048/1949, inciso II, 15)

5. Jurisprudência

Súmulas do TST:

15. Atestado médico

A justificativa da ausência do empregado motivada por doença, para a percepção do salário-enfermidade e da remuneração do repouso semanal, deve observar a ordem preferencial dos atestados médicos estabelecida em lei[11].

146. Trabalho em domingos e feriados, não compensado

O trabalho prestado em domingos e feriados, não compensado, deve ser pago em dobro, sem prejuízo da remuneração relativa ao repouso semanal.

354. Gorjetas. Natureza jurídica. Repercussões (Revisão do Enunciado n. 290)

As gorjetas, cobradas pelo empregador na nota de serviço ou oferecidas espontaneamente pelos clientes, integram a remuneração do empregado, não servindo de base de cálculo para as parcelas de aviso prévio, adicional noturno, horas extras e repouso semanal remunerado.

Orientação Jurisprudencial Transitória da SBDI-1 do TST:

72. Petrobras. Domingos e feriados trabalhados. Regime de turnos ininterruptos de revezamento. Pagamento em dobro concedido por liberalidade do empregador. Incorporação ao contrato de trabalho. Supressão unilateral. Acordo coletivo posterior que valida a supressão. Retroação da norma coletiva. Impossibilidade O pagamento

---

(11) A respeito de atestado médico, consultar a Lei n. 605/1949, art. 6º, § 2º, a Lei n. 8.213/1991, art. 60, § 4º e Enunciado n. 282 do TST. Na questão n. 17, nota n. 2, foi mostrada a ordem preferencial dos atestados médicos.

em dobro, concedido por liberalidade da empresa, dos domingos e feriados trabalhados de forma habitual pelo empregado da Petrobras submetido ao regime de turnos ininterruptos de revezamento não pode ser suprimido unilateralmente, pois é vantagem incorporada ao contrato de trabalho, nos termos do art. 468 da CLT. Assim, o acordo coletivo, posteriormente firmado, somente opera efeitos a partir da data de sua entrada em vigor, sendo incabível a utilização da norma coletiva para regular situação pretérita.

Súmula do STF:

461. Repouso semanal remunerado. Duplo

É duplo, e não triplo, o pagamento do salário nos dias destinados a descanso.

Ementas diversas:

Feriados trabalhados. Regime de 12 x 36 horas

"O entendimento que tem prevalecido no seio desta Corte é no sentido de que os empregados que trabalham em regime de revezamento de doze horas por trinta e seis de descanso não fazem jus à dobra salarial pelo trabalho realizado em dias de repouso e feriados. Isto porque, no trabalho em turnos ininterruptos de revezamento o repouso semanal e os feriados acham-se embutidos nas 36 horas de descanso, não devendo, por isso mesmo, ser pagos de forma dobrada" (Min. Vantuil Abdala). Recurso de revista provido." (TST-RR-364860/1997.9, Ac. 2ª T., 15ª Reg., Rel. Juiz Alberto Luiz Bresciani de Fontan Pereira, DJU 24.5.2001, p. 377 — *Apud LTr Sup. Trab.* 99/2001, p. 476)

Descanso semanal remunerado. Dia útil. Possibilidade

"O descanso semanal remunerado deve coincidir, preferencialmente, com os domingos (art. 7º, XV, CF), permitindo-se, porém, dadas as características das atividades do empreendimento, que o repouso hebdomadário seja usufruído em outro dia da semana (art. 9º, Lei n. 605/1949)." [TRT 15ª Reg. — Proc. 25.449/99 — (41.844/01) — SE — Relª Juíza Maria Cecília Fernandes Alvares Leite — DOESP 1º.10.2001 — *Apud Revista Síntese Trabalhista* n. 153, ementa n. 17.744, p. 83]

Domingo e feriado com adicional de 100%. Ausência de previsão legal

"O trabalho em domingo e feriado não é extraordinário, e sim trabalho a ser compensado ou pago em dobro, na forma da Lei n. 605/1949. De acordo com a nossa legislação, somente o que ultrapassa a jornada ordinária pode ser considerado trabalho extraordinário e receber o adicional legal ou convencional." [TRT 2ª Reg. RO 20020219185 — (Ac. 9ª T. 20020596043) — Rel. Juiz Luiz Edgar Ferraz de Oliveira, DJSP 20.9.2002, p. 22 — *Apud LTr Sup. de Jurisp.* n. 12/2002, p. 95]

Repouso remunerado. Repouso semanal remunerado

"O conceito de repouso remunerado é mais amplo do que o de repouso semanal remunerado, pois envolve também os dias feriados e santificados. Ac. (unânime) TRT 5ª Reg., 3ª T. (AP 013.96.2428-55), Rel. Juiz Lysandro Tourinho, proferido em 13.8.1998, DPJ de 16.3.1998." (BOMFIM, B. Calheiros e outros. *Dicionário de decisões trabalhistas.* 30. ed. São Paulo: Trabalhistas, 1997, ementa n. 1.911, p. 491)

Horas extras. O DSR como hora extra e a sua incidência nos DSRs

"A hora extra a 100%, quando decorrente da folga laborada sem a devida folga compensatória ou da sua concessão de forma irregular, de forma objetiva, não pode incidir nos próprios DSRs. Seria um *bis in idem*. Nesse particular, acolhe-se o apelo para excluir a incidência." [TRT 2ª R. — RORS 02325200302802002 — (20040393253) — 4ª T. — Rel. Juiz Francisco Ferreira Jorge Neto — DOESP 13.8.2004 — *Apud Revista Síntese Trabalhista* n. 187, ementa n. 21.361, p. 83]

Funcionamento de supermercados aos domingos e feriados. Possibilidade

"Administrativo — Funcionamento de supermercados aos domingos e feriados — Possibilidade — Decreto n. 27.048/1949, art. 7º — Lei n. 10.101/2000 — Precedentes desta Corte. 1. 'Pacificou-se o entendimento desta Corte no sentido de que a permissão para o funcionamento, aos domingos, de pastelarias, confeitarias, panificadora e do comércio varejista de peixes, carnes, aves, frutas, verduras, ovos, entre outros produtos, por força do Decreto n. 27.048/1949, estende-se aos supermercados, porquanto sua atividade representa nada mais do que a concentração de tais serviços'. (Ac 95.01.22172-5/BA, Rel. Juiz Convocado Reynaldo Soares da Fonseca, 3ª Turma, DJ de 7.12.2000). 2. Corroborando a orientação firmada na Corte, nos termos da Lei n. 10.101/2000 — Lei de conversão da Medida Provisória n. 1.687/3 —, ficou autorizado, a partir de 9 de novembro de 1997, o trabalho aos domingos no comércio varejista em geral, observada apenas a regra constante do art. 30, I, da Constituição, que dispõe sobre a autonomia dos Municípios. 3. Apelação e remessa oficial a que se nega provimento." (TRF1 AMS 1998.01.00.083192-6/MG — (Primeira Turma Suplementar) — Rel. Juiz Conv. Manoel José Ferreira Nunes — DJ 21.8.2003 p. 78)

Feriados. Autorização para funcionamento. Supermercados

"Feriados — Autorização para funcionamento — Supermercados — Em leitura atualizada dos arts. 8º e 10 da Lei n. 605/1949, bem como dos arts. 6º, § 1º, 7º e relação anexa ao Decreto n. 27.048/1999 (item II, 15), os supermercados — figura notoriamente derivada da expansão do mercado de consumo fluente na sociedade contemporânea — possuem permissão para abrir suas portas nos feriados. Nesse sentido é o Precedente Administrativo n. 45, inc. V, da Secretaria de Inspeção do Trabalho do Ministério do Trabalho." (TRT 12ª R. — RO-V 03967-2005-039-12-00-0-3 — 3ª T. — Relª Juíza Ligia Maria Teixeira Gouvêa — DJSC 27.11.2006 — *Apud Revista IOB Trabalhista e Previdenciária* n. 211, p. 127, ementa 21450)

Repouso semanal remunerado. Coincidência com o domingo

"*Repouso semanal remunerado — Coincidência com o domingo, pelo menos uma vez no período máximo de três semanas* — Nos termos do parágrafo único do art. 6º da Lei n. 11.603, de 5 de dezembro de 2007, o repouso semanal remunerado deverá coincidir, pelo menos uma vez no período máximo de três semanas, com um domingo, respeitadas as demais normas de proteção ao trabalho e outras a serem estipuladas em negociação coletiva. A Constituição Federal, ao prever que o repouso se faça preferencialmente aos domingos, legitima a exigência de que, pelo menos, uma folga coincida com o domingo, porque isso possibilita um melhor convívio familiar e social ao empregado." [TRT —3ª Reg. —RO 00578-2007-044-03-00-9 (Ac. 4ª T.) — Rel. Luiz Otávio Linhares Renault — DJMG 15.12.2007, p. 21, in *LTr Sup. Jurisp.* 7/2008, p. 56]

Supermercados. Exercício de atividades em domingos e feriados. Possibilidade

"2. *Supermercados. Exercício de atividades em domingos e feriados. Possibilidade. Proibição inscrita em legislação municipal. Sujeição dos municípios a lei de iniciativa da União.* 2.1. O art. 6º do Decreto n. 27.048, de 12 de agosto de 1949, que regulamentou a Lei n. 605, de 5 de janeiro de 1949, enuncia que, excetuados os casos em que a execução dos serviços for imposta pelas exigências técnicas das empresas, é vedado o trabalho nos dias de repouso a que se refere o art. 1º, garantida, entretanto, a remuneração respectiva . O art. 7º do mesmo ato normativo afirma que é concedida, em caráter permanente e de acordo com o disposto no § 1º do art. 6º, permissão para o trabalho nos dias de repouso a que se refere o art. 1º, nas atividades constantes da relação anexa, que alcança os varejistas de peixes, carnes frescas e caça, de frutas, verduras, de aves e ovos, além da venda de pão e biscoitos, feiras livres e mercados. 2.2. Compete, privativamente, à União legislar sobre Direito do Trabalho, nos termos do art. 22, I, da Lei Maior. Aos Municípios remanesce competência para legislar sobre assuntos de interesse local (art. 30, I, da Carta Magna) obviamente, sob a regência daqueles preceitos. 2.3. A Súmula n. 419 do Supremo Tribunal Federal, quando enuncia que "os municípios têm competência para regular o horário de comércio local, desde que não infrinjam leis estatuais ou federais válidas", estabelece limites para a providência. 2.4. Em tal quadro, parece claro que, havendo preceito, de lastro federal, que autorize o funcionamento de estabelecimentos semelhados aos supermercados cuja concepção é posterior à edição das normas sob foco —, em domingos e feriados, não podem as regras municipais dispor de maneira diversa. 2.5. Não merece reparos a decisão que, em tal linha, veda a imposição de penalidades aos estabelecimentos que funcionem em domingos e feriados, pois o fazem sob o amparo do direito objetivo. Recurso de revista não conhecido." [TST-RR-1173/2005-012-03-00.1 — (Ac. 3ª Turma) — Rel. Min. Alberto Luiz Bresciani de Fontan Pereira — DEJT 23.10.2009]

Trabalho em feriado. Permissão para abertura de estabelecimento comercial

"Trabalho em feriados — Art. 6º-a da Lei n. 10.101/2000. Permissão para abertura de estabelecimento comercial em feriados. Ausência de previsão em convenção coletiva. O art. 6º-A da Lei n. 10.101/2000 é expresso ao permitir o trabalho em feriados nas atividades do comércio em geral, desde que autorizado em convenção coletiva de trabalho e observada a legislação municipal, nos termos do art. 30, inciso I, da Constituição. Assim sendo, na ausência de norma coletiva, não pode a reclamada funcionar em feriados. Recurso de revista conhecido e provido." [TST-RR-32300-37.2008.5.03.0095 — (6ª Turma) — Rel. Min. Aloysio Corrêa da Veiga — DEJT 7.5.2010]

SALÁRIO MÍNIMO

JORNADA REDUZIDA

Questão n. 22

Empregado, por meio de contrato, trabalha em jornada normal de 3 (três) horas. Qual o mínimo que deverá receber no final do mês?

Solução

a) R$ 545,00 : 220 = R$ 2,48

b) R$ 2,48 x 90 = R$ 223,20

Explicação

1) R$ 545,00	—	valor mensal do salário mínimo (a partir de 1º.1.2011);
2) 220	—	as horas normais do mês;
3) R$ 2,48	—	valor de uma hora;
4) 90	—	o total das horas no mês que o empregado trabalhou (30 dias x 3 horas/dia);
5) R$ 223,20	—	o valor mensal do salário mínimo que o empregado deverá receber.

Notas

1. Salário mínimo — Definição legal

Salário mínimo é a contraprestação mínima devida e paga diretamente pelo empregador a todo trabalhador, por jornada normal de trabalho, capaz de satisfazer, em qualquer região do País, às suas necessidades vitais básicas e às de sua família com moradia, alimentação, educação, saúde, lazer, vestuário, higiene, transporte e previdência social (Lei n. 8.542/1992, art. 6º, *caput*).

2. Salário mínimo — Classificação

O salário mínimo compreende:

a) *salário mínimo geral ou comum* é o correspondente ao salário mínimo de que trata a CF/1988, art. 7º, IV e a legislação abaixo transcrita; por isso, também, é denominado salário mínimo legal;

b) *salário mínimo profissional* é o previsto na lei que regula determinada profissão. Exemplo: salário mínimo profissional dos técnicos em radiologia (Lei n. 7.394/1985) e que corresponde ao dobro do mínimo legal (v. Súmula n. 358 do TST); salário mínimo dos médicos (Lei n. 3.999/1961), que é fixado em três vezes o valor do salário mínimo comum (Súmula n. 370 do TST); engenheiros (seis salários mínimos — Lei n. 4.950-A/1966 e Súmula n. 370) etc.;

c) *salário mínimo da categoria (salário convencional ou salário normativo)*, que corresponde ao piso[12] salarial de uma determinada categoria profissional e que é estabelecido por meio de negociação coletiva (convenção ou acordo coletivo) ou sentença normativa.

3. Valor do salário mínimo

O valor do salário mínimo poderá ser estabelecido por mês, dia e hora (Lei n. 8.542/1992, art. 6º, § 1º) e nenhum empregado deverá ganhar menos que o mínimo legal. A CF/1988 (art. 7º, IV) prevê que o seu valor deve ser capaz de atender ao conjunto das necessidades vitais básicas do trabalhador e de sua família, o que, infelizmente, não ocorre. A partir de 1º de janeiro de 2011, o valor mensal do salário mínimo passou a ser de R$ 545,00, o diário de R$ 18,17 e o horário de R$ 2,48.[13]

No Apêndice deste livro, apresentamos uma tabela com os valores do salário mínimo desde 1940.

4. Jornada especial — Salário mínimo-hora

Para as atividades em que a lei estabelece jornada diária normal inferior a 8 (oito) horas, o salário mínimo não sofre alteração. Nesses casos, para se achar o salário mínimo horário, basta dividir o valor do salário mínimo pelo total de horas resultante da multiplicação das horas da jornada por trinta, como mostrado na Nota n. 5 da questão n. 01.

---

(12) Piso salarial é o salário mínimo de uma determinada categoria profissional.

(13) Lei n. 12.382, de 25 de fevereiro de 2011 (DOU 28.2.2011).

5. Salário mínimo proporcional

Como visto, quando se tratar de trabalhador com jornada legal inferior à da regra geral, o salário mínimo comum não sofre redução. É o caso do cabineiro de elevador, que tem jornada normal de seis horas. Entretanto, o salário mínimo geral ou comum poderá ser reduzido proporcionalmente à jornada de trabalho, como ilustra a jurisprudência selecionada na Nota n. 7.

A Medida Provisória n. 2.164, de 24.8.2001 (DOU 27.8.2001), em curso, acrescentou à CLT:

"Art. 58-A. Considera-se trabalho em regime de tempo parcial aquele cuja duração não exceda a vinte e cinco horas semanais.

§ 1º O salário a ser pago aos empregados sob regime de tempo parcial será proporcional à sua jornada, em relação aos empregados que cumprem, nas mesmas funções, tempo integral.

§ 2º Para os atuais empregados, a adoção do regime de tempo parcial será feita mediante opção manifestada perante a empresa, na forma prevista em instrumento decorrente de negociação coletiva." (NR)

O empregado pode ser contratado com salário proporcional à sua jornada e não se enquadrar na regra do art. 58-A da CLT. Nesse caso, o empregador não se beneficia da duração diferenciada e da redução à metade do período de férias, conforme preceitua o art. 130-A da CLT.

6. Legislação

A CF/1988, art. 7º, assegura aos empregados urbanos e rurais:

"IV — salário mínimo, fixado em lei, nacionalmente unificado, capaz de atender a suas necessidades vitais básicas e às de sua família com moradia, alimentação, educação, saúde, lazer, vestuário, higiene, transporte e previdência social, com reajustes periódicos que lhe preservem o poder aquisitivo, sendo vedada sua vinculação para qualquer fim;

V — piso salarial proporcional à extensão e à complexidade do trabalho;

VI — *omissis;*

VII — garantia de salário, nunca inferior ao mínimo, para os que percebem remuneração variável."

Por sua vez, a CLT preceitua:

"Art. 76. Salário mínimo é a contraprestação mínima devida e paga diretamente pelo empregador a todo trabalhador, inclusive ao trabalhador rural, sem distinção de sexo, por dia normal de serviço, e capaz de satisfazer, em determinada época e região do País, às suas necessidades normais de alimentação, habitação, vestuário, higiene e transporte."

"Art. 78. Quando o salário for ajustado por empreitada, ou convencionado por tarefa ou peça, será garantida ao trabalhador uma remuneração diária nunca inferior à do salário mínimo por dia normal da região, zona ou subzona (atualmente região ou sub-região).

Parágrafo único. Quando o salário mínimo mensal do empregado à comissão ou que tenha direito à percentagem for integrado por parte fixa e parte variável, ser-lhe-á sempre garantido o salário mínimo, vedado qualquer desconto em mês subsequente a título de compensação."

A Lei n. 8.542, de 23 de dezembro de 1992 (DOU 24.12.1992), que dispõe sobre a política nacional de salários, preceitua:

"Art. 6º Salário mínimo é a contraprestação mínima devida e paga diretamente pelo empregador a todo trabalhador, por jornada normal de trabalho, capaz de satisfazer, em qualquer região do País, às suas necessidades vitais básicas e às de sua família com moradia, alimentação, educação, saúde, lazer, vestuário, higiene, transporte e previdência social.

§ 1º O salário mínimo diário corresponderá a um trinta avos do salário mínimo mensal, e o salário mínimo horário a um duzentos e vinte avos do salário mínimo.

§ 2º Para os trabalhadores que tenham por disposição legal a jornada máxima diária de trabalho inferior a oito horas, o salário mínimo será igual ao definido no parágrafo anterior multiplicado por oito e dividido pelo máximo legal."

A Lei n. 8.716, de 11 de outubro de 1993 (DOU 13.10.1993), que dispõe sobre a garantia do salário mínimo, preceitua:

"Art. 1º Aos trabalhadores que perceberem remuneração variável, fixada por comissão, peça, tarefa ou outras modalidades, será garantido um salário mensal nunca inferior ao salário mínimo.

Art. 2º A garantia assegurada pelo artigo anterior estende-se também aos trabalhadores que perceberem salário misto, integrado por parte fixa e parte variável.

Art. 3º É vedado ao empregador fazer qualquer tipo de desconto em mês subsequente a título de compensação de eventuais complementações feitas em meses anteriores para cumprimento do disposto nos arts. 1º e 2º."

A Lei Complementar n. 103, de 14 de julho de 2000 (DOU 17.7.2000), que autoriza os Estados e o Distrito Federal a instituir o piso salarial a que se refere o inciso V do art. 7º da Constituição Federal, por aplicação do disposto no parágrafo único do seu art. 22, prevê:

"Art. 1º Os Estados e o Distrito Federal ficam autorizados a instituir, mediante lei de iniciativa do Poder Executivo, o piso salarial de que trata o inciso V do art. 7º da Constituição Federal para os empregados que não tenham piso salarial definido em lei federal, convenção ou acordo coletivo de trabalho.

§ 1º A autorização de que trata este artigo não poderá ser exercida:

I — no segundo semestre do ano em que se verificar eleição para os cargos de Governador dos Estados e do Distrito Federal e de Deputados Estaduais e Distritais;

II — em relação à remuneração de servidores públicos municipais.

§ 2º O piso salarial a que se refere o *caput* poderá ser estendido aos empregados domésticos."

7. Jurisprudência

Orientações Jurisprudenciais da SBDI-1-TST:

272. Salário mínimo. Servidor. Salário-base inferior. Diferenças. Indevidas

A verificação do respeito ao direito ao salário mínimo não se apura pelo confronto isolado do salário-base com o mínimo legal, mas deste com a soma de todas as parcelas de natureza salarial recebidas pelo empregado diretamente do empregador.

358. Salário mínimo e piso salarial proporcional à jornada reduzida. Possibilidade

Havendo contratação para cumprimento de jornada reduzida, inferior à previsão constitucional de oito horas diárias ou quarenta e quatro semanais, é lícito o pagamento do piso salarial ou do salário mínimo proporcional ao tempo trabalhado.

393. Professor. Jornada de trabalho especial. Art. 318 da CLT. Salário mínimo. Proporcionalidade

A contraprestação mensal devida ao professor, que trabalha no limite máximo da jornada prevista no art. 318 da CLT, é de um salário mínimo integral, não se cogitando do pagamento proporcional em relação a jornada prevista no art. 7º, XIII, da Constituição Federal.

Orientação Jurisprudencial da SBDI-2-TST:

71. Ação rescisória. Salário profissional. Fixação. Múltiplo de salário mínimo. Art. 7º, IV, da CF/1988

A estipulação do salário profissional em múltiplos do salário mínimo não afronta o art. 7º, inciso IV, da Constituição Federal de 1988, só incorrendo em vulneração do referido preceito constitucional a fixação de correção automática do salário pelo reajuste do salário mínimo.

Orientação Jurisprudencial da SDC-TST:

26. Salário normativo. Menor empregado. Art. 7º, XXX, da CF/1988. Violação

Os empregados menores não podem ser discriminados em cláusula que fixa salário mínimo profissional para a categoria.

Ementas diversas:

Salário mínimo. Proporcionalidade

"Para trabalho de pequena duração horária a lei não impõe obrigação de pagamento do salário mínimo integral." (TRT-3ª Reg., 1ª T., Proc. RO-1.468/1980, Rel. Juiz Edmo de Andrade, DJMG de 21.1.1981, p. 9, in TEIXEIRA FILHO, João de Lima. *Repertório de jurisprudência trabalhista*. Rio de Janeiro: Freitas Bastos, 1982, ementa n. 4.158, p. 776)

"O salário mínimo é devido proporcionalmente à jornada de trabalho." (TRT-1ª Reg., 2ª T., Proc. RO-3.597/1980, julgado em 17.9.1980, Ac. 2.323/1980, Rel. Juiz Simões Barbosa, in ob. cit., ementa n. 4.159, p. 776)

"É imprescindível constar da CTPS que os salários serão pagos na proporção do número de horas prestadas, sem o que será o empregador compelido a pagar integralmente o salário mínimo regional, apesar da jornada reduzida do empregado." (TRT-6ª Reg., RO-3.469/1983, Ac. 2ª T., 22.5.1984, Rel. Juiz Paulo Britto, in *Revista LTr* 49-3/314)

"*Salário mínimo proporcional. Jornada de trabalho reduzida.* O salário mínimo a que se refere o art. 7º, IV, da Constituição Federal é fixado com base na jornada normal de trabalho, ou seja, 8 horas diárias ou 44 semanais, estabelecido pelos arts. 7º, XIII, da Carta Magna, e 58 da CLT. Daí porque o empregado que labora em jornada de apenas 4 horas diárias não faz jus ao salário mínimo integral, já que a retribuição pecuniária deverá ser proporcional à jornada trabalhada. Recurso de revista não conhecido." (Processo n. TST-RR-504.958/1998 — 2ª T. — Rel. Min. Vantuil Abdala — DJU 22.6.2001 — *Apud Revista do TST*, v. 67, n. 3, p. 344)

"*Salário mínimo. Proporcionalidade. Redução de jornada de trabalho.* Em se tratando de jornada laboral menor do que aquela prevista pela atual Carta Magna e legislação ordinária, devido o mínimo legal, proporcionalmente calculado em relação ao tempo de trabalho despendido pelo empregado. Recurso de revista conhecido e provido." (Processo n. TST-RR-378.548/97 — Ac. 1ª T. — Rel. Juiz Convocado Vieira de Mello Filho — DJU 8.2.2002 — *Apud Revista do TST*, v. 68, n. 1, p. 388)

"*Salário mínimo — Jornada reduzida — Pagamento proporcional.* A contratação de empregado com o pagamento do salário mínimo proporcional à jornada trabalhada encontra respaldo no art. 7º, IV, da Constituição da República. A remuneração fixada deve guardar proporcionalidade com a jornada de trabalho. Recurso de revista conhecido e provido em parte." [TST-RR-25.870/2002-900-21-00.0 — (Ac. 4ª T.) — 21ª Reg. — Rel. Juiz Convocado Luiz Philippe Vieira de Mello Filho, DJU 21.5.2004, p. 566 — *Apud LTr Sup. Jurisp.* n. 30/2004, p. 239]

"*Salário mínimo proporcional à jornada de trabalho reduzida. Possibilidade.* O salário mínimo previsto no art. 7º, IV, da Constituição Federal é fixado com base na jornada de trabalho de oito horas diárias ou quarenta e quatro semanais (art. 7º, XIII, da Constituição Federal). Assim, sendo a jornada de trabalho do empregado inferior àquela constitucionalmente estipulada, o salário pode ser pago de forma proporcional ao número de horas trabalhadas. Recurso de revista a que se dá provimento." (TST — RR — 811/2001-028-07-00.7 — 5ª Turma — Rel. Min. Gelson de Azevedo — DJU 1º.7.2005 — *Apud Revista do TST*, v. 71, n. 3, p. 389)

Salário mínimo. Gorjetas

"O recebimento de gorjetas pagas pelos clientes não exime o empregador de pagar diretamente ao empregado pelo menos o salário mínimo legal." (TRT-11ª Reg., RO-144/1985, Ac. 417/1985, 8.10.1985, Rel. Juiz Eduardo Penna Ribeiro, in *Revista LTr* 50-3/349)

Trabalho em regime de tempo parcial. Jornada reduzida. Salário proporcional

"*Trabalho em regime de tempo parcial — Jornada reduzida — Salário proporcional —* Não ofende o art. 7º, IV, da CF/1988, remunerar jornada de trabalho não excedente a vinte e cinco horas semanais com salário proporcional à jornada diária e semanal, ainda que inferior ao salário mínimo fixado em lei. A sistemática introduzida pelo art. 58-A da CLT, introduzido pela Medida Provisória n. 2.164-41/2001, estabelece a possibilidade de a remuneração, no regime de trabalho a tempo parcial, guardar proporcionalidade com a jornada laborada. Recurso Ordinário da reclamante a que se nega provimento. [TRT 15ª Reg. (Campinas/SP) ROPS 0611-2006-007-15-00-4 — (Ac. 1909/08-PATR, 10ª C.) — Rel. José Antônio Pancotti. DOE 18.1.2008, p. 64 — In *LTr Sup. Jurisp.* 10/2008, p. 80]

DESCONTO DAS UTILIDADES

Questão n. 23

Empregado ganha por mês o salário mínimo, sendo que parte deste salário é paga com habitação fornecida pelo empregador. Calcular o valor mensal da utilidade-habitação.

Solução

R$ 545,00 x 25% = R$ 136,25

Explicação

1) R$ 545,00 — valor do salário mínimo;

2) 25% — percentual do salário contratual para efeito do cálculo da utilidade-habitação (§ 3º do art. 458 da CLT, com redação da Lei n. 8.860/1994);

3) R$ 136,25 — valor mensal da utilidade-habitação, sendo que o restante (R$ 408,75) do salário mínimo (R$ 545,00) será pago em dinheiro.

Notas

1. Pagamento do salário em dinheiro e utilidades

O pagamento do salário poderá ser feito em dinheiro e utilidades. A legislação não permite o pagamento do salário apenas com utilidades. São consideradas utilidades: habitação, alimentação, vestuário, higiene, transporte etc. O salário pago com utilidades (bens e serviços) é conhecido como salário-utilidade ou salário *in natura* e, como tal, refletirá nas verbas trabalhistas como aviso prévio, 13º salário, férias acrescidas do terço constitucional, FGTS etc. No aviso prévio trabalhado e nas férias gozadas, havendo uso da utilidade, sobre o seu valor é devido apenas o pagamento do terço constitucional das férias.

2. Percentuais das utilidades

O parágrafo único do art. 82 da CLT estabelece que pelo menos 30% do salário mínimo tem de ser pago em dinheiro e o restante (70%) do salário mínimo poderá ser dividido entre as utilidades, as chamadas prestações *in natura*.

A CLT não previa o percentual determinante do valor de cada utilidade. Por isso eram utilizados os percentuais previstos nos anexos aos Decretos que fixavam o salário mínimo, os quais variavam para cada região em que o País foi dividido. Para ilustrar, após a Nota n. 7 (Jurisprudência), reproduzimos o anexo de um desses diplomas legais que estabelecia o salário mínimo. O Decreto n. 94.062, de 27 de fevereiro de 1987, foi o último a ser editado com o mencionado anexo.

No que diz respeito à utilidade-alimentação, a Portaria Ministerial n. 19, de 31 de janeiro de 1952, fixou, também por região, os percentuais das quatro refeições diárias (desjejum, almoço, lanche e jantar).

Quando o salário do empregado for superior ao mínimo, o Tribunal Superior do Trabalho posicionou-se por meio da Súmula n. 258: "Os percentuais fixados em lei relativos ao salário *in natura* apenas se referem às hipóteses em que o empregado percebe salário mínimo, apurando-se, nas demais, o real valor da utilidade."

Pela Lei n. 8.860/1994, que deu a atual redação ao § 3º do art. 458 da CLT, a alimentação, como salário-utilidade, não poderá exceder a 20% (vinte por cento) do salário contratual, tratando-se de trabalhador rural, o percentual para habitação e alimentação será de 20% e 25%, respectivamente, sobre o salário mínimo (Lei n. 5.889/1973, art. 9º, letras *a* e *b*). A Lei n. 8.860/1994 não fixou os percentuais correspondentes às quatro refeições diárias (1ª refeição, almoço, lanche e jantar). Como proceder? Entendemos que devem ser calculados na proporção dos percentuais estabelecidos pela Portaria Ministerial n. 19/1952. Exemplificando: pela mencionada Portaria, na 21ª Região (Estado de Goiás), as quatro refeições diárias correspondem a 5%, 21%, 5% e 20%, respectivamente, totalizando 51% (cinquenta e um por cento), que era o percentual máximo da utilidade alimentação, estabelecido por Decreto que fixava o salário mínimo. Esses 51% (cinquenta e um por cento) eram calculados sobre os 70% (setenta por cento) do salário, isto porque pelo menos 30% (trinta por cento) do salário tinha de ser pago em dinheiro (CLT, art. 82, parágrafo único). Esses percentuais, estabelecidos pelo Decreto que fixava o salário mínimo e pela Portaria n. 19/1952, quando aplicados diretamente ao salário, correspondiam a 35,7% (total da alimentação), sendo: 3,5% (1ª refeição); 14,7% (almoço); 3,5% (lanche); e 14% (jantar). Com o advento da Lei n. 8.860/94, que estabeleceu o percentual máximo de 20% (vinte por cento) do salário contratual para a utilidade alimentação, as refeições passaram a ter os seguintes percentuais: 1,96% (1ª refeição); 8,24% (almoço); 1,96% (lanche); e 7,84% (jantar), que devem incidir sobre o salário contratual. Esses percentuais foram obtidos por uma simples regra de três. Assim: quando o máximo do desconto da utilidade alimentação era de 35,7%, o percentual da primeira refeição correspondia a 3,5%; para o máximo de 20%, o desconto da primeira refeição será X. Logo:

35,7 corresponde a 3,5

20 corresponde a X

X = ((20 x 3,5) : 35,7 = 1,96%

Os percentuais correspondentes às demais refeições (almoço, lanche e jantar) são calculados da mesma forma.

Vejamos um exemplo prático: empregado no Estado de Goiás (21ª Região) ganha salário mensal de R$ 600,00. Durante o mês, almoçou todos os dias trabalhados (25) na empresa. Quanto o empregador poderá descontar no final do mês, a título de salário-utilidade alimentação?

No final do mês, a título de salário-utilidade alimentação, poderá ser descontado o valor correspondente a R$ 41,25, que se obtém da seguinte forma:

R$ 600,00 x 8,24% = R$ 49,44 : 30 = R$ 1,65 x 25 = R$ 41,25.

3. Percentual da utilidade não previsto em lei

Quando a utilidade fornecida pelo empregador não tiver o percentual de desconto previsto legalmente, cabe às partes (empregado e empregador) fixá-lo, desde que seja justo e razoável (CLT, art. 458, § 1º). Não sendo possível, resta aos interessados o caminho do arbitramento judicial.

4. Natureza jurídica das utilidades

A utilidade fornecida pelo empregador nem sempre tem natureza salarial. Há uma certa dificuldade em se saber se a utilidade fornecida pelo empregador é ou não salário. Existem várias teorias que procuram definir a natureza jurídica das utilidades.

As utilidades (alimentação, habitação, transporte etc.) têm natureza salarial, quando o empregado faz "economia de salário". Em outras palavras, quando elas são concedidas a título oneroso. Júlio Bernardo do Carmo entende "que as utilidades proporcionadas ao empregado revestem-se de cunho salarial apenas quando reúnam os seguintes requisitos basilares: habitualmente de gozo, fundamento contratual ou costumeiro, onerosidade no fornecimento e atendimento às necessidades individuais do trabalhador e não às necessidades do serviço ou da empresa"(14).

---

(14) *Revista do TRT 15ª Região*, n. 1, 1991. p. 117.

José Martins Catharino, com base na teoria finalística, indica uma regra prática: a utilidade é considerada como salário, quando fornecida *pelo* serviço prestado e deixa de ser salário, quando fornecida *para* o serviço prestado[(15)].

5. Utilidades que não têm natureza salarial

Há certas utilidades fornecidas pelo empregador que, por força de lei, não têm natureza salarial, como mostrado a seguir:

5.1. CLT — Utilidades não salariais

A CLT, art. 458, § 2º (com redação dada pela Lei n. 10.243, de 19.6.2001, DOU 20.6.2001), determina que não serão consideradas como salário as seguintes utilidades concedidas pelo empregador:

I — vestuários, equipamentos e outros acessórios fornecidos aos empregados e utilizados no local de trabalho, para a prestação do serviço;

II — educação, em estabelecimento de ensino próprio ou de terceiros, compreendendo os valores relativos à matrícula, mensalidade, anuidade, livros e material didático;

III — transporte destinado ao deslocamento para o trabalho e retorno, em percurso servido ou não por transporte público;

IV — assistência médica, hospitalar e odontológica, prestada diretamente ou mediante seguro-saúde;

V — seguros de vida e de acidentes pessoais;

VI — previdência privada.

5.2. Estatuto do Trabalhador Rural — Utilidades não salariais

O Estatuto do Trabalhador Rural (Lei n. 5.889/1973) preceitua que a cessão pelo empregador, de moradia e de sua infraestrutura básica, assim como, bens destinados à produção para sua subsistência e de sua família, não integram o salário do trabalhador rural, desde que caracterizados como tais, em contrato escrito celebrado entre as partes, com testemunhas e notificação obrigatória ao respectivo sindicato de trabalhadores rurais (art. 9º, § 5º, acrescentado pela Lei n. 9.300, de 29.8.1996, DOU 30.8.1996).

---

(15) *Tratado jurídico do salário*. São Paulo: LTr, 1994. p. 175.

5.3. Programa de Alimentação do Trabalhador — PAT

Não é salário a alimentação fornecida pela empresa ao empregado em cumprimento a programa de incentivo fiscal, previsto na Lei n. 6.321, de 14 de abril de 1976 (DOU 19.4.1976), e seu regulamento, Decreto n. 5, de 14 de janeiro de 1991 (DOU 15.1.1991).

O Decreto n. 5/1991, que deu nova regulamentação à Lei n. 6.321/1976, estabelece no art. 6º: "Nos Programas de Alimentação do Trabalhador — PAT, previamente aprovados pelo Ministério do Trabalho e Previdência Social, a parcela paga *in natura* pela empresa não tem natureza salarial, não se incorpora à remuneração para quaisquer efeitos, não constitui base de incidência de contribuição previdenciária ou do Fundo de Garantia do Tempo de Serviço e nem se configura como rendimento tributável do trabalhador."

A Lei n. 8.212/1991, que dispõe sobre o Plano de Custeio da Previdência Social, preceitua no art. 28 que "não integram o salário de contribuição: a parcela *in natura* recebida de acordo com os programas de alimentação aprovados pelo Ministério do Trabalho e da Previdência Social, nos termos da Lei n. 6.321, de 14 de abril de 1976" (§ 9º, letra *c*).

A Portaria SIT/MTE n. 3, de 1º de maio de 2002 (DOU 3.5.2002), baixa instruções sobre a execução do Programa de Alimentação do Trabalhador — PAT.

5.4. Vale-transporte

No que se refere ao vale-transporte, no caso de aplicação da respectiva legislação, o valor do transporte não constitui salário-utilidade.

O vale-transporte foi instituído pela Lei n. 7.418/1985 e sua adoção era facultativa por parte do empregador. A Lei n. 7.619/1987 alterou a anterior e tornou obrigatória a adoção do vale-transporte. A Lei n. 7.418/1985, com a alteração da Lei n. 7.619/1987, foi regulamentada pelo Decreto n. 95.247/1987.

A Lei n. 7.418/1985 disciplina:

"Art. 2º O Vale-Transporte, concedido nas condições e limites definidos nesta Lei, no que se refere à contribuição do empregador:

a) não tem natureza salarial, nem se incorpora à remuneração para quaisquer efeitos;

b) não constitui base de incidência de contribuição previdenciária ou de Fundo de Garantia por Tempo de Serviço;

c) não se configura como rendimento tributável do trabalhador."

A respeito de vale-transporte, consultar o apêndice, em que fazemos um estudo detalhado do assunto, inclusive com sugestões de modelos para atender à parte prática.

5.5. *Resultantes de negociação coletiva*

As utilidades resultantes de negociação coletiva (convenção ou acordo coletivo) podem ser dotadas de natureza não salarial, consultar jurisprudência abaixo.

6. Legislação

O salário mínimo pago em dinheiro não será inferior a 30% (trinta por cento) do salário mínimo fixado para a região, zona ou subzona (atualmente região ou sub-região). (CLT, art. 82, parágrafo único)

A CLT preceitua:

"Art. 458. Além do pagamento em dinheiro, compreende-se no salário, para todos os efeitos legais, a alimentação, habitação, vestuário ou outras prestações *in natura* que a empresa, por força do contrato ou do costume, fornecer habitualmente ao empregado. Em caso algum será permitido o pagamento com bebidas alcoólicas ou drogas nocivas.

§ 1º Os valores atribuídos às prestações *in natura* deverão ser justos e razoáveis, não podendo exceder, em cada caso, os dos percentuais das parcelas componentes do salário mínimo (arts. 81 e 82).

§ 2º Para os efeitos previstos neste artigo, não serão consideradas como salário as seguintes utilidades concedidas pelo empregador:

I — vestuários, equipamentos e outros acessórios fornecidos aos empregados e utilizados no local de trabalho, para a prestação do serviço;

II — educação, em estabelecimento de ensino próprio ou de terceiros, compreendendo os valores relativos à matrícula, mensalidade, anuidade, livros e material didático;

III — transporte destinado ao deslocamento para o trabalho e retorno, em percurso servido ou não por transporte público;

IV — assistência médica, hospitalar e odontológica, prestada diretamente ou mediante seguro-saúde;

V — seguros de vida e de acidentes pessoais;

VI — previdência privada;

VII — (vetado) (NR). (Redação do § 2º da Lei n. 10.243, de 19.6.2001, DOU 20.6.2001)

§ 3º A habitação e a alimentação fornecidas como salário-utilidade deverão atender aos fins a que se destinam e não poderão exceder, respectivamente, a 25% (vinte e cinco por cento) e 20% (vinte por cento) do salário contratual. (Redação da Lei n. 8.860, de 24.3.1994, DOU 25.3.1994)

§ 4º Tratando-se de habitação coletiva, o valor do salário-utilidade a ela correspondente será obtido mediante a divisão do justo valor da habitação pelo número de ocupantes, vedada, em qualquer hipótese, a utilização da mesma unidade residencial por mais de uma família." (Redação da Lei n. 8.860, de 24.3.1994, DOU 25.3.1994)

A Lei n. 3.030, de 19 de dezembro de 1956 (DOU 19.12.1956), disciplina no art. 1º:

"Para os efeitos do art. 82 do Decreto-lei n. 5.452, de 1º de maio de 1943 (Consolidação das Leis do Trabalho), os descontos por fornecimento de alimentação, quando preparada pelo próprio empregador, não poderão exceder de 25% (vinte e cinco por cento) do salário mínimo."

O Estatuto do Trabalhador Rural, Lei n. 5.889, de 8 de junho de 1973 (DOU 11.6.1973), prevê:

"Art. 9º Salvo as hipóteses de autorização legal ou decisão judiciária, só poderão ser descontadas do empregado rural as seguintes parcelas calculadas sobre o salário mínimo:

a) até o limite de 20% (vinte por cento) pela ocupação da morada;

b) até 25% (vinte e cinco por cento) pelo fornecimento de alimentação sadia e farta, atendidos os preços vigentes na região;

c) adiantamentos em dinheiro.

§ 1º As deduções acima especificadas deverão ser previamente autorizadas, sem o que serão nulas de pleno direito.

§ 2º Sempre que mais de um empregado residir na mesma morada, o desconto, previsto na letra *a* deste artigo, será dividido proporcionalmente ao número de empregados, vedada, em qualquer hipótese, a moradia coletiva de famílias.

§ 3º Rescindido ou findo o contrato de trabalho, o empregado será obrigado a desocupar a casa dentro de trinta dias.

§ 4º O Regulamento desta Lei especificará os tipos de morada para fins de dedução.

§ 5º A cessão pelo empregador, de moradia e de sua infraestrutura básica, assim como, bens destinados à produção para sua subsistência e de sua família, não integram o salário do trabalhador rural, desde que caracterizados como tais, em contrato escrito celebrado entre as partes, com testemunhas e notificação obrigatória ao respectivo sindicato de trabalhadores rurais." (Parágrafo acrescentado pela Lei n. 9.300, de 29.8.1996, DOU 30.8.1996)

7. Precedentes Administrativos SIT/MTE

3. FGTS. Vale-transporte. Falta de recolhimento do percentual de 8% sobre parte da remuneração devida. O vale-transporte não terá natureza salarial, não se incorporará à remuneração para quaisquer efeitos e tampouco constituirá base de incidência do FGTS, desde que fornecido de acordo com o disposto no art. 2º, II da Lei n. 7.418/1985. O vale-transporte pago em dinheiro tem natureza salarial e repercussão no FGTS.

34. FGTS. Cesta básica. Falta de recolhimento do percentual de 8% sobre parte da remuneração devida. O valor pago pelo empregador ao empregado a título de cesta básica ou outro fornecimento de alimentação realizado à margem do Programa de Alimentação do Trabalhador — PAT deve compor a base de cálculo do FGTS, pois se trata de salário *in natura*. (Referência Normativa: art. 458 da Consolidação das Leis do Trabalho — CLT e Lei n. 6.321, de 14 de abril de 1976).

89. *FGTS. Assistência médica. Não incidência*. Não incide FGTS sobre parcela relativa a "assistência médica". (Referência normativa: art. 458 da CLT)

8. Jurisprudência

Súmulas do TST:

241. Salário-utilidade. Alimentação

O vale para refeição, fornecido por força do contrato de trabalho, tem caráter salarial, integrando a remuneração do empregado, para todos os efeitos legais.

258. Salário-utilidade. Percentuais

Os percentuais fixados em lei relativos ao salário *in natura* apenas se referem às hipóteses em que o empregado percebe salário mínimo, apurando-se, nas demais, o real valor da utilidade. (Resolução TP/TST n. 121/2003)

367. Utilidades *in natura*. Habitação. Energia elétrica. Veículo. Cigarro. Não integração ao salário

I — A habitação, a energia elétrica e veículo fornecidos pelo empregador ao empregado, quando indispensáveis para a realização do trabalho, não têm natureza salarial, ainda que, no caso de veículo, seja ele utilizado pelo empregado também em atividades particulares. (ex-OJs n. 131 — Inserida em 20.4.1998 e ratificada pelo Tribunal Pleno em 7.12.2000 e n. 246 — Inserida em 20.6.2001)

II — O cigarro não se considera salário utilidade em face de sua nocividade à saúde. (ex-OJ n. 24 — Inserida em 29.3.1996)

Orientações Jurisprudenciais da SBDI-1-TST:

123. Bancário. Ajuda-alimentação

A ajuda-alimentação prevista em norma coletiva em decorrência de prestação de horas extras tem natureza indenizatória e, por isso, não integra o salário do empregado bancário.

133. Ajuda-alimentação. PAT. Lei n. 6.321/1976. Não integração ao salário

A ajuda-alimentação fornecida por empresa participante do programa de alimentação ao trabalhador, instituído pela Lei n. 6.321/1976, não tem caráter salarial. Portanto, não integra o salário para nenhum efeito legal.

Precedente Normativo do TST:

115. Determina-se o fornecimento gratuito de uniformes, desde que exigido seu uso pelo empregador.

Ementas diversas:

Salário-utilidade. Percentuais do salário mínimo. Incidência sobre o salário contratual

"Embargos da empresa que são conhecidos, mas rejeitados, pois o valor das utilidades que compõem o salário não deve exceder o percentual respectivo previsto na tabela do salário mínimo, e não a importância a este correspondente." (TST, Pleno, Ac. n. 3.246/1980, Proc. E-RR-4.807/1977, Rel. Min. Orlando Coutinho, DJ de 6.2.1981, p. 539)

"O salário-utilidade há de ser calculado sobre salário contratual, nos mesmos percentuais previstos no salário mínimo, para a hipótese segundo a regra do § 1º do art. 458 da CLT. Embargos da empresa rejeitados e do empregado acolhidos para aplicação da Súmula n. 90 do TST." (TST, Pleno, Ac. n. 559/1980, Proc. E-RR-1.149/1978, Rel. Min. Marcelo Pimentel, DJ 5.5.1980, p. 3.065)

"Súmulas ns. 58 e 103. Liberalidade em Direito do Trabalho. 1. A liberalidade em Direito do Trabalho não se presume. 2. O salário-utilidade deve ser calculado em valor correspondente aos percentuais do salário mínimo, mas incidente sobre o salário contratual. 3. Revista conhecida e provida, em parte." (TST, 3ª T., Ac. 3.221/1980, Proc. RR-5.349/1979, Rel. Min. Coqueijo Costa, DJ de 13.3.1981, p. 1.776)

As transcrições acima foram tiradas TEIXEIRA FILHO, João de Lima de. *Repertório de jurisprudência trabalhista.* 1. ed. Rio de Janeiro: Freitas Bastos, 1982, ementas ns. 4.162, 4.164 e 4.166, respectivamente, p. 77.

"O percentual correspondente à prestação *in natura* auferida pelo empregado deve incidir sobre o salário contratual recebido em espécie e não sobre o mínimo regional. Isto porque, via de regra, o benefício concedido guarda proporção à condição socioeconômica do trabalhador, não sendo suscetível de ser nivelado por baixo." (TRT-9ª Reg., RO-458/1984, Ac. 1.114/1984, 15.5.1984, Rel. Juiz Tobias de Macedo Filho, in *Revista LTr* 49-2/176)

***Truck System*. Aquisição de mercadorias pelo empregado no estabelecimento do empregador**

"*Truck System. Aquisição de mercadorias pelo empegado em farmácia.* O *truck system* se verifica quando o empregador impede que o obreiro exerça livremente seu direito de adquirir gêneros/mercadorias de que necessita, onde melhor lhe aprouver, compelindo-o a comprá-los nos estabelecimento de propriedade do próprio empregador. A opção por parte do obreiro em adquirir os produtos comercializados pelo empregador, por mera conveniência ou praticidade, demonstra a inexistência dos elementos fundamentais para caracterização do chamado *truck system*, quais sejam, a coação ou induzimentos." [TRT 9ª Reg. — Proc. 06333-2007-024-09-00-8 — (Ac. 24065/2009 — 3ª T.) — Rel. Des. Archimedes Castro Campos Júnior — DJPR 28.7.2009 — *Apud Revista Magister de Direito Trabalhista e Previdenciário* n. 31, p. 159]

Utilidade. Uniforme

"Os uniformes que a empregadora pretende adequados a seus serviços são ônus da empresa e não dos empregados." (TRT-3ª Reg., 1.976/1977, Ac. 2ª T., 7.12.1977, Rel. Juiz Gustavo de Azevedo Branco, in *Revista LTr* 42/1135)

Salário-utilidade. Veículo

"Se o veículo fornecido pela Reclamada podia ser utilizado de forma irrestrita pelo Reclamante, tem-se que a utilidade concedida representou, na verdade, retribuição pelo trabalho e não para o trabalho, passando a integrar, assim, o salário como parcela *in natura.* Recurso de Revista parcialmente conhecido." (TST, RR 264218/1996-0, Ac. 2ª T., Rel. Min. Valdir Righetto, DJU 16.10.1998, p. 307 — *Apud LTr Sup. Trab.* 28/99, p. 146)

"*Salário-utilidade. Veículo fornecido pelo empregador. Utilização pelo empregado. Folgas, fins de semana e férias. Natureza jurídica.* O veículo fornecido para o trabalho não tem natureza salarial; o fato de a empresa autorizar seu uso pelo empregado também em suas folgas, finais de semana e férias não modifica a natureza jurídica do bem assim fornecido. Não constitui salário-utilidade veículo fornecido por liberalidade do empregador, cuja vontade não se dirige à melhor remuneração do empregado, mas permanece voltada a permitir que este desenvolva de forma mais eficiente as funções para as quais fora admitido. Recurso de embargos conhecido e provido." (Processo n. TST-ERR-374.135/97 — Ac. SBDI 1 — Rel. Min. João Batista Brito Pereira — DJU 22.2.2002 — *Apud Revista do TST,* v. 68, n. 1, p. 370)

Salário-utilidade. Alimentação

"*Auxílio-alimentação pago em espécie.* Incorporação à remuneração obreira para todos os efeitos legais, inclusive no complemento de aposentadoria. Tendo a empregadora fornecido o auxílio-alimentação a seus empregados, de forma habitual, por força de norma interna por ela instituída — benefício este estendido, também, aos inativos —, o pagamento de tal parcela acabou por incorporar os contratos de trabalho dos reclamantes, adquirindo natureza salarial, razão pela qual a sua supressão unilateral pelo empregador, no pagamento das aposentadorias somente produz efeitos em relação aos empregados admitidos posteriormente à mudança das regras relativas ao auxílio (Orientação Jurisprudencial n. 250, da SDI-1, do C. TST)." (TRT-18ª Reg. — RO-2388/ 2002 — Rel. Juiz Aldon do Vale Alves Taglialegna — DJGO n. 13.898, de 5.11.2002, p. 86)

"*Ação rescisória — Negociação coletiva — Ajuda-alimentação — Caráter indenizatório — Violação do art. 7º, XXVI, da Constituição Federal.* Se as categorias, patronal e profissional, optaram pela instituição da ajuda-alimentação, fixando sua natureza como indenizatória, deve esta preponderar, pois obedece à conveniência das partes, como faculta a Constituição Federal. Com efeito, não obstante o conteúdo do art. 458 da CLT, que estabelece os critérios para se definir a natureza salarial da verba trabalhista, bem como o disposto no Enunciado n. 241 desta Corte, cumpre ressaltar que o art. 7º, XXVI, da Constituição Federal preconiza o respeito às pactuações decorrentes de instrumentos normativos. Assim, havendo instrumento normativo estabelecendo a natureza indenizatória da parcela em epígrafe, este deve ser respeitado, como hipótese de flexibilização da legislação laboral. Recurso ordinário provido." [TST-ROAR-812692/ 01.0 — (Ac. SBDI-2) — 9ª Reg., Rel. Min. Ives Gandra Martins Filho, DJU 12.9.2003, p. 653 — *Apud LTr Sup. Jurisp.* 46/2003, p. 360]

"*Salário-utilidade — Alimentação — Parcela objeto de acordo judicial — Incidência das contribuições previdenciárias* — Nos termos do art. 28, § 9º, alínea *c*, da Lei n. 8.212/1991, apenas se exclui da base de cálculo do benefício previdenciário a parcela *in natura* recebida de acordo com os programas de alimentação aprovados pelo Ministério do Trabalho e da Previdência Social. Em situação na qual a parcela percebida a título de auxílio-alimentação é objeto de acordo homologado judicialmente, sem que a empregadora seja participante do PAT, resulta imperativa a contribuição previdenciária. Incorre em violação da literalidade da norma em comento o órgão julgador que, ampliando o seu escopo para além do comando ali contido, exclui do âmbito de incidência dos descontos devidos à Previdência Social o valor acordado pelas partes, relativo ao auxílio-alimentação. Recurso de revista de que se conhece, parcialmente, e a que se dá provimento para restabelecer a ordem jurídica malferida." [TST-RR-4.379/2005-037-12-00.0 — (Ac. 1ª T.) — 12ª Reg. — Rel. Min. Lélio Bentes Corrêa. DJU 7.12.2007, p. 1.134, in *LTr Sup. Jurisp.* 8/2008, p. 64]

Salário-utilidade. Habitação

"*Salário-utilidade — Moradia — Zelador* — No caso dos autos resta explicitado que a moradia de zelador no local de trabalho é item indispensável ao exercício da função, ou seja, o fornecimento da habitação decorreu para o trabalho e não do trabalho. Consequentemente, há de se afastar a natureza salarial da parcela. Recurso a que se nega provimento." [TRT 23ª Reg. RO 01708.2007.006.23.00-9 — (Ac. 2ª T.) — Relª Des. Leila Calvo. DJE/TRT 23ª Reg. n. 409, 15.2.2008, p. 6 — *Apud LTr Sup. Jurisp.* 14/2008, p. 112]

"*Moradia — Natureza jurídica — Necessidade de residir próximo à fábrica — Inexistência de transporte público à época.* Evidenciada que a concessão da moradia era necessária à execução dos serviços, pois o autor, encarregado da manutenção, necessitava residir próximo da fábrica, localizada à época de sua transferência em região não servida por transporte público, não há falar em natureza salarial." [TRT 9ª Reg. RO-3094/2006-242-09-00.1 — (Ac. 5ª T.) Rel. Rubens Edgard Tiemann — DJe/TRT 9ª Reg. n. 353/09, 9.11.2009, p. 43 — *Apud LTr Sup. Jurisp.* 5/2010, p. 40]

"Alojamento fornecido pelo empregador para a viabilização da atividade laborativa — Caráter não salarial. Consoante a inteligência do item I da Súmula n. 367, o alojamento fornecido ao empregado pelo empregador tem como finalidade viabilizar a melhor execução dos serviços nas frentes de trabalho. Como a utilidade em questão é fornecida para o trabalho, não é dotada de natureza salarial e, como corolário, não integra a remuneração do trabalhador para todos os efeitos legais." [TRT 3ª Reg. RO 79/2009-101-03-00-3 — (Ac. 2ª T.) — Rel. Juiz Convocado Cleber Lúcio de Almeida — DJe / TRT 3ª Reg. 351/2009, 5.11.2009, p. 114 — *Apud LTr Sup. Jurisp.* 6/2010, p. 48]

Salário utilidade. Ajuda de custo/aluguel

"Salário utilidade — Ajuda de custo/aluguel — é necessário atentar-se para a finalidade da concessão das utilidades, considerando não salariais as destinadas à prestação de serviços e salariais as que não têm esse fim. Em outras palavras, as utilidades fornecidas para que o empregado exerça a profissão não se caracterizam como salários. Entretanto, se a utilidade fornecida não é indispensável ao desempenho da atividade laboral, a mesma terá natureza salarial. Ora, se a própria Recorrente admite que o local da residência do Autor não era relevante para o desempenho das suas funções, a ajuda de custo/aluguel possui inquestionável caráter salarial, integrando-se à remuneração para todos os fins legais, eis que a utilidade fornecida não era essencial para o trabalho." [TRT 9ª Reg. — RO 01603-2005-670-09-00-2 — (Ac.4ª T. 9782/2009) — Rel. Des. Luiz Celso Napp — Dje/TRT 9ª Reg. n. 69, 14.4.2009, p. 66 — In *LTr Sup. Jurisp.* 28/2009, p. 224]

Trabalhador rural. Utilidades

"A casa ocupada pelo trabalhador rural, na própria fazenda, não se constitui salário *in natura.*" (TRT-10ª Reg., RO-1.754/1983, Ac. 2.339/1984, 4.12.1984, Rel. Juiz Oswaldo Florêncio Neme, in *Revista LTr* 49-9/1127)

"Salário *in natura*. Rural. Não caracterização. A moradia fornecida pelo empregador, e com muito mais razão a alimentação preparada pelo próprio empregado que trabalha em fazenda, tem por finalidade possibilitar a prestação dos serviços, e não a retribuí-lo. Não resta caracterizado, portanto, o salário indireto." (TRT-10ª Reg. — RO 01658/2001 — 2ª T. — Rel. Juiz André R. P. V. Damasceno — DJU 18.1.2002 — *Apud Revista Síntese Trabalhista* n. 153, ementa n. 17.741, p. 83)

"Salário *in natura* — Moradia e alimentação — Empregado rural — Legislação específica — Ausência de contrato escrito. A lei que regulamenta o trabalho rural possui regras específicas quanto ao salário *in natura* do empregado rural e no que tange às utilidades de moradia e alimentação. Em contraponto às regras previstas na CLT, existe uma particularidade prevista no § 5º do art. 9º da Lei n. 5.889/1973, que estatui normas reguladoras do trabalho rural. No caso de rurícolas, para que a moradia e a alimentação não tenham natureza salarial, deve haver contrato escrito, firmado entre as partes e com testemunhas, com previsão expressa no sentido de que tais benefícios não integraram o salário do trabalhador. Deve, ainda, ser observada a obrigatoriedade de notificação ao respectivo sindicato representante do obreiro. No caso concreto, os empregadores não procederam à juntada de tal contrato e sequer alegaram o cumprimento das exigências formais elencadas na lei específica; logo, as utilidades fornecidas ao autor a título de habitação e alimentação têm natureza salarial, devendo ser integrada à remuneração obreira para todos os fins." [TRT 23ª Reg. RO 00176.2009.056.23.00-7 — (AC. 1ª T. Sessão: 35/09) — Rel. Juiz Convocado Aguimar Peixoto — DJe/TRT 23ª Reg. n. 366/2009, 23.11.2009, p. 22/23 — *Apud LTr Sup. Jurisp.* 08/2010 — p. 64].

ANEXO A QUE SE REFERE O DECRETO N. 91.213, DE 30 DE ABRIL DE 1985
SALÁRIO MÍNIMO EM MOEDA CORRENTE PARA O TRABALHADOR ADULTO
CALCULADO NA BASE DE 30 DIAS OU 240 HORAS DE TRABALHO

UNIDADES DA FEDERAÇÃO	PERCENTAGEM DO SALÁRIO MÍNIMO PARA EFEITO DE DESCONTO ATÉ A OCORRÊNCIA DE 70% DE QUE TRATA O ART. 82 DA CONSOLIDAÇÃO DAS LEIS DO TRABALHO, APROVADA PELO DECRETO-LEI N. 5.452, DE 1º DE MAIO DE 1943				
REGIÕES	PERCENTUAIS (%)				
	Alimentação	Habitação	Vestuário	Higiene	Transporte
1ª REGIÃO: Estado do Acre	50	29	11	9	1
2ª REGIÃO: Estado do Amazonas, Rondônia e Território Federal de Roraima	43	23	23	5	6
3ª REGIÃO: Estado do Pará e Território Federal do Amapá	51	24	16	5	4
4ª REGIÃO: Estado do Maranhão	49	29	16	5	1
5ª REGIÃO: Estado do Piauí	53	26	13	6	2
6ª REGIÃO: Estado do Ceará	51	30	11	5	3
7ª REGIÃO: Estado do Rio Grande do Norte	55	27	11	6	1
8ª REGIÃO: Estado da Paraíba	55	27	12	5	1
9ª REGIÃO: Estado de Pernambuco e Território Federal de Fernando de Noronha	55	27	8	5	5
10ª REGIÃO: Estado de Alagoas	56	27	10	6	1
11ª REGIÃO: Estado de Sergipe	53	34	8	4	1
12ª REGIÃO: Estado da Bahia	54	30	10	5	1
13ª REGIÃO: Estado de Minas Gerais	54	28	11	6	1
14ª REGIÃO: Estado do Espírito Santo	51	31	12	5	1
15ª REGIÃO: Estado do Rio de Janeiro	50	25	13	6	6
16ª REGIÃO: Estado de São Paulo	43	33	14	6	4
17ª REGIÃO: Estado do Paraná	55	24	14	6	1
18ª REGIÃO: Estado de Santa Catarina	57	24	13	5	1
19ª REGIÃO: Estado do Rio Grande do Sul	44	24	22	7	3
20ª REGIÃO: Estado do Mato Grosso e Mato Grosso do Sul	49	29	15	7	—
21ª REGIÃO: Estado de Goiás	51	22	21	6	—
22ª REGIÃO: Distrito Federal	50	25	13	6	6

SALÁRIO-FAMÍLIA

SALÁRIO-FAMÍLIA MENSAL

Questão n. 24

Empregado tem três filhos menores de 14 (quatorze) anos de idade e ganha R$ 570,00 (quinhentos e setenta reais) mensais. Quanto receberá no final do mês a título de salário-família?

Solução

R$ 29,41 x 3 = R$ 88,23

Explicação

1) R$ 29,41	— o valor da cota do salário-família, a partir de 1º.1.2011, para o segurado com salário mensal até R$ 573,58 (v. final da Nota 2);
2) 3	— o número de dependentes (filhos);
3) R$ 88,23	— o valor mensal do salário-família correspondente aos três filhos.

Notas

1. Legislação

1.1 — Constituição Federal de 1988, art. 7º, XII;

1.2 — Lei n. 8.213, de 24.7.1991 (DOU 25.7.1991);

1.3 — Decreto n. 3.048, de 6.5.1999 (DOU 12.5.1999).

2. Salário-família — Valor da cota

O salário-família era calculado sobre o salário mínimo (Lei n. 4.266/1963). Com o advento do Decreto-lei n. 2.351, de 7.8.1987, passou a ser calculado sobre o salário mínimo de referência (art. 2º, § 1º). A Constituição Federal (5.10.1988) vedou qualquer vinculação ao salário mínimo (art. 7º, IV). A Lei n. 7.789, de 3.7.1989, por sua vez, extinguiu o salário mínimo de referência (art. 5º). Em 18.10.1989, surgiu a Lei n. 7.843, reafirmando o que determinavam as Medidas Provisórias ns. 75 e 83/1989, prevendo em seu art. 2º: "Os valores expressos em quantidade de Salário Mínimo de Referência — SMR, na legislação em vigor, ou a ele vinculados, passam a ser calculados em função do Bônus do Tesouro Nacional, à razão de 40 BTNs para cada SMR." Por meio da Medida Provisória n. 294, de 31.1.1991, que deu origem à Lei n. 8.177, de 1º.3.1991, foi extinto o BTN (Bônus do Tesouro Nacional) a partir de 1º de fevereiro de 1991, com o valor de Cr$ 126,8621 (art. 3º). A Lei n. 8.213, de 24.7.1991 (DOU 25.7.1991), que dispõe sobre os Planos de Benefícios da Previdência Social, preceitua:

> "Art. 66. O valor da cota do salário-família por filho ou equiparado de qualquer condição, até 14 (quatorze) anos de idade ou inválido de qualquer idade é de:
>
> I — Cr$ 1.360,00 (um mil trezentos e sessenta cruzeiros), para o segurado com remuneração mensal não superior a Cr$ 51.000,00 (cinquenta e um mil cruzeiros);
>
> II — Cr$ 170,00 (cento e setenta cruzeiros), para o segurado com remuneração mensal superior a Cr$ 51.000,00 (cinquenta e um mil cruzeiros)."

A Lei n. 8.222, de 5.9.1991 (DOU 6.9.1991), que dispõe sobre a Política Nacional de Salários, determina:

> "Art. 19. Os valores expressos em cruzeiros nas Leis ns. 8.212 e 8.213, de 1991, serão reajustados, para a competência setembro de 1991, em 147,06% (cento e quarenta e sete inteiros e seis centésimos por cento)."

A partir desses parâmetros fixados pelas Leis ns. 8.213 e 8.222, os valores das cotas do salário-família têm sido publicados por Portaria do Ministério da Previdência e Assistência Social. A Medida Provisória n. 182, de 29 de abril de 2004 (DOU 30.4.2004), aprovada pela Lei n. 10.888, de 24 de junho de 2004 (DOU 15.6.2004), estabelece que, a partir de 1º de maio de 2004, o valor da cota do salário-família será de R$ 20,00, para o segurado com remuneração mensal não superior a R$ 390,00 e de R$ 14,09, para o segurado com remuneração mensal superior a R$ 390,00 e igual ou inferior a R$ 586,19. A Portaria Interministerial MPS/MF n. 568, de 31 de dezembro de 2010 (DOU 31.12.2011), prevê que, a partir de 1º de janeiro de 2011, o valor da cota do salário-família será de R$ 29,41 para o segurado com remuneração mensal não superior a R$ 573,58 e de R$ 20,73, para o segurado com remuneração mensal superior a R$ 573,58 e igual ou inferior a R$ 862,11.

3. Salário-família — A quem é devido

O salário-família é devido ao empregado (urbano e/ou rural), exceto o doméstico, com filho ou equiparado menor de 14 (quatorze) anos de idade e filho ou equiparado inválido de qualquer idade.

4. O enteado — O menor tutelado — Equiparação

O enteado e o menor tutelado equiparam-se a filho mediante declaração do segurado e desde que comprovada a dependência econômica na forma estabelecida no Regulamento. (Lei n. 8.213/1991, art. 16, § 2º, com redação dada pela Lei n. 9.528, de 10.12.1997)

5. Salário-família — Pagamento — Reembolso — Documentação

O pagamento do salário-família é feito, mensalmente, ao empregado pelo empregador, que se reembolsa por meio de compensação quando do recolhimento das contribuições devidas à Previdência Social. O empregado, para receber o salário-família, deverá apresentar: a) certidão de nascimento do filho ou a documentação relativa ao equiparado ou ao inválido; b) atestado anual de vacinação obrigatória; e c) comprovação de frequência à escola do dependente.

6. Salário-família — Integração

O salário-família, apesar do nome, não se integra ao salário ou à remuneração do empregado.

7. Salário-família — Pai e mãe empregados

Quando pai e mãe são empregados, ambos recebem o salário-família.

8. Salário-família — Acumulação

Empregado que tem dois ou mais empregos receberá em cada um deles o salário-família.

9. Salário-família — Faltas injustificadas do empregado

As faltas injustificadas do empregado ao serviço não afetam o salário-família, sendo que este é dos dependentes e não do empregado.

10. Jurisprudência

Súmulas do TST:

254. Salário-família — Termo inicial da obrigação

O termo inicial do direito ao salário-família coincide com a prova da filiação. Se feita em juízo, corresponde à data de ajuizamento do pedido, salvo se comprovado que anteriormente o empregador se recusara a receber a respectiva certidão.

344. Salário-família — Trabalhador rural

O salário-família é devido aos trabalhadores rurais somente após a vigência da Lei n. 8.213, de 24.7.1991.

Ementas diversas:

Salário-família. Falta de registro. Responsabilidade do empregador

"*Salário-família. Falta de registro. Responsabilidade do empregador.* Por deixar de proceder o registro do contrato de trabalho, o empregador deve ressarcir os valores das quotas de salário-família devidas ao trabalhador. Inócua a alegação de ausência de entrega das certidões de nascimento dos filhos menores, pois a culpa pela falta de registro constitui a causa maior do não recebimento do benefício previdenciário, sobrepondo-se à omissão do trabalhador." [TRT-15ª Reg. (Campinas/SP), RO 007605/1998.4 (Ac. 1ª T. 022098/1999), Rel. Juiz Luiz Antonio Lazarim, DJSP de 2.8.1999, p. 159]

"Se não havia o reconhecimento do vínculo empregatício, não há como negar o empregador o pagamento do salário-família com efeitos anteriores, sob a alegação de não ter sido feita a comprovação dos dependentes." (TFR, RO-2.069/MG, Ac. 3ª T., 10.12.1975, Rel. Min. Aldir G. Passarinho, in *Revista LTr* 40/1.537)

"Quando a empresa não registra o empregado, tem este direito ao salário-família, na forma da lei pertinente, desde que reconhecida a relação de empregado, em sentença. O inadimplemento contratual da empresa, lesando o trabalhador e a Previdência Social, impede o empregado de comprovar a filiação origem do benefício. À empregadora inadimplente cabe o ônus dos ressarcimentos respectivos." (TRT-2ª Reg., 13.605/1981, Ac. 5ª T., 14.427/1982, 3.12.1982, Rel. Juiz Francisco Garcia Monreal Júnior, in *Revista LTr* 47-7/814)

Salário-família. Documentação necessária

"O salário-família só é devido a partir do momento em que o empregado entrega ao empregador a documentação correspondente ao referido benefício." (TRT, 1ª Reg., 2.814/1976, Ac. 2ª T., 1.722/1976, 12.10.1976, Rel. Juiz Christovão Piragibe Tostes Malta, in *Revista LTr* 41/228)

"Salário-família. Nos termos do art. 67 da Lei n. 8.213/1991, o salário-família só é devido ao empregado que apresentar ao empregador certidão de nascimento e, ainda, atestado anual de vacinação obrigatória do filho. Embargos conhecidos e providos." (TST-SBDI-1, E-RR 261684/96-2, Rel. Min. Vantuil Abdala, DJU 11.12.1998, p. 38, *apud* BOMFIM, B. Calheiros e outros. *Dicionário de decisões trabalhistas*. 30. ed. São Paulo: Trabalhistas, 1997, ementa 2.013, p. 5141)

"*Salário-família — Prova — Ônus do trabalhador — Art. 67 da Lei n. 8.213/1991 — Inteligência do Enunciado n. 254 do TST.* O salário-família constitui direito social previsto constitucionalmente (art. 7º, XII, da CF de 1988), pago em razão de dependente do trabalhador de baixa renda, nos termos da lei, consoante redação dada pela Emenda Constitucional n. 20, de 15.12.1998. A sua concessão está disciplinada nos arts. 65 e seguintes da Lei n. 8.213/1991; o pagamento é feito pelo empregador, mediante compensação quando do recolhimento das contribuições devidas à Previdência Social, está condicionado à apresentação da certidão de nascimento do filho ou da documentação relativa ao equiparado ou ao inválido, à apresentação anual de atestado de vacinação obrigatória e comprovação de frequência à escola do filho ou equiparado, conforme redação dada ao art. 68 pela Lei n. 9.876/1999. Na qualidade de mero repassador, não há interesse do empregador em sonegar tal benefício, visto que o encargo é da Previdência Social. Assim, sendo do empregado o interesse em perceber tal verba, a ele compete comprovar a apresentação da documentação necessária ao empregador, bem como a recusa deste em recebê-la. Essa é a inteligência que se extrai do Enunciado n. 254 do C. TST. Recurso ordinário provido." [TRT 15ª Reg. (Campinas/SP) RO-01300-2002-034-15-00-1 — (Ac. 2ª T. 5325/2005-PATR) — Rel. Juiz Samuel Corrêa Leite, DJSP 25.2.2005, p. 20 — *Apud LTr Sup. Jurisp.* 18/2005, p. 144]

Salário-família. Trabalhador rural

"Trabalhador rural. Salário-família. Os trabalhadores rurais fazem jus ao salário-família somente a partir da vigência da Lei n. 8.213/1991, que regulamentou o dispositivo constitucional que estendeu o benefício aos rurícolas. Revista parcialmente provida." (TST, RR-26.308/91.6, Ac. 5ª T., 750/1992, 6ª Reg., Rel. Min. Antônio Amaral, DJU I, de 5.6.1992, p. 8530, in *OT* — SLJD n. 8/1992, p. 426)

SALÁRIO-FAMÍLIA PROPORCIONAL

Questão n. 25

Empregado com 4 (quatro) filhos menores de 14 (quatorze) anos de idade. Ganha R$ 800,00 (oitocentos reais) mensais. Foi admitido no dia 10 do mês, para iniciar a prestação de serviço no dia 11. Quanto deverá receber a título de salário-família no final do mês?

Solução

a) R$ 20,73 : 30 = R$ 0,69;

b) R$ 0,69 x 20 = R$ 13,80;

c) R$ 13,80 x 4 = R$ 55,20.

Explicação

1) R$ 20,73 — o valor da cota do salário-família, a partir de 1º de janeiro de 2011, para o segurado com remuneração mensal superior a R$ 573,58, e igual ou inferior a R$ 862,11 (v. final da Nota n. 2 na questão n. 24);

2) 30 — os dias do mês;

3) R$ 0,69 — o valor da cota diária do salário-família;

4) 20 — os dias trabalhados no mês da admissão;

5) R$ 13,80 — o valor do salário-família correspondente aos 20 dias do mês da admissão;

6) 4 — o número de dependentes (filhos);

7) R$ 55,20 — o valor total do salário-família correspondente aos quatro filhos.

Notas

1. Salário-família — Pagamento proporcional e/ou integral

No caso de admissão ou cessação do contrato de trabalho no correr do mês, o valor do salário-família será proporcional aos dias do mês decorridos a partir da data de admissão ou até a data em que a cessação acontecer. Entretanto, se o dependente completar 14 anos de idade ou falecer no correr do mês, o salário-família será pago integralmente neste mês. É o que preceitua o regulamento (Decreto n. 3.048/1999, arts. 84 e 88).

2. Jurisprudência

Salário-família proporcional aos dias trabalhados

"Só é previsto o pagamento do salário-família proporcional aos dias de trabalho do empregado, no caso de admissão e na cessação da relação de emprego. Na vigência do contrato, as ausências, ainda que injustificadas do empregado, não se refletem no citado pagamento." (TRT, 8ª Reg., 215/76, Ac. 7.896, 18.6.1976, Relª Juíza Semíramis Arnaud Ferreira, in *Revista LTr* 40/1069)

Salário-família. Aviso prévio indenizado

"O art. 487 da CLT prevê que a parte que, sem justo motivo, quiser rescindir o contrato de trabalho, deverá avisar a outra. Ocorrendo tal aviso, o empregado recebe todas as parcelas correspondentes ao período respectivo, inclusive o salário-família. Assim, a previsão final do § 1º, do art. 487 consolidado, dispondo sobre o cômputo do período do aviso prévio no tempo de serviço faz o empregado alcançar o direito ao salário-família. Revista parcialmente conhecida e provida para deferir ao reclamante uma cota de salário-família." (TST, RR-1.432/86, Ac. 3.039/1986, 1ª T., 2ª Reg., Rel. Min. Orlando Lobato, DJU 10.10.1986, in RDT n. 65, p. 88)

FÉRIAS

FÉRIAS NA VIGÊNCIA DO CONTRATO INDIVIDUAL DE TRABALHO

DIARISTA

Questão n. 26

Empregado admitido no dia 1º de fevereiro de 2003 teve suas férias marcadas para o mês de abril de 2004. Não cometeu faltas injustificadas ao serviço durante o período aquisitivo. Por ocasião das férias ganhava R$ 60,00 (sessenta reais) por dia. Qual a remuneração das férias?

Solução

R$ 60,00 x 30 x 4/3 = R$ 2.400,00

Explicação

1) R$ 60,00 — valor do salário por dia de trabalho;

2) 30 — são os dias de férias a que tem direito, pois não cometeu faltas ao serviço;

3) R$ 2.400,00 — valor que receberá por ocasião das férias, acrescido de 1/3 (v. a seguir Nota n. 9, Regra Prática).

Notas

1. Direito a férias — Período aquisitivo

Após cada ano de vigência do contrato de trabalho, o empregado adquire o direito a férias. É o que se chama de período aquisitivo das férias. Na questão acima, corresponde ao período de 1º.2.2003 a 31.1.2004.

2. Período concessivo das férias

Após cada período aquisitivo, o empregador tem 12 meses para conceder ao empregado as férias correspondentes. É o chamado período concessivo das férias. Na questão, corresponde ao período de 1º.2.2004 a 31.1.2005.

3. Período de gozo das férias

O período em que o empregado usufrui as férias chama-se período de gozo de férias. Na questão, corresponde aos 30 dias do mês de abril/2004.

4. Faltas injustificadas — Repercussão nas férias

As faltas imotivadas, durante o período aquisitivo, influirão nos dias de férias a que tem direito o empregado, nos termos do art. 130 da CLT:

Faltas injustificadas no período aquisitivo	Dias de gozo de férias
até 5 faltas	30 dias
de 6 a 14 faltas	24 dias
de 15 a 23 faltas	18 dias
de 24 a 32 faltas	12 dias
mais de 32 faltas	não tem direito a férias

5. Regime de trabalho a tempo parcial — CLT, art. 130-A

Duração do trabalho semanal	Dias de gozo de férias
acima de 22 até 25 horas	18 dias corridos
acima de 20 até 22 horas	16 dias corridos
acima de 15 até 20 horas	14 dias corridos
acima de 10 até 15 horas	12 dias corridos
acima de 5 até 10 horas	10 dias corridos
igual ou inferior a 5 horas	8 dias corridos
+ de 7 faltas injustificadas no período aquisitivo	período de férias reduzido à metade

6. Aviso de férias

A concessão de férias será participada, por escrito, ao empregado, com antecedência de, no mínimo, 30 (trinta) dias. Dessa participação o interessado dará recibo (CLT, art. 135, *caput*).

7. Direito de marcar as férias — Exceções — CLT

"Art. 136. A época da concessão das férias será a que melhor consulte os interesses do empregador.

§ 1º Os membros de uma família, que trabalhem no mesmo estabelecimento ou empresa, terão direito a gozar as férias no mesmo período, se assim o desejarem e se disto não resultar prejuízo para o serviço.

§ 2º O empregado estudante, menor de 18 (dezoito) anos, terá direito a fazer coincidir suas férias com as férias escolares."

8. Férias — Adicional constitucional

A atual Constituição prevê no art. 7º, XVII: "gozo de férias anuais remuneradas com, pelo menos, um terço a mais do que o salário normal".

Por sua vez, o Ministério do Trabalho baixou a Instrução Normativa n. 1, de 12 de outubro de 1988 (DOU 21.10.1988), que determina no item 3 dos Atributos Básicos:

"O adicional referido será aplicado nos casos de férias em dobro, simples ou proporcionais, observando-se o disposto nos arts. 130, 146 e 147, da CLT.

O abono pecuniário previsto no art. 143 da CLT será calculado sobre a remuneração das férias, já acrescida de um terço (1/3), referido no citado art. 7º, inciso XVII, da Constituição Federal.

Deve-se entender por salário normal, o salário fixo acrescido das verbas de caráter salarial, tais como adicionais ao salário, gratificações ajustadas ou habituais, diárias para viagem, desde que excedentes a 50% (cinquenta por cento) do salário, prêmios, utilidades fornecidas com habitualidade e gratuitamente, dentre outras."

Devemos observar se o pagamento corresponde ao gozo ou indenização das férias, após o advento da Constituição de 1988. Nesses casos, temos de calcular o acréscimo de um terço (1/3) previsto no art. 7º, inciso XVII.

9. Terço constitucional — Cálculo — Regra prática

Para se achar o valor correspondente a uma importância acrescida de 1/3, é só multiplicar essa importância por 4/3 (1 + 1/3). Assim, R$ 1.800,00 x 4/3 = R$ 2.400,00.

10. Jurisprudência

Súmula do TST:

328. Férias. Terço constitucional

O pagamento das férias, integrais ou proporcionais, gozadas ou não, na vigência da CF/1988, sujeita-se ao acréscimo do terço previsto no respectivo art. 7º, inciso XVII.

Ementas diversas:

Férias. Perda. Faltas injustificadas

"Perde o direito a férias o empregado que, no período aquisitivo, apresentou mais de trinta e duas faltas injustificadas ao serviço (CLT, art. 130)." (TRT-12ª Reg., 2ª T., Proc. RO-7.618/1994, Rel. Juiz Etelvino Baron, BJ jun./1997 — *Apud* TEIXEIRA FILHO, João de Lima. *Repertório de Jurisprudência Trabalhista.* Rio de Janeiro: Renovar, 1999, v. 7, ementa n. 2.415)

Recurso de revista. Férias. Número máximo de faltas

"O art. 130, IV, da CLT, literalmente, tipifica fatores elisivos à aquisição do direito às férias, relativos à assiduidade do trabalhador durante o período aquisitivo, os quais, uma vez comprovados, tornam inviável o exercício do mencionado direito. Com efeito, nos termos do inciso IV, tem-se que a ausência injustificada do trabalhador, por período superior a 32 dias, ao longo do respectivo período aquisitivo, importa na perda, por completo, do direito às férias. Recurso de revista conhecido e provido." [TST-RR- 304/1997-821-04-00-3 — (Ac. 2ª T.) — 4ª Reg. — Rel. Min. Renato de Lacerda Paiva. DJU 20.10.2006, p. 1.096 — In *LTr Sup. Jurisp.* 51/2006, p. 405]

Licença remunerada por mais de trinta dias. Direito ao terço constitucional de férias

"Licença remunerada por mais de trinta dias — Direito ao terço constitucional de férias. Em que pese o art. 133, II, da CLT eximir o empregador de remunerar as férias na hipótese de o empregado ter gozado de licença remunerada por mais de trinta dias no curso do período aquisitivo, o terço constitucional é direito do trabalhador e a sua supressão importa prejuízo ao empregado. Além disso, a concessão de licença remunerada por período superior a trinta dias poderia ser utilizada pelos empregadores como substituto das férias, para isentarem-se do pagamento do terço constitucional, fraudando, com isso, o disposto no art. 7º, XVII, da CF. Precedentes: RR-575506/1999.1, 1ª Turma, Min. Emmanoel Pereira, DJ 3.6.2005, RR-439211/98, 1ª Turma, Juiz convocado Aloysio Correia da Veiga, DJ 19.11.2004, RR-669911/00, 5ª Turma, Juiz convocado Walmir Oliveira da Costa, DJ 16.8.2002, RR-369605/1997, 5ª Turma, Min. Gelson de Azevedo, DJ 8.2.02, E-RR-360606/97, Min. Rider Nogueira de Brito, DJ 26.10.2001. Recurso conhecido e provido." [TST-ED-RR — 41800-75.2002.5.02.0254 — (Ac. 4ª Turma) — Rel. Min. José Antônio Pancotti — DJ 16.9.2005]

Férias. Trabalho em regime de tempo parcial

"Férias (art. 130-A, inc. I da CLT) — Trabalho em regime de tempo parcial. Laborando o empregado, diariamente, uma hora e quinze minutos, de segunda a sexta-feira e um sábado por mês, e mensalmente, vinte e seis horas e quinze minutos, torna-se evidente que a prestação de serviços opera-se mediante o regime de tempo parcial (art. 58-A da CLT). Dessa forma, ante a prestação de serviços da Reclamante no período de 1º.4.2001 a 30.9.2001, e de acordo com o disposto no art. 130-A, inc. V da CLT, é devido o pagamento de 7/12 (já computado o trintídio legal) proporcional a dez dias a título de férias. Recurso da Reclamada a que se dá provimento. [TRT 9ª Reg. — RO 01164-2002-654-09-00-6 — (Ac. 1ª Turma) — Rel. Juiz Ubirajara Carlos Mendes — DJPR 23.1.2004]

FALTAS IMOTIVADAS

Questão n. 27

Empregado admitido no dia 2.1.2003 teve suas férias marcadas para o mês de junho de 2004. Durante o período aquisitivo (2003/2004), faltou injustificadamente 16 (dezesseis) dias. Na época das férias ganhava R$ 2.400,00 (dois mil e quatrocentos reais) mensais. Quanto receberá a título de remuneração das férias?

Solução

R$ 2.400,00 : 30 = R$ 80,00 x 18 x 4/3 = R$ 1.920,00

Explicação

1) R$ 2.400,00 — valor do salário mensal;

2) 30 — os dias do mês;

3) R$ 80,00 — valor do salário/dia;

4) 18 — os dias de férias a que tem direito, devido às faltas injustificadas no período aquisitivo (v. Nota n. 4 da questão anterior);

5) R$ 1.920,00 — valor que receberá pelos 18 (dezoito) dias de férias a que tem direito acrescido de 1/3 (v. Regra Prática na Nota n. 9 da questão 26).

Notas

1. Faltas que não prejudicam o direito a férias — CLT, art. 131

I — nos casos referidos no art. 473 da CLT e que são:

1) até 2 (dois) dias consecutivos, em caso de falecimento do cônjuge, ascendente, descendente, irmão ou pessoa que, declarada em sua Carteira de Trabalho e Previdência Social, viva sob sua dependência econômica;

2) até 3 (três) dias consecutivos, em virtude de casamento; no caso de professor, por motivo de casamento ou de luto, 9 (nove) dias (CLT, art. 320, § 3º);

3) por 1 (um) dia, em caso de nascimento de filho, no decorrer da primeira semana; a CF/1988 criou a licença-paternidade de 5 (cinco) dias (art. 7º, XIX, e art. 10, II, § 1º, do ADCT);

4) por 1 (um) dia em cada 12 (doze) meses de trabalho em caso de doação voluntária de sangue devidamente comprovada;

5) até 2 (dois) dias, consecutivos ou não, para fim de se alistar eleitor, nos termos da lei respectiva;

6) no período de tempo em que tiver de cumprir as exigências do serviço militar referidas na letra *c* do art. 65 da Lei n. 4.375, de 17 de agosto de 1964 (Lei do Serviço Militar);

7) nos dias em que estiver comprovadamente realizando provas de exame vestibular para ingresso em estabelecimento de ensino superior;

8) pelo tempo que se fizer necessário, quando tiver que comparecer a juízo;

9) pelo tempo que se fizer necessário, quando, na qualidade de representante de entidade sindical, estiver participando de reunião oficial de organismo internacional do qual o Brasil seja membro.

II — durante o licenciamento compulsório da empregada por motivo de maternidade ou aborto, observados os requisitos para percepção do salário-maternidade custeado pela Previdência Social;

III — por motivo de acidente de trabalho ou de enfermidade atestada pelo Instituto Nacional do Seguro Social — INSS, excetuada a hipótese do inciso IV do art. 133;(16)

IV — justificada pela empresa, entendendo-se como tal a que não tiver determinado o desconto do correspondente salário;

V — durante a suspensão preventiva para responder a inquérito administrativo ou de prisão preventiva, quando for impronunciado ou absolvido; e

VI — nos dias em que não tenha havido serviço, salvo na hipótese do inciso III do art. 133.(17)

2. Férias — Gradação — Faltas imotivadas — Exclusão do RSR/F

No período aquisitivo, as faltas imotivadas do empregado influem nos dias de férias a que tem direito, conforme a gradação prevista no art. 130 da CLT (v. Nota n. 4 na questão n. 26). Na gradação dos dias de férias são levados em consideração apenas os dias das faltas imotivadas, com exclusão dos dias de repousos não remunerados. Como já visto, a falta injustificada do empregado ao serviço acarreta a perda do dia da falta e a remuneração do repouso semanal, mas o trabalhador continua com direito ao dia de descanso; por isso, ele não é considerado na gradação dos dias de férias, sob pena de dupla penalidade ao empregado (desconto dos repousos e

(16) "Tiver percebido da Previdência Social prestações de acidente de trabalho ou de auxílio-doença por mais de 6 (seis) meses, embora descontínuos" (art. 133, IV).

(17) "Deixar de trabalhar, com percepção do salário, por mais de 30 (trinta) dias em virtude de paralisação parcial ou total dos serviços da empresa" (art. 133, III).

diminuição na contagem da proporcionalidade das férias). Exemplificando: empregado que comete 5 (cinco) faltas injustificadas no período aquisitivo de férias, fará jus a 30 e não 24 dias de férias.

3. Jurisprudência

Falta ao serviço. Justificada (Súmula n. 89 do TST)

Se as faltas já são justificadas pela lei, consideram-se como ausências legais e não serão descontadas para o cálculo do período de férias.

PAGAMENTO EM DOBRO

Questão n. 28

Empregado admitido no dia 1º.10.2001 gozou as férias correspondentes ao período aquisitivo (2001/2002), no mês de fevereiro de 2004. Neste primeiro período aquisitivo, faltou ao serviço, injustificadamente, 8 dias. Por ocasião das férias ganhava R$ 600,00 (seiscentos reais) mensais. Quanto deverá receber a título de remuneração das férias?

Solução

R$ 600,00 : 30 = R$ 20,00 x 24 x 2 = R$ 960,00 x 4/3 = R$ 1.280,00

Explicação

1) R$ 600,00 — valor do salário por ocasião do gozo das férias;

2) 30 — os dias do mês;

3) R$ 20,00 — valor do salário/dia;

4) 24 — os dias de férias a que tem direito, devido às 8 (oito) faltas imotivadas (v. Nota n. 4 da questão n. 26);

5) 2 — dobra das férias, porque foram gozadas fora do período concessivo. Na questão o período aquisitivo vai de 1º.10.2001 a 30.9.2002 e as férias correspondentes, para não serem pagas em dobro, deveriam ser dadas no período concessivo que vai de 1º.10.2002 a 30.9.2003;

6) R$ 1.280,00 — valor que receberá pelas férias correspondentes ao primeiro período aquisitivo (2001/2002) acrescido de 1/3 constitucional (v. Regra Prática na questão n. 26, Nota n. 9).

Notas

1. Férias fora do período concessivo — Pagamento em dobro — CLT

"Art. 137. Sempre que as férias forem concedidas após o prazo de que trata o art. 134, o empregador pagará em dobro a respectiva remuneração.

§ 1º Vencido o mencionado prazo sem que o empregador tenha concedido as férias, o empregado poderá ajuizar reclamação pedindo a fixação, por sentença, da época de gozo das mesmas.

§ 2º A sentença cominará pena diária de 5% (cinco por cento) do salário mínimo da região, devida ao empregado, até que seja cumprida.

§ 3º Cópia da decisão judicial transitada em julgado será remetida ao órgão local do Ministério do Trabalho, para fins de aplicação da multa de caráter administrativo."

2. Período concessivo — Pagamento dobrado das férias

O prazo de que trata o art. 134 da CLT chama-se período concessivo das férias (v. Nota n. 2 da questão n. 26).

As férias que não forem concedidas no período devido serão pagas em dobro e o empregador será obrigado a concedê-las, salvo no caso de cessação do contrato, em que haverá apenas o pagamento dobrado. Na concessão das férias, a dobra será da remuneração e não dos dias de férias concedidos em atraso.

3. Período concessivo — Suspensão — Pagamento simples das férias

Nas situações de suspensão do período concessivo de férias, por motivo alheio à vontade do empregador, não haverá pagamento dobrado das férias concedidas em atraso, conforme ilustram as ementas transcritas abaixo.

Exemplificando: acidente do trabalho que afasta o empregado da empresa por cinco meses, sendo que, por ocasião do acidente, ainda faltavam três meses para terminar o período concessivo das férias; nesta situação, no retorno do empregado ao trabalho, o empregador deverá conceder as férias de forma simples, isto é, sem o pagamento em dobro da remuneração.

4. Valor da remuneração das férias

O empregado perceberá, durante as férias, a remuneração que lhe for devida na data da sua concessão (CLT, art. 142, *caput*).

As férias indenizadas serão pagas pelo valor da remuneração do empregado na data da cessação do contrato de trabalho (v. Súmula n. 7 do TST).

A CF/1988 assegurou ao empregado um acréscimo de 1/3 sobre o valor das suas férias, ao preceituar: "gozo de férias anuais remuneradas com, pelo menos, um terço a mais do que o salário normal" (art. 7º, XVII). (v. Súmula n. 328 do TST)

4.1. Salário pago por hora — Média do período aquisitivo

Quando o salário for pago por hora, com jornadas variáveis, apurar-se-á a média do período aquisitivo aplicando-se o valor do salário na data da concessão das férias (CLT, art. 142, § 1º).

4.2. Salário pago por tarefa — Média do período aquisitivo

Quando o salário for pago por tarefa, tomar-se-á por base a média da produção no período aquisitivo do direito a férias, aplicando-se o valor da remuneração da tarefa na data da concessão das férias (CLT, art. 142, § 2º). (v. Súmula n. 149 do TST)

4.3. Salário pago por percentagem, comissão ou viagem

Quando o salário for pago por percentagem, comissão ou viagem, apurar-se-á a média percebida pelo empregado nos 12 (doze) meses que precederem à concessão das férias (CLT, art. 142, § 3º).

4.4. Remuneração — Parte do salário em utilidades

A parte do salário paga em utilidades será computada de acordo com a anotação na CTPS (CLT, art. 142, § 4º).

4.5. Remuneração — Computação dos adicionais

Os adicionais por trabalho extraordinário, noturno, insalubre ou perigoso serão computados no salário que servirá de base ao cálculo da remuneração das férias (CLT, art. 142, § 5º).

4.6. Remuneração — Adicionais variados

Se, no momento das férias, o empregado não estiver percebendo o mesmo adicional do período aquisitivo, ou quando o valor deste não tiver sido uniforme, será computada a média duodecimal recebida naquele período, após a atualização das importâncias pagas, mediante incidência dos percentuais dos reajustamentos salariais supervenientes (CLT, art. 142, § 6º).

5. Férias — Dobra — Natureza jurídica

A dobra da remuneração das férias tem natureza penal, sobre ela não há incidência de FGTS e INSS, conforme preceituam as Leis n. 8.212/1991, art. 28, § 9º, letra *d* e n. 8.036/1990, art. 15, § 6º.

6. Jurisprudência

Súmulas do TST:

81. Férias. Remuneração em dobro

Os dias de férias gozadas após o período legal de concessão deverão ser remunerados em dobro.

149. Tarefeiro. Férias

A remuneração das férias do tarefeiro deve ser calculada com base na média da produção do período aquisitivo, aplicando-se-lhe a tarifa da data da concessão. (Ex-prejulgado n. 22)

Orientação Jurisprudencil da SBDI-1 do TST:

386. Férias. Gozo na época própria. Pagamento fora do prazo. Dobra devida. Arts. 137 e 145 da CLT

É devido o pagamento em dobro da remuneração de férias, incluído o terço constitucional, com base no art. 137 da CLT, quando, ainda que gozadas na época própria, o empregador tenha descumprido o prazo previsto no art. 145 do mesmo diploma legal.

Ementas diversas:

Férias. Período concessivo suspenso em decorrência de afastamento compulsório da gestante. Retomada do respectivo curso. Dobra incabível

"O afastamento compulsório da gestante interrompe o contrato de trabalho e acarreta a suspensão do período concessivo de férias. Este retoma seu curso com a volta da empregada ao serviço, até que se completem os doze meses previstos no art. 134 da CLT. É incabível a dobra de férias, embora, aparentemente, aquele período tenha se esgotado durante a licença-gestante (120 dias). Por expressa disposição legal (art. 131, II, da CLT) só não fica suspenso o período aquisitivo de novas férias." (TRT, 15ª Reg., RO-4.152/1989, Ac. 2ª T., 1.063/1990, 16.1.1990, Rel. Juiz José Pedro Camargo R. de Souza, in *Revista LTr* 54-5/611)

Férias vencidas. Período de gozo. Acidente do trabalho

"Tem a empresa a prerrogativa de conceder férias no período de doze meses que se segue ao período aquisitivo (art. 134, CLT). Se não o faz por fato alheio à sua vontade (*v. g.* acidente que vitimou o empregado que permaneceu afastado) não poderá ser condenada pela dobra. O fato de que o acidente não teria abrangido todo o período, liberado cerca de 40 dias logo no início do prazo de concessão, também não aproveita ao obreiro. É que não se pode exigir do empregador que tenha poderes de onisciência ou premonitórios, qualidades somente devidas aos deuses." (TRT 2ª Reg. RO 02910162600 — Ac. 3ª T. 11.381/1993, 4.5.1993 — Rel. Juiz Francisco Antônio de Oliveira, in *Revista LTr* 58-05/583)

Férias. Fracionamento. Período inferior a 10 dias. Dobra

"*Férias — Fracionamento — Período inferior a 10 dias — Dobra* — O art. 134 da CLT estabelece que as férias serão concedidas em um só período e que, somente em casos excepcionais, poderão ser fracionadas em dois períodos, desde que um desses não seja inferior a 10 dias corridos. Na hipótese analisada, restou incontroverso no acórdão regional que houve fracionamento de férias não associado ao caráter da excepcionalidade e por período inferior a 10 dias. Nesse contexto, o parcelamento irregular dá ensejo ao pagamento em dobro, por não se atingir o intuito precípuo assegurado pela lei, proteção à saúde do empregado, não havendo falar em mera infração administrativa. Recurso conhecido e desprovido." [TST-RR-136/2003-381-04-00.8 — (Ac. 2ª T.) — 4ª Reg. — Rel. Min. José Simpliciano Fontes de F. Fernandes. DJU 8.2.2008, p. 869]

Férias. Não remuneradas na época própria. Dobra devida

"*Férias não remuneradas na época própria — Dobra devida.* O art. 145 da Consolidação das Leis do Trabalho estabelece que o pagamento da remuneração das férias será efetuado até dois dias antes do início do respectivo período. O art. 7º, XVII, da Constituição da República prevê o pagamento das férias com o acréscimo de, no mínimo, um terço a mais do que o salário normal. Resulta daí que o escopo da norma é proporcionar ao empregado o gozo das férias com recursos que viabilizem desfrutar desse período de descanso — o que é possível, pelo menos em tese, com o recebimento antecipado da remuneração das férias. Assim, o pagamento em desacordo com o prazo estipulado no art. 145 da Consolidação das Leis do Trabalho frustra a finalidade do instituto, afigurando-se correta a aplicação, em tal hipótese, da sanção prevista no art. 137 da Consolidação das Leis do Trabalho. Recurso de embargos conhecido e provido." [TST-E-ED-RR-280700-13.2001.5.02.0050 (E-ED-RR-2807/2001-050-02-00.1) — (Ac. SDI-1) — Rel. Min. Lélio Bentes Corrêa — DJe/TST n. 442/2010, 18.3.2010, p. 422 — In *LTr Sup. Jurisp.* 20/2010, p. 156]

Férias. Pagamento atrasado. Dobra incidente

"*Agravo de Instrumento — Recurso de Revista — Férias — Pagamento atrasado — Dobra incidente.* Demonstrado no agravo de instrumento que o recurso de revista preenchia os requisitos do art. 896 da CLT, ante a constatação de violação do art. 137, *caput*, da CLT. Agravo de instrumento provido. Recurso de revista. Férias. Pagamento atrasado. Dobra incidente. As férias têm caráter multidimensional, abrangendo não somente as noções de prazo e de pagamento, como também a ideia de plena disponibilidade para o trabalhador, desconectando-o do ambiente laborativo, de modo a auferir significativo descanso no período de afastamento. Seus objetivos são também múltiplos, de caráter individual, familiar e, até mesmo, comunitário. Para viabilizar o efetivo usufruto das férias, inclusive sob a ótica prática, econômico-financeira, determina a lei que a respectiva remuneração, incluído o terço constitucional, e, se for o caso, o "abono celetista" indenizatório (art. 143, CLT), tudo seja pago antecipadamente, até dois dias "antes do início do respectivo período" (art. 145, CLT). Após longa maturação jurídica, começou a se firmar a jurisprudência no sentido de que a omissão empresarial em antecipar o conjunto dos pagamentos de férias compromete o real usufruto do direito, ensejando a incidência da dobra aventada pelo art. 137 da CLT. Nesta linha decidiu a SBDI-1/TST nos seguintes embargos uniformizadores de jurisprudência: TST-E-RR — 286/2002-041-12-00.3, Rel. Min. Rosa Maria Weber Candiota da Rosa, DEJT 14.8.2009; TST-E-RR-510/2006-006-12-00.3, Rel. Min. Maria Cristina Irigoyen Peduzzi, DJ 26.6.2009; TST-E-RR — 919/2005-006-12-00.9, Rel. Min. Rosa Maria Weber Candiota da Rosa, DJ 27.3.2009). Recurso de revista conhecido e parcialmente provido." [TST-RR-455840-47.2003.5.12.0039 (RR-4558/2003-039-12-40.3) — (Ac. 6ª

T.) — Rel. Min. Maurício Godinho Delgado — DJe/TST n. 442/2010, 18.3.2010, p. 1.328 — In *LTr Sup. Jurisp.* 22/2010, p. 173]

SIMPLES E DOBRADAS

Questão n. 29

Empregado admitido no dia 10.6.2002 gozou férias correspondentes ao primeiro período aquisitivo a partir do dia 5.6.2004. Neste primeiro período aquisitivo, cometeu 3 (três) faltas injustificadas ao serviço. Ganhava por ocasião das férias R$ 720,00 (setecentos e vinte reais) mensais. Qual a remuneração das férias?

Solução

a) R$ 720,00 : 30 = R$ 24,00

b) R$ 24,00 x 5 = R$ 120,00 x 4/3 = R$ 160,00 — valor de 5 dias de férias acrescido de 1/3

c) R$ 24,00 x 25 x 2 = R$ 1200,00 x 4/3 = R$ 1.600,00 — valor de 25 dias de férias dobradas acrescido de 1/3;

d) *b* + *c* = R$ 160,00 + R$ 1.600,00 = R$ 1.760,00 — valor da remuneração das férias

Explicação

O empregado cometeu 3 (três) faltas imotivadas, logo, terá direito a 30 (trinta) dias de férias (art. 130 da CLT), sendo: 5 dias simples, porque estão dentro do período concessivo e 25 dias dobrados, por estarem fora do período concessivo das férias (art. 137 da CLT).

Indicação gráfica:

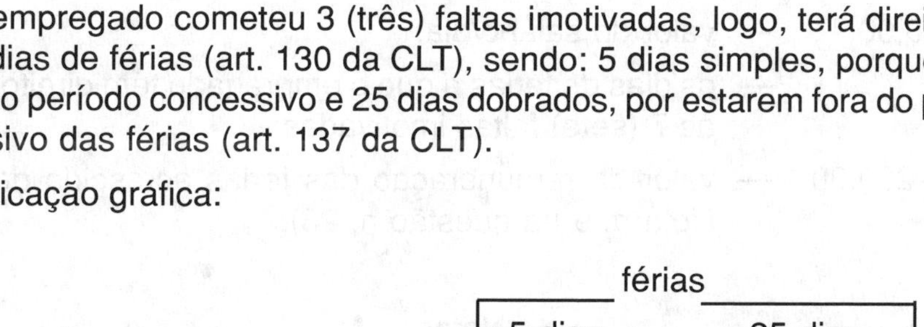

TAREFEIRO

Questão n. 30

Empregado admitido no dia 1º.4.2003, tarefeiro, gozou as férias correspondentes ao primeiro período aquisitivo (2003/2004) no mês de maio/2004. No período aquisitivo faltou imotivadamente 7 dias e produziu 72.000 (setenta e duas mil) peças, considerados os repousos legais. Por ocasião das férias, ganhava R$ 0,20 (vinte centavos) por peça. Qual a remuneração das férias?

Solução

a) 72.000 : 12 = 6.000 x R$ 0,20 = R$ 1.200,00

b) R$ 1.200,00 : 30 = R$ 40,00 x 24 = R$ 960,00 x 4/3 = R$ 1.280,00

Explicação

1) 72.000 — quantidade de peças feitas no período aquisitivo;
2) 12 — número de meses do período aquisitivo de férias;
3) 6.000 — média da produção;
4) R$ 0,20 — valor pago por peça produzida na época das férias;
5) R$ 1.200,00 — valor do salário mensal;
6) 30 — os dias do mês;
7) R$ 40,00 — valor do salário/dia;
8) 24 — os dias de férias a que o empregado tem direito, devido às 7 (sete) faltas imotivadas;
9) R$ 1.280,00 — valor da remuneração das férias acrescido de 1/3 (v. Nota n. 9 na questão n. 26).

Notas

1. Salário pago por tarefa — Média do período aquisitivo

Quando o salário for pago por tarefa, tomar-se-á por base a média da produção no período aquisitivo do direito a férias, aplicando-se o valor da remuneração da tarefa na data da concessão das férias (CLT, art. 142, § 2º). (v. Súmula n. 149 do TST — a seguir Nota n. 4)

2. Faltas justificadas — Cálculo

Na questão, se o empregado não tivesse cometido as 7 faltas injustificadas, bastaria a operação da letra *a* da solução e multiplicar o resultado por 4/3.

3. Tarefeiro — RSR/F

Na presente questão foram considerados os repousos legais, caso não os tenham, o valor do RSR/F corresponderá ao resultado da multiplicação da média da comissão das vendas nos dias úteis, pelo número dos dias de repouso.

4. Tarefeiro — Férias — Súmula n. 149 do TST

A remuneração das férias do tarefeiro deve ser calculada com base na média da produção do período aquisitivo, aplicando-se-lhe a tarifa da data da concessão. (ex-prejulgado n. 22)

5. Férias — Parcelas variáveis — IN SRT/MTE n. 3/2002

Quando o salário for pago por hora ou tarefa, as férias indenizadas serão calculadas com base na média do período aquisitivo, aplicando-se o salário devido na data da rescisão (art. 29).

A média das parcelas variáveis incidentes sobre as férias será calculada com base no período aquisitivo, salvo norma mais favorável, aplicando-se o valor do salário devido na data da rescisão (art. 30).

COMISSIONISTA

Questão n. 31

Empregado admitido no dia 15.4.2003, comissionista, gozou as férias correspondentes ao período aquisitivo (2003/2004) no mês de junho/2004. No período aquisitivo, cometeu 25 faltas injustificadas e nos 12 meses que precederam o gozo das férias, considerados os repousos legais, ganhou R$ 10.800,00 (dez mil e oitocentos reais) a título de comissão. Qual o valor da remuneração das férias a que tem direito?

Solução

a) R$ 10.800,00 : 12 = R$ 900,00

b) R$ 900,00 : 30 = R$ 30,00 x 12 = R$ 360,00 x 4/3 = R$ 480,00

Explicação

1) R$ 10.800,00 — valor da comissão nos 12 meses que precederam a concessão das férias;

2) 12 — número de meses que precedem a concessão das férias;

3) R$ 900,00 — valor da média salarial dos 12 últimos meses do gozo das férias;

4) 30 — os dias do mês;

5) R$ 30,00 — valor do salário/dia;

6) 12 — os dias de férias a que o empregado tem direito, em razão das 25 faltas injustificadas;

7) R$ 480,00 — valor da remuneração das férias acrescido de 1/3.

Notas

1. Salário pago por percentagem, comissão ou viagem

Quando o salário for pago por percentagem, comissão ou viagem, apurar-se-á a média percebida pelo empregado nos 12 (doze) meses que precederem à concessão das férias (§ 3º do art. 142 da CLT). A média apurada com base nos 12 meses poderá ser em prazo inferior, conforme previsão em convenção e/ou acordo coletivo de trabalho.

2. Inexistência de faltas injustificadas

Na questão, se o empregado não tivesse cometido as 25 faltas imotivadas, bastaria realizar a operação da letra *a* da solução e multiplicar o resultado pelo fator 4/3.

3. Instrução Normativa SRT/MTE n. 3/2002

Quando o salário for pago por percentagem, comissão ou viagem, para o cálculo das férias indenizadas, será apurada a média dos salários recebidos nos 12 (doze) meses que precederem o seu pagamento na rescisão contratual, salvo norma mais favorável (art. 31).

4. Comissionista — RSR/F

Não sendo considerados os repousos legais, o seu valor mensal corresponderá ao resultado da multiplicação da média das comissões das vendas nos dias úteis do mês pelo número de dias de repousos.

5. Jurisprudência

Comissionista. Repouso semanal remunerado (Súmula n. 27 do TST)

É devida a remuneração do repouso semanal e dos dias feriados ao empregado comissionista, ainda que pracista.

ADICIONAIS

Questão n. 32

Empregado admitido no dia 1º.2.2003 gozou as férias correspondentes ao período aquisitivo (2003/2004) no mês de abril/2004. Neste período aquisitivo, trabalhou 450 horas extras normais, durante 225 dias úteis. Por ocasião das férias ganhava R$ 924,00 (novecentos e vinte e quatro reais) mensais. Qual a remuneração das férias?

Solução

a) salário = R$ 924,00

b) valor das horas extras:

b.1) 450 : 225 = 2 x 30 = 60

b.2) R$ 924,00 : 220 = R$ 4,20 x 1,5 = R$ 6,30 x 60 = R$ 378,00

c) R$ 924,00 + R$ 378,00 = R$ 1.302,00 x 4/3 = R$ 1.726,00 (v. Nota n. 9 na questão n. 26 e itens 2 e 6 da Explicação na questão n. 01).

Explicação

1) R$ 924,00 — valor que ganhava na época das férias; portanto, este será o salário correspondente às férias;

2) — o valor das horas extras habituais, feitas no período aquisitivo, entra na remuneração das férias e foi calculado da seguinte forma:

450 — número das horas extras normais, feitas no período aquisitivo;

225 — número de dias úteis em que houve trabalho extra;

2 — média das horas extras por dia útil trabalhado;

30 — são os dias de férias a que o empregado, na questão, tem direito;

60 — número de horas extras que devem ser computadas nas férias, considerados os repousos legais;

R$ 6,30 — valor de uma hora extra (v. questão n. 01);

R$ 378,00 — valor das 60 horas extras (v. questão n. 01);

3) R$ 1.302,00 — valor da remuneração das férias, que resultou da soma do salário mensal (R$ 924,00) com o valor das horas extras (R$ 378,00) acrescido de 1/3.

Notas

1. Salário pago por hora — Média do período aquisitivo

Quando o salário for pago por hora, com jornadas variáveis, apurar-se-á a média do período aquisitivo aplicando-se o valor do salário na data da concessão das férias. (§ 1º do art. 142 da CLT)

2. Salário — Cômputo dos adicionais

Os adicionais por trabalho extraordinário, noturno, insalubre ou perigoso serão computados no salário que servirá de base ao cálculo da remuneração das férias. (§ 5º do art. 142 da CLT)

3. Salário — Médias dos adicionais

Se, no momento das férias, o empregado não estiver percebendo o mesmo adicional do período aquisitivo, ou quando o valor deste não tiver sido uniforme, será computada a média duodecimal recebida naquele período, após a atualização das importâncias pagas, mediante incidência dos percentuais dos reajustamentos salariais supervenientes. (§ 6º do art. 142 da CLT)

4. Reflexo das horas extras habituais nas férias — Fórmula

valor = média das horas extras no período aquisitivo x valor da hora extra na época do pagamento

Obs. A respeito do reflexo no RSR/F, consultar na questão n. 13, a Nota n. 3.

5. Jurisprudência

Súmulas do TST:

60. Adicional noturno. Integração no salário e prorrogação em horário diurno

I — O adicional noturno, pago com habitualidade, integra o salário do empregado para todos os efeitos. (ex-Súmula n. 60 — RA 105/74, DJ 24.10.1974)

II — Cumprida integralmente a jornada no período noturno e prorrogada esta, devido é também o adicional quanto às horas prorrogadas. Exegese do art. 73, § 5º, da CLT. (ex-OJ n. 6 — Inserida em 25.11.1996)

203. Gratificação por tempo de serviço. Natureza salarial

A gratificação por tempo de serviço integra o salário para todos os efeitos legais.

253. Gratificação semestral. Repercussões

A gratificação semestral não repercute nos cálculos das horas extras, das férias e do aviso prévio, ainda que indenizados. Repercute, contudo, pelo seu duodécimo na indenização por antiguidade e na gratificação natalina.

347. Horas extras habituais. Apuração. Média física

O cálculo do valor das horas extras habituais, para efeito de reflexos em verbas trabalhistas, observará o número das horas efetivamente prestadas e a ele aplica-se o valor do salário-hora da época do pagamento daquelas verbas.

Ementas diversas:

Gratificação semestral. Férias

"A gratificação semestral, por definição, abrange período de seis meses do contrato de trabalho, sendo paga duas vezes ao ano. Estando as férias compreendidas na remuneração necessária do período já abrangido pela semestral, não há como fazê-la repercutir sobre esta parcela, sem que se incorra em *bis in idem*. A repercussão só é admissível sobre parcelas não compreendidas no período de doze meses. Inteligência dos arts. 129 e 146 da CLT e verbete n. 78 da Súmula." (TST — RR-3.575/83, Ac. 1ª T. n. 1.881/1985, 4ª Reg., Rel. desig. Min. Marco Aurélio, DJU 2.8.1985, in RDT n. 58, p. 112)

ABONO PECUNIÁRIO

Questão n. 33

Empregado admitido no dia 13.2.2003 gozou as férias correspondentes ao período aquisitivo (2003/2004) no mês de maio/2004. Na época oportuna, requereu o abono pecuniário. Por ocasião da concessão das férias, o empregado ganhava R$ 360,00 (trezentos e sessenta reais) mensais. No período aquisitivo (2003/2004), cometeu 10 faltas imotivadas ao serviço. Quanto receberá a título de férias e de abono pecuniário?

Solução

a) R$ 360,00 : 30 = R$ 12,00 x 24 = R$ 288,00 x 4/3 = R$ 384,00 (v. Nota n. 9 na questão n. 26)

b) R$ 384,00 : 3 = R$ 128,00 (abono pecuniário)

c) R$ 128,00 x 2 = R$ 256,00 (férias)

Explicação

1) R$ 384,00 — valor integral das férias, devido às 10 faltas imotivadas (v. questão n. 27);

2) R$ 128,00 — valor do abono pecuniário e que é igual a 1/3 da remuneração integral das férias;

3) R$ 256,00 — remuneração das férias que o empregado receberá, pois vendeu 1/3 delas a título de abono. Ela é o dobro do valor do abono pecuniário ou 2/3 da remuneração integral das férias.

Notas

1. Abono de férias — Valor — Requerimento — Exclusão — CLT

"Art. 143. É facultado ao empregado converter 1/3 (um terço) do período de férias a que tiver direito em abono pecuniário, no valor da remuneração que lhe seria devida nos dias correspondentes.

§ 1º O abono de férias deverá ser requerido até quinze dias antes do término do período aquisitivo.

§ 2º Tratando-se de férias coletivas, a conversão a que se refere este artigo deverá ser objeto de acordo coletivo entre o empregador e o sindicato representativo da respectiva categoria profissional, independendo de requerimento individual a concessão do abono.

§ 3º O disposto neste artigo não se aplica aos empregados sob o regime de tempo parcial." (Parágrafo acrescentado pela Medida Provisória n. 2.164-41/01, em curso)

2. Abono de férias — Exclusão dos efeitos trabalhistas e previdenciários

O abono de férias de que trata o artigo anterior, bem como o concedido em virtude de cláusula do contrato de trabalho, do regulamento da empresa, de convenção ou acordo coletivo, desde que não excedente de 20 (vinte) dias do salário, não integrarão a remuneração do empregado para os efeitos da legislação do trabalho (CLT, art. 144, com redação dada pela Lei n. 9.528/97).

Nos termos da Lei n. 9.711, de 20.11.1998 (DOU 21.11.1998), deixou de incidir Previdência sobre o abono de férias.

3. Pagamento das férias e do abono — Quitação — CLT

"Art. 145. O pagamento da remuneração das férias e, se for o caso, o do abono referido no art. 143, serão efetuados até 2 (dois) dias antes do início do respectivo período.

Parágrafo único. O empregado dará quitação do pagamento com indicação do início e do termo das férias."

4. Abono de férias e o terço constitucional

O abono pecuniário (venda) corresponde a 1/3 das férias a que o empregado tem direito, e não deve ser confundido com o aumento constitucional da remuneração das férias, que por coincidência também é de 1/3.

5. Dias trabalhados

Na questão acima, o empregado, além de receber o valor das férias (16 dias) e o do abono pecuniário (8 dias), ambos acrescidos do terço constitucional, receberá, como salário, os dias trabalhados correspondentes aos do abono (8 dias).

6. Jurisprudência

Orientação Jurisprudencial Transitória n. 50 da SDI-1-TST

Férias. Abono instituído por instrumento normativo e terço constitucional. Simultaneidade inviável

O abono de férias decorrente de instrumento normativo e o abono de 1/3 (um terço) previsto no art. 7º, XVII, CF/1988 têm idêntica natureza jurídica, destinação e finalidade, constituindo-se *bis in idem* seu pagamento simultâneo, sendo legítimo o direito do empregador de obter compensação de valores porventura pagos. (ex-OJ n. 231 da SDI-1 — inserida em 20.6.2001)

Férias. Pagamento. Inobservância do prazo previsto no art. 145 da CLT. Efeitos

"Discute-se se o descumprimento do prazo previsto no art. 145 da CLT para o pagamento das férias implica, como penalidade ao empregador, o pagamento em dobro dessa parcela. O referido dispositivo está assim redigido: O pagamento da remuneração das férias e, se for o caso, o do abono referido no art. 143 serão efetuados até 2 (dois) dias antes do início do respectivo período. Já o art. 153 da CLT, por sua vez, dispõe que: As infrações ao disposto neste Capítulo serão punidas com multas de valor igual a 160 BTN por empregado em situação irregular. Consoante se observa, o legislador trabalhista não autoriza, na falta de pagamento das férias pelo empregador, no prazo indicado pelo art. 145 da CLT, seu pagamento dobrado ao empregado. A inobservância desse prazo apenas gera punição administrativa. Correta, pois, a decisão do Regional que excluiu da condenação o pagamento em dobro, que tem causa jurídica diversa, ou seja, o art. 137 do mesmo diploma legal. Recurso de revista não provido." (TST-RR-568.174/99.6 — 4ª Turma — Rel. Min. Milton de Moura França, DJU 27.6.2003)

Férias. Conversão de um terço em abono pecuniário. Imposição do empregador. Ilicitude

"*Férias — Conversão de um terço em abono pecuniário — Imposição do empregador — Ilicitude* — O art. 143 consolidado faculta ao empregado converter 1/3 do período de férias a que tiver direito em abono pecuniário. Todavia o referido dispositivo não autoriza que o empregador venha a transformar tal possibilidade em norma, consubstanciando-se em ilicitude a prática empresarial de compelir os empregados a sempre converterem 1/3 de suas férias em abono. Diante da prática irregular patronal, ora apurada, deve o obreiro ser indenizado, pelo valor equivalente a 10 dias de férias, acrescidas do terço legal, referentes a cada período parcialmente gozado, porém, de forma simples, e não dobrada, uma vez que os recibos mencionados espelham que o pagamento do abono, ainda que de forma imposta, foi devidamente efetuado." [TRT 3ª Reg. RRO 00563-2007-023-03-00-0 — (Ac. 8ª T.) — Relª Juíza Convocada Maria Cecília Alves Pinto. DJMG 11.8.2007, p. 23. In *LTr Sup. Jurisp.* 35/2007, p. 277]

Ausência de antecipação do seu pagamento. Efeitos

"*Férias — Ausência de antecipação do seu pagamento.* A ausência de antecipação da remuneração das férias ao empregado não enseja o seu pagamento em dobro, que somente se revela cabível quando o gozo das férias ocorre após o término do período concessivo, nos termos do art. 137 da CLT. Trata-se de norma que impõe penalidade ao empregador e, portanto, exige interpretação restritiva e não pode ter a sua abrangência estendida para hipóteses de incidência não expressamente contempladas pelo comando legal." [TRT 3ª Reg. RO 00244-2007-152-03-00-8 — (Ac. 7ª T.) — Relª Juíza Convocada Wilmeia da Costa Benevides. DJMG 4.9.2007, p. 17 — In *LTr Sup. Jurisp.* 45/2007, p. 357]

Férias. Conversão em abono pecuniário. Parcelas a pagar

"*Férias — Conversão em abono pecuniário — Parcelas a pagar.* O empregado com direito a um período de 30 dias de férias, que tenha optado por converter um terço dele (dez dias) em abono pecuniário, faz jus ao pagamento da importância correspondente a 20 dias de gozo de férias e do respectivo abono, ambos calculados sobre a remuneração acrescida de 1/3 (artigos 143 da CLT e 7º, XVII, da Constituição Federal). Além desse pagamento, é devida ao trabalhador a remuneração normal, sem o acréscimo de 1/3, correspondente aos serviços prestados nos dias convertidos em abono." [TRT 3ª Reg. RO-1637/2008-108-03-00.1 — (Ac. 2ª T.) — Rel. Juiz Convocado Cleber Lúcio de Almeida — DJe/TRT 3ª Reg. n. 349/2009, p. 149 — In *LTr Sup. Jurisp.* 04/2010, p. 29]

ABONO EM DOBRO

Questão n. 34

Empregado admitido no dia 2.1.2002 gozou férias correspondentes ao período aquisitivo (2002/2003) no mês de abril/2004. Relativo a este período requereu, na época própria, o abono de férias. Por ocasião das férias, ganhava R$ 360,00 (trezentos e sessenta reais) mensais. Quanto receberá a título de férias e de abono pecuniário?

Solução

a) R$ 360,00 x 2 = R$ 720,00 x 4/3 = R$ 960,00 (v. Nota n. 8 na questão n. 26)

b) R$ 960,00 : 3 = R$ 320,00 (abono pecuniário)

c) R$ 320,00 x 2 = R$ 640,00 (férias)

Explicação

1) R$ 960,00 — valor integral das férias concedidas fora do período concessivo. Neste caso a remuneração é dobrada (v. questão n. 28);

2) R$ 320,00 — valor do abono pecuniário e que é igual a 1/3 da remuneração integral das férias;

3) R$ 640,00 — valor que o empregado receberá a título de férias e que é o dobro do valor do abono ou 2/3 da remuneração integral das férias.

ABONO SIMPLES E EM DOBRO

Questão n. 35

Empregado admitido no dia 10.6.2002 gozou as férias correspondentes ao primeiro período aquisitivo a partir do dia 5.6.2004. Por ocasião das férias, ganhava R$ 360,00 (trezentos e sessenta reais) mensais e requereu oportunamente o abono pecuniário. Quanto receberá a título de férias e de abono?

Solução

a) R$ 360,00 : 30 = R$ 12,00

b) R$ 12,00 x 5 = R$ 60,00 x 4/3 = R$ 80,00

c) R$ 12,00 x 25 x 2 = R$ 600,00 x 4/3 = R$ 800,00

d) R$ 80,00 + R$ 800,00 = R$ 880,00 (v. questão n. 29 e Nota n. 9 na questão n. 26)

e) R$ 880,00 : 3 = R$ 293,33 — valor do abono (v. questão n. 33)

f) R$ 293,33 x 2 = R$ 586,66 — valor da remuneração das férias e que é o dobro do valor do abono (v. questão n. 33)

Nota

O empregado pode vender 1/3 das férias a que tem direito. É o que a lei chama de abono de férias. Logo, receberá em dinheiro, como abono, a metade do que receber a título de férias, porque 1/3 é a metade de 2/3. Em outras palavras, receberá a título de férias o dobro do que receber como abono pecuniário. É o que determina o art. 143, *caput*, da Consolidação das Leis do Trabalho.

FÉRIAS NA CESSAÇÃO DO CONTRATO INDIVIDUAL DE TRABALHO

MENOS DE UM ANO DE SERVIÇO — DISPENSA SEM JUSTA CAUSA

Questão n. 36

Empregado admitido no dia 2.1.2004, dispensado sem justa causa, teve seu contrato de trabalho dissolvido no dia 18.6.2004. Por ocasião da cessação ganhava R$ 540,00 (quinhentos e quarenta reais) mensais. Nunca faltou ao serviço. Quanto receberá a título de férias?

Solução

a) tempo de serviço:

18.06.04 — término do contrato

02.01.04 — início do contrato

16.05.00 — tempo de serviço (5 meses e 16 dias = 6 meses)

b) 6/12 x 30 = 15

c) R$ 540,00 : 30 = R$ 18,00

d) *b* x *c* = 15 x R$ 18,00 x 4/3 = R$ 360,00 (v. Nota n. 9 da questão n. 26)

ou

6/12 x R$ 540,00 x 4/3 = R$ 360,00

Explicação

1) 5 meses e 16 dias	— tempo de duração do contrato de trabalho e que se obtém diminuindo da data do término a do início do contrato (v. Notas ns. 1 e 2 a seguir);
2) 6/12	— período proporcional de férias, correspondendo a 5 meses e 16 dias. A fração superior a quatorze dias conta-se como mês. Logo, do período aquisitivo de férias (12 meses), o empregado receberá férias sobre 6 meses;
3) 30	— como não cometeu faltas imotivadas ao serviço, o período proporcional de férias (6/12) foi tomado em relação a 30 dias;
4) 15	— os dias de férias a que tem direito, por ter trabalhado 5 meses e 16 dias;
5) R$ 18,00	— valor do salário/dia;
6) R$ 360,00	— valor que receberá a título de férias acrescido de 1/3 (v. Nota 8 da questão n. 26).

Notas

1. Férias antes de um ano

"O empregado que for despedido sem justa causa, ou cujo contrato de trabalho se extinguir em prazo predeterminado, antes de completar 12 (doze) meses de serviço, terá direito à remuneração relativa ao período incompleto de férias, de conformidade com o disposto no artigo anterior" (art. 147 da CLT) — v. Súmula n. 261 do TST.

2. Tempo de serviço — Regra prática

Pela regrinha prática, letra *a* da solução, para se obter o tempo de serviço, basta diminuir da data do término a do início do contrato de trabalho.

Neste caso, a contagem do prazo deve ser feita nos termos do art. 132 do Código Civil e do art. 775 da CLT: "os prazos contam-se com exclusão do dia do começo e inclusão do dia do vencimento". No seio da empresa, para se ter uma correta contagem dos dias trabalhados, tomam-se as anotações de frequência do empregado.

3. Convenção n. 132 da OIT — Aplicação

A Convenção n. 132 da OIT (Convenção das Férias Remuneradas), ratificada pelo Brasil e que passou a vigorar em 23.9.1999, com eficácia a partir da publicação do Decreto n. 3.197, de 5.10.1999 (DOU 6.10.1999), aplica-se a todos os empregados, à exceção dos marítimos (art. 2º). Nos termos da Convenção n. 132, salvo quando se tratar de empregado doméstico, os dias feriados oficiais, os costumeiros não são computados no período de férias do empregado (art. 6º). O mencionado diploma legal (art. 7º) admite, por meio de acordo, que o pagamento das férias pode ser efetuado após o período de fruição. A referida Convenção, dentre outros disciplinamentos, estabelece o prazo mínimo de 6 meses de contrato, salvo previsão inferior da legislação de cada país, para que o empregado faça jus ao recebimento de férias proporcionais, qualquer que seja a causa da cessação do contrato de trabalho (art. 5º).

Com a integração da Convenção n. 132 da OIT ao nosso ordenamento jurídico, surge o problema da sua aplicação. Como ficam as normas referentes às férias previstas no Capítulo IV, do Título II, da CLT, ante o disciplinamento da Convenção n. 132?

No Direito do Trabalho, em caso de conflito entre normas jurídicas, impera o princípio da aplicação da norma mais favorável ao empregado, tendo por base as teorias do conglobamento, da acumulação ou do conglobamento mitigado. A respeito dessas teorias, os Juízes do Trabalho Alexandre Alliprandino Medeiros e Flávio Antônio Camargo de Laet escreveram com muita propriedade:

> "As teorias do conglobamento e da acumulação foram criadas em decorrência do estudo da aferição da norma mais favorável. Pela primeira teoria, o hermeneuta, diante de instrumentos jurídicos em conflito, haveria de sopesar qual deles seria o mais benéfico ao empregado, tomando por parâmetro a totalidade de seus dispositivos. A segunda teoria, por sua vez, sustenta que a aferição da norma mais benéfica deve ser feita dispositivo por dispositivo, de sorte que o hermeneuta poderia se valer, concomitantemente, de um dispositivo mais favorável de um sistema legal aliado a outro mais favorável do sistema jurídico conflitante.

Cogita-se, ainda, uma terceira teoria, qual seja a do *conglobamento mitigado*, pela qual a apreciação da norma mais benéfica há de ser feita instituto por instituto. Assim, tomando por exemplo o objeto do presente estudo, o instituto seria o das *férias individuais*. O intérprete e aplicador da lei, por conseguinte, haveria de optar pela utilização integral ou da Convenção n. 132, ou das normas internas atualmente em vigência."(18)

Entre uma Convenção da Organização Internacional do Trabalho ratificada pelo Brasil — cuja natureza jurídica é de Tratado Internacional — e o direito interno brasileiro prevalece, porque esse é o critério da OIT, o que for mais benéfico para o trabalhador, a norma internacional ou a do direito interno, conforme o caso. (NASCIMENTO, Amauri Mascaro. *Curso de direito do trabalho*. 19. ed. São Paulo: Saraiva, 2004. p. 291)

O Enunciado n. 21, aprovado na 1ª jornada de direito material e processual na Justiça do Trabalho, estabelece: "Férias — Aplicação da Convenção n. 132, da OIT — I — A época das férias será fixada pelo empregador após consulta ao empregado, salvo manifestação em contrário exteriorizada em acordo ou convenção coletiva; II — As férias poderão ser fracionadas por negociação coletiva, desde que um dos períodos não seja inferior a duas semanas; III — Qualquer que seja a causa de extinção do contrato de trabalho serão devidas férias proporcionais." (TST, Brasília, 23.11.2007 — In *LTr Sup. Trab.* 149/07)

4. Jurisprudência

Súmulas do TST

261. Férias proporcionais. Pedido de demissão. Contrato vigente há menos de um ano

O empregado que se demite antes de completar 12 (doze) meses de serviço tem direito a férias proporcionais.

328. Férias. Terço constitucional

O pagamento das férias, integrais ou proporcionais, gozadas ou não, na vigência da CF/1988, sujeita-se ao acréscimo do terço previsto respectivo no art. 7º, XVII.

Ementas diversas

Exclusão dos feriados no período de férias. Convenção n. 132 da OIT

"Não obstante ter sido ratificada pelo Brasil a Convenção n. 132 da Organização Internacional do Trabalho, por meio do Decreto n. 3.197, de 5.10.1999, a legislação pátria alusiva às férias anuais remuneradas é mais benéfica que a norma da OIT, que prevê férias anuais não inferiores a três semanas de trabalho, na medida em que assegura ao trabalhador férias anuais remuneradas de trinta dias, com acréscimos de um terço, não havendo falar em derrogação da escala de férias prevista no art. 130 da

(18) Férias individuais — Convenção n. 132 da OIT. *Revista Síntese Trabalhista,* n. 146, p. 141.

CLT. A legislação internacional não enseja aplicação na hipótese versada ante a ausência de conflito com a legislação pátria." [TRT-12ª Reg., RO-V 00537-2002-010-12-00-1 — (Ac. 3ª T. 00180/2003, 12.11.2002) Relª Juíza Maria de Lourdes Leiria, DJSC 13.1.2003 — p. 84 — *Apud LTr Sup. Jurisp.* 10/2003, p. 77]

Férias proporcionais

"Obreiro demissionário com menos de ano de serviço. Convenção n. 132 da OIT. Ao obreiro que pede demissão com menos de ano de serviço são devidas as férias proporcionais, por força do art. 11 da Convenção n. 132 da OIT, já incorporada ao ordenamento pátrio (D. n. 3.197/1999)." [TRT, 15ª Reg. — Proc. 21.059/2002 (22921/2002 PATR) — 4ª T. — Rel. Juiz Flávio Allegretti de Campos Cooper — DOE-SP 10.10.2002 — *Apud Revista Síntese Trabalhista* n. 165, ementa n. 19.074, p. 85]

Incidência da norma mais benéfica. Teoria do conglobamento. Convenção n. 132 da OIT. Inaplicabilidade

"Para determinação de qual regra de direito do trabalho deve ser aplicada, faz-se necessário analisar qual fonte normativa é, em seu conjunto, mais favorável ao trabalhador, não sendo permitido pinçar os dispositivos mais benéficos em regramentos diversos. Sendo a legislação pátria, analisada em sua íntegra, mais vantajosa que os termos da Convenção n. 132 da OIT, prevalece a norma brasileira, mesmo no tópico em que a regra internacional seja preferível ao trabalhador, em homenagem à teoria do conglobamento." (TRT, 10ª Reg., ROPS 01230, 1ª T., Rel. Juiz Pedro Luis Vicentin Foltran, DJU 11.4.2003 — Ementa extraída do artigo do prof. Carlos Alberto Begalles, publicado na *Revista Síntese Trabalhista* n. 187)

Convenção n. 132 da OIT, art. 6º. Desconsideração dos feriados no cômputo das férias. Inaplicabilidade

"O art. 130 da CLT consagra o direito de gozo de férias em lapso superior ao previsto pelo art. 3º, item 3, da Convenção n. 132 da OIT (três semanas). Por isso, é inaplicável no Brasil o disposto no art. 6º desta Convenção, que prevê a desconsideração dos feriados no cômputo do período de férias, uma vez que a norma pátria apresenta-se mais vantajosa ao trabalhador brasileiro, pois mesmo com a desconsideração dos dias de feriados previstos no calendário nacional, o período de férias não será menor que o período proposto pela Convenção. Mormente considerando-se que não há no calendário pátrio nenhuma sucessão de feriados que atinja os 9 dias seguidos faltantes para completar os 30 dias que o trabalhador brasileiro dispõe de férias." [TRT, 9ª Reg., Proc. 10843-2002-002-09-00-8 — (Ac. 26250-2004) — Rel. Juiz Arnor Lima Neto, DJPR 19.11.2004, p. 504 — *Apud LTr Sup. Jurisp.* 1/2005, p. 4]

Férias proporcionais. Dispensa por justa causa

"1. Conforme previsão do parágrafo único do art. 146 da CLT, o empregado demitido por justo motivo não faz jus à indenização pelas férias proporcionais. Interpretação ratificada pela Súmula n. 171 do c. TST. 2. Contexto inalterado pela Convenção n. 132 da Organização Internacional do Trabalho — OIT, cujo conteúdo é indicativo e programático, dirigido a alterações legislativas internas e futuras. 3. Inexistindo verbas rescisórias a solver quando da dispensa, descabe cogitar da incidência da multa do § 8º do art. 477 da CLT. 4. Recurso conhecido e provido." [TRT 10ª Reg. ROPS 00494-2006-009-10-9 — (Ac. 2ª T./2006) — Rel. Juiz João Amílcar. DJU3 17.11.2006, p. 38 — *Apud LTr Sup. Jurisp.* 52/2006, p. 413]

Férias proporcionais. Dispensa por justa causa. Convenção n. 132 da OIT. Efeitos

"Recurso de revista — Férias proporcionais — Dispensa por justa causa — Convenção n. 132 da OIT. Salvo na hipótese de dispensa do empregado por justa causa, a

extinção do contrato de trabalho sujeita o empregador ao pagamento da remuneração das férias proporcionais, ainda que incompleto o período aquisitivo de 12 (doze) meses (art. 147 da CLT) (Súmula n. 171/TST). Recurso de revista conhecido e provido." [TST-RR-76900-63.2007.5.04.0027 (RR-769/2007-027-04-00.0) Relª Min. Rosa Maria Weber. DJe/TST n. 442/2010, 18.3.2010, p. 821 — In *LTr Sup. Jurisp.* 22/2010, p. 173]

Férias proporcionais. Feriados. Convenção n. 132 da OIT. Inaplicabilidade. Dissenso pretoriano

"Recurso de revista — Férias proporcionais — Feriados. Convenção n. 132 da OIT — Inaplicabilidade — Dissenso pretoriano. Revela-se inviável o processamento do recurso de revista quando os arestos paradigmas se apresentarem inservíveis e inespecíficos para o confronto de teses. Incidência do óbice da alínea *a* do art. 896 da CLT e da Súmula n. 23 do Tribunal Superior do Trabalho. Recurso de revista não conhecido. [TST-RR-155/2002-031-12-00.9 — (Ac. 8ª Turma) — Relª Minª Dora Maria da Costa — DEJT 8.5.2009]

Férias proporcionais. Direito de todo trabalhador. Convenção n. 132 da OIT

"Férias proporcionais. Direito de todo trabalhador. Convenção n. 132 da OIT. A Convenção n. 132 da OIT trata do instituto das férias e busca garantir a qualidade de vida dos seres humanos inseridos no processo produtivo. No Brasil, ela foi aprovada pelo Congresso Nacional, por intermédio do Decreto Legislativo n. 47/1981, tendo sido depositada a sua ratificação pelo Governo Federal e promulgada pelo Decreto n. 3.197, de 5.10.1999 (DJU 6.10.1999), o que gerou a sua vigência e a sua eficácia no território nacional, conforme prescreve o art. 1º da Lei de Introdução ao Código Civil. Os arts. 4º e 11 da referida Convenção autorizam o pagamento de indenização de férias proporcionais (inferiores a um ano) independentemente do motivo da dispensa. Por conseguinte, as normas relativas às férias, quando mais benéficas aos empregados, devem ser aplicadas, formando uma unidade de modo a proporcionar a sua correta aplicação, na linha do princípio da norma mais benéfica, que informa o Direito do Trabalho. Nesse sentido já acenou o Colendo TST ao editar a Súmula n. 261, concedendo férias proporcionais também àqueles trabalhadores que se demitem antes de completar doze meses de serviço. Essa mudança conferida pela jurisprudência, afastando, no particular, a incidência do art. 147 da CLT, para conceder mais direito ao trabalhador, não tem amparo senão na Convenção n. 132 da OIT. Sendo assim, relativamente ao direito às férias proporcionais cabe adotar também a regra mais benéfica prescrita na Convenção n. 132 da OIT, seja qual for o motivo da dissolução contratual." [TRT 3ª Reg. RO-271/2009-083-03-00.2 — (Ac. 10ª Turma) — Rel. Des. Marcio Flavio Salem Vidigal — DJe/TRT 3ª Reg. n. 316/2009, 15.9.2009, p. 120 — In *LTr Sup. Jurisp.* 048/2009, p. 382]

MENOS DE UM ANO DE SERVIÇO — CONTRATO A PRAZO

Questão n. 37

Empregado contratado por prazo determinado, com duração de 1º.2.2004 a 14.6.2004. Ganhava R$ 360,00 (trezentos e sessenta reais) mensais. Durante o contrato, cometeu 12 (doze) faltas injustificadas ao serviço. No final do contrato quanto receberá a título de férias?

Solução

a) 14.06.04 — extinção do contrato
01.02.04 — início do contrato
13.04.00 — tempo de serviço (4 meses e 13 dias = 4 meses)

b) 4/12 x 24 = 8

c) R$ 360,00 : 30 = R$ 12,00

d) 8 x R$ 12,00 = R$ 96,00 x 4/3 = R$ 128,00 (v. Nota n. 9 da questão n. 26).

Explicação

1) 4 meses e 13 dias — tempo de serviço (v. questão anterior);

2) 4/12 — período proporcional de férias, correspondendo a 4 meses. A fração de 13 dias não se conta (v. Nota n. 1 da questão anterior);

3) 24 — são os dias de férias, levando-se em conta as 12 faltas imotivadas — art. 130 da CLT (v. Nota n. 4 da questão n. 26);

4) 8 — os dias de férias a que tem direito;

5) R$ 12,00 — valor do salário/dia;

6) R$ 128,00 — valor que receberá a título de férias.

Nota

Jurisprudência

Súmula do TST

171. Férias proporcionais. Contrato de trabalho. Extinção

Salvo na hipótese de dispensa do empregado por justa causa, a extinção do contrato de trabalho sujeita o empregador ao pagamento da remuneração das férias proporcionais, ainda que incompleto o período aquisitivo de 12 (doze) meses (art. 147 da CLT). (ex-prejulgado n. 51)

MAIS DE UM ANO DE SERVIÇO — DEMISSÃO

Questão n. 38

Empregado admitido no dia 6.12.2002 pediu demissão e teve seu contrato de trabalho dissolvido no dia 26.4.2004. Por ocasião da dissolução do contrato, ganhava R$ 432,00 (quatrocentos e trinta e dois reais) mensais. Ainda não tinha gozado as férias a que fazia jus e cometeu faltas imotivadas ao serviço da seguinte forma: a) 26 faltas no primeiro período aquisitivo (2002/2003); b) 7 faltas no mês de março/2004. Quanto receberá a título de férias?

Solução

a) tempo de serviço:

26.04.04		26.16.03
06.12.02	ou	06.12.02
20. ?.02		20.04.01 (1 ano, 4 meses e 20 dias = 1 ano e 5 meses)

b) férias adquiridas: 12 dias

c) férias proporcionais: 5/12 x 24 = 10 dias

d) *b* + *c* = 12 dias + 10 dias = 22 dias

e) R$ 432,00 : 30 = R$ 14,40

f) 22 x R$ 14,40 = R$ 316,80 x 4/3 = R$ 422,40 (v. Nota n. 9 da questão n. 26)

Explicação

1) 1 ano e 5 meses — tempo de serviço (v. Nota n. 2 da questão n. 36). Aplicando-se a regrinha, não é possível diminuir 12 de 4. Quando isso acontecer, é só tomar emprestado da coluna da direita, como é mostrado na segunda operação da letra *a* da solução. Deve-se observar que a coluna dos anos, quando empresta, o faz na base de um ano (12 meses), e a dos meses na base de um mês (30 dias);

2) 12 — são os dias de férias adquiridas, correspondentes ao primeiro período aquisitivo (2002/2003), devido às 26 faltas injustificadas (art. 130 da CLT);

3) 5/12 — período proporcional de férias, correspondente a 4 meses e 20 dias. Observando que a fração superior a 14 dias conta-se como um mês;

4) 24 — são os dias de férias, conforme as faltas imotivadas (art. 130 da CLT) e que servem para o cálculo das férias proporcionais;

5) 10 — os dias de férias proporcionais;

6) 22 — total dos dias de férias, simples e proporcionais, a que tem direito o empregado;

7) R$ 14,40 — valor do salário/dia;

8) R$ 422,40 — valor que deverá receber a título de férias.

Notas

1. Legislação

Indenização das férias

"Na cessação do contrato de trabalho, qualquer que seja a sua causa, será devida ao empregado a remuneração simples ou em dobro, conforme o caso, correspondente ao período de férias cujo direito tenha adquirido." (art. 146, *caput*, da CLT)

"Na cessação do contrato de trabalho, após 12 (doze) meses de serviço, o empregado, desde que não haja sido demitido por justa causa, terá direito à remuneração relativa ao período incompleto de férias, de acordo com o art. 130, na proporção de 1/12 (um doze avos) por mês de serviço ou fração superior a 14 (quatorze) dias." (parágrafo único do art. 146 da CLT)

2. Jurisprudência

Súmulas do TST

7. Férias. Indenização. Cálculo

A indenização pelo não deferimento das férias no tempo oportuno será calculada com base na remuneração devida ao empregado na época da reclamação ou, se for o caso, na da extinção do contrato.

171. Férias proporcionais. Contrato de trabalho. Extinção

Salvo na hipótese de dispensa do empregado por justa causa, a extinção do contrato de trabalho sujeita o empregador ao pagamento da remuneração das férias proporcionais, ainda que incompleto o período aquisitivo de 12 (doze) meses (art. 147 da CLT). (ex-Prejulgado n. 51)

MAIS DE UM ANO DE SERVIÇO — JUSTA CAUSA

Questão n. 39

Empregado admitido no dia 18.6.2003 e dispensado por justa causa no dia 3.8.2004. Por ocasião da dispensa, ganhava R$ 720,00 (setecentos e vinte reais) mensais. Não gozou nem recebeu as férias do período aquisitivo (2003/2004); neste período cometeu 18 faltas injustificadas ao serviço. Quanto deverá receber a título de férias?

Solução

a) tempo de serviço:

03.08.04	33.07.04 — resolução do contrato
18.06.03 ou	18.06.03 — início do contrato
?.02.01	15.01.01 — tempo de serviço (1 ano, 1 mês e 15 dias)

b) R$ 720,00 : 30 = R$ 24,00

c) R$ 24,00 x 18 = R$ 432,00 x 4/3 = R$ 576,00 (v. Nota n. 9 da questão n. 26)

Explicação

1) 1 ano, 1 mês e 15 dias — tempo de serviço (v. Nota n. 2 da questão n. 36);

2) R$ 24,00 — valor do salário/dia;

3) 18 — são os dias de férias adquiridas, correspondentes ao período aquisitivo (2003/2004), devido às 18 faltas (art. 130 da CLT);

4) R$ 576,00 — valor que deverá receber, a título de férias.

Notas

1. Férias proporcionais — Perda

Na questão, o empregado foi dispensado por justa causa; consequentemente, não terá direito a férias proporcionais, conforme determina o parágrafo único do art. 146 da CLT.

2. Culpa recíproca — Aviso prévio — Férias proporcionais — 13º salário

Reconhecida a culpa recíproca na rescisão do contrato de trabalho (art. 484 da CLT), o empregado tem direito a 50% (cinquenta por cento) do valor do aviso prévio, do décimo terceiro salário e das férias proporcionais. (Súmula n. 14 do TST — Resolução TP/TST n. 121/2003)

3. OIT — Convenção n. 132 — Férias proporcionais

A Convenção n. 132 da OIT, ratificada pelo Brasil e que passou a vigorar em 23.9.1999, estabelece o prazo mínimo de 6 meses de contrato, para que o empregado faça jus ao recebimento de férias proporcionais, qualquer que seja a causa da cessação do contrato de trabalho (art. 5º, §§ 1º e 2º). (Consultar a Nota n. 3, na questão n. 36)

MAIS DE UM ANO DE SERVIÇO — SEM JUSTA CAUSA

Questão n. 40

Empregado admitido no dia 1º.3.2002, dispensado sem justa causa, teve seu contrato de trabalho dissolvido no dia 17.5.2004. Por ocasião da dissolução, ganhava R$ 480,00 (quatrocentos e oitenta reais) mensais. Jamais faltou ao serviço, não recebeu nem gozou férias. Quanto deverá receber a título de férias?

Solução

a) tempo de serviço:

17.05.04 — dissolução do contrato
01.03.02 — início do contrato
16.02.02 — tempo de serviço (2 anos, 2 meses e 16 dias = 2 anos e 3 meses)

b) férias adquiridas: 90 dias

c) férias proporcionais: 3/12 x 30 = 7,5 dias

d) *b* + *c* = 90 + 7,5 = 97,5 dias

e) R$ 480,00 : 30 = R$ 16,00

f) 97,5 x R$ 16,00 = R$ 1.560,00 x 4/3 = R$ 2.080,00 (v. Nota 9 da questão n. 26)

Explicação

1) 2 anos, 2 meses e 16 dias — tempo de serviço (v. Nota n. 2 da questão n. 36);

2) 90 — são os dias das férias adquiridas, correspondentes aos dois anos de serviço, sendo que o primeiro ano é em dobro (v. questão n. 28).
Nestes dois períodos não houve faltas do empregado. Logo, as férias são calculadas na base de 30 dias (v. art. 130 da CLT);

3) 3/12 — período proporcional de férias, correspondente a 2 meses e 16 dias de serviço. Fração superior a 14 dias, conta-se como mês;

4) 30 — os dias que serviram de base na proporcionalidade das férias, por não ter tido faltas imotivadas;

5) 7,5 — os dias de férias proporcionais;

6) 97,5 — total dos dias de férias a que o empregado faz jus;

7) R$ 16,00 — valor do salário/dia;

8) R$ 2.080,00 — valor que o empregado deverá receber a título de férias.

Notas

1. Férias indenizadas — Tempo de serviço

Por ocasião da cessação do contrato de trabalho, segundo entendemos, o tempo correspondente às férias indenizadas não é computado como tempo de serviço. Não há previsão legal no sentido de ser computado como tempo de serviço o correspondente às férias indenizadas. Entretanto, observamos que existem divergências tanto na doutrina quanto na jurisprudência trabalhista, como atestam as ementas:

"Mesmo nas férias não concedidas e pagas em dinheiro, o seu tempo se inclui na antiguidade do empregado tal como o aviso prévio. A todo tempo de serviço corresponde um período de remuneração, consequentemente, também de férias, pouco importando que hajam ou não sido gozadas." (TST-RR-4.150/1979, Ac. 2ª T. 1.665/1980, 2.9.1980, Rel. Min. Marcelo Pimentel, in *Revista LTr* 45-9/1087)

"O tempo correspondente às férias indenizadas não se soma ao tempo de serviço do trabalhador. Inexiste analogia entre este período e o do aviso prévio. Embora o tempo de serviço possa gerar direitos, não é ele um direito, mas um fato." (TRT 4ª Reg., RO-11.317/1986, Ac. 2ª T., 4.6.1987, Rel. Juiz José Luiz Ferreira Prunes, in *Rev. LTr* 51-9/1100)

2. Férias indenizadas — Natureza jurídica

O pagamento das férias não gozadas, inclusive das proporcionais, acrescido do terço constitucional, não tem natureza de salário, e sim de indenização.

3. Jurisprudência

Férias indenizadas. FGTS. Não incidência (OJ n. 195 da SBDI-1 do TST)

Não incide a contribuição para o FGTS sobre as férias indenizadas.

Férias indenizadas. Terço constitucional

"O fato de as férias serem indenizadas não retira o direito ao terço constitucional, pois a culpa de o empregado não gozá-las é do empregador. A circunstância de a dobra ser penalidade não pode prejudicar ainda mais o empregado." [TRT 2ª Reg. — RORS 03033.2003.041.02.00-7 (Ac. 20040257350) — 3ª T. — Rel. Juiz Sergio Pinto Martins — DOESP 8.6.2004 — *Apud Revista Síntese Trabalhista* n. 183, p. 66]

MAIS DE UM ANO DE SERVIÇO — CONTRATO A PRAZO

Questão n. 41

Empregado contratado por prazo determinado, com duração de 10.4.2003 a 22.6.2004. Por ocasião da extinção do contrato, ganhava R$ 360,00 (trezentos e sessenta reais) mensais.

Cometeu faltas injustificadas ao serviço:

a) no primeiro ano de trabalho, 15 faltas;

b) no último mês do contrato, 6 faltas.

Não gozou nem recebeu as férias adquiridas. Quanto receberá a título de férias?

Solução

a) tempo de serviço:

22.06.04 — extinção do contrato

10.04.03 — início do contrato

12.02.01 — tempo de serviço (1 ano, 2 meses e 12 dias = 1 ano e 2 meses)

b) férias adquiridas: 18 dias

c) férias proporcionais: 2/12 x 24 = 4 dias

d) *b* + *c* = 18 dias + 4 dias = 22 dias

e) R$ 360,00 : 30 = R$ 12,00

f) 22 x R$ 12,00 = R$ 264,00 x 4/3 = R$ 352,00 (v. Nota n. 9 na questão n. 26)

Nota

A maneira de resolver essa questão é idêntica à da questão anterior.

PERDA — ALTERAÇÃO DO PERÍODO AQUISITIVO — PROPORCIONAIS

Questão n. 42

Empregado admitido no dia 3.12.2002, dispensado sem justa causa, teve seu contrato de trabalho dissolvido no dia 30.5.2004. No primeiro ano de trabalho esteve doente, percebendo auxílio-doença da Previdência Social durante 7 (sete) meses, retornando ao serviço no dia 10.11.2003. Na época da dispensa, ganhava R$ 720,00 (setecentos e vinte reais) mensais. Quanto deverá receber a título de férias por ocasião da cessação contratual?

Solução

a) férias proporcionais: 7/12 x 30 = 17,5 dias

b) R$ 720,00 : 30 = R$ 24,00

c) 17,5 x R$ 24,00 = R$ 420,00 x 4/3 = R$ 560,00 (v. Nota n. 9 da questão n. 26)

ou

7/12 x R$ 720,00 x 4/3 = R$ 560,00

Explicação

1) 7/12 — período proporcional de férias, correspondente a 6 meses e 20 dias. Por ter percebido auxílio-doença por mais de 6 meses, perde o direito a férias relativas ao primeiro período aquisitivo (art. 133, IV, da CLT). Entretanto, o § 2º do mesmo artigo diz que, ao retornar, iniciar-se-á novo período aquisitivo. Logo, as férias proporcionais são contadas a partir do retorno do empregado (10.11.2003), até o término do contrato de trabalho (30.5.2004);

2) 30 — os dias que serviram de base na proporcionalidade das férias, por não ter havido faltas injustificadas;

3) 17,5 — os dias de férias proporcionais;

4) R$ 24,00 — valor do salário/dia;

5) R$ 560,00 — valor que deverá receber a título de férias.

Notas

1. Perda das férias e modificação do período aquisitivo — CLT

"Art. 133. Não terá direito a férias o empregado que, no curso do período aquisitivo:

I — deixar o emprego e não for readmitido dentro dos 60 (sessenta) dias subsequentes à sua saída;

II — permanecer em gozo de licença, com percepção de salário, por mais de 30 (trinta) dias;

III — deixar de trabalhar, com percepção do salário, por mais de 30 (trinta) dias em virtude de paralisação parcial ou total dos serviços da empresa;

IV — tiver percebido da Previdência Social prestações de acidente de trabalho ou de auxílio-doença por mais de 6 (seis) meses, embora descontínuos.

§ 1º A interrupção da prestação de serviços deverá ser anotada na Carteira de Trabalho e Previdência Social.

§ 2º Iniciar-se-á o decurso de novo período aquisitivo quando o empregado, após o implemento de qualquer das condições previstas neste artigo, retornar ao serviço.

§ 3º Para os fins previstos no inciso III deste artigo a empresa comunicará ao órgão local do Ministério do Trabalho, com antecedência mínima de quinze dias, as datas de início e fim da paralisação total ou parcial dos serviços da empresa, e, em igual prazo, comunicará, nos mesmos termos, ao sindicato representativo da categoria profissional, bem como afixará aviso nos respectivos locais de trabalho." (acrescido pela Lei n. 9.016, de 30.3.1995)

2. Direito a férias — Afastamento superior a seis meses

O prazo de afastamento (auxílio-doença ou auxílio-doença acidente) poderá ser superior a seis meses, sem que o empregado perca o direito a férias. Como ocorre com o empregado afastado por 9 (nove) meses contínuos, sendo 4 (quatro) meses em um período aquisitivo e 5 (cinco) meses no outro período a seguir, como ilustra a ementa transcrita abaixo.

3. Jurisprudência

Férias. Gozo de licença não remunerada durante o período aquisitivo. Consequências

"O gozo de licença não remunerada constitui uma suspensão do contrato de trabalho, diferentemente da licença remunerada, que caracteriza uma interrupção do contrato, logo, impossível a aplicação analógica do § 2º do art. 133 da CLT. Considerando-se que o entendimento de que o reclamante perde o direito às férias quando a licença é por prazo superior a trinta dias, fere o princípio tutelar do direito laboral, o período em que ocorreu a suspensão do contrato não deve ser computado, tendo o empregado direito, quando de seu retorno ao trabalho, à complementação do período aquisitivo. Recurso provido parcialmente." (TRT-10ª Reg., RO 1.783/1990, Ac. 2ª T. 882/1991, Rel. Juiz Miguel Setembrino — DJU II de 31.5.1991, p. 12372 — In *OT — SLJD* n. 5/1992, p. 262)

Férias coletivas ou licença remunerada de 30 dias. Direito ao recebimento do adicional de 1/3 previsto no art. 7º, XVII, da Constituição Federal

"O fato de haver licença remunerada de 30 dias ou a concessão de férias coletivas, afastando o direito do empregado ao gozo de férias posteriores, não afasta o direito ao recebimento do adicional de 1/3 previsto na atual Constituição Federal. Revista parcialmente conhecida e provida." (TST-RR 96.339/93.4, Ac. 2ª T. 0024/1995, 2.2.1995, Rel. Min. Vantuil Abdala — In *Revista LTr* 59-10/1420)

Licença remunerada por período superior a 30 dias. Não concessão de férias. Terço constitucional. Divergência jurisprudencial reconhecida

"Apesar da legislação prever a impossibilidade do gozo de férias, quando o empregado ficar afastado, por período superior a 30 dias, recebendo remuneração — licença remunerada — devido o pagamento do terço constitucional sobre a remuneração como se as férias tivessem sido gozadas, uma vez que garantido constitucionalmente. Recurso de Revista conhecido e não provido." [TST-RR-664.866/2000.7 — (Ac. 1ª T.) — 4ª Reg. — Relª Juíza Convocada Maria de Assis Calsing, DJU 13.2.2004, p. 494 — *Apud LTr Sup. Jurisp.* 14/2004, p. 109]

Direito a férias. Período aquisitivo. Afastamento

"*Recurso de revista — Direito a férias — Período aquisitivo — Afastamento* — O art. 133, IV, CLT exclui a aquisição do direito a férias, quando o empregado, no curso do período aquisitivo, esteve afastado da atividade, percebendo benefício previdenciário, por período superior a seis meses, ainda que descontínuo; assim, o período de seis meses que constitui o evento obstativo do direito, isto é, o período do afastamento, deve estar contido no período aquisitivo, e, se embora haja um período de afastamento superior a seis meses, sua totalidade não está compreendida no período aquisitivo não está configurada a hipótese legal excludente das férias. Recurso de Revista provido." [TST-RR-473.073/1998.7 — (Ac. 1ª T.) — 2ª Reg. — Relª Juíza Convocada Maria do Perpétuo Socorro Wanderley de Castro, DJU 8.4.2005, p. 692 — *Apud Sup. Jurisp.* 18/2005, p. 142]

Férias. Auxílio-doença. Acidente do trabalho

"*Férias — Auxílio-doença — Acidente do trabalho* — Não faz jus a férias vencidas o empregado que no curso do período aquisitivo tiver percebido da previdência social prestações de acidente de trabalho ou auxílio-doença por mais de seis (6) meses, embora descontínuos. Exegese do inciso IV do art. 133 da CLT." (TRT 1ª Reg. RO 05954-86 — Relator Juiz Resiere Pavanelli Filho — DORJ, de 4.5.1987)

PRESCRIÇÃO

Questão n. 43

Empregado urbano admitido no dia 5.3.1997, dispensado sem justa causa, teve seu contrato de trabalho dissolvido no dia 15.7.2004. Nunca faltou ao serviço, tampouco gozou ou recebeu férias. Ganhava por ocasião da dispensa R$ 360,00 (trezentos e sessenta reais) mensais. Quanto deverá receber a título de férias?

Solução

a) tempo de serviço:

15.07.04 — dissolução do contrato

05.03.97 — início do contrato

10.04.07 — tempo de serviço (7 anos, 4 meses e 10 dias = 7 anos e 4 meses)

b) férias adquiridas: 330 dias

c) férias proporcionais: 4/12 x 30 = 10 dias

d) *b* + *c* = 330 dias + 10 dias = 340 dias

e) R$ 360,00 : 30 = R$ 12,00

f) 340 x R$ 12,00 = R$ 4.080,00 x 4/3 = R$ 5.440,00 (v. Nota n. 9 da questão n. 26)

Explicação

1) 7 anos, 4 meses e 10 dias — tempo de serviço (v. Nota n. 2 da questão n. 36);

2) 330 — os dias de férias adquiridas, referentes aos 6 últimos períodos aquisitivos completos, sendo:

a) o 7º período aquisitivo simples;

b) o 6º, 5º, 4º, 3º e o 2º períodos aquisitivos em dobro (v. questão n. 28);

3) — o primeiro período aquisitivo de férias que vai de 5.3.1997 a 4.3.1998 está prescrito. Isto porque o empregador teria o ano seguinte, período concessivo, que vai de 5.3.1998 a 4.3.1999, para conceder as férias correspondentes ao primeiro período aquisitivo. Como não foi feito, o empregado, a partir do período concessivo, tinha 5 anos (período prescricional que vai de 5.3.1999 a 4.3.2004) para reclamar a concessão ou pagamento das referidas férias. Nada disso aconteceu; consequentemente, a partir de 5.3.2004, o primeiro período aquisitivo de férias encontra-se prescrito (v. art. 149 da CLT e CF/1988, art. 7º, XXIX);

4) 4/12 — período proporcional de férias, referente a 4 meses;

5) 30 — os dias que serviram de base na proporcionalidade das férias, por não ter havido faltas injustificadas;

6) 10 — os dias de férias proporcionais;

7) 340 — total dos dias de férias a que tem direito o empregado;

8) R$ 12,00 — valor do salário/dia;

9) R$ 5.440,00 — valor que o empregado deverá receber a título de férias.

Notas

1. Prescrição – Definição

Prescrição é o modo de se adquirir um direito ou de se desfazer de uma obrigação pelo transcurso do tempo.

A prescrição atinge a pretensão a um direito subjetivo e não o direito de ação, como conclui Salvador Franco de Lima Laurino (*Rev. LTr* 54-09/1.085), apoiando-se em Clélio Erthal, "... que a prescrição não atinge o direito de ação, mas a exigibilidade (pretensão) de um direito subjetivo, pela inação do respectivo titular durante o prazo fixado em lei".

O atual Código Civil disciplina que, violado o direito, nasce para o titular a pretensão, a qual se extingue, pela prescrição, nos prazos a que aludem os arts. 205 e 206 (art. 189).

2. Férias — Prescrição — Contagem do prazo

A prescrição do direito de reclamar a concessão das férias ou pagamento da respectiva remuneração é contada do término do prazo mencionado no art. 134 ou, se for o caso, da cessação do contrato de trabalho (art. 149 da CLT).

3. Férias — Período concessivo

As férias serão concedidas por ato do empregador, em um só período, nos 12 (doze) meses subsequentes à data em que o empregado tiver adquirido o direito (CLT, art. 134, *caput*).

4. Prescrição — Trabalhador menor

Contra os menores de dezoito anos não corre nenhum prazo de prescrição. (art. 440 da CLT)

5. Prescrição — Trabalhador rural — Lei n. 5.889/1973

"Art. 10. A prescrição dos direitos assegurados por esta Lei aos trabalhadores rurais só ocorrerá após dois anos de cessação do contrato de trabalho.

Parágrafo único. Contra o menor de dezoito anos não corre qualquer prescrição."

6. Trabalhadores urbanos e rurais — Prazo prescricional

A Emenda Constitucional n. 28, de 25 de maio de 2000 (DOU 26.5.2000), dá nova redação ao inciso XXIX do art. 7º e revoga o art. 233 da Constituição Federal ao preceituar:

"Art. 1º O inciso XXIX do art. 7º da Constituição Federal passa a vigorar com a seguinte redação:

'XXIX — ação, quanto aos créditos resultantes das relações de trabalho, com prazo prescricional de cinco anos para os trabalhadores urbanos e rurais, até o limite de dois após a extinção do contrato de trabalho; (NR)

a) (Revogada).

b) (Revogada).

Art. 2º Revoga-se o art. 233 da Constituição Federal."

7. Prescrição — Regra prática

A partir da EC n. 28 (26.5.2000), o prazo prescricional para os trabalhadores urbanos e/ou rurais é o mesmo, podendo ser estabelecida a seguinte regra prática: o máximo que um empregado receberá a título de férias será cinco períodos em dobro, um simples e férias proporcionais.

8. Prescrição em curso

Com o advento da CF/1988, o prof. J. Ribamar da Costa escreveu:

"Louvado em estudos feitos em Câmara Leal, Clóvis Bevilácqua, Cunha Gonçalves, Reinaldo Porchaté e outros, chegamos à conclusão de que se a prescrição começada ainda não está finda e sobrevém uma nova lei ampliando o prazo prescricional, aplica-se esta porque na hipótese o fato aquisitivo ainda não se realizou completamente e, portanto, não produziu o direito adquirido.

Por equidade, entretanto, deve computar-se o tempo já realizado sob a lei antiga."(19)

---

(19) *LTr Sup. Trab.* 103-493/88.

No caso da EC n. 28/2000, que limitou o prazo prescricional em relação ao empregado rural, como proceder? Há divergência de entendimento; todavia, considerando os princípios da irretroatividade e da aplicação imediata da lei nova, entendemos que para o empregado rural, com contrato em vigor por ocasião do advento da EC n. 28/2000, o prazo será de 5 (cinco) anos, a partir de sua vigência (26.5.2000), para reclamar todos os direitos anteriores. E se o contrato de trabalho tiver cessado, mas ainda estiver dentro do prazo de 2 (dois) anos de seu término, o empregado poderá pleitear todos os direitos assegurados na vigência dele.

9. Jurisprudência

Súmulas do TST

294. Prescrição. Alteração contratual. Trabalhador urbano

Tratando-se de ação que envolva pedido de prestações sucessivas decorrente de alteração do pactuado, a prescrição é total, exceto quando o direito à parcela esteja também assegurado por preceito de lei. (Cancela os Enunciados ns. 168 e 198)

308. Prescrição quinquenal

I — Respeitado o biênio subsequente à cessação contratual, a prescrição da ação trabalhista concerne às pretensões imediatamente anteriores a cinco anos, contados da data do ajuizamento da reclamação e, não, às anteriores ao quinquênio da data da extinção do contrato. (ex-OJ n. 204 — Inserida em 8.11.2000)

II — A norma constitucional que ampliou o prazo de prescrição da ação trabalhista para 5 (cinco) anos é de aplicação imediata e não atinge pretensões já alcançadas pela prescrição bienal quando da promulgação da CF/1988. (ex-Súmula n. 308 — Res. n. 6, DJ 5.11.1992)

Orientações Jurisprudenciais da SBDI-1-TST

175. Comissões. Alteração ou supressão. Prescrição total. ***Inserida em 8.11.2000 (nova redação em decorrência da Incorporação da Orientação Jurisprudencial n. 248 da SBDI-1)***

A supressão das comissões, ou a alteração quanto à forma ou ao percentual, em prejuízo do empregado, é suscetível de operar a prescrição total da ação, nos termos da Súmula n. 294 do TST, em virtude de cuidar-se de parcela não assegurada por preceito de lei.

271. Rurícola. Prescrição. Contrato de emprego extinto. Emenda Constitucional n. 28/2000. Inaplicabilidade. ***Inserida em 27.9.2002 (alterada)***

O prazo prescricional da pretensão do rurícola, cujo contrato de emprego já se extinguira ao sobrevir a Emenda Constitucional n. 28, de 26.5.2000, tenha sido ou não ajuizada a ação trabalhista, prossegue regido pela lei vigente ao tempo da extinção do contrato de emprego.

Ementas diversas

Férias. Períodos não gozados e não prescritos. Acréscimo de 1/3

"O direito às férias só se completa com o gozo. Consequentemente, os períodos não gozados e não prescritos, devem ser pagos com o acréscimo de 1/3 previsto na atual

Constituição, ainda que os períodos aquisitivos e concessivos tenham sido completados antes do início da vigência da atual Carta Magna." (TRT-8ª Reg. Rex. OFF-515/89, Ac. 867/1989, 26.6.1989, Rel. Juiz Roberto Santos, in *Revista LTr* 53-9/1100)

Prescrição. Direito adquirido do empregador

"A norma constitucional que ampliou a prescrição da ação trabalhista para cinco anos tem incidência imediata, mas não retroage de maneira a prejudicar o direito adquirido do empregador, fruto de prescrição parcial já consumada pela lei antiga ao tempo do advento da lei nova." (TRT-8ª Reg., RO-411/1989, Ac. 849/1989, 26.6.1989, Rel. Juiz Nazer Leite Nassan, in *Revista LTr* 53-9/1103)

Prescrição. Alteração do prazo pela Constituição de 1988. Consequências

"Aplica-se imediatamente o novo preceito aos prazos em curso na data da vigência da nova Constituição, em face da regra segundo a qual a lei em vigor tem efeito imediato. Mas as prescrições já consumadas não são afetadas pelo direito superveniente, em respeito ao direito adquirido do prescribente e ao princípio da irretroatividade das leis." (TRT-5ª Reg., RO 491890089-50, Ac. 2ª T. 2754/90-05-90, Rel. Juiz Cruz Guimarães, in *Revista LTr* 54-8/957)

Rurícola. Prescrição

"Rurícola. Prescrição. Redação do art. 7º, inciso XXIX da Constituição Federal. Embargos declaratórios acolhidos para esclarecimentos. A nova previsão da Carta Magna, decorrente da Emenda Constitucional n. 28/2000, apenas atinge os trabalhadores que, à época do ajuizamento de suas demandas, já estiverem sob a vigência da nova regulamentação, não produzindo efeitos em relação àqueles que tenham pendentes reclamações trabalhistas ajuizadas anteriormente ao novo ordenamento constitucional. Embargos declaratórios acolhidos para explicitar tese no sentido de que inaplicável à hipótese dos autos o art. 7º, inciso XXIX, da Carta Magna, com a nova redação dada pela Emenda Constitucional n. 28/2000, nos termos da fundamentação." (Processo n. TST-ED-RR-365.752/97 — Ac. 2ª T. — Rel. Min. Vantuil Abdala — DJU 31.8.2001 — *Apud Revista do TST*, v. 67, n. 4, p. 373)

"*Prescrição. Rurícola. Superveniência da Emenda Constitucional n. 28, de 26.5.2000. Contrato de trabalho extinto e processo pendente de julgamento. Inaplicabilidade.* 1. Inconcebível, no ordenamento jurídico brasileiro, a aplicação retroativa de lei que importe infringência ao direito adquirido da parte (CF, art. 5º, inc. XXXVI). 2. A Emenda Constitucional n. 28, de 26.5.2000, não regula a prescrição se, quando passou a viger, apanhou o contrato de emprego do rurícola já extinto e a ação já ajuizada. A lei nova não tem o condão de alcançar situações pretéritas, já totalmente consolidadas segundo a regra prescricional vigente à época. A aplicação imediata da lei nova alcança unicamente os efeitos futuros de fatos passados, mas não se compadece com a incidência sobre fatos integralmente consumados no passado. 'Esse princípio é a própria moral da legislação' (Grenier). Convicção robustecida mediante a aplicação analógica da Súmula n. 445 do E. STF. 3. Inexistência de ofensa aos arts. 896 da CLT, 5º, incisos II e XXXVI, e 7º, inciso XXIX, da Constituição Federal e 6º da LICC. Embargos de que não se conhece." (Processo n. TST-ERR-365.751/97 — Ac. SBDI-1 — Rel. Min. João Oreste Dalazen — DJU 5.4.2002 — *Apud Revista do TST,* v. 68, n. 2, p. 334)

Férias. Prescrição. Prazo

"*Férias — Prescrição.* As férias devem ser concedidas pelo empregador nos doze meses subsequentes ao período de aquisição (art. 134 da CLT). Somente após escoado esse lapso temporal inicia-se a contagem da prescrição, nos termos do art. 149 da

CLT. Este dispositivo deve ser interpretado em sintonia com o art. 7º, XXIX, da CF, que fixa em cinco anos o prazo de prescrição do direito de ação do trabalhador, respeitado o prazo de dois anos a contar da extinção do contrato de trabalho." [TRT 15ª Reg. — Proc. 34.359/03 — (19668/04 — PATR) — 4ª T. — Rel. Juiz Manuel Soares Carradita — DOESP 4.6.2004 — *Apud Revista Síntese Trabalhista* n. 184, p. 89, ementa n. 21.081]

INSALUBRIDADE E PERICULOSIDADE

INSALUBRIDADE — ADICIONAL

Questão n. 44

Empregado que trabalha em jornada normal o faz no desempenho de atividade insalubre. Quanto deverá receber a título de adicional de insalubridade?

Solução

Grau	Adicional	Salário mínimo	Mensal	Diário	Horário
máximo	40%	R$ 545,00	R$ 218,00	R$ 7,27	R$ 0,99
médio	20%	R$ 545,00	R$ 109,00	R$ 3,64	R$ 0,50
mínimo	10%	R$ 545,00	R$ 54,50	R$ 1,82	R$ 0,25

Explicação

1) 40% — percentual do adicional para quem trabalha em condições insalubres, classificada no grau máximo;

2) 20% — *idem* no grau médio;

3) 10% — *idem* no grau mínimo;

4) R$ 545,00 — valor mensal do salário mínimo e que serve de base para os cálculos dos adicionais de insalubridade;

5) R$ 218,00 — valor mensal do adicional em condições insalubres no grau máximo;

6) R$ 109,00 — *idem* no grau médio;

7) R$ 54,50 — *idem* no grau mínimo;

8) R$ 7,27 — valor diário do adicional em condições insalubres no grau máximo;

9) R$ 3,64 — *idem* no grau médio;

10) R$ 1,82 — *idem* no grau mínimo;

11) R$ 0,99 — valor horário do adicional em condições insalubres no grau máximo;

12) R$ 0,50 — *idem* no grau médio;

13) R$ 0,25 — *idem* no grau mínimo.

Notas

1. Adicional — CF/1988, art. 7º

"São direitos dos trabalhadores urbanos e rurais, além de outros que visem à melhoria de sua condição social: ... XXIII — adicional de remuneração para as atividades penosas, insalubres ou perigosas, na forma da lei."

2. Insalubridade — Conceito

Serão consideradas atividades ou operações insalubres aquelas que, por sua natureza, condições ou métodos de trabalho, exponham os empregados a agentes nocivos à saúde, acima dos limites de tolerância fixados em razão da natureza e da intensidade do agente e do tempo de exposição aos seus efeitos (CLT, art. 189).

3. Quadro das atividades insalubres — CLT

"Art. 190. O Ministério do Trabalho aprovará o quadro das atividades e operações insalubres e adotará normas sobre os critérios de caracterização da insalubridade, os limites de tolerância aos agentes agressivos, meios de proteção e o tempo máximo de exposição do empregado a esses agentes.

Parágrafo único. As normas referidas neste artigo incluirão medidas de proteção do organismo do trabalhador nas operações que produzem aerodispersóides tóxicos, irritantes, alergênicos ou incômodos."

4. Regulamentação

A respeito de atividade e operações insalubres, consultar a NR-15 da Portaria n. 3.214, de 8.6.1978. Esta Portaria aprova as Normas Regulamentadoras — NR — do Capítulo V, Título II, da Consolidação das Leis do Trabalho, relativas à Segurança e Medicina do Trabalho.

5. Eliminação ou neutralização da insalubridade — CLT

"Art. 191. A eliminação ou a neutralização de insalubridade ocorrerá:

I — com a adoção de medidas que conservem o ambiente de trabalho dentro dos limites de tolerância;

II — com a utilização de equipamentos de proteção individual ao trabalhador, que diminuam a intensidade do agente agressivo a limites de tolerância.

Parágrafo único. Caberá às Delegacias Regionais do Trabalho, comprovada a insalubridade, notificar as empresas, estipulando prazos para sua eliminação ou neutralização, na forma deste artigo."

6. Adicional de insalubridade — Vinculação — Cálculo

A Consolidação das Leis do Trabalho preceitua no art. 192: "O exercício de trabalho em condições insalubres, acima dos limites de tolerância estabelecidos pelo Ministério do Trabalho, assegura a percepção de adicional respectivamente de 40% (quarenta por cento), 20% (vinte por cento) e 10% (dez por cento) do salário mínimo da região, segundo se classifiquem nos graus máximo, médio e mínimo."

Com o advento do Decreto-lei n. 2.351, de 2 de julho de 1987, o valor do adicional de insalubridade passou a ser calculado sobre o salário mínimo de Referência (art. 2º, § 1º). A Constituição Federal (5.10.1988) vedou qualquer vinculação ao salário mínimo (art. 7º, IV). A Lei n. 7.789, de 3.7.1989, por sua vez, extinguiu o salário mínimo de Referência (art. 5º). Em 18 de outubro de 1989, surgiu a Lei n. 7.843, que reafirmou as determinações das Medidas Provisórias ns. 75 e 83/1989, prevendo em seu art. 2º: "Os valores expressos em quantidade de Salário Mínimo de Referência — SMR, na legislação em vigor, ou a ele vinculados, passam a ser calculados em função do Bônus do Tesouro Nacional, à razão de 40 BTNs para cada SMR."

Como diretriz para orientação a respeito do cálculo do adicional de insalubridade, o Ministério do Trabalho e Previdência Social, por meio do Parecer n. 296/1990 de sua Consultoria Jurídica, pronunciou-se conclusivamente:

"Depreende-se de tudo o que foi exposto, que consoante o art. 2º da Lei n. 7.843, de 18.10.1989:

'Art. 2º Os valores expressos em quantidade de Salário Mínimo de Referência — SMR, na legislação em vigor, ou a ele vinculados, passam a ser calculados em função do Bônus do Tesouro Nacional, à razão de 40 BTNs para cada SMR.

Parágrafo único. Até 31 de julho de 1989, são mantidos inalterados os valores resultantes dos cálculos efetuados com base nos fatores vigentes em 3 de julho de 1989.'

E, por conseguinte, este dispositivo legal deverá surtir seus efeitos no mundo jurídico tão somente a partir de 19.10.1989, data de sua publicação no DOU, p. 742, obviamente que respeitados os *direitos adquiridos* na vigência das leis anteriores no que pertine ao cálculo de adicional de insalubridade, pois nesse sentido a Constituição Federal promulgada em 5 de outubro de 1988 é rígida, quando expressamente diz em seu art. 5º, inciso XXXVI que: 'A lei não prejudicará o direito adquirido, o ato jurídico perfeito e a coisa julgada'."

Por meio da Medida Provisória n. 294, de 31.1.1991, que deu origem à Lei n. 8.177, de 1º.3.1991, foi extinto o BTN (Bônus do Tesouro Nacional) a partir de 1º.2.1991, com o valor de Cr$ 126,8621 (art. 3º). A partir de 1º de março de 1991, o valor nominal do BTN será atualizado no primeiro dia de cada mês, por índice calculado com base na TR (Taxa Referencial) correspondente ao mês anterior (art. 5º).

Por sua vez, a Lei n. 8.178, de 1º.3.1991, que estabelece regras sobre preços e salários, no art. 21, prevê:

"Os valores constantes na legislação em vigor expressos ou referenciados:

I — ao BTN ou BTN fiscal, são convertidos pelo valor de Cr$ 126,8621;

II — ...

Assim, em substituição ao BTN foi instituída a TR (Taxa Referencial), cujo valor será mensalmente divulgado pelo Banco Central do Brasil.

Para finalizar, lembramos que, com estas constantes e confusas alterações da legislação, têm havido divergências a respeito do parâmetro para aplicação dos adicionais de insalubridade. Em que pese a Constituição Federal vedar a vinculação ao salário mínimo para qualquer fim, algumas empresas continuam pagando os referidos adicionais sobre o salário mínimo, principalmente para os empregados que já tinham direito adquirido, como demonstra o Parecer n. 296/1990 do MTPS acima citado. Os empregadores, procedendo dessa forma, evitarão atritos e insatisfações de seus empregados.

Como visto na questão em estudo, os cálculos foram feitos com base no salário mínimo.

O Juiz do Trabalho Sergio Pinto Martins, em artigo que leva o título *Base de Cálculo do Adicional de Insalubridade*, conclui:

"Se o empregador não quiser correr qualquer risco quanto à interpretação por nós afirmada, principalmente para evitar o ajuizamento de reclamações trabalhistas postulando diferenças do adicional de insalubridade, poderá, a seu critério, utilizar uma condição mais benéfica ao trabalhador, que é o cálculo do adicional de insalubridade sobre o salário mínimo, ou sobre o piso salarial da categoria, se houver previsão em norma coletiva nesse sentido".[20]

Por sua vez, Ives Gandra da Silva Martins Filho escreveu: "Sendo o adicional de insalubridade uma parcela salarial, sua percepção varia conforme o grau de nocividade dos agentes aos quais o empregado fica exposto durante o trabalho, podendo variar de 10 a 40% do salário mínimo. Ora, aqui o salário mínimo não é utilizado como indexador de obrigações contratuais, mas como retribuição ao trabalhador, que deve tê-la majorado em função do trabalho em condições prejudiciais à saúde".[21]

O prof. Amauri Mascaro Nascimento assinala: "A Consolidação das Leis do Trabalho (art. 192) dispõe que o adicional de insalubridade é calculado sobre o salário mínimo. A Constituição não altera essa regra. Não declara que o adicional incidirá sobre a remuneração. Refere-se a adicional de remuneração e não a adicional sobre remuneração. Logo, enquanto não for elaborada lei dispondo em contrário, prevalecerá o critério da Consolidação das Leis do Trabalho"[22].

No STF existem duas correntes de entendimento, uma que admite e outra que nega a recepção do art. 192 da CLT pela CF/1988, como demonstrado pela jurisprudência transcrita abaixo.

Em 9 de maio de 2008, foi publicada a Súmula Vinculante n. 4 do Supremo Tribunal Federal, com a redação:

> "Salvo os casos previstos na Constituição, o salário mínimo não pode ser usado como indexador de base de cálculo de vantagem de servidor público ou de empregado, nem ser substituído por decisão judicial."

Desta forma, o STF declara a inconstitucionalidade, sem pronúncia de nulidade, do art. 192 da CLT.

Com base na Súmula Vinculante n. 4 do STF, o TST alterou a Súmula n. 228, que passou a ter a redação:

> "Adicional de insalubridade — Base de cálculo — A partir de 9 de maio de 2008, data da publicação da Súmula Vinculante n. 4 do Supremo Tribunal Federal, o adicional de insalubridade será calculado sobre o salário básico, salvo critério mais vantajoso fixado em instrumento coletivo."

Em reclamação ajuizada pela Confederação Nacional da Indústria (CNI), o STF concedeu liminar suspendendo parcialmente a aplicação da Súmula n. 228 do TST (na parte que fala em salário básico), o que deve ser observado até deliberação final do Plenário do Supremo.

---

(20) *Suplemento Orientador Trabalhista* n. 4/92. p. 227.
(21) *Revista do Ministério Público do Trabalho,* ano II, n. 3, p. 48.
(22) *Teoria jurídica do salário.* São Paulo: LTr, 1994. p. 236.

A redação da conceituada *Revista LTr,* em editorial, conclui:

"Assim, parece claro, depois da liminar deferida pelo Presidente do STF, que, enquanto não houver alteração legislativa ou fixação de parâmetro diverso mediante negociação coletiva, continuará o salário mínimo a ser a base de cálculo do adicional de insalubridade. Espera-se, pois, que o Congresso Nacional, consciente da necessidade de legislar sobre a matéria, em face da inconstitucionalidade reiteradamente declarada pelo Poder Judiciário, venha a alterar a redação do art. 192 da CLT, adotando novo critério de cálculo do adicional de insalubridade." (v. 72, n. 7, p. 74)

Por sua vez, a Juíza do Trabalho, Rosana Devito, concluindo observou que "de todo o ocorrido resultou, já no seu quarto verbete, a clara convicção de uma Súmula Vinculante que acabou não produzindo nenhum efeito no ordenamento jurídico" (*LTr Sup. Trab.* 115/08, p. 580).

7. Trabalhador menor

A Constituição de 1988 estabelece no art. 7º, inciso XXXIII: "proibição de trabalho noturno, perigoso ou insalubre aos menores de dezoito e de qualquer trabalho a menores de dezesseis anos, salvo na condição de aprendiz, a partir de quatorze anos". (Redação dada pela Emenda Constitucional n. 20/1998)

A Consolidação das Leis do Trabalho prevê:

"Art. 405. Ao menor não será permitido o trabalho:

I — nos locais e serviços perigosos ou insalubres, constantes de quadro para este fim aprovado pela Secretaria de Segurança e Medicina do Trabalho. (V. Portaria SIT/MTE/SST n. 88, 28 de abril de 2009) (DOU 29.4.2009)

II — em locais ou serviços prejudiciais à sua moralidade."

Menor, para os efeitos da Consolidação das Leis do Trabalho, é o trabalhador de quatorze até dezoito anos (art. 402, com redação dada pela Lei n. 10.097/2000).

A CLT, com redação dada pela Lei n. 10.097/2000, estabelece:

"Art. 403. É proibido qualquer trabalho a menores de dezesseis anos de idade, salvo na condição de aprendiz, a partir dos quatorze anos.

Parágrafo único. O trabalho do menor não poderá ser realizado em locais prejudiciais à sua formação, ao seu desenvolvimento físico, psíquico, moral e social e em horários e locais que não permitam a frequência à escola."

A respeito do menor aprendiz, a Lei n. 10.097, de 19.12.2000 (DOU 20.12.2000), introduziu alterações nos dispositivos da CLT que tratavam do assunto e que analisamos no APÊNDICE deste livro, para onde remetemos o leitor.

8. Trabalhador rural — Regulamentação

O Capítulo V, do Título II, da CLT foi regulamentado pela Portaria MTb n. 3.214/1978, que, atualmente, tem 33 NR (Normas Regulamentadoras).

A Portaria GM/MTE n. 86, de 3 de março de 2005 (DOU 3.3.2005), aprova a Norma Regulamentadora n. 31 (Segurança e Saúde no Trabalho na Agricultura, Pecuária, Silvicultura, Exploração Florestal e Aquicultura), sendo que as obrigações estabelecidas nesta NR serão exigidas, gradativamente, a partir da data de sua publicação até o prazo de dois anos, conforme previsto no anexo II da referida Portaria. Até que se esgotem os mencionados prazos, deverá ser cumprida a regulamentação de segurança e saúde no trabalho atualmente em vigor, conforme Portaria MTb n. 3.067/1988.

9. Jornada inferior

Na questão estamos vendo o cálculo do adicional de insalubridade para jornada de 220 horas/mês. Caso a jornada seja inferior, por determinação legal, o procedimento é o mesmo, com alteração do divisor.

10. Adicional de insalubridade — Integração

O adicional de insalubridade reflete em horas extras, adicional noturno, aviso prévio, 13º salário, férias, indenização pelo tempo de serviço, FGTS, contribuições previdenciárias etc.

11. Jurisprudência

Súmulas do TST

47. Insalubridade. Trabalho em caráter intermitente

O trabalho executado em condições insalubres, em caráter intermitente, não afasta, só por essa circunstância, o direito à percepção do respectivo adicional.

80. Insalubridade. Eliminação

A eliminação da insalubridade mediante fornecimento de aparelhos protetores aprovados pelo órgão competente do Poder Executivo exclui a percepção do adicional respectivo.

139. Adicional de insalubridade

Enquanto percebido, o adicional de insalubridade integra a remuneração para todos os efeitos legais. (ex-OJ n. 102 — Inserida em 1º.10.1997)

228. Adicional de insalubridade. Base de cálculo (suspensa pelo STF)

A partir de 9 de maio de 2008, data da publicação da Súmula Vinculante n. 4 do Supremo Tribunal Federal, o adicional de insalubridade será calculado sobre o salário básico, salvo critério mais vantajoso fixado em instrumento coletivo. (Alterada pela Resolução TST n. 148/2008)

248. Adicional de insalubridade. Direito adquirido

A reclassificação ou descaracterização da insalubridade, por ato da autoridade competente, repercute na satisfação do respectivo adicional, sem ofensa a direito adquirido ou ao princípio da irredutibilidade salarial.

289. Insalubridade. Adicional. Fornecimento do aparelho de proteção. Efeito

O simples fornecimento do aparelho de proteção pelo empregador não o exime do pagamento do adicional de insalubridade. Cabe-lhe tomar as medidas que conduzam à diminuição ou eliminação da nocividade, entre as quais as relativas ao uso efetivo do equipamento pelo empregado.

293. Adicional de insalubridade. Causa de pedir. Agente nocivo diverso do apontado na inicial

A verificação mediante perícia de prestação de serviços em condições nocivas, considerado agente insalubre diverso do apontado na inicial, não prejudica o pedido de adicional de insalubridade.

349. Acordo de compensação de horário em atividade insalubre, celebrado por acordo coletivo. Validade

A validade de acordo coletivo ou convenção coletiva de compensação de jornada de trabalho em atividade insalubre prescinde da inspeção prévia da autoridade competente em matéria de higiene do trabalho (art. 7º, XIII, da CF/1988; art. 60 da CLT).

Orientações Jurisprudenciais da SBDI-1-TST

4. Adicional de insalubridade. Lixo urbano

I — Não basta a constatação da insalubridade por meio de laudo pericial para que o empregado tenha direito ao respectivo adicional, sendo necessária a classificação da atividade insalubre na relação oficial elaborada pelo Ministério do Trabalho.

II — A limpeza em residências e escritórios e a respectiva coleta de lixo não podem ser consideradas atividades insalubres, ainda que constatadas por laudo pericial, porque não se encontram dentre as classificadas como lixo urbano na Portaria do Ministério do Trabalho. (ex-OJ n. 170 da SBDI-1 — inserida em 8.11.2000)

47. Hora extra. Adicional de insalubridade. Base de cálculo

A base de cálculo da hora extra é o resultado da soma do salário contratual mais o adicional de insalubridade. (Resolução TST n. 148/2008)

103. Adicional de insalubridade. Repouso semanal e feriados

O adicional de insalubridade já remunera os dias de repouso semanal e feriados.

171. Adicional de insalubridade. Óleos minerais. Sentido do termo "manipulação"

Para efeito de concessão de adicional de insalubridade não há distinção entre fabricação e manuseio de óleos minerais — Portaria n. 3.214 do Ministério do Trabalho, NR-15, Anexo XIII.

172. Adicional de insalubridade ou periculosidade. Condenação. Inserção em folha de pagamento

Condenada ao pagamento do adicional de insalubridade ou periculosidade, a empresa deverá inserir, mês a mês e enquanto o trabalho for executado sob essas condições, o valor correspondente em folha de pagamento.

173. Adicional de insalubridade. Raios solares. Indevido

Em face da ausência de previsão legal, indevido o adicional de insalubridade ao trabalhador em atividade a céu aberto (art. 195, CLT e NR-15 MTb, Anexo 7).

278. Adicional de insalubridade. Perícia. Local de trabalho desativado

A realização de perícia é obrigatória para a verificação de insalubridade. Quando não for possível sua realização como em caso de fechamento da empresa, poderá o julgador utilizar-se de outros meios de prova.

Orientações Jurisprudenciais da SBDI-1 — Transitórias

33. Adicional de insalubridade. Base de cálculo, na vigência do Decreto-lei n. 2.351/ 1987: Piso Nacional de Salários

Na vigência do Decreto-Lei n. 2.351/1987, o piso nacional de salários é a base de cálculo para o adicional de insalubridade. (ex-OJ n. 3 da SBDI-1 — inserida em 14.3.1994)

57. Adicional de insalubridade. Deficiência de iluminamento. Limitação

Somente após 26.2.1991 foram, efetivamente, retiradas do mundo jurídico as normas ensejadoras do direito ao adicional de insalubridade por iluminamento insuficiente no local da prestação de serviço, como previsto na Portaria n. 3.751/1990 do Ministério do Trabalho. (ex-OJ n. 153 da SBDI-1 — inserida em 26.3.1999)

Orientação Jurisprudencial SBDI-II-TST

2. Ação rescisória. Adicional de insalubridade. Base de cálculo. Salário mínimo. Cabível

Viola o art. 192 da CLT decisão que acolhe pedido de adicional de insalubridade com base na remuneração do empregado.

Súmulas do STF

194. Insalubridade. Competência

É competente o Ministro do Trabalho para especificação das atividades insalubres.

307. Salário. Adicional de insalubridade

É devido o adicional de serviço insalubre, calculado à base do salário mínimo da região, ainda que a remuneração seja superior ao salário mínimo acrescido da taxa de insalubridade.

460. Insalubridade. Perícia e enquadramento

Para efeito do adicional de insalubridade, a perícia judicial, em reclamação trabalhista, não dispensa o enquadramento da atividade entre as insalubres, que é ato da competência do Ministério do Trabalho e Previdência Social.

Súmula do ex-TFR (atualmente STJ)

187. Adicional de insalubridade. Salário mínimo

O adicional de insalubridade incide sobre o salário mínimo regional.

Ementas diversas

Adicional. Vinculação ao salário mínimo. STF. Divergência

"*Constitucional — Trabalho — Adicional de insalubridade: salário mínimo* — CF, art. 7º, IV. I — O que a Constituição veda, no art. 7º, IV, é a utilização do salário mínimo para servir, por exemplo, como fator de indexação. O salário mínimo pode ser utilizado como base de incidência da percentagem do adicional de insalubridade. Precedentes do STF: RE 230.528-AgR/MG, RE 230.688-AgR/SP, AI 417.632-AgR/SC e AI 444.412--AgR/RS, por mim relatados, AI 395.455/RS, Relator Ministro Gilmar Mendes, e RE 340.275/SP, Relatora Ministra Ellen Gracie, DJ de 5.3.1999, 2.8.2002, 16.5.2003, 19.9.2003, 17.8.2004 e 22.10.2004, respectivamente. II — Agravo não provido." [STF — Ag. Reg. no Recurso Extraordinário n. 433.108-0 (417) — PR — (Ac. 2ª T., 9.11.2004) — Rel. Min. Carlos Velloso, DJU 26.11.2004, p. 30 — *Apud LTr Sup. Jurisp.* 2/2005, p. 13]

"Vinculação ao salário mínimo, estabelecida pelas instâncias ordinárias, que contraria o disposto no art. 7º, IV, da Constituição." (STF-RE 236.396- 5 (MG) — Ac. 1ª T., 2.11.1998 — Rel. Min. Sepúlveda Pertence — In *Revista LTr* 62-12/1.621)

"*Adicional de insalubridade — Fixação em percentual do salário mínimo — Possibilidade* — O Supremo firmou entendimento no sentido de que o art. 7º, IV, da Constituição do Brasil veda apenas o emprego do salário mínimo como indexador, sendo legítima a sua utilização como base de cálculo do adicional de insalubridade (precedentes): AI n. 444.412 — AgRg, Relator o Ministro Carlos Velloso, DJ de 19.9.03; RE 340.275, Relatora a Ministra Ellen Gracie, DJ de 22.10.2004." [STF-AgRg-AI 638.100-9/ES — 2ª T., 22.5.2007 — Rel. Min. Eros Grau, DJU 15.6.2007 — In *Revista IOB Trabalhista e Previdenciária* n. 219, p. 137, ementa 23918]

"*Adicional de insalubridade. Base de cálculo. Salário mínimo.* A SEDI do TST vem reiteradamente firmando posicionamento no sentido de que, mesmo após a CF de 1988, o salário mínimo vigente ainda constitui a base de cálculo do adicional de insalubridade. Inteligência que se extrai da OJ n. 2/SDI." (TST — RR 443.679/1998.0 — 1ª T. — Rel. Min. João Oreste Dalazen — DJU 26.10.2001 — *Apud Revista Síntese Trabalhista* n. 151, ementa n. 17.484, p. 92)

Adicional. Fornecimento de protetores auriculares. Efeitos

"*Adicional de insalubridade — Efeitos.* Estudos científicos têm demonstrado que o fornecimento de protetores auriculares não elide os efeitos nocivos da insalubridade na saúde do trabalhador. Parte-se da premissa equivocada de que o tamponamento auditivo pelo uso do EPI serve como meio protetivo eficaz para neutralizar a insalubridade ou de que a redução dos seus efeitos afasta qualquer prejuízo à higidez física e mental do trabalhador. A transmissão do ruído se dá via óssea pelas vibrações mecânicas verificadas, que dada a sua constância vão causando lesões auditivas que a longo prazo podem levar à surdez parcial ou total, sem olvidar-se que a repetição do movimento vibratório pode trazer sério comprometimento sobre todo o sistema nervoso do trabalhador. A gravidade da situação é evidente, o que torna imprescindível aprofundar a discussão sobre o assunto, deixando de lado soluções simplistas que não levam em consideração as pesquisas científicas que tratam dos efeitos da insalubridade no organismo humano." [TRT, 2ª Reg. RO 02413199904702005 — (Ac. 9ª T. 20040101538) — Rel. Desig. Valdir Florindo, DJSP 19.3.2004, p. 102 — *Apud LTr Sup. Jurisp.* 18/2004, p. 143]

Adicional. Lixo urbano. Varredor de rua. Aplicação

"*Adicional de insalubridade — Lixo urbano — Varredor de rua (Gari)* — O varredor de rua, também conhecido como gari, que se incumbe, apenas, da varrição e acondicionamento do lixo das vias públicas em sacos plásticos colocados em carrinhos, não se encaixa na classificação de coletor de lixo urbano, que cuida de sua coleta e industrialização, segundo o enquadramento previsto no Anexo 14, da NR-15, da Portaria n. 3.214/1978. Se, contudo, no exercício de suas atividades como gari, também está sujeito ao recolhimento de lixo doméstico espalhado pelas vias públicas, bem assim de animais mortos, tudo em estado de putrefação, sem estar, inclusive, provido dos necessários EPIs, ele faz jus ao adicional de insalubridade. A inexistência da insalubridade se restringe à limpeza de residências e escritórios e à respectiva coleta de lixo, conforme entendimento da OJ n. 4, da SBDI-1/TST." [TRT 3ª Reg. RO n. 00121-2007-045-03-00-0 — (Ac. 3ª T.) — Rel. Des. César Machado. DJMG 1º.11.2007, p. 11, in *LTr Sup. Jurisp.* 2/2008, p. 12]

Adicional de insalubridade. Base de cálculo. Salário mínimo. Declaração de inconstitucionalidade sem pronúncia de nulidade. Súmula n. 228 do TST e Súmula vinculante n. 4 do STF

"Adicional de insalubridade — Base de cálculo — Salário mínimo (CLT, art. 192) — Declaração de inconstitucionalidade sem pronúncia de nulidade (*unvereinbarkeitserklä rung*) — Súmula n. 228 do TST e Súmula Vinculante n. 4 do STF. 1. O STF, ao apreciar o RE-565.714-SP, sob o pálio da repercussão geral da questão constitucional referente à base de cálculo do adicional de insalubridade, editou a Súmula Vinculante 4, reconhecendo a inconstitucionalidade da utilização do salário mínimo, mas vedando a substituição desse parâmetro por decisão judicial. Rejeitou, inclusive, a tese da conversão do salário mínimo em sua expressão monetária e aplicação posterior dos índices de correção dos salários, uma vez que, sendo o reajuste do salário mínimo mais elevado do que a inflação do período, restariam os servidores e empregados postulantes de uma base de cálculo mais ampla prejudicados ao receberem como prestação jurisdicional a redução da vantagem postulada. 2. Assim decidindo, a Suprema Corte adotou técnica decisória conhecida no Direito Constitucional Alemão como declaração de inconstitucionalidade sem pronúncia da nulidade (*Unvereinbarkeitserklä rung*), ou seja, a norma, não obstante ser declarada inconstitucional, continua a reger as relações obrigacionais, em face da impossibilidade de o Poder Judiciário se substituir ao legislador para definir critério diverso para a regulação da matéria. 3. O Direito Constitucional pátrio encampou tal técnica no art. 27 da Lei n. 9.868/1999, o qual dispõe que, ao declarar a inconstitucionalidade de lei ou ato normativo e tendo em vista razões de segurança jurídica ou de excepcional interesse social, poderá o Supremo Tribunal Federal, por maioria de dois terços de seus membros, restringir os efeitos daquela declaração ou decidir que ela só tenha eficácia a partir de seu trânsito em julgado ou de outro momento que venha a ser fixado. *In casu*, o momento oportuno fixado pela Suprema Corte foi o da edição de norma que substitua a declarada inconstitucional. 4. Nesse contexto, ainda que reconhecida a inconstitucionalidade do art. 192 da CLT e, por conseguinte, da própria Súmula n. 228 do TST, tem-se que a parte final da Súmula Vinculante n. 4 do STF não permite criar critério novo por decisão judicial, razão pela qual, até que se edite norma legal ou convencional estabelecendo base de cálculo distinta do salário mínimo para o adicional de insalubridade, continuará a ser aplicado esse critério para o cálculo do referido adicional, salvo a hipótese da Súmula n. 17 do TST, que prevê como base de cálculo o piso salarial da categoria, que o possua (já que o piso salarial é o salário mínimo da categoria). Recurso de revista parcialmente conhecido e provido." [TST RR-602-2003-127-15-00.8 — (Ac. 7ª T., 4.6.2008) — Rel. Min. Ives Gandra Martins Filho — In *Revista LTr* 72-06/739]

Insalubridade. Adicional. Base de cálculo. Salário mínimo. Súmula Vinculante n. 4 do STF. Efeitos

"Adicional de insalubridade — Base de cálculo — Súmula Vinculante n. 4 do STF — Efeitos — Deve ser mantido o salário mínimo como base de cálculo do adicional de insalubridade, pela vedação, ao Poder Judiciário, de fixar-lhe novo parâmetro, em face da edição da Súmula Vinculante n. 4 da Corte Excelsa, consoante interpretação que lhe tem dado o Colendo TST." [TRT 8ª Reg. RO 00402-2008-006-08-00-4 — (Ac. 3ª T.) — Rel. Des. Mário Leite Soares. DO/JT TRT 18ª Reg. n. 862/08, 4.8.2008, p. 2/3 — *Apud LTr Sup. Jurisp.* 37/2008, p. 293]

Adicional de Insalubridade. Base de cálculo. Súmula Vinculante n. 4 do STF

"Adicional de Insalubridade — Base de cálculo — Súmula Vinculante n. 4 do STF — A Súmula Vinculante n. 4 do STF não se aplica ao cálculo do adicional de insalubridade. Ao estabelecer que o salário mínimo não pode ser adotado como base de cálculo de vantagem de servidor ou empregado, evidentemente não se referiu ao adicional de insalubridade, porquanto este não representa nenhuma vantagem; ao contrário, representa o pagamento exatamente da desvantagem de se trabalhar em condições danosas à saúde. Entendimento diverso levaria à eliminação do direito ao referido adicional para aqueles cuja categoria não haja convencionado uma base de cálculo qualquer, já que, segundo a SV, essa base não poderia ser fixada por decisão judicial." [TRT 2ª Reg. — RO 02477-2004-026-02-00-3 — (Ac. 20080807547 — 1ª T.) — Rel. Des. Wilson Fernandes — DOE 7.10.2008]

Adicional de insalubridade. Base de cálculo. Súmula Vinculante n. 4 do STF. Súmula n. 228 do TST. Efeitos

"Adicional de insalubridade — Base de cálculo — Súmula vinculante n. 4 do STF — Súmula n. 228 do TST — Em face da concessão de liminar pelo Ministro Gilmar Mendes do Excelso STF a pedido da CNI, suspendendo a aplicação de parte da Súmula n. 228/TST, tem-se que, hoje, em decorrência do vácuo legislativo existente aliado à vedação da satisfação da tutela jurisdicional pelo uso da analogia, equidade etc. (conforme art. 8º da CLT), porque há óbice para a substituição do parâmetro utilizado por meio de decisão judicial, como ressaltado alhures, impõe-se, como iter a ser seguido, adotar o entendimento vazado pela Egrégia Turma Recursal de Juiz de Fora no v. aresto unânime TRT-00548-2008-074-03-00-5-ROPS, Rel. Desembargador Jorge Berg de Mendonça, julgado na sessão do dia 9.7.2008 e publicado no DJMG do dia 15.7.2008, no sentido da utilização do salário mínimo como base de cálculo do adicional de insalubridade até que venha ser a questão pacificada pela via legal, jurisprudencial ou por meio de regulamentação e/ou súmula de teor mais claro e explícito." [TRT 3ª Reg. RO 00058-2008-049-03-00-9 — (Ac. Turma Recursal de Juiz de Fora) — Rel. Des. Heriberto de Castro — DJMG 27.8.2008, p. 18 — *Apud LTr Sup. Jurisp.* 76/2008, p. 374]

INSALUBRIDADE — SALÁRIO PROFISSIONAL

Questão n. 45

Médico, empregado, trabalha em condições insalubres. Quanto receberá, por mês, a título de adicional de insalubridade?

Solução

Grau	Adicional	Salário profissional	Valor mensal
máximo	40%	R$ 1.635,00	R$ 654,00
médio	20%	R$ 1.635,00	R$ 327,00
mínimo	10%	R$ 1.635,00	R$ 163,50

Explicação

1) 40%, 20% e 10% — v. itens 2, 3 e 4 da explicação na questão anterior;
2) R$ 1.635,00 — valor do salário mínimo profissional dos médicos, sendo igual a 3 vezes o salário mínimo geral (art. 5º da Lei n. 3.999/1961);
3) R$ 654,00 — valor mensal do adicional em condições insalubres no grau máximo;
4) R$ 327,00 — *idem* no grau médio;
5) R$ 163,50 — *idem* no grau mínimo.

Notas

1. Tipos de salário mínimo

O art. 192 da CLT determina que os adicionais devem incidir sobre o salário mínimo. O artigo é pouco esclarecedor, tendo-se em vista a existência de salário mínimo comum ou geral, profissional, de categoria etc., o que tem provocado divergências doutrinárias e jurisprudenciais.

2. Salário profissional

Salário profissional é o mínimo previsto na lei que regula determinada profissão. Exemplo: salário profissional dos técnicos em radiologia (Lei n. 7.394/1985) e que corresponde ao dobro do mínimo legal ("O salário profissional dos técnicos em radiologia é igual a dois salários mínimos e não a quatro" — Súmula n. 358 do TST); salário mínimo dos médicos (Lei n. 3.999/1961), que é fixado em três vezes o valor do salário mínimo comum; engenheiros (seis salários mínimos — Lei n. 4.950-A/1966) etc.

3. Técnico em radiologia — Lei n. 7.394/1985

O adicional de insalubridade é de 40% (quarenta por cento) do salário profissional, sendo este igual ao dobro do mínimo geral.

4. Jurisprudência

Súmulas do TST

17. Adicional de insalubridade. Cálculo. Salário profissional

O adicional de insalubridade devido a empregado que, por força de lei, convenção coletiva ou sentença normativa, percebe salário profissional será sobre este calculado. (Cancelada pela Resolução TST n. 148, de 26.6.2008)

143. Salário profissional. Médicos e dentistas

O salário profissional dos médicos e dentistas guarda proporcionalidade com as horas efetivamente trabalhadas, respeitado o mínimo de 50 (cinquenta) horas mensais. (ex--Prejulgado n. 15)

358. Radiologista. Salário profissional. Lei n. 7.394, de 29.10.1985

O salário profissional dos técnicos em radiologia é igual a 2 (dois) salários mínimos e não a 4 (quatro).

370. Médico e engenheiro. Jornada de trabalho. Leis ns. 3.999/1961 e 4.950/1966

Tendo em vista que as Leis ns. 3.999/1961 e 4.950/1966 não estipulam a jornada reduzida, mas apenas estabelecem o salário mínimo da categoria para uma jornada de 4 horas para os médicos e de 6 horas para os engenheiros, não há que se falar em horas extras, salvo as excedentes à oitava, desde que seja respeitado o salário mínimo/horário das categorias. (ex-OJs ns. 39 e 53 — Inseridas respectivamente em 7.11.1994 e 29.4.1994)

Ementas diversas

Adicional-insalubridade. Salário profissional

"Percebendo o empregado salário mínimo profissional, sobre o valor deste incide o adicional-insalubridade e não sobre o salário mínimo regional (Súmula n. 17 do TST)." (Ac. TRT, 1ª Reg., 1ª T., Proc. RO-4.628/1980, Rel. Juiz Vianna Clementino, prof. em 21.1.1981, in *Dicionário de decisões...*, ementa n. 142, p. 27)

Salário profissional. Vinculação ao salário mínimo

"A Orientação Jurisprudencial do Excelso Supremo Tribunal Federal é no sentido de que a vedação à utilização do salário mínimo como fator de indexação não pode ser levada ao extremo de impedir que seja ele considerado para efeito de cálculo de vantagem devida ao assalariado, hipótese que está longe de ser tida por desvirtuamento de sua finalidade. Consequentemente, a interpretação dada ao inciso IV do art. 7º da Carta Magna, tem-se, apenas, como proibido a adoção do salário mínimo como unidade monetária, ou seja, visando à adoção de fator de indexação de reajustes, mas não sua utilização como único parâmetro para o cálculo das gratificações, adicionais e dos salários profissionais. Embargos a que se nega provimento." (Processo TST-ERR n. 356.156/1997 — SBDI-1 — Rel. Min. Carlos Alberto Reis de Paula — DJU 30.3.2001 — *Apud Revista do TST*, v. 67, n. 2, p. 296)

PERICULOSIDADE

Questão n. 46

Empregado, trabalhando em condições perigosas, ganha R$ 3.200,00 (três mil e duzentos reais) por mês. Quanto deverá receber, por mês, a título de adicional de periculosidade?

Solução

R$ 3.200,00 x 30% = R$ 960,00

Explicação

1) R$ 3.200,00 — valor do salário mensal;

2) 30% — percentual do adicional de periculosidade;

3) R$ 960,00 — valor mensal do adicional de periculosidade.

Notas

1. Atividades perigosas — Inflamáveis e explosivos — Conceito

São consideradas atividades ou operações perigosas, na forma da regulamentação aprovada pelo Ministério do Trabalho, aquelas que, por sua natureza ou métodos de trabalho, impliquem o contato permanente com inflamáveis ou explosivos em condições de risco acentuado (art. 193, *caput*, da CLT).

2. Adicional de periculosidade

O trabalho em condições de periculosidade assegura ao empregado um adicional de 30% (trinta por cento) sobre o salário sem os acréscimos resultantes de gratificações, prêmios ou participações nos lucros da empresa (art. 193, § 1º, da CLT). Consultar a Súmula n. 191 do TST.

3. Não cumulatividade

O empregado poderá optar pelo adicional de insalubridade que porventura lhe seja devido (art. 193, § 2º, da CLT).

4. Eliminação do adicional

O direito do empregado ao adicional de insalubridade ou de periculosidade cessará com a eliminação do risco à sua saúde ou integridade física, nos termos desta Seção e das normas expedidas pelo Ministério do Trabalho (art. 194 da CLT).

5. Enquadramento — Prescrição

Os efeitos pecuniários decorrentes do trabalho em condições de insalubridade ou periculosidade serão devidos a contar da data da inclusão da respectiva atividade nos quadros aprovados pelo Ministério do Trabalho, respeitadas as normas do art. 11 (art. 196 da CLT).

6. Regulamentação

A respeito de atividades e operações perigosas, consultar a NR-16 da Portaria n. 3.214, de 8.6.1978. Esta Portaria aprova as Normas Regulamentadoras — NR — do Capítulo V, Título II, da Consolidação das Leis do Trabalho, relativas à Segurança e Medicina do Trabalho.

7. Eletricitário

A Lei n. 7.369, de 20 de setembro de 1985 (DOU 23.9.85) — Institui salário adicional para os empregados no setor de energia elétrica, em condições de periculosidade.

O empregado que exerce atividade no setor de energia elétrica, em condições de periculosidade, tem direito a uma remuneração adicional de trinta por cento sobre o salário que perceber (art. 1º).

O Decreto n. 92.212, de 26.12.1985 (DOU 27.12.1985), regulamenta a Lei n. 7.369, de 20.9.1985, que instituiu o adicional de periculosidade para os empregados do setor de energia elétrica e dá outras providências (*Rev. LTr* 50-1/1995) (Revogado pelo Decreto n. 93.412, de 14.10.1986 — DOU 15.10.1986).

8. Radiações ionizantes ou substâncias radioativas — Questão da ilegalidade

O Ministério do Trabalho, por meio da Portaria n. 3.393, de 17 de dezembro de 1987, resolveu adotar, como atividades de risco em potencial concernentes a radiações ionizantes ou substâncias radioativas, o "Quadro de Atividades e Operações Perigosas", aprovado pela Comissão Nacional de Energia Nuclear (CNEN).

Quem desenvolver as atividades e as operações enumeradas no referido quadro receberá um adicional de periculosidade de 30% (trinta por cento) do salário básico, nos termos do art. 193, § 1º, da CLT.

A Portaria n. 3.393/87 foi inquinada de ilegal pelo Dr. Cláudio Lacerda da Costa, que, depois de argumentar, conclui:

> "Não pode, então, o Ministério do Trabalho regulamentar como perigoso o trabalho que implique em contato com substância que não seja explosiva ou perigosa, sob pena de total ilegalidade do regulamento. Sendo assim, a Portaria n. 3.393/1987, ultrapassa os limites contidos no art. 200, VI, da CLT, e esbarra no disposto no art. 193, do mesmo diploma legal, constituindo-se então em ato ilegal, insuscetível de gerar direitos e obrigações." (*LTr Sup. Trab.* 29-141/1988)

Por sua vez, Antonio Carlos Vendrame, coordenador do Curso de Pós-graduação em Engenharia de Segurança do Trabalho das Faculdades Oswaldo Cruz, argumenta: "Quanto às radiações ionizantes — discordando da legislação — entendemos se tratar de agente insalubre e não periculoso, apesar de existirem anexos em nossa legislação nas duas modalidades, já que, na maioria dos casos, as radiações produzem seus danos, pela repetida exposição, dia após dia, de forma cumulativa, no organismo do trabalhador" (*LTr Sup. Trab.* 162/98, p. 757).

A Portaria GM/MTb n. 3.393/1987 foi revogada pela Portaria GM/MTE n. 496, de 11 de dezembro de 2002.

Em 4 de abril de 2003, surgiu a Portaria GM/MTE n. 518, que de certa forma reedita a Portaria n. 3.393/1987, continuando, assim, conforme escreveu Antonio Carlos Grigorovski, a discussão a respeito da legalidade do diploma administrativo, concluindo o articulista:

> "A Portaria GM/MTE n. 518, de 4.4.2003, que tem a pretensão de ampliar o rol das atividades perigosas e estender às radiações ionizantes ou substâncias radioativas, está totalmente maculada pela inconstitucionalidade pelos motivos seguintes:
>
> 1. A classificação da atividade não foi instituída por lei, conforme exige a CF/1988 (art. 7º, inciso XXIII).
>
> 2. Legislar sobre a matéria é competência privativa da União (art. 22, inciso I, da CF/1988).
>
> 3. O administrador público suplantou o princípio de legalidade (art. 37, *caput*, da CF/1988).
>
> 4. O MTE extrapolou a delegação de competência constitucional (legal ou técnica), para regulamentar a matéria (art. 87, parágrafo único, inciso II, da CF/1988, combinando com o art. 200, *caput*, inciso VI, parágrafo único, da CLT)."[23]

Consultar, no item 10 abaixo, a Orientação Jurisprudencial n. 345 da SBDI-1 do TST.

9. Adicional de periculosidade — Integração

O adicional de periculosidade reflete em horas extras, adicional noturno, aviso prévio, 13º salário, férias, indenização pelo tempo de serviço, FGTS, contribuições previdenciárias etc.

(23) *LTr Supl. Trab.*, n. 089/03, p. 412.

10. Jurisprudência

Súmulas do TST

39. Adicional de periculosidade. Empregados de bomba de gasolina

Os empregados que operam em bomba de gasolina têm direito ao adicional de periculosidade (Lei n. 2.573, de 15 de agosto de 1955).

70. Adicional de periculosidade. Triênios. Petrobrás

O adicional de periculosidade não incide sobre os triênios pagos pela Petrobrás.

132. Adicional de periculosidade. Integração

I — O adicional de periculosidade, pago em caráter permanente, integra o cálculo de indenização e de horas extras (ex-prejulgado n. 3) (ex-Súmula n. 132 — RA 102/1982, DJ 11.10.1982/DJ 15.10.1982 e ex-OJ n. 267 — Inserida em 27.9.2002)

II — Durante as horas de sobreaviso, o empregado não se encontra em condições de risco, razão pela qual é incabível a integração do adicional de periculosidade sobre as mencionadas horas. (ex-OJ n. 174 — Inserida em 8.11.2000)

191. Adicional. Periculosidade. Incidência

O adicional de periculosidade incide apenas sobre o salário básico e não sobre este acrescido de outros adicionais. Em relação aos eletricitários, o cálculo do adicional de periculosidade deverá ser efetuado sobre a totalidade das parcelas de natureza salarial.

361. Adicional de periculosidade. Eletricitários. Exposição intermitente

O trabalho exercido em condições perigosas, embora de forma intermitente, dá direito ao empregado a receber o adicional de periculosidade de forma integral, porque a Lei n. 7.369, de 20.9.1985, não estabeleceu nenhuma proporcionalidade em relação ao seu pagamento.

364. Adicional de periculosidade. Exposição eventual, permanente e intermitente

I — Faz jus ao adicional de periculosidade o empregado exposto permanentemente ou que, de forma intermitente, sujeita-se a condições de risco. Indevido, apenas, quando o contato dá-se de forma eventual, assim considerado o fortuito, ou o que, sendo habitual, dá-se por tempo extremamente reduzido. (ex-OJs n. 5 — Inserida em 14.3.1994 e n. 280 — DJ 11.8.2003)

II — A fixação do adicional de periculosidade, em percentual inferior ao legal e proporcional ao tempo de exposição ao risco, deve ser respeitada, desde que pactuada em acordos ou convenções coletivos. (ex-OJ n. 258 — Inserida em 27.9.2002)

Orientações Jurisprudenciais da SBDI-1-TST

165. Perícia. Engenheiro ou médico. Adicional de insalubridade e periculosidade. Válido. Art. 195 da CLT

O art. 195 da CLT não faz qualquer distinção entre o médico e o engenheiro para efeito de caracterização e classificação da insalubridade e periculosidade, bastando para a elaboração do laudo seja o profissional devidamente qualificado.

259. Adicional noturno. Base de cálculo. Adicional de periculosidade. Integração

O adicional de periculosidade deve compor a base de cálculo do adicional noturno, já que também neste horário o trabalhador permanece sob as condições de risco.

279. Adicional de periculosidade. Eletricitários. Base de cálculo. Lei n. 7.369/85, art. 1º. Interpretação

O adicional de periculosidade dos eletricitários deverá ser calculado sobre o conjunto de parcelas de natureza salarial.

324. Adicional de periculosidade. Sistema elétrico de potência. Decreto n. 93.412/86, art. 2º, § 1º

É assegurado o adicional de periculosidade apenas aos empregados que trabalham em sistema elétrico de potência em condições de risco, ou que o façam com equipamentos e instalações elétricas similares, que ofereçam risco equivalente, ainda que em unidade consumidora de energia elétrica.

345. Adicional de periculosidade. Radiação ionizante ou substância radioativa. Devido

A exposição do empregado à radiação ionizante ou à substância radioativa enseja a percepção do adicional de periculosidade, pois a regulamentação ministerial (Portarias do Ministério do Trabalho ns. 3.393, de 17.12.1987, e 518, de 7.4.2003), ao reputar perigosa a atividade, reveste-se de plena eficácia, porquanto expedida por força de delegação legislativa contida no art. 200, *caput*, e inciso VI, da CLT. No período de 12.12.2002 a 6.4.2003, enquanto vigeu a Portaria n. 496 do Ministério do Trabalho, o empregado faz jus ao adicional de insalubridade.

347. Adicional de periculosidade. Sistema elétrico de potência. Lei n. 7.369, de 20.9.1985, regulamentada pelo Decreto n. 93.412, de 14.10.1986. Extensão do direito aos cabistas, instaladores e reparadores de linhas e aparelhos em empresa de telefonia. DJ 25.4.2007

É devido o adicional de periculosidade aos empregados cabistas, instaladores e reparadores de linhas e aparelhos de empresas de telefonia, desde que, no exercício de suas funções, fiquem expostos a condições de risco equivalente ao do trabalho exercido em contato com sistema elétrico de potência.

385. Adicional de periculosidade. Devido. Armazenamento de líquido inflamável no prédio. Construção vertical

É devido o pagamento do adicional de periculosidade ao empregado que desenvolve suas atividades em edifício (construção vertical), seja em pavimento igual ou distinto daquele onde estão instalados tanques para armazenamento de líquido inflamável, em quantidade acima do limite legal, considerando-se como área de risco toda a área interna da construção vertical.

406. Adicional de periculosidade. Pagamento espontâneo. Caracterização de fato incontroverso. Desnecessária a perícia de que trata o art. 195 da CLT

O pagamento de adicional de periculosidade efetuado por mera liberalidade da empresa, ainda que de forma proporcional ao tempo de exposição ao risco ou em percentual inferior ao máximo legalmente previsto, dispensa a realização da prova técnica exigida pelo art. 195 da CLT, pois torna incontroversa a existência do trabalho em condições perigosas.

Súmula STF

212. Adicional de periculosidade

Tem direito ao adicional de serviço perigoso o empregado de posto de revenda de combustível líquido.

Ementas diversas

Não acumulação de adicionais

"Não se acumulam o adicional de insalubridade e o adicional de periculosidade. Os §§ 1º e 2º do art. 193 da CLT asseguram um adicional de 30% sobre o salário, facultando ao empregado a opção." (TST, 3ª T., Ac. n. 078/1987, Proc. RR-3.503/79, Rel. Min. Expedito Amorim, DJ de 27.3.1981, p. 2.592, in TEIXEIRA FILHO, João de Lima. *Repertório de Jurisprudência Trabalhista*. Rio de Janeiro: Freitas Bastos, 1982, ementa n. 335, p. 62)

Direito ao adicional de periculosidade

"Direito não tem o empregado se o trabalho por ele executado, embora tido como tecnicamente perigoso, não é pela lei classificado como tal." (TST-RR-4.692/83, Ac. 2ª T. 3.234/1984, Rel. Desig. Min. José Ajuricaba da Costa e Silva, in *Revista LTr* 49-7/822)

Adicional de periculosidade

"Constatado que o art. 2º do Decreto n. 93.412/1986, apesar de ter condicionado o direito ao adicional de periculosidade ao exercício das atividades discriminadas no seu anexo, fez profissão de fé quanto à irrelevância do cargo e da categoria do empregado, além do ramo da empresa, não se pode recorrer à definição dada pela ABTN ao sistema elétrico de potência como sendo o 'conjunto de circuitos elétricos inter-relacionados, que compreende a instalação para geração, transmissão e distribuição de energia elétrica até a medição inclusive'. É que dela se infere que o direito ao adminículo teria ficado circunscrito ao trabalho prestado às empresas do setor de energia elétrica, pois são as únicas que se dedicam às atividades ali detalhadas. Para conciliar o disposto no anexo do Decreto com o declarado objetivo do legislador de universalizar o direito ao adicional de periculosidade, é forçoso interpretar vulgarmente o sistema de potência como sendo o conjunto de instalações elétricas em que a tensão é igual ou superior a 380 volts, por ser a tensão utilizável no setor industrial, em contraposição ao sistema de consumo em que a tensão é igual ou inferior a 220 volts. Comprovado que o reclamante trabalhava em área em que a tensão era de 220 volts, não tem direito ao adicional, em que pese a conclusão da perícia, por conta da condição do juiz, consagrada no art. 436 do CPC, do *perito peritorum*." (TST, RR 347.753/97.4, Ac. 4ª T., 24.5.2000, Rel. Min. Barros Levenhagen — In *Revista LTr* 65-02/198)

Eletricitário. Adicional de periculosidade. Base de cálculo

"Eletricitário. Base de cálculo. Remuneração. Princípio da especialidade. No caso dos eletricitários, por haver norma especial disciplinando a matéria, o adicional de periculosidade deve ter como base de cálculo a remuneração e não o salário-base, não incidindo na espécie as disposições do art. 193, da CLT, porquanto prevalece o princípio da especialidade." [TRT-15ª Reg., Proc. 5.097/1998, 5ª T. (Ac. 25.332/1999), Rel. Juiz Luís Carlos Cândido Martins Sotero da Silva — DOESP 13.9.1999 — in *Revista Síntese Trabalhista* n. 126, ementa n. 14.848, p. 81]

"Inaplicável ao eletricitário o Enunciado n. 191 do TST face à disposição do § 1º, da Lei n. 7.369/1985, que assegura o pagamento do adicional de periculosidade sobre 'o salário que perceber', entendido este como o somatório de todas as verbas de natureza salarial." (Processo n. TST-RR-612.282/99 — Ac. 2ª T. — Rel. Min. José Simpliciano Fontes de F. Fernandes — *Apud Revista do TST*, v. 68, n. 2, p. 208)

"*Adicional de periculosidade. Base de cálculo. Salário contratual. Lei n. 7.369/1985, art. 1º c/c art. 457, § 1º, da CLT.* Nos termos do art. 1º da Lei n. 7.369/1985 'o empregado que exerce atividade no setor de energia elétrica, em condições de periculosidade, tem direito a uma remuneração adicional de trinta por cento sobre o salário que perceber'. Salário, conforme o art. 457, § 1º, consolidado, é '... não só a importância fixa estipulada, como também as comissões, percentagens, gratificações ajustadas, diárias para viagens e abonos pagos pelo empregador'." (TST — E-RR 583.397/1999.0 — SBDI-1 — Relª Min. Maira Cristina Irigoyen Peduzzi — DJU 19.4.2002. In *Revista Síntese Trabalhista* n. 156, ementa n. 18.035, p. 71)

Adicional de periculosidade da Lei n. 7.369/1985. Alcance

"O adicional de periculosidade, instituído pela Lei n. 7.369/1985, não é de cabimento restrito aos empregados de empresas produtoras e distribuidoras de energia, sendo devido a todo empregado, independentemente da atividade preponderante da empresa, que fique em contato permanente com equipamentos ou instalações elétricas, desde que comprovado o trabalho nas atividades e nas áreas de risco previstas na norma regulamentar." (TRT-9ª Reg., RO 3.336/1988, Ac. 1ª T., 2.911/1989, 20.6.1989, Rel. Juiz Pedro Ribeiro Tavares, *in Revista LTr* 54-5/603)

Adicional de periculosidade. Sistema elétrico de consumo. Sistema elétrico de potência

"Laborando o autor em contato com sistema elétrico de consumo e não com sistema elétrico de potência conforme consta no Decreto n. 93.412/1986, não faz jus ao adicional de periculosidade." (TRT-4ª Reg. RO-RA 1.168/1991, Ac. 1ª T., 9.6.1993, Relª Juíza Ester P. Vieira Rosa, in *Revista LTr* 58-05/595)

Empresa próxima. Adicional de periculosidade

"Perigo advindo de empresa próxima — Se o empregado trabalha numa área em que são expelidos gases inflamáveis, mesmo que de empresa próxima à que trabalha, é óbvio que há o perigo iminente e, em consequência, a este é devido o adicional de periculosidade." (TST, RR-4.611/88.4, Ac. 1ª T. 3.936/1988, 19.12.1988, Rel. Min. Fernando Villar, in *Revista LTr* 53-9/1054)

Periculosidade. Local de trabalho. Adicional de salário

"Sendo integrante do contrato de trabalho do autor a obrigação de transitar, diariamente, por área de risco, embora por pouco tempo, esta circunstância torna a sua atividade enquadrável na regra do art. 193, da CLT, e assegura-lhe o recebimento do adicional previsto no § 1º dessa disposição legal. Esse trânsito intermitente e diário, em área de risco, como obrigação contratual, configura o contato permanente a que se refere a lei, que não exige a permanência de forma ininterrupta por todo o período de trabalho. Revista conhecida e a que se nega provimento." (TST, RR 2.399/88.9, Ac. 3ª T., 1.398/1989, 4ª Reg., Rel. Min. Ermes Pedro Pedrassani — DJU de 26.5.1989, p. 8.992, in *SJP* n. 12/1989, p. 526)

Adicional de periculosidade. Incidência sobre as horas extras. Natureza salarial

"Não discrepa da atual, pacífica e notória jurisprudência desta c. Corte o entendimento regional que faz incidir o adicional de horas extras sobre o de periculosidade, sob pena de negar um e outro dos direitos do trabalhador quando desenvolve suas atividades perigosas além da jornada legal (Súmula n. 264 e precedentes da e. SBDI-1)." (TST-AI-RR 705.469/2000.7 — 2ª T. Rel. Juiz José Pedro de Camargo Rodrigues de Souza — DJU 15.2.2002 — In *Revista Síntese Trabalhista* n. 155, ementa n. 17.923, p. 65)

Adicional de periculosidade. Radiações ionizantes

"A normatização da matéria pelo Ministério do Trabalho não encontra óbice na CLT, uma vez que o art. 193 deve ser interpretado de forma sistemática, não constituindo regra *numerus clausus* que não comportasse outras situações a ensejar direito ao adicional de periculosidade que não aquelas lá previstas (inflamáveis ou explosivos), mormente em face das transformações decorrentes da aplicação da física nuclear, muito posteriores à edição da CLT." (TRT 4ª Reg. — RO 01052.020/97-6 — Ac. 6ª T., 22.3.2001 — Relª Juíza Vânia Cunha Mattos — *Apud Revista LTr* 66-05/633)

"Radiações ionizantes. Existência de periculosidade. Considera-se como atividade perigosa o trabalho prestado em operações de Raio-X, porquanto as radiações ionizantes são legalmente reconhecidas como fontes geradoras de periculosidade. Aplicáveis as disposições contidas na Portaria n. 3.393/1987 do Ministério do Trabalho, tendo em vista a delegação legislativa contida no art. 200, VI, da CLT." (TRT 4ª Reg. — RO 00006.012/98.1 — 6ª T. — Rel. Juiz João Alfredo Borges Antunes de Miranda — DOERS 4.3.2002 — In *Revista Síntese Trabalhista* n. 159, ementa n. 18.388, p. 76)

"*Adicional — Exposição a radiações ionizantes — Portaria n. 3.393/1987 do Ministério do Trabalho — Legalidade.* Adicional de periculosidade — Exposição a radiações ionizantes — Portaria n. 3.393/1987 do Ministério do Trabalho — Legalidade. 1. Nos termos do art. 200 da CLT, outorgou-se ao Ministério do Trabalho a competência para o estabelecimento de disposições complementares às normas referentes à matéria de que trata o Capítulo V da CLT — da Segurança e Medicina do Trabalho — abrangendo, portanto, as atividades perigosas. Ademais, no parágrafo único de mencionado dispositivo legal, conferiu-se às normas de hierarquia inferior a competência para disciplinar questões referentes às radiações ionizantes, de modo que o rol de atividades ou operações perigosas mencionadas no art. 193 da CLT não pode ser considerado taxativo, podendo ser ampliado para alcançar aquelas atividades ou operações com radiações ionizantes ou substâncias radioativas. Dessa forma, há de se concluir que a edição da Portaria n. 3.393/1987 pelo Ministério do Trabalho não afrontou o princípio da reserva legal, mas, sim, realizou-se em face de comando legal. 2. Recurso de revista conhecido e provido." [TST-RR-85.828/2003-900-04-00.2 — (Ac. 1ª T.) — 4ª Reg. — Rel. Min. Emmanoel Pereira — DJU 1º.10.2004, p. 740 — *Apud LTr Sup. Jurisp.* 42/2004, p. 335]

Adicional de periculosidade. Tempo de exposição ao risco de até trinta minutos

"*Adicional de periculosidade — Tempo de exposição ao risco de até trinta minutos.* De acordo com a Portaria n. 3.311/1989 do MTE, a exposição até trinta minutos diários denota eventualidade e descaracteriza a periculosidade." (TRT 3ª Reg. — RO 02112-2003-030-03-00-1 — 6ª T. — Rel. Juiz Ricardo Marcelo Silva — DJMG 2.9.2004 — In *Revista Síntese Trabalhista*, n. 185, ementa n. 21.155, p. 80)

SALÁRIO-MATERNIDADE

SALÁRIO FIXO

Questão n. 47

Com a extinção da empresa sem ocorrência de força maior, empregada grávida que ganhava R$ 570,00 (quinhentos e setenta reais) mensais foi dispensada. Quanto deverá receber a título de salário-maternidade?

Solução

a) R$ 570,00: 30 = R$ 19,00 x 120 = R$ 2.280,00

ou

b) aplicando a fórmula: salário mensal x 4 = R$ 570,00 x 4 = R$ 2.280,00

Explicação

1) R$ 570,00 — valor do salário mensal;

2) 30 — os dias do mês;

3) R$ 19,00 — valor do salário/dia;

4) 120 — os dias da licença-gestante (CF/1988, art. 7º, inciso XVIII);

5) 4 — o número de meses da licença-maternidade, que é de 120 dias (120 : 30 = 4);

6) R$ 2.280,00 — valor do salário-maternidade indenizado.

Notas

1. Gestante — Licença — Estabilidade provisória — Direito constitucional

A CF/1988 estabelece:

"Art. 7º São direitos dos trabalhadores urbanos e rurais, além de outros que visem à melhoria de sua condição social:

..."

XVIII — licença à gestante, sem prejuízo do emprego e do salário, com a duração de cento e vinte dias".

Por sua vez, as Disposições Transitórias da Constituição preceituam:

"Art. 10. Até que seja promulgada a lei complementar a que se refere o art. 7º, I, da Constituição:

I — ...

II — fica vedada a dispensa arbitrária ou sem justa causa:

a) ...

b) da empregada gestante, desde a confirmação da gravidez até cinco meses após o parto."

2. Gravidez — Direito ao emprego — CLT

"Art. 391. Não constitui justo motivo para a rescisão do contrato de trabalho da mulher o fato de haver contraído matrimônio ou de encontrar-se em estado de gravidez.

Parágrafo único. Não serão permitidos em regulamentos de qualquer natureza, contratos coletivos ou individuais de trabalho, restrições ao direito da mulher ao seu emprego, por motivo de casamento ou de gravidez."

3. Gestante — Licença-maternidade — Duração — Mãe adotiva

A Consolidação das Leis do Trabalho preceitua:

"Art. 392. A empregada gestante tem direito à licença-maternidade de 120 (cento e vinte) dias, sem prejuízo do emprego e do salário.

§ 1º A empregada deve, mediante atestado médico, notificar o seu empregador da data do início do afastamento do emprego, que poderá ocorrer entre o 28º (vigésimo oitavo) dia antes do parto e a ocorrência deste.

§ 2º Os períodos de repouso, antes e depois do parto, poderão ser aumentados de 2 (duas) semanas cada um, mediante atestado médico.

§ 3º Em caso de parto antecipado, a mulher terá direito aos 120 (cento e vinte) dias previstos neste artigo. (*Caput* e §§ 1º a 3º com redação dada pela Lei n. 10.421/2002)

§ 4º É garantido à empregada, durante a gravidez, sem prejuízo do salário e demais direitos:

I — transferência de função, quando as condições de saúde o exigirem, assegurada a retomada da função anteriormente exercida, logo após o retorno ao trabalho;

II — dispensa do horário de trabalho pelo tempo necessário para a realização de, no mínimo, seis consultas médicas e demais exames complementares." (§ 4º e incisos com redação dada pela Lei n. 9.799/1999)

"Art. 392-A. À empregada que adotar ou obtiver guarda judicial para fins de adoção de criança será concedida licença-maternidade nos termos do art. 392, observado o disposto no seu § 5º.(24)

§§ 1º a 3º (Revogados pela Lei n. 12.010, de 3.8.2009 (DOU 4.8.2009).

§ 4º A licença-maternidade só será concedida mediante apresentação do termo judicial de guarda à adotante ou guardiã." (Dispositivo incluído pela Lei n. 10.421, de 15 de abril de 2002 — DOU 16.4.2002)

A Lei n. 8.213, de 24 de julho de 1991 (DOU 25.7.1991), que dispõe sobre os Planos de Benefícios da Previdência Social, prevê:

"Art. 71. O salário-maternidade é devido à segurada da Previdência Social, durante 120 (cento e vinte) dias, com início no período entre 28 (vinte e oito) dias antes do parto e a data de ocorrência deste, observadas as situações e condições previstas na legislação no que concerne à proteção à maternidade." (Redação dada pela Lei n. 10.710/2003)

"Art. 71-A. À segurada da Previdência Social que adotar ou obtiver guarda judicial para fins de adoção de criança é devido salário-maternidade pelo período de 120 (cento e vinte) dias, se a criança tiver até 1 (um) ano de idade, de 60 (sessenta) dias, se a criança tiver entre 1 (um) e 4 (quatro) anos de idade, e de 30 (trinta) dias, se a criança tiver de 4 (quatro) a 8 (oito) anos de idade. (Dispositivo incluído pela Lei n. 10.421/2002)

Parágrafo único. O salário-maternidade de que trata este artigo será pago pela Previdência Social." (NR — conforme Lei n. 10.710/2003)

4. Salário-maternidade — Direito — Encargo previdenciário — Pagamento — Reembolso

A CLT preceitua:

"Art. 393. Durante o período a que se refere o art. 392, a mulher terá direito ao salário integral e, quando variável, calculado de acordo com a média dos 6 (seis) últimos meses de trabalho, bem como os direitos e vantagens adquiridos, sendo-lhe ainda facultado reverter à função que anteriormente ocupava."

A Lei n. 8.213/1991, com redação dada pela Lei n. 9.876/1999, estabelece:

"Art. 72. O salário-maternidade para a segurada empregada ou trabalhadora avulsa consistirá numa renda mensal igual a sua remuneração integral."

"Art. 73. Assegurado o valor de um salário mínimo, o salário-maternidade para as demais seguradas consistirá:

I — em um valor correspondente ao do seu último salário de contribuição, para a segurada empregada doméstica;

(24) O § 5º, aprovado pelo Projeto de Lei n. 101/2001, foi vetado pela Presidência da República.

II — em um doze avos do valor sobre o qual incidiu sua última contribuição anual, para a segurada especial;

III — em um doze avos da soma dos doze últimos salários-de-contribuição, apurados em um período não superior a quinze meses, para as demais seguradas."

O Regulamento da Previdência Social (Decreto n. 3.048/1999) estabelece:

"Art. 93.O salário-maternidade é devido à segurada da Previdência Social, durante cento e vinte dias, com início vinte e oito dias antes e término noventa e um dias depois do parto, podendo ser prorrogado na forma prevista no § 3º. (Redação dada pelo Decreto n. 4.862/2003)

... *omissis* ...

§ 3º Em casos excepcionais, os períodos de repouso anterior e posterior ao parto podem ser aumentados de mais duas semanas, mediante atestado médico específico." (Redação dada pelo Decreto n. 3.668/2000)

"Art. 97. O salário-maternidade da segurada empregada será devido pela previdência social enquanto existir a relação de emprego, observadas as regras quanto ao pagamento desse benefício pela empresa. (Redação dada pelo Decreto n. 6.122/2007)

Parágrafo único. Durante o período de graça a que se refere o art. 13, a segurada desempregada fará jus ao recebimento do salário-maternidade nos casos de demissão antes da gravidez, ou, durante a gestação, nas hipóteses de dispensa por justa causa ou a pedido, situações em que o benefício será pago diretamente pela previdência social." (NR) — (conforme Decreto n. 6.122/2007)

A atual Constituição Federal disciplina:

"Art. 201. A previdência social será organizada sob a forma de regime geral, de caráter contributivo e de filiação obrigatória, observados critérios que preservem o equilíbrio financeiro e atuarial, e atenderá, nos termos da lei, a:

I —...

II — proteção à maternidade, especialmente à gestante."

O salário-maternidade é uma prestação previdenciária instituída pela Lei n. 6.136, de 7 de novembro de 1974, devido por ocasião do parto, aborto não criminoso da empregada e em caso de adoção de criança.

O pagamento do salário-maternidade e do 13º salário, relativo ao período dessa licença, com exceção da trabalhadora mãe adotiva, nos casos de demissão antes da gravidez, ou, durante a gestação e nas hipóteses de dispensa por justa causa ou a pedido, será efetuado pela empresa, efetivando-se a compensação quando do recolhimento das contribuições previdenciárias devidas. A Orientação Jurisprudencial n. 44 da SBDI-1-TST preceitua: "É devido o salário-maternidade, de 120 dias, desde a promulgação da CF/1988, ficando a cargo do empregador o pagamento do período acrescido pela Carta".

5. Gravidez — Rompimento do contrato — Aborto — CLT

"Art. 394. Mediante atestado médico, à mulher grávida é facultado romper o compromisso resultante de qualquer contrato de trabalho, desde que este seja prejudicial à gestação."

"Art. 395. Em caso de aborto não criminoso, comprovado por atestado médico oficial, a mulher terá um repouso remunerado de duas (2) semanas, ficando-lhe assegurado o direito de retornar à função que ocupava antes de seu afastamento."

O Regulamento da Previdência Social (Decreto n. 3.048/1999) preceitua no art. 93, § 5º: "Em caso de aborto não criminoso, comprovado mediante atestado médico fornecido pelo Sistema Único de Saúde ou pelo serviço médico próprio da empresa ou por ela credenciado, a segurada terá direito ao salário-maternidade correspondente a duas semanas".

A Lei n. 8.921, de 25 de julho de 1994, revogou, tacitamente, o termo "não criminoso", quando o eliminou, ao dar nova redação ao art. 133, II, da CLT.

6. Salário-maternidade — Indenização

Empregada grávida dispensada sem justa causa tinha direito a 12 (doze) semanas ou 84 (oitenta e quatro) dias (agora 120) de salário, devidos e pagos pelo empregador. Neste caso, não havia prestação previdenciária e sim indenização assumida pelo empregador, por causa da dispensa imotivada. A atual Constituição Federal veda "a dispensa arbitrária ou sem justa causa da empregada gestante, desde a confirmação da gravidez até cinco meses após o parto". Na questão em estudo, a dispensa da empregada gestante, apesar da garantia de emprego, ocorreu devido à extinção da empresa; neste caso, a alternativa é o pagamento do salário-maternidade indenizado pelo empregador. É o que se extrai do Regulamento dos Benefícios da Previdência Social (Decreto n. 3.048/1999) no art. 97: o salário-maternidade da empregada será devido pela previdência social enquanto existir a relação de emprego.

7. Estabilidade provisória — Reintegração ou indenização

Antes da CF/1988, não havia lei dando garantia de emprego à trabalhadora gestante. A chamada estabilidade provisória da gestante era obtida mediante Convenção, Acordo Coletivo ou Sentença Normativa. Em caso de dispensa sem justa causa, a empregada não fazia jus ao emprego, a sua estabilidade tinha caráter meramente pecuniário. Razão por que o Tribunal Superior do Trabalho firmou, por meio do Enunciado n. 244, o entendimento: "A garantia de emprego à gestante não autoriza a reintegração, assegurando-lhe apenas o direito a salários e vantagens correspondentes ao período e seus reflexos". A Resolução TP/TST n. 121/2003 deu nova redação ao Enunciado em questão: "A garantia de emprego à gestante só autoriza a reintegração se esta se der durante o período de estabilidade. Do contrário, a garantia restringe-se aos salários e demais direitos correspondentes ao período de estabilidade." Esse Enunciado faz parte da atual Súmula n. 244 (Res. n. 129 — DJ 20.4.2005).

Com o advento da atual Constituição, ficou vedada a dispensa arbitrária ou sem justa causa da empregada gestante, desde a confirmação da gravidez até cinco meses após o parto (ADCT, art. 10, II, *b*). Dessa forma, a gestante goza da garantia no emprego; caso o empregador a dispense sem justa causa, ela poderá pleitear a sua reintegração.

Em determinadas situações, em que há dispensa sem justa causa e não há possibilidade de reintegração, a empregada gestante terá direito a uma indenização equivalente aos salários e vantagens correspondentes ao período da estabilidade provisória e seus reflexos. Já foi decidido: "O período estabilitário é garantia da remuneração e emprego. Obstado o implemento do direito pelo empregador, a este cabe o ônus de indenizar com base na remuneração como se no efetivo exercício estivesse: salários, férias, 13º salários, FGTS e, também, reflexos por integração de horas extras e gratificações habituais (TRT-2ª Reg., 2ª T., Ac. 02910172788, Rel. Juiz Antônio F. Santos — DJSP 4.10.1991, p. 130)" (in: *LTr Sup. Trab.* 100/1993, p. 627). Entretanto, há entendimento de que, desaparecendo o emprego em virtude da extinção da empresa, não haverá prestação de serviços, perdendo a estabilidade seu sentido. É o que demonstra a ementa: "Os atos de fechamento de estabelecimento, filial ou agência extinguem os contratos de trabalho dos empregados, não prevalecendo contra eles qualquer forma de estabilidade, conforme os termos dos arts. 497 e 498 da CLT." (TST, RR 91.120/93-9, Min. Hylo Gurgel, 2ª T., Ac. 2.861/1994 — in: *Nova jurisprudência em direito do trabalho.* 1995. p. 186).

A Súmula n. 369 do TST preceitua (IV): "Havendo extinção da atividade empresarial no âmbito da base territorial do sindicato, não há razão para subsistir a estabilidade." (Ex-OJ n. 86 da SDI-1-TST).

No caso de empregada gestante, como medida de proteção, especialmente ao nascituro, há decisão do TST assegurando a estabilidade provisória:

> "*Garantia de emprego à gestante — Fechamento de empresa — Art. 10, inciso II, letra* b, *do ADCT.* A empregada gestante faz jus à estabilidade de emprego conferida pelo art. 10, inciso II, alínea *b,* do ADCT, ainda que a despedida tenha ocorrido em virtude do fechamento da empresa, por se tratar, no caso, de uma garantia visando a não privar a gestante da conservação de um emprego que é vital para o nascituro, já que o salário percebido será utilizado em favor da subsistência e nutrição deste." (TST, RR n. 402.630/97 — 2ª T. — Rel. Min. Vantuil Abdala, DJU 12.9.2001)

No valor da indenização correspondente à estabilidade provisória deverá estar incluído o do salário-maternidade (120 dias), que no caso de dispensa sem justa causa é de responsabilidade do empregador ("o salário-maternidade da empregada será devido pela previdência social enquanto existir a relação de emprego" — Decreto n. 3.048/1999, art. 97). Todavia, o valor do salário--maternidade poderá ser calculado separado, em rubrica própria, como sugere o modelo oficial de "Termo de Rescisão do Contrato de Trabalho".

8. Salário-maternidade — Acumulação de emprego

No caso de empregos concomitantes, a segurada fará jus ao salário--maternidade relativo a cada emprego (Regulamento da Previdência Social — Decreto n. 3.048/99, art. 98).

9. Salário-maternidade — Empregada casada ou solteira

O fato gerador do salário-maternidade é o parto ou o aborto não criminoso, e o da indenização, correspondente ao salário-maternidade, é a dispensa imotivada da empregada grávida, pouco importando o estado civil da trabalhadora, se casada ou solteira.

10. Licença-maternidade — Parto antecipado

Em caso de parto antecipado ou não, a segurada tem direito aos 120 dias previstos neste artigo (Decreto n. 3.048/1999, art. 93, § 4º).

11. Licença-maternidade — Falecimento do filho

Cumpre salientar que o direito à licença-maternidade independe do estado civil da mulher (art. 2º da Convenção n. 103, ratificada pelo Brasil), tampouco está condicionado ao nascimento com vida do filho.[25]

O fato de a criança ter falecido não elide a pretensão. É que o dispositivo constitucional pertinente, o art. 395 consolidado e a lei previdenciária não exigem que a criança nasça com vida, para que a empregada tenha direito à licença-maternidade e à garantia de emprego. Logo, onde o legislador não distingue, não cabe ao intérprete fazê-lo.[26]

Em sentido contrário é o julgado:

"*Estabilidade. Gestante. Parto prematuro. Falecimento dos recém-nascidos. Não conhecimento.* O escopo da estabilidade deferida à gestante é a proteção

---

(25) BARROS, Alice Monteiro de. *A mulher e o direito do trabalho.* São Paulo: LTr, 1995. p. 31.
(26) BARROS. *Op. cit.*, p. 432.

à vida, à criança. Assim, o falecimento dos recém-nascidos após parto prematuro não gera direito à estabilidade. Reconhece-se apenas o direito ao repouso durante o período estabelecido pelo atestado médico. Após a alta médica, deve a obreira retornar ao emprego no desempenho normal de suas funções". [TRT 15ª Reg. (Campinas/SP) — RO 8.11012 — (Ac. 2ª T. 12716/2002) — Rel. Juiz Luís Carlos Cândido Martins Sotero da Silva, DJSP 8.4.2002, p. 34 — In *LTr Sup. Jurisp.* n. 5/2002, p. 34].

12. Gestante — Estabilidade provisória — Contrato a termo

Em se tratando de contrato a prazo que se expira normalmente com o advento do termo final, existe divergência quanto ao entendimento de haver obrigatoriedade de pagamento do salário-maternidade e quanto ao direito da empregada gestante à estabilidade provisória.

A corrente predominante é a que se ajusta à lição de Nei Frederico Cano Martins: "Em tal modalidade contratual as partes sabem, de antemão, o prazo de vigência da contratação. Em razão disto, tem-se entendido, com todo acerto, que o fato superveniente — gravidez da empregada — não obsta a ruptura contratual no termo final".

A Lei n. 9.601, de 21 de janeiro de 1998 (DOU 22.1.1998), que dispõe sobre o contrato de trabalho por prazo determinado, preceitua no art. 1º, § 4º:

> "São garantidas as estabilidades provisórias da gestante; dirigente sindical, ainda que suplente; do empregado eleito para cargo de direção de comissões internas de prevenção de acidentes; do empregado acidentado, nos termos do art. 118 da Lei n. 8.213, de 24 de julho de 1991, durante a vigência do contrato por prazo determinado, que não poderá ser rescindido antes do prazo estipulado pelas partes."

O saudoso prof. Octavio Bueno Magano, em artigo publicado na *Revista LTr* 49-8/929, antes da CF/1988, escreveu em relação ao salário-maternidade, tendo aplicação à estabilidade provisória. Vejamos o que ensina o mestre:

> "Se houver cessação do contrato por prazo determinado, no curso do mesmo período, somos de parecer que o encargo desaparece juntamente com a cessação do contrato. Assim entendemos porque o termo opera *ipso jure,* o que vale dizer que o contrato a prazo, em princípio, não comporta suspensão. Na legislação francesa, essa regra encontra-se explicitada. Na brasileira, produz efeitos de maneira oblíqua, por meio da atuação do § 2º, do art. 472 da CLT, assim redigido: 'Nos contratos por prazo determinado, o tempo de afastamento, se assim acordarem as partes interessadas, não será computado na contagem do prazo para a respectiva terminação'. *A contrario sensu,* se inexistir ajuste entre as partes, há de se supor que o tempo de afastamento computa-se na duração do contrato, o que confirma a conclusão de que, nos contratos

por prazo determinado, em princípio, o termo opera *ipso jure.*" (V., a seguir, no item da jurisprudência, a Súmula n. 244, III, do TST).

13. Atestado de gravidez e outras práticas discriminatórias — Proibição

A Lei n. 9.029, de 13 de abril de 1995 (DOU 17.4.1995), proíbe a exigência de atestado de gravidez e esterilização, e outras práticas discriminatórias, para efeitos admissionais ou de permanência da relação jurídica de trabalho.

"Art. 1º Fica proibida a adoção de qualquer prática discriminatória e limitativa para efeito de acesso à relação de emprego, ou sua manutenção, por motivo de sexo, origem, raça, cor, estado civil, situação familiar ou idade, ressalvadas, neste caso, as hipóteses de proteção ao menor previstas no inciso XXXIII do art. 7º da Constituição Federal.

Art. 2º Constituem crimes as seguintes práticas discriminatórias:

I — a exigência de teste, exame, perícia, laudo, atestado, declaração ou qualquer outro procedimento relativo à esterilização ou a estado de gravidez;

II — a adoção de quaisquer medidas, de iniciativa do empregador, que configurem:

a) indução ou instigamento à esterilização genética;

b) promoção do controle de natalidade, assim não considerado o oferecimento de serviços e de aconselhamento ou planejamento familiar, realizados através de instituições públicas ou privadas, submetidas às normas do Sistema Único de Saúde — SUS.

Pena: detenção de um a dois anos e multa.

Parágrafo único. São sujeitos ativos dos crimes a que se refere este artigo:

I — a pessoa física empregadora;

II — o representante legal do empregador, como definido na legislação trabalhista;

III — o dirigente, direto ou por delegação, de órgãos públicos e entidades das administrações públicas direta, indireta e fundacional de qualquer dos Poderes da União, dos Estados, do Distrito Federal e dos Municípios.

Art. 3º Sem prejuízo do prescrito no artigo anterior, as infrações do disposto nesta lei são passíveis das seguintes cominações:

I — multa administrativa de dez vezes o valor do maior salário pago pelo empregador, elevado em cinquenta por cento em caso de reincidência;

II — proibição de obter empréstimo ou financiamento junto a instituições financeiras oficiais.

Art. 4º O rompimento da relação de trabalho por ato discriminatório, nos moldes desta lei, faculta ao empregado optar entre:

I — a readmissão com ressarcimento integral de todo o período de afastamento, mediante pagamento das remunerações devidas, corrigidas monetariamente, acrescidas dos juros legais;

II — a percepção, em dobro, da remuneração do período de afastamento, corrigida monetariamente e acrescida dos juros legais."

A Lei n. 9.799, de 26 de maio de 1999 (DOU 27.5.1999), acrescentou à CLT:

"Art. 373-A. Ressalvadas as disposições legais destinadas a corrigir as distorções que afetam o acesso da mulher ao mercado de trabalho e certas especificidades estabelecidas nos acordos trabalhistas, é vedado:

I — publicar ou fazer publicar anúncio de emprego no qual haja referência ao sexo, à idade, à cor ou situação familiar, salvo quando a natureza da atividade a ser exercida, pública e notoriamente, assim o exigir;

II — recusar emprego, promoção ou motivar a dispensa do trabalho em razão de sexo, idade, cor, situação familiar ou estado de gravidez, salvo quando a natureza da atividade seja notória e publicamente incompatível;

III — considerar o sexo, a idade, a cor ou situação familiar como variável determinante para fins de remuneração, formação profissional e oportunidades de ascensão profissional;

IV — exigir atestado ou exame, de qualquer natureza, para comprovação de esterilidade ou gravidez, na admissão ou permanência no emprego;

V — impedir o acesso ou adotar critérios subjetivos para deferimento de inscrição ou aprovação em concursos, em empresas privadas, em razão de sexo, idade, cor, situação familiar ou estado de gravidez;

VI — proceder o empregador ou preposto a revistas íntimas nas empregadas ou funcionárias.[(27)]

Parágrafo único. O disposto neste artigo não obsta a adoção de medidas temporárias que visem ao estabelecimento das políticas de igualdade entre homens e mulheres, em particular as que se destinam a corrigir as distorções que afetam a formação profissional, o acesso ao emprego e as condições gerais de trabalho da mulher."

14. Licença-maternidade — Prorrogação — Incentivo fiscal

A Lei n. 11.770, de 9 de setembro de 2008 (DOU 10.9.2008), institui o Programa Empresa Cidadã, destinado a prorrogar por 60 (sessenta) dias a duração da licença-maternidade, prevista pela Constituição (art. 7º, XVIII), mediante a concessão de incentivo fiscal.

---

(27) As revistas íntimas não devem ser admitidas, conforme previsão específica para as mulheres e, para os demais trabalhadores, a CF/88 preceitua no art. 5º, X: "são invioláveis a intimidade, a vida privada, a honra e a imagem das pessoas, assegurado o direito à indenização pelo dano material ou moral decorrente de sua violação". Consultar na questão n. 69, as Notas ns. 8 e 9.

Em síntese a Lei n. 11.770/2008 estabelece:

1) *Prorrogação da licença-maternidade* — A prorrogação da licença-maternidade por mais 60 dias, além dos 120 dias já previstos, concedida imediatamente após a fruição da licença-maternidade, será garantida à empregada da pessoa jurídica (urbana ou rural) que aderir ao Programa Empresa Cidadã, desde que a empregada a requeira até o final do primeiro mês após o parto.

2) *Adoção ou guarda judicial de criança* — A prorrogação da licença-maternidade por 60 dias será garantida, na mesma proporção, também à empregada que adotar ou obtiver guarda judicial, para fins de adoção de criança.

3) *Administração pública* — A administração pública, direta, indireta e fundacional, também fica autorizada a instituir o mencionado programa.

4) *Garantias e proibições* — No período de prorrogação, a empregada receberá do empregador a mesma remuneração integral, nos mesmos moldes devidos no período de percepção do salário-maternidade, pago pelo regime geral de previdência social, sendo que a empregada não poderá exercer qualquer atividade remunerada e a criança não poderá ser mantida em creche ou organização similar, sob pena da empregada perder o direito à prorrogação.

5) *Incentivo fiscal* — A pessoa jurídica tributada com base no lucro real, poderá deduzir do imposto devido, em cada período de apuração, o total da remuneração integral da empregada pago nos 60 dias de prorrogação de sua licença-maternidade, vedada a dedução como despesa operacional.

A Lei n. 11.770/2008 foi regulamentada pelo Decreto n. 7.052, de 23.12.2009 (DOU 24.12.2009).

15. Jurisprudência

Gravidez. Confirmação

"O requisito da confirmação da gravidez, exigido pela Constituição Federal, é um ato formal a ser atendido pela empregada para os fins de estabilidade da gestante, através de atestado médico ou exame laboratorial." (TRT, 2ª R., 6ª T., RO 02950174137, Ac. 02960406928, Rel. Juiz Amador Paes de Almeida, *apud* CARRION, Valentin. *Nova jurisprudência trabalhista em direito do trabalho.* São Paulo: Saraiva, 1997, ementa n. 921)

"Estabilidade da gestante. A 'confirmação' de que trata o art. 10, letra *b* do ADCT da CF/1988, pressupõe inequívoca ciência do estado gravídico ao empregador, já que referido fato é gerador de direitos e obrigações a ambas as partes contratantes. Ademais, o longo lapso temporal decorrido entre a rescisão contratual e a propositura da ação denota mesmo um interesse maior à indenização que ao emprego, este sim protegido em dispositivo constitucional." (TRT, 2ª R., 4ª T., Ac. 02980100387, Ac. 02990139448, Rel. Juiz Miguel Gantus Júnior, DOESP 16.4.1999, p. 108)

Estabilidade provisória. Desconhecimento do empregador. Reintegração. Contrato a termo

Gestante. Estabilidade provisória (Súmula n. 244 do TST)

I — O desconhecimento do estado gravídico pelo empregador não afasta o direito ao pagamento da indenização decorrente da estabilidade. (art. 10, II, *b*, do ADCT). (ex--OJ n. 88 — DJ 16.4.2004)

II — A garantia de emprego à gestante só autoriza a reintegração se esta se der durante o período de estabilidade. Do contrário, a garantia restringe-se aos salários e demais direitos correspondentes ao período de estabilidade. (ex-Súmula n. 244 — Res. n. 121, DJ 21.11.2003)

III — Não há direito da empregada gestante à estabilidade provisória na hipótese de admissão mediante contrato de experiência, visto que a extinção da relação de emprego, em face do término do prazo, não constitui dispensa arbitrária ou sem justa causa. (ex-OJ n. 196 — Inserida em 8.11.2000)

"Gestante admitida por contrato de experiência não faz jus à estabilidade provisória." (TST, RR 38.700/91, Ac. 3ª T., Rel. Min. José Vasconcellos, in Nova jurisprudência ..., 1993. p. 293 — *Apud* MARTINS, Cano. *Estabilidade provisória no emprego.* São Paulo: LTr, 1995. p. 91)

"Em se tratando de contrato de experiência, a estabilidade provisória só se aplica se a cláusula convencional for expressa no sentido de que se aplica aos contratos por prazo determinado e indeterminado." (TRT/SP, 02890160445 — Ac. 4ª T. 2.746/1991 — Rel. Juiz José Ribamar da Costa — DJ 15.3.1991 — In *Revista Synthesis* n. 14/92, p. 243)

"O fato de a mulher encontrar-se grávida à data do termo final do contrato de experiência não o converte em trato por prazo indeterminado." (TRT-2ª Reg. — Ac. unânime da 8ª T. — RO 02900243461 — Relª Juíza Dora Vaz Treviño — j. 31.8.1992 — DJSP 10.9.1992, p. 128 — *Apud SLJD* n. 8/98-20)

"*Contrato de experiência. Termo de prorrogação pré-assinado pelos contratantes. Validade. Gestante. Estabilidade provisória. Não aquisição.* Inexistindo controvérsia acerca da natureza experimental do contrato celebrado (CLT, art. 443), é irrelevante, não gerando nulidade, a pré-assinatura do termo de prorrogação do contrato celebrado. Não superado o limite temporal máximo de 90 (noventa) dias (parágrafo único do art. 445 da CLT), não há como convolar o pacto de experiência celebrado em contrato por prazo indeterminado, inexistindo, por conseguinte, direito à estabilidade em razão de gestação surgida ao longo da execução do contrato. Recurso conhecido e desprovido." [TRT 10ª Reg. ROPS 00850-2007-021-10-00-9 — (Ac. 3ª T./07) — Rel. Juiz Douglas Alencar Rodrigues. DJU3 16.11.2007, p. 51. In *LTr Sup. Jurisp.* 51/2007, p. 405]

Salário. Empresa. Cessação de atividades (Súmula n. 173 do TST)

Extinto, automaticamente, o vínculo empregatício com a cessação das atividades da empresa, os salários só são devidos até a data da extinção. (ex-Prejulgado n. 53)

Estabilidade provisória. Pedido de reintegração. Concessão do salário relativo ao período de estabilidade já exaurido. Inexistência de julgamento *extra petita* (Súmula n. 396 do TST — Conversão das Orientações Jurisprudenciais ns. 106 e 116 da SBDI-1)

I — Exaurido o período de estabilidade, são devidos ao empregado apenas os salários do período compreendido entre a data da despedida e o final do período de estabilidade, não lhe sendo assegurada a reintegração no emprego. (ex-OJ n. 116 — Inserida em 1º.10.1997)

II — Não há nulidade por julgamento *extra petita* da decisão que deferir salário quando o pedido for de reintegração, dados os termos do art. 496 da CLT. (ex-OJ n. 106 — Inserida em 20.11.1997)

Gestante. Estabilidade provisória. Extinção da empresa ou de estabelecimento

"A extinção de estabelecimento não obsta o direito da gestante em receber indenização pelo período de estabilidade, principalmente quando não há prova de que tenha ocorrido por vital razão econômica que impedia o prosseguimento da atividade, sendo inaplicável parcialmente o Enunciado n. 173 do C. TST." (TRT-2ª Reg., 3ª T., Proc. 02950380470. Rel. Juiz Décio Daidone, BJ n. 10/1997 — In TEIXEIRA FILHO, João de Lima. *Repertório de jurisprudência trabalhista*. Rio de Janeiro: Renovar, 1999, v. 7, ementa n. 1.824)

"Estabilidade provisória. Gestante. A garantia de emprego está diretamente vinculada à existência de emprego. Se as atividades da empresa não mais existem, seja por força maior, seja por ato de vontade da empresa, opera-se o efeito extintivo da estabilidade provisória." (TST, RR 225256/95, 2ª T., Rel. Min. Valdir Righetto, DJ 23.10.1998, p. 361)

"Não gozando a empregada gestante de estabilidade absoluta, pode ser dispensada do emprego por motivo técnico, econômico ou financeiro. Trata-se de razões justificadoras da rescisão. Estes aspectos afastam a vedação contida na alínea *b*, inciso II, art. 10 do ADCT. Provado o fechamento da filial da empresa, inocorrente despedida arbitrária." (TRT-6ª Reg. RO 1.923/1997, Ac. 2ª T., 11.6.1997, Relª Juíza Eneida Melo — *In Revista LTr* 61-11/1531)

"Gestante. Garantia de emprego. Fechamento de empresa. Art. 10, II, letra *b*, do ADCT. A empregada gestante faz jus à estabilidade de emprego conferida pelo art. 10, II, alínea *b*, do ADCT, ainda que a despedida tenha ocorrido em virtude do fechamento da empresa, por se tratar, no caso, de uma garantia visando a não privar a gestante da conservação de um emprego que é vital para o nascituro, já que o salário percebido será utilizado em favor da subsistência e nutrição deste." (TST — RR 402.630/1997.6 — 2ª T. — Rel. Min. Vantuil Abdala — DJU 5.10.2001 — *Apud Revista Síntese Trabalhista* n. 150, p. 72, ementa n. 17.379)

Aviso prévio indenizado. Efeitos. Superveniência de auxílio-doença no curso deste (Súmula n. 371 do TST)

"A projeção do contrato de trabalho para o futuro, pela concessão do aviso prévio indenizado, tem efeitos limitados às vantagens econômicas obtidas no período de pré-aviso, ou seja, salários, reflexos e verbas rescisórias. No caso de concessão de auxílio-doença no curso do aviso prévio, todavia, só se concretizam os efeitos da dispensa depois de expirado o benefício previdenciário." (Ex-OJs ns. 40 e 135 — Inseridas respectivamente em 28.11.1995 e 27.11.1998)

Gestante. Estabilidade provisória. Aviso prévio

"*Gestante — Estabilidade provisória — Aquisição no aviso prévio.* Não usufrui a empregada da estabilidade provisória de gestante, prevista na Carta Magna, se a concepção da gravidez se deu no período correspondente ao aviso prévio indenizado. A C. Seção Especializada em Dissídio Individual firmou entendimento no sentido de que a projeção do contrato de trabalho para o futuro, pela concessão do aviso prévio indenizado, tem efeitos limitados às vantagens econômicas obtidas no período de pré-aviso, ou seja, salários, reflexos e verbas rescisórias. Orientação Jurisprudencial n. 40 da SBDI-I desta C. Corte." [TST-RR-488.447/98.9 — (Ac. 1ª T.) — 5ª Reg. — Rel. Min. Aloysio Silva Corrêa da Veiga, DJU 7.3.2003, p. 179, in *LTr Sup. Jurisp.* 28/2003, p. 213]

"Confirmada a gravidez, ainda que dentro do prazo da projeção do aviso prévio indenizado, cujo prazo integra o tempo de serviço da empregada, é a mesma detentora da estabilidade constitucionalmente prevista." [TRT/PR 984/1990, Ac. 850/1991 — Rel. Juiz José Fernando Rosas — DJ 1º.2.1991, São Paulo: *Revista Syntesis*, 1991, n. 13, p. 239. Barros (1995, p. 460)]

Gestante. Estabilidade provisória. Dispensa por falta grave. Desnecessidade de inquérito

"O art. 494 da CLT não pode ser analisado sem consideração ao disposto no art. 492, pois, umbilicalmente ligados, estando ambos localizados no capítulo relativo à estabilidade decenária. À falta de previsão expressa, em favor da gestante, e tendo em vista o estabelecido via do Enunciado n. 244/TST, afastada fica a necessidade de inquérito para a dispensa dela por falta grave." (TST-E-RR-5.709/84, Ac. TP 939/87, 21.5.1987, Rel. Juiz Manoel Mendes de Freitas, in *Revista LTr* 51-11/1336)

Gestante. Estabilidade provisória. Reintegração ou indenização

"Gravidez. Ausência do pedido de reintegração no emprego. Na peça inaugural. Requisito indispensável. Falha insanada. Art. 7º, VIII da CF/1988; e letra *b*, inciso II do art. 10 do Ato das Disposições Constitucionais Transitórias. O pedido de reintegração no emprego é elemento essencial à reclamatória trabalhista. A falta desse requisito torna o pedido improcedente, eis que o objetivo da Carta Magna foi o da manutenção no emprego e não o da indenização pecuniária correspondente que só acontecerá se tornar inviável o retorno ao *status quo*. A responsabilidade objetiva do empregador esbarra em restrições, quando se constate a malícia da empregada." (TRT-15ª Reg., 2ª T., RO 026660/95, Ac. 028154/97, Rel. design. Juiz Antonio Tadeu Gomieri, DJSP 29.9.1997, p. 53)

"Estabilidade provisória da gestante. Limitação indenizatória ao ajuizamento. A reclamada só tomou ciência do estado gravídico da autora no momento da notificação do ajuizamento da ação, mais de 6 (seis) meses após a confirmação da gravidez, fato que impediu que promovesse a reintegração da empregada, até seu afastamento para a maternidade. Portanto, deve ser excluído do período de estabilidade provisória aquele anterior ao ajuizamento da ação." (TRT da 15ª Reg., 1ª T., RO 17.249/97.4, j. 20.10.1998, Rel. Juiz Antonio Miguel Pereira, DJSP II 4.12.1998, p. 50)

"Gestante. Reintegração ou indenização. Indeferimento. Não é de ser deferida a reintegração no emprego ou o pagamento da indenização relativa à garantia de emprego, quando somente com a ação interposta é que o empregador toma conhecimento da gravidez e quando nem sequer mais cabia o oferecimento do emprego porque já havia se esgotado o período de estabilidade provisória." (TRT-12ª Reg., 2ª T., RO 875/98, j. 11.11.1998, Rel. Juiz Marcus Pina Mugnaini, DJSC 19.11.1998, p. 103)

"A empregada que, embora ciente do estado interessante, deixa transcorrer por sua culpa lapso temporal relativamente longo até a propositura de reclamação (quando ainda não decorrido integralmente o período estabilitário), somente faz jus aos salários e demais consectários a partir da propositura da reclamação. Já se decidiu, aliás, com razão, que 'não viola a proteção objetiva da empregada gestante decisão que condena o empregador a pagar à autora os salários correspondentes ao período da estabilidade provisória, apenas a partir da data em que invoca a tutela jurisdicional, tendo em vista a ocorrência de longo período entre o conhecimento da gravidez e a propositura da ação trabalhista'." (TST, RR 118.916/94.0, Rel. Juiz Irany Ferrari, Ac. 2ª T. 2.080/1996)

Gestante. Estabilidade provisória. Cômputo do período da estabilidade para o deferimento de 13º salário e férias proporcionais

"*Gestante — Estabilidade —Cômputo do período da estabilidade para o deferimento de 13º salário e férias proporcionais*. A Súmula n. 244 desta Corte apenas consagra o entendimento no sentido de serem devidos os salários e demais direitos na impossibilidade de reintegração da reclamante. Em momento algum, garante o cômputo do tempo correspondente à estabilidade para o cálculo de 13º e férias proporcionais. Recurso de revista não conhecido." [TST-RR-636-500/2000.2 — (Ac. 3ª T.) — 4ª Reg. — Rel. Min. Alberto Luiz Bresciani de Fontan Pereira. DJU 28.9.2007, p. 1.073 — In *LTr Sup. Jurisp.* 51/07, p. 404]

Gestante. Estabilidade provisória. Renúncia ou transação

"Estabilidade da gestante. Renúncia ou transação de direitos constitucionais. Impossibilidade. Nos termos do art. 10, II, *a*, do ADCT, a proteção à maternidade foi erigida à hierarquia constitucional, pois retirou do âmbito do direito potestativo do empregador a possibilidade de despedir arbitrariamente a empregada em estado gravídico. Portanto, a teor do art. 9º da CLT, torna-se nula de pleno direito a cláusula que estabelece a possibilidade de renúncia ou transação, pela gestante, das garantias referentes à manutenção do emprego e salário." (OJ n. 30 da SDC-TST)

"Salário-maternidade. A empregada que não aceitar a reintegração, após a empresa tomar ciência do estado gravídico, não faz jus ao salário-maternidade e à estabilidade provisória." (TRT-12ª Reg., RO-V 4.734/90, Ac. 1ª T., 1.388/1992, Rel. Juiz Marcus Pina Munaini — DJSC de 10.6.1992, p. 70, *Orientação Trabalhista SLJD* n. 12/1992, p. 628)

"A empregada gestante dispensada sem justa causa não está obrigada a atender ao convite de retorno ao trabalho formulado pelo empregador, faculdade que lhe é outorgada pelo art. 489 da CLT." (TRT-13ª Reg., RO 1.728/1990, Ac. 7.043, 12.6.1991, Rel. desig. Juiz Tarciso de Miranda Monte, in *Revista LTr* 56-03/350)

"*Gestante. Estabilidade. Recusa à oferta do emprego. Direito à percepção da indenização estabilitária.* O direito à estabilidade, assegurado à gestante, cumpre dupla finalidade: primeiro, proteger a trabalhadora contra possível ato discriminatório do empregador e, segundo, garantir o bem-estar do nascituro. Trata-se, desse modo, de direito de que não pode dispor a empregada gestante, porquanto a consequência de seu ato atingirá também o nascituro. A recusa à proposta de reintegração, portanto, não afasta o direito ao pagamento da indenização decorrente da estabilidade provisória a que se refere o art. 10, I, *b*, do Ato das Disposições Constitucionais Transitórias. Recurso de revista conhecido e não provido." [TST-RR-1.165/2003-002-22-00.2 — (Ac. 1ª T.) — 22ª Reg. — Rel. Min. Lélio Bentes Corrêa. DJU 28.9.2007, p. 952 — In *LTr Sup. Jurisp.* 51/2007, p. 405]

Empregada doméstica. Inexistência de estabilidade provisória

"Os trabalhadores domésticos não gozam de todos os direitos previstos no art. 7º da Magna Carta, tendo esta assegurado, apenas, aqueles elencados nos incisos do parágrafo único do art. 7º. Ora, não se incluindo neles a proteção contra a despedida arbitrária ou sem justa causa (inciso I) é inviável buscar a proteção mínima já prevista no art. 10, II, *b*, § 1º das Disposições Transitórias." (TRT-15ª Reg., RO 8.276/1989, Ac. 2ª T., 8.324/1990, 14.8.1990 — Rel. Juiz José Pedro Camargo R. Souza, in *Revista LTr* 55-09/1119)[28]

Salário-maternidade. Estado civil. Irrelevante

"Incontroversa a dispensa imotivada e comprovada a gravidez à data, visto o atestado da maternidade sobre o dia do nascimento, é irrelevante para efeito de percepção de salário-maternidade o estado civil da parturiente, se casada ou solteira. Recurso improvido." (Ac. unânime, TRT 1ª Reg., 3ª T., Proc. RO-8.875/1979, Rel. Juiz Moacyr Ferreira da Silva, prof. em 27.5.1981, in: ob. cit., ementa n. 3.801, p. 573)

Licença-maternidade. Mãe adotiva

"Mulher que, na qualidade de mãe adotiva, adota recém-nascido, tem direito à concessão de licença-maternidade de 120 dias, sem prejuízo do seu salário e do emprego." (TRT-9ª Reg., RO 7.623/1990, Ac. 1ª T., 6.045/1992, Rel. desig. Juiz Carlos Buck, DJPR 7.8.1992, p. 271, in SLJD n. 3/1993, p. 186)

"A mãe adotiva, assim considerada após processo legal de adoção definitiva, faz jus à licença de cento e vinte dias preconizada pelo inciso XVIII do art. 7º da Constituição Federal, interpretado sistemática e teleologicamente com o art. 227, *caput*, inciso VI e § 6º do mesmo diploma." (TRT-2ª Reg., RE 02900172360, Ac. 3ª T., 02920105935, Rel. Juiz Décio Sebastião Daidone, DJSP 3.7.1992, p. 91, in SLJD n. 3/1993, p. 182)

---

(28) A Lei n. 11.324, de 19 de julho de 2006 (DOU 20.7.2006), assegura a estabilidade provisória à empregada doméstica gestante. Consultar a Lei n. 5.859/1972, art. 4º-A.

"Não é possível conceder-se licença-maternidade, a teor do art. 7º, XVIII, CF e art. 10, II, *b*, do ADCT, posto que tais normas têm como pressuposto o fato biológico da gravidez. Recurso conhecido e a que se nega provimento." (TRT-11ª Reg., RO 621/1990, Ac. 275/1991, Rel. Juiz Othílio Francisco Tino, DJAM 20.3.1991, p. 13 — in SLJD n. 3/1993, p. 181)

"Aplicação do inciso XVIII do art. 7º da Constituição Federal. Não se faz distinção entre a mãe natural e a adotiva para fins de gozo da referida licença, desde que concedida dentro da época própria estabelecida em lei." (TRT-4ª Reg., ADM 2.074/1989, Pleno, Rel. desig. Juiz Antonio Salgado Martins — j. 24.11.1989, in SLJD n. 3/1993, p. 181)

"Licença-maternidade de 120 dias — Mãe adotiva. A licença de 120 dias, prevista na Constituição Federal, não pode ser concedida à mãe adotiva. O legislador constituinte, ao instituir o direito pleiteado, restringiu-o à mãe biológica usando a expressão 'licença à gestante' — art. 7º, XVIII da Constituição Federal. O legislador ordinário dispôs no Plano de Benefícios de Previdência Social — art. 71 da Lei n. 8.213/1991 que o salário-maternidade será devido 28 (vinte e oito) dias antes e 92 (noventa e dois) dias após o parto. Revista conhecida e desprovida." (TST — Ac. 2ª T. — 1.735/1993 — Rel. Min. José Francisco da Silva. BARROS, Alice Monteiro de. *A mulher e o direito do trabalho*, p. 435)

Nota: As ementas acima foram selecionadas antes do advento da Lei n. 10.421/2002, que trata da licença-maternidade da mãe adotiva (CLT, art. 392-A). Consultar, nesta questão, a Nota n. 3.

"*Salário-maternidade — Mãe adotiva* — Despedimento sem justa causa. Trabalhadora que já tinha a guarda da criança. Fato do qual já tinha ciência o empregador. Período de afastamento já iniciado (licença-maternidade), condição que retira do empregador o direito de romper unilateralmente o contrato de trabalho. Benefício previdenciário (salário-maternidade) que, embora pago diretamente pela Previdência Social, não pode ser concedido, em função do despedimento. Indenização devida." [TRT 2ª Reg. RO 01067200403902001 — (Ac. 11ª T. 20060868826) — Rel. Juiz Eduardo de Azevedo Silva — DJSP 7.11.2006, p. 27 — In *LTr Sup. Jurisp.* 3/2007, p. 24]

Aborto involuntário. Estabilidade. Efeitos

"*Estabilidade gestante — Aborto involuntário* — De regra, a estabilidade gestante vai da confirmação da gravidez até cinco meses após o parto, a teor do art. 10, II, *b*, do ADCT/CF. Havendo aborto involuntário, não retira o direito à proteção da gestante, apenas restringe o período da estabilidade provisória, passando a ser da confirmação da gravidez até duas semanas após o aborto. Inteligência do art. 395 da CLT. Recurso ordinário da reclamada desprovido." [TRT 15ª Reg. (Campinas/SP) ROPS 00243-2006-137-15-00-4 — (Ac. 64124/2007, PATR, 11ª C.) — Rel. Edison dos Santos Pelegrini. DOE 11.1.2008, p. 152, in *LTr Sup. Jurisp.* 3/2008, p. 28]

Estabilidade gravídica. Natimorto. Indenização. Cabimento

"*Estabilidade Gravídica — Natimorto* — Ainda que um mês após a sua dispensa a obreira tenha sofrido aborto involuntário, deverá a empregadora indenizá-la, haja vista que a garantia provisória assegurada à gestante pelo texto constitucional não foi observada na ocasião da dispensa sem justa causa." [TRT 11ª Reg. RO 01309/2009-017-11.00.5 — (Ac. 1ª T.) — Rel.ª Vera Lucia Câmara de Sá Peixoto — DJe/TRT 11ª Reg. 476, 13.4.2010, p. 6 — *Apud LTr Sup. Jurisp.* 25/2010, p. 198/199]

Solicitação de realização de exame de gravidez. Dispensa. Discriminação não configurada

"Dano moral — Solicitação de realização de exame de gravidez — Dispensa — Discriminação não configurada — A dignidade da pessoa humana e os valores sociais do trabalho constituem fundamentos da República Federativa do Brasil, na forma do art. 1º, III e IV, da CF/1988. Além disso, a promoção do bem de todos, sem preconceitos de origem, raça, sexo, cor, idade e quaisquer outras formas de discriminação constitui objetivo fundamental da República, consoante a regra estampada no inciso IV do art. 3º da CF. A solicitação do exame de gravidez deu-se com o intuito de resguardar a reclamada (ante a iminência da dispensa imotivada), a hipotética condição de gestante e do suposto nascituro. Discriminação não configurada (art. 2º, I, da Lei n. 9.029/1995). Recurso ordinário não provido." [TRT 15ª Reg. (Caminas/SP) RO 1224-2008-062-15-00-9 — (Ac. 27399/09-PATR, 5ª C.) — Rel. Lorival Ferreira dos Santos — DOE 15.5.2009, p. 93 — In *LTr Sup. Jurisp.* 028/2009, p. 219]

SALÁRIO VARIÁVEL

Questão n. 48

Empregada, comissionista, grávida, teve seu contrato de trabalho extinto imotivadamente no dia 30 de agosto de 2004. Em janeiro/2004, ganhou de comissão R$ 2.700,00 (dois mil e setecentos reais) e nos demais meses, até a extinção do contrato, as comissões foram aumentando em R$ 100,00 (cem reais) a cada mês, considerados os repousos legais. Quanto deverá receber a título de salário-maternidade?

Solução

01/04 — R$ 2.700,00

02/04 — R$ 2.800,00

03/04 — R$ 2.900,00

04/04 — R$ 3.000,00

05/04 — R$ 3.100,00

06/04 — R$ 3.200,00

07/04 — R$ 3.300,00

08/04 — R$ 3.400,00

(03/04 a 08/04) + = R$ 18.900,00 : 6 = R$ 3.150,00
R$ 3.150,00 : 30 = R$ 105,00 x 120
= R$ 12.600,00

Explicação

1) R$ 18.900,00 — soma dos salários dos 6 seis últimos meses;

2) R$ 3.150,00 — média salarial dos 6 seis últimos meses;

3) 30 — os dias do mês;

4) R$ 105,00 — valor do salário/dia;

5) 120 — os dias a que tem direito a empregada grávida, por ter sido dispensada sem justa causa;

6) R$ 12.600,00 — valor do salário-maternidade indenizado.

Notas

1. Salário-maternidade — Salário variável

Quando o salário for variável, determina o art. 393 da CLT que, para efeito de cálculo do salário-maternidade, deverá ser tomada a média dos 6 (seis) últimos meses trabalhados.

2. Comissionista — RSR/F

A respeito de cálculo do RSR/F do empregado comissionista, consultar na questão n. 31, a Nota n. 4.

GRATIFICAÇÃO DE NATAL — 13º SALÁRIO

PAGAMENTO NA VIGÊNCIA DO CONTRATO

13º SALÁRIO — HORISTA QUE TRABALHOU O ANO TODO

Questão n. 49

Empregado horista trabalhou o ano inteiro na empresa. No final do ano recebia R$ 10,00 (dez reais) por hora de serviço. Quanto receberá a título de 13º salário?

Solução

R$ 10,00 x 220 = R$ 2.200,00

Explicação

1) R$ 10,00 — valor do salário/hora em dezembro;

2) 220 — total das horas normais de trabalho no mês (v. item 2 da Explicação na questão n. 1);

3) R$ 2.200,00 — valor do 13º salário e que corresponde à remuneração de dezembro.

Notas

1. Gratificação de Natal (13º salário) — Legislação

a) Lei n. 4.090, de 13.7.1962 — institui a gratificação de Natal para os trabalhadores;

b) Lei n. 4.749, de 12.8.1965 — dispõe sobre o pagamento da gratificação prevista na Lei n. 4.090/62;

c) Decreto n. 57.155, de 3.11.1965 — regulamento da gratificação de Natal.

2. 13º salário — Pagamento — Prazo — Base de cálculo — Proporcionalidade — Regulamento

"Art. 1º O pagamento da gratificação salarial, instituída pela Lei n. 4.090, de 13 de julho de 1962, com as alterações da Lei n. 4.749, de 12 de agosto de 1965, será efetuado pelo empregador até o dia 20 de dezembro de cada ano, tomando-se por base a remuneração devida nesse mês, de acordo com o tempo de serviço do empregado no ano em curso.

Parágrafo único. A gratificação corresponderá a 1/12 (um doze avos) da remuneração devida em dezembro, por mês de serviço, do ano correspondente, sendo que a fração igual ou superior a 15 (quinze) dias de trabalho será havida como mês integral."

3. Mês para efeito de 13º salário

Quando o parágrafo único do art. 1º do Decreto n. 57.155/1965 diz "*por mês de serviço, do ano correspondente* ..." (grifamos), entendemos que o regulamento determina que para efeito de 13º salário, devem ser considerados os dias de cada mês do ano civil. No que se refere às férias, o mês é considerado a partir da data de admissão do empregado, conforme preceitua a CLT no art. 130 ("Após cada período de 12 (doze) meses de vigência do contrato de trabalho ...") e no art. 146, parágrafo único ("Na cessação do contrato de trabalho, após 12 (doze) meses de serviço ...).

4. 13º salário — Pagamento — Prazo — Precedente Administrativo SIT/MTE n. 25

A lei dispõe que o prazo para pagamento da gratificação natalina é o dia 20 de dezembro de cada ano. Recaindo o dia 20 em domingo ou feriado, o pagamento deve ser antecipado. Não há que se falar em prorrogação para o primeiro dia útil subsequente.

5. Gratificação natalina — Servidor público — Súmula n. 50 do TST

A gratificação natalina, instituída pela Lei n. 4.090, de 1962, é devida pela empresa cessionária ao servidor público cedido, enquanto durar a cessão.

MENSALISTA COM MENOS DE UM ANO DE SERVIÇO

Questão n. 50

Empregado, admitido no dia 20 de setembro, ganhando R$ 2.200,00 (dois mil e duzentos reais) mensais. O salário permaneceu o mesmo até o fim do ano. Quanto receberá de 13º salário em dezembro?

Solução

R$ 2.200,00 x 3/12 = R$ 550,00

Explicação

1) R$ 2.200,00 — valor do salário no mês de dezembro;

2) 3/12 — o ano tem 12 meses e o empregado foi admitido no dia 20.9; para efeito de cálculo do 13º salário, tomam-se apenas 3 (três) meses (3/12). O mês de setembro não foi levado em consideração, devido ao fato de o empregado ter trabalhado menos de 15 dias (v. nota n. 2 da questão anterior);

3) R$ 550,00 — valor do 13º salário em dezembro.

PARCELAMENTO — MENSALISTA — TRABALHOU O ANO TODO

Questão n. 51

Empregado ganhou salário mensal de R$ 3.600,00 (três mil e seiscentos reais) de janeiro a junho. A partir de julho, passou a perceber R$ 5.400,00 (cinco mil e quatrocentos reais) por mês. Em maio, recebeu a primeira parcela do 13º salário. Quanto receberá em dezembro como segunda parcela?

Solução

a) R$ 3.600,00 : 2 = R$ 1.800,00 (1ª parcela)

b) R$ 5.400,00 — R$ 1.800,00 = R$ 3.600,00 (2ª parcela)

Explicação

1) R$ 3.600,00 — valor do salário no mês anterior ao pagamento da primeira parcela do 13º salário;

2) 2 — o divisor 2 significa que o adiantamento (1ª parcela) do 13º salário é igual à metade do salário recebido pelo empregado no mês anterior;

3) R$ 1.800,00 — valor da 1ª parcela;

4) R$ 5.400,00 — valor do salário no mês de dezembro, e que na questão será igual ao 13º salário, devido ao fato de o empregado ter trabalhado o ano todo (12/12);

5) R$ 3.600,00 — valor da 2ª parcela e que foi obtido deduzindo-se do valor do 13º salário (R$ 5.400,00), a que o empregado tem direito, a importância já recebida a título de 1ª parcela (R$ 1.800,00).

Notas

1. Adiantamento (1ª parcela) — Regulamento

"Art. 3º Entre os meses de fevereiro e novembro de cada ano, o empregador pagará como adiantamento da gratificação, de uma só vez, metade do salário recebido pelo empregado no mês anterior.

§ 1º Tratando-se de empregados que recebam apenas salário variável, a qualquer título, o adiantamento será calculado na base da soma das importâncias variáveis devidas nos meses trabalhados até o anterior àquele em que se realizar o mesmo adiantamento.

§ 2º O empregador não estará obrigado a pagar o adiantamento no mesmo mês a todos os seus empregados.

§ 3º A importância que o empregado houver recebido a título de adiantamento será deduzida do valor da gratificação devida.

§ 4º Nos casos em que o empregado for admitido no curso do ano ou durante este, não permanecer à disposição do empregador durante todos os meses, o adiantamento corresponderá à metade de 1/12 (um doze avos) da remuneração, por mês de serviço ou fração superior a 15 (quinze) dias."

2. Adiantamento na época das férias — Regulamento

O adiantamento será pago ao ensejo das férias do empregado, sempre que este o requerer no mês de janeiro do correspondente ano (art. 4º).

3. Remuneração em utilidades — Regulamento

Quando parte da remuneração for paga em utilidades, o valor da quantia efetivamente descontada e correspondente a estas será computado para fixação da respectiva gratificação (art. 5º).

4. Jurisprudência

Correção monetária. Incidência (Súmula n. 187 do TST)

A correção monetária não incide sobre o débito do trabalhador reclamante.

Décimo terceiro salário. Dedução da 1ª parcela. URV. Lei n. 8.880/1994 (OJ n. 47 da SBDI-1 — Transitória)

Ainda que o adiantamento do 13º salário tenha ocorrido anteriormente à edição da Lei n. 8.880/1994, as deduções deverão ser realizadas considerando o valor da antecipação, em URV, na data do efetivo pagamento, não podendo a 2ª parcela ser inferior à metade do 13º salário, em URV. (ex-OJ n. 187 da SDI-1-TST)

Adiantamentos. Correção monetária. Inexistência de previsão legal

"Inexistência de previsão legal, para aplicar correção monetária sobre os adiantamentos, não podendo ser modificado por vedação constitucional (art. 5º, inciso XXXVI da CF/1988)." (TRT-7ª Reg., RO 01124/1996, Ac. 002163/96, 16.6.1996, Rel. Juiz Tarcísio Melo Amora — In *Revista LTr* 60-09/1262)

Débito do empregado. Correção monetária. Súmula n. 187

"A correção monetária não incide sobre débito do trabalhador, mas no sentido de 'dívida'. Esse o sentido da Súmula 187. É diferente a hipótese de compensação, quando a correção incide não só sobre o valor devido, mas também sobre o valor já quitado. Precedentes do próprio Tribunal Superior do Trabalho." [TRT 2ª R. — AP 00161199802 102006 — (20050355389) — 3ª T. — Rel. Juiz Eduardo de Azevedo Silva — DOESP 21.6.2005. In *Revista Síntese Trabalhista* n. 195, p. 50].

PARCELAMENTO — MENSALISTA — ENTROU NO CURSO DO ANO

Questão n. 52

Empregado, admitido no dia 2 de maio, com salário mensal de R$ 720,00 (setecentos e vinte reais). Em agosto, recebeu a 1ª parcela do 13º salário. Em novembro, seu salário passou para R$ 1.296,00 (um mil, duzentos e noventa e seis reais). Quanto receberá em dezembro a título de 2ª parcela do 13º salário?

Solução

a) (3/12 x R$ 720,00) : 2 = R$ 90,00 (1ª parcela)

b) (8/12 x R$ 1.296,00) — R$ 90,00 = R$ 774,00 (2ª parcela)

Explicação

1) R$ 90,00 — valor da 1ª parcela do 13º salário. Como o empregado entrou no curso do ano, isto é, depois do dia 17 de janeiro, o regulamento resolveu criar um disciplinamento diferente da lei.

A 1ª parcela, em vez de ser igual à metade do salário recebido pelo empregado no mês anterior, estabeleceu o regulamento no § 4º do art. 3º que será igual à metade de tantos 1/12 da remuneração quantos forem os meses de serviço ou fração igual ou superior a 15 dias que antecederem o mês do adiantamento. Como a admissão deu-se no dia 2 de maio e o pagamento da 1ª parcela em agosto, o empregado receberá como adiantamento a metade de 3/12 de R$ 720,00;

2) R$ 774,00 — valor da 2ª parcela, e que foi obtido deduzindo-se do valor do 13º salário o adiantamento da 1ª parcela. Como o empregado foi admitido no dia 2 de maio, em dezembro receberá, a título de 13º salário, 8/12 de R$ 1.296,00. Como já havia recebido R$ 90,00 de adiantamento, o valor da 2ª parcela será R$ 774,00.

TAREFEIRO

Questão n. 53

Empregado, tarefeiro, considerados os repousos legais, produziu de janeiro a novembro 66.000 peças. Em dezembro produziu 6.600 peças. No final do ano ganhava R$ 1,00 (um real) por peça produzida. Quanto receberá a título de 13º salário?

Solução

a) 66.000 : 11 = 6.000 x R$ 1,00 = R$ 6.000,00

b) 66.000 + 6.600 = 72.600 : 12 = 6.050 x R$ 1,00 = R$ 6.050,00

c) R$ 6.050,00 — R$ 6.000,00 = R$ 50,00

Explicação

1) 66.000 — número de peças produzidas de janeiro a novembro;

2) 11 — divisor para se achar a média da produção de janeiro a novembro;

3) 6.000 — média mensal da produção de janeiro a novembro. O 13º salário tem de ser pago até o dia 20 de dezembro. Entretanto, quem ganha salário variável ainda não sabe a produção de dezembro. Neste caso, o cálculo do 13º salário é realizado em duas etapas: a primeira será

feita com base na média dos meses trabalhados até novembro; na segunda soma-se a produção de dezembro e os cálculos são refeitos com base na média até dezembro. Esta revisão será feita até o 5º dia útil de janeiro (Lei n. 7.855/1989), "processando-se a correção do valor da respectiva gratificação com o pagamento ou compensação das possíveis diferenças";

4) R$ 1,00 — valor da tarifa por peça em dezembro;

5) R$ 6.000,00 — valor do 13º salário a ser pago até 20 de dezembro. Tratando-se de salário variável, foi calculado com base na média da produção até novembro, e sobre ela aplicou-se a tarifa de dezembro;

6) 72.600 — total da produção do ano, que resultou do somatório da produção até novembro (66.000) com a de dezembro (6.600), e que servirá de base para o cálculo definitivo do 13º salário;

7) 12 — divisor para se achar a média da produção completa do ano (12 meses);

8) 6.050 — média mensal da produção de janeiro a dezembro;

9) R$ 6.050,00 — valor definitivo do 13º salário, a ser revisto até o 5º dia útil de janeiro (Lei n. 7.855/1989);

10) R$ 50,00 — diferença a favor do empregado, após a revisão (R$ 50,00 + R$ 6.000,00 = R$ 6.050,00).

Notas

1. Salário variável — Regulamento

"Art. 2º Para os empregados que recebem salário variável, a qualquer título, a gratificação será calculada na base de 1/11 (um onze avos) da soma das importâncias variáveis devidas nos meses trabalhados até novembro de cada ano. A essa gratificação se somará a que corresponder à parte do salário contratual fixo.

Parágrafo único. Até o dia 10 de janeiro de cada ano, computada a parcela do mês de dezembro, o cálculo da gratificação será revisto para 1/12 (um doze avos) do total devido no ano anterior, processando-se a correção do valor da respectiva gratificação com o pagamento ou compensação das possíveis diferenças."

O parágrafo diz que, havendo diferença a favor do empregado, o prazo para o seu pagamento é até o dia 10 de janeiro; todavia, o parágrafo único do art. 459 da CLT, com redação dada pela Lei n. 7.855, de 24 de outubro de 1989 (DOU 25.10.1989), determina que o pagamento do salário mensal deverá ser efetuado, o mais tardar, até o quinto dia útil do mês subsequente ao vencido.

2. Para cálculo do valor do RSR/F, consultar, na questão n. 30, a Nota n. 3.

3. Jurisprudência

"Tarefeiro. Gratificação natalina. Apura-se a média da produção física e aplica-se a tarifa em vigor no mês de dezembro." (Ac. TRT-8ª Reg., Proc. RO 1.151/1981, Rel. Juiz Roberto Araújo de Oliveira Santos, prof. em 16.11.1981, in BOMFIM, B. Calheiros; SANTOS, Silvério dos. *Dicionário de decisões trabalhistas.* 28. ed. São Paulo: Edições Trabalhistas, 1982, ementa n. 2.085, p. 312)

COMISSIONISTA

Questão n. 54

Empregado, comissionista, considerados os repousos legais, ganhou de comissão em janeiro R$ 2.700,00 (dois mil e setecentos reais), e, nos demais meses, até dezembro, as comissões foram aumentando em R$ 100,00 (cem reais) a cada mês. Em julho recebeu a primeira parcela do 13º salário. Quanto receberá a título de 13º salário (2ª parcela)?

Solução

meses — comissões

01 — R$ 2.700,00
02 — R$ 2.800,00
03 — R$ 2.900,00
04 — R$ 3.000,00
05 — R$ 3.100,00
06 — R$ 3.200,00

(01 a 06) = R$ 17.700,00 : 6 = R$ 2.950,00
R$ 2.950,00 : 2 = R$ 1.475,00 — 1ª parcela;

07 — R$ 3.300,00
08 — R$ 3.400,00
09 — R$ 3.500,00
10 — R$ 3.600,00
11 — R$ 3.700,00

(01 a 11) = R$ 35.200,00 : 11 = R$ 3.200,00
R$ 3.200,00 - R$ 1.475,00 = R$ 1.725,00 — 2ª parcela (valor parcial);

12 — R$ 3.800,00

(01 a 12) = R$ 39.000,00 : 12 = R$ 3.250,00 — 13º salário definitivo;

R$ 3.250,00 - R$ 3.200,00 = R$ 50,00 — diferença depois da revisão em janeiro.

Explicação

1) R$ 17.700,00 — soma das comissões mensais até o mês anterior (junho) ao pagamento da 1ª parcela do 13º salário;

2) 6 — número de meses trabalhados, anteriores ao pagamento da 1ª parcela, e que serve como divisor para se achar a média salarial;

3) R$ 2.950,00 — média salarial que serve como base de cálculo da 1ª parcela;

4) 2 — significa que a 1ª parcela é igual à metade da média salarial;

5) R$ 1.475,00 — valor da 1ª parcela;

6) R$ 35.200,00 — soma das comissões mensais de janeiro a novembro;

7) 11 — divisor para se achar a média das comissões de janeiro a novembro;

8) R$ 3.200,00 — média mensal das comissões de janeiro a novembro, da qual se diminuirá a 1ª parcela, R$ 1.475,00, obtendo-se o valor da segunda parcela;

9) R$ 1.725,00 — valor parcial da 2ª parcela a ser pago em 20/12;

10) R$ 39.000,00— total das comissões do ano e que serve de base para o cálculo definitivo do 13º salário;

11) 12 — divisor para se achar a média das comissões do ano (janeiro a dezembro);

12) R$ 3.250,00 — valor definitivo do 13º salário, valor este que deve ser revisto no caso de salário variável até o 5º dia útil de janeiro (v. Explicação no item 3 da questão anterior);

13) R$ 50,00 — diferença a ser paga em janeiro ao empregado, depois da revisão, e que, somada ao valor parcial da 2ª parcela (R$ 1.725,00), dá o valor definitivo da 2ª parcela do 13º salário (R$ 1.775,00).

Notas

1. Para cálculo do valor do RSR/F, consultar na questão n. 31, a Nota n. 4.

2. Comissões — Correção monetária — Cálculo

O valor das comissões deve ser corrigido monetariamente para em seguida obter-se a média para efeito de cálculo de férias, 13º salário e verbas rescisórias. (OJ n. 181 da SBDI-1-TST)

PAGAMENTO NA CESSAÇÃO DO CONTRATO

DIARISTA — COM MENOS DE UM ANO DE SERVIÇO

Questão n. 55

Empregado, diarista, admitido no dia 19 de abril, teve seu contrato de trabalho dissolvido, sem justa causa, no dia 14 de setembro do mesmo ano. Por ocasião da cessação, ganhava R$ 22,40 (vinte e dois reais e quarenta centavos) por dia de serviço. Quanto deverá receber a título de 13º salário?

Solução

R$ 22,40 x 30 = R$ 672,00 x 4/12 = R$ 224,00

Explicação

1) R$ 22,40 — valor do salário/dia;

2) 30 — os dias do mês;

3) R$ 672,00 — valor do salário mensal;

4) 4/12 — o 13º salário corresponde a 1/12 (um doze avos) por mês de serviço ou fração igual ou superior a 15 dias de trabalho em cada mês. Nos meses da admissão (abril) e da cessação (setembro), o empregado não chegou a trabalhar 15 dias em cada um. Portanto, dos 12 meses do ano, receberá o 13º salário sobre 4 (quatro) meses (4/12);

5) R$ 224,00 — valor do 13º salário.

Notas

1. Cessação contratual — Regulamento

"Art. 7º Ocorrendo a extinção do contrato de trabalho, salvo na hipótese de rescisão com justa causa, o empregado receberá a gratificação devida, nos termos do art. 1º, calculada sobre a remuneração do respectivo mês.

Parágrafo único. Se a extinção do contrato de trabalho ocorrer antes do pagamento de que trata o art. 1º, o empregador poderá compensar o adiantamento mencionado no art. 3º, com o valor da gratificação devida na hipótese de rescisão."

2. Culpa recíproca — 13º salário

Reconhecida a culpa recíproca na rescisão do contrato de trabalho (art. 484, da CLT), o empregado tem direito a 50% (cinquenta por cento) do valor do aviso prévio, do décimo terceiro salário e das férias proporcionais. (Súmula n. 14 do TST)

PARCELAMENTO — MENSALISTA — MENOS DE UM ANO

Questão n. 56

Empregado, admitido no dia 5 de janeiro, teve seu contrato de trabalho dissolvido, a pedido, no dia 14 de junho do mesmo ano. Recebeu a 1ª parcela do 13º salário no mês de abril. Ganhava R$ 3.600,00 (três mil e seiscentos reais) mensais. Quanto deverá receber a título de 13º salário na cessação do contrato de trabalho?

Solução

a) R$ 3.600,00 : 2 = R$ 1.800,00 (1ª parcela)

b) 5/12 x R$ 3.600,00 = R$ 1.500,00 (13º salário na cessação)

Explicação

1) R$ 1.800,00 — valor da 1ª parcela do 13º salário (v. itens 1, 2 e 3 da Explicação na questão n. 51);

2) R$ 1.500,00 — valor do 13º salário na cessação do contrato de trabalho (cálculo — v. item 4 da Explicação na questão anterior). Como já havia recebido adiantamento de (1ª parcela) R$ 1.800,00, terá de devolver a importância de R$ 300,00. Essa devolução pode ser feita mediante compensação com outro crédito trabalhista que o empregado tenha direito a receber do empregador.

Nota

Gratificação de Natal — Demissão espontânea

A gratificação instituída pela Lei n. 4.090, de 13.7.1962, é devida na resilição contratual de iniciativa do empregado. (Súmula n. 157 do TST — ex-prejulgado n. 32)

PARCELAMENTO — FALTA — MENSALISTA ADMITIDO NO CURSO DO ANO

Questão n. 57

Empregado, admitido no dia 2 de fevereiro, teve seu contrato de trabalho dissolvido imotivadamente no dia 30 de outubro do mesmo ano. Recebeu a 1ª parcela do 13º salário no mês de agosto. Ganhava R$ 2.000,00 (dois mil reais) e, a partir de agosto, passou a perceber R$ 3.600,00 (três mil e seiscentos reais) mensais. No mês de setembro, injustificadamente, faltou 17 dias ao serviço. Quanto deverá receber de 13º salário?

Solução

a) $\left(\frac{6 \times R\$\ 2.000,00}{12}\right) : 2 = R\$\ 500,00$

b) $\left(\frac{8 \times R\$\ 3.600,00}{12}\right) = R\$\ 2.400,00$

c) R$ 2.400,00 — R$ 500,00 = R$ 1.900,00

Explicação

1) R$ 500,00 — valor da 1ª parcela do 13º salário (cálculo — v. item 1 da Explicação na questão n. 52);

2) R$ 2.400,00 — valor do 13º salário por ocasião da extinção (cálculo — v. item 4 da Explicação na questão n. 55). O mês de setembro não foi considerado para efeito de cálculo, devido às 17 faltas injustificadas;

3) R$ 1.900,00 — resultado da compensação do adiantamento da 1ª parcela do 13º salário.

Notas

1. Faltas ao serviço

As faltas legais e as justificadas ao serviço não serão deduzidas para os fins previstos no art. 2º deste Decreto. (Regulamento — Decreto n. 57.155/1965, art. 6º)

2. Faltas legais (v. Nota n. 1 na questão n. 27).

3. Afastamento — Auxílio-doença

O período do auxílio-doença, com exceção dos primeiros quinze dias em que há interrupção contratual, não entra no cômputo do 13º salário pago pelo empregador. A Previdência Social, por sua vez, concede abono anual (13º salário), a partir do 16º dia de afastamento do empregado (Lei n. 8.213/1991, art. 60, *caput*). É o que preceitua a lei que dispõe sobre o Plano de Benefícios da Previdência Social (8.213/1991):

> "Art. 40. É devido abono anual ao segurado e ao dependente da Previdência Social que, durante o ano, recebeu auxílio-doença, auxílio-acidente ou aposentadoria, pensão por morte ou auxílio-reclusão.
>
> Parágrafo único. O abono anual será calculado, no que couber, da mesma forma que a Gratificação de Natal dos trabalhadores, tendo por base o valor da renda mensal do benefício do mês de dezembro de cada ano."

O Regulamento da Previdência Social (Decreto n. 3.048/1999) trata do assunto no art. 120.

4. Afastamento — Auxílio-doença acidente

Na ocorrência de acidente do trabalho, o empregado acidentado, além de receber o abono anual pago pela Previdência Social, a partir do 16º dia do afastamento da atividade, não deixará de receber do empregador, sendo sua a responsabilidade pelo acidente, os valores do 13º salário, como parte da indenização correspondente a danos materiais (lucros cessantes).

No caso de acidente do trabalho, o 13º salário pago pelo empregador, como parte da indenização por danos materiais (lucros cessantes), não se confunde com o abono anual pago pela Previdência Social, são verbas distintas, cumuláveis, mas que não têm a mesma natureza jurídica, não admitindo dedução ou compensação entre si. Entretanto, há entendimento em sentido contrário, considerando que as mencionadas parcelas resultam de um mesmo fato e têm a mesma natureza jurídica de indenização, admitindo, portanto, a dedução ou a compensação entre si.

5. Jurisprudência

Acidente de trabalho. Faltas ou ausências

As faltas ou ausências decorrentes de acidente do trabalho não são consideradas para os efeitos de duração de férias e cálculo da gratificação natalina. (Súmula n. 46 do TST)

Gratificação natalina. Auxílio-doença

"Gratificação natalina — A teor do § 1º do art. 1º da Lei n. 4.090, o empregado não faz jus à mesma quanto ao período em que permaneceu em licença médica concedida pelo Órgão de Previdência Social. O preceito está em harmonia com o art. 476 da CLT que prevê, em tal hipótese, a suspensão do contrato de trabalho e não mera interrupção da prestação de serviços." (Ac. TRT-1ª Reg., 2ª T., Proc. RO-2.741/1980, Rel. Juiz Marco Aurélio Mendes de Farias Mello, prof. em 17.3.1981, in *Dicionário de decisões trabalhistas*. 18. ed. São Paulo: Trabalhistas, 1982, ementa n. 2.086, p. 312)

"13º salário e auxílio-doença. O benefício previdenciário do auxílio-doença caracteriza suspensão, e não interrupção do contrato de trabalho, salvo nos quinze primeiros dias. Embora o art. 2º da Lei n. 4.090/1962 disponha que as ausências legais e justificadas ao serviço não sejam deduzidas, a hipótese é diversa, e o tempo de afastamento (e não de ausência) por auxílio-doença não é computável para o direito à gratificação natalina." (TST, 3ª T., Ac. n. 2.480/1980, Proc. RR-4.901/1979, Rel. Min. Coqueijo Costa, DJ de 28.11.1980, p. 10.136, in TEIXEIRA FILHO, João de Lima. *Repertório de jurispru-dência trabalhista*. Rio de Janeiro: Freitas Bastos, 1982, ementa n. 513, p. 95)

Cumulatividade do benefício previdenciário e da indenização do art. 950 do CC. Possibilidade

"*Doença ocupacional — Cumulatividade do benefício previdenciário e da indenização do art. 950 do CC — Possibilidade* — 1. O art. 950 do CC, correspondente ao art. 1.539 do antigo Código Civil, dispõe que, se da ofensa resultar defeito pelo qual o ofendido não possa exercer o seu ofício ou profissão, ou se lhe diminua a capacidade de trabalho, a indenização, além das despesas do tratamento e lucros cessantes até ao fim da convalescença, incluirá pensão correspondente à importância do trabalho para o qual se inabilitou, ou da depreciação que ele sofreu. Por sua vez, segundo a diretriz do art. 7º, XXVIII, da CF, os trabalhadores têm direito a seguro contra acidentes de trabalho, a cargo do empregador, sem excluir a indenização a que este está obrigado, quando incorrer em dolo ou culpa. 2. Na hipótese vertente, em face da configuração de doença ocupacional, a Reclamante postulou, dentre outras verbas, indenização, tendo em vista a incapacidade laboral, consoante os comandos legais supramencionados. 3. O Regional indeferiu o mencionado pedido, em face de a Demandante ser beneficiária dos proventos resultantes da aposentadoria por invalidez, de modo que não se vislumbrava o dano emergente sofrido em decorrência da cessação da atividade. Consignou, ainda, o Regional que a Obreira estava amparada pelo recebimento de benefício previdenciário e complementar, de modo que o deferimento de pensão mensal consistiria em *bis in idem*. 4. Ora, é possível cumular a pensão decorrente da responsabilidade civil com o benefício previdenciário, em face da natureza jurídica distinta das verbas, não obstante decorram do mesmo fato gerador. Assim, dá-se provimento ao recurso de revista, para determinar o retorno dos autos ao TRT de origem, a fim de que, afastada a premissa de impossibilidade de cumulação da pensão decorrente da responsabilidade civil e do benefício previdenciário, aprecie as razões insertas no apelo patronal, no sentido de a Reclamante fazer jus, ou não, à pensão controvertida, e, em caso positivo, julgue o recurso ordinário obreiro, no tocante à questão alusiva ao valor da pensão mensal. Recurso de revista parcialmente conhecido e provido." [TST-RR-310/2005-002-20-00.0 — (Ac. 4ª T.) — 20ª Reg. — Rel. Min. Ives Gandra Martins Filho. DJU 31.8.2007, p. 1047 — In *LTr Sup. Jurisp.* 45/2007, p. 356]

CONTRATO A PRAZO — SALÁRIO FIXO E VARIÁVEL

Questão n. 58

Empregado fez contrato de experiência por 2 (dois) meses. Finda a experiência, não houve continuidade do contrato. Ganhava salário fixo de R$ 360,00 (trezentos e sessenta reais) mensais e mais comissão. Durante os dois meses de experiência, março e abril, ganhou de comissão R$ 1.800,00 (hum mil e oitocentos reais), considerados os repousos legais. Quanto receberá, no final do contrato, a título de 13º salário?

Solução

a) R$ 1.800,00 : 2 = R$ 900,00

b) R$ 900,00 + R$ 360,00 = R$ 1.260,00

c) $\frac{2 \times \text{R\$ } 1.260,00}{12} = \text{R\$ } 210,00$

Explicação

1) R$ 900,00 — valor da média mensal das comissões;

2) R$ 1.260,00 — valor do salário mensal, que resultou da soma da média mensal das comissões com o salário fixo e que servirá de base para o cálculo do 13º salário proporcional;

3) R$ 210,00 — valor do 13º salário que o empregado deverá receber no final do contrato.

Nota

Gratificação de Natal proporcional — Contrato a prazo — Aposentadoria

A Lei n. 9.011, de 30 de março de 1995 (DOU 31.3.1995), acrescentou o § 3º ao art. 1º da Lei n. 4.090/1962, *verbis*:

> "§ 3º A gratificação será proporcional:
>
> I — na extinção dos contratos a prazo, entre estes incluídos os de safra, ainda que a relação de emprego haja findado antes de dezembro; e
>
> II — na cessação da relação de emprego resultante da aposentadoria do trabalhador, ainda que verificada antes de dezembro."

MENSALISTA — HORAS EXTRAS

Questão n. 59

Empregado, admitido no dia 2 de janeiro, teve o seu contrato dissolvido sem justa causa no dia 30 de novembro do mesmo ano. Durante esse período, sempre prestou serviço extraordinário, perfazendo um total de 440 (quatrocentas e quarenta) horas extras normais, considerados os repousos legais. Ganhava R$ 3.520,00 (três mil, quinhentos e vinte reais) mensais por ocasião da cessação do contrato. Quanto deverá receber como 13º salário?

Solução

a) 440 : 11 = 40

b) R$ 3.520,00 : 220 = R$ 16,00 x 1,5 = R$ 24,00

c) 40 x R$ 24,00 = R$ 960,00

d) R$ 3.520,00 + R$ 960,00 = R$ 4.480,00

e) $\frac{11 \times R\$\ 4.480,00}{12} = R\$\ 4.106,66$

Explicação

1) 440 — total de horas extras feitas de janeiro a novembro;

2) 11 — número de meses em que foram feitas as horas extras;

3) 40 — média mensal das horas extras, e que será paga no 13º salário;

4) R$ 24,00 — valor de uma hora extra (v. questão n. 1);

5) R$ 960,00 — valor das 40 horas extras (média mensal);

6) R$ 3.520,00 — valor do salário fixo mensal;

7) R$ 4.480,00 — valor da remuneração que servirá de base para o cálculo do 13º salário;

8) R$ 4.106,66 — valor do 13º salário por ocasião da cessação do contrato de trabalho (cálculo — v. item 4 da Explicação na questão n. 55).

Nota

Jurisprudência

Súmulas do TST

45. Serviço suplementar. Gratificação Natalina

A remuneração do serviço suplementar, habitualmente prestado, integra o cálculo da gratificação natalina prevista na Lei n. 4.090, de 13.7.1962.

60. Adicional noturno. Integração no salário e prorrogação em horário diurno (Res. n. 129 — DJ 20.4.2005)

I — O adicional noturno, pago com habitualidade, integra o salário do empregado para todos os efeitos. (ex-Súmula n. 60 — RA 105, DJ 24.10.1974)

II — Cumprida integralmente a jornada no período noturno e prorrogada esta, devido é também o adicional quanto às horas prorrogadas. Exegese do art. 73, § 5º, da CLT. (ex-OJ n. 6 — Inserida em 25.11.1996)

203. Gratificação por tempo de serviço. Natureza salarial

A gratificação por tempo de serviço integra o salário para todos os efeitos legais.

253. Gratificação semestral. Repercussões (Nova redação — Res. n. 121, DJ 21.11.2003)

A gratificação semestral não repercute no cálculo das horas extras, das férias e do aviso prévio, ainda que indenizados. Repercute, contudo, pelo seu duodécimo na indenização por antiguidade e na gratificação natalina.

291. Horas extras (Revisão do Enunciado n. 76)

A supressão, pelo empregador, do serviço suplementar prestado com habitualidade, durante pelo menos 1 (um) ano, assegura ao empregado o direito à indenização correspondente ao valor de 1 (um) mês das horas suprimidas para cada ano ou fração igual ou superior a seis meses de prestação de serviço acima da jornada normal. O cálculo observará a média das horas suplementares efetivamente trabalhadas nos últimos 12 (doze) meses, multiplicada pelo valor da hora extra do dia da supressão.

347. Horas extras habituais. Apuração. Média física

O cálculo do valor das horas extras habituais, para efeito de reflexos em verbas trabalhistas, observará o número das horas efetivamente prestadas e a ele aplica-se o valor do salário-hora da época do pagamento daquelas verbas.

Gratificação habitual (Súmula n. 207 do STF)

As gratificações habituais, inclusive a de Natal, consideram-se tacitamente convencionadas, integrando o salário.

AVISO PRÉVIO

HORISTA — COM MENOS DE UM ANO DE SERVIÇO

Questão n. 60

Empregado, horista, trabalhava jornada normal, contratado por prazo indeterminado. Foi dispensado, injusta e abruptamente, antes de completar um ano de serviço. Por ocasião da dispensa, ganhava R$ 5,76 (cinco reais e setenta e seis centavos) por hora, com pagamento semanal. Quanto deverá receber a título de aviso prévio?

Solução

R$ 5,76 x 220 = R$ 1.267,20

Explicação

1) R$ 5,76 — valor do salário/hora;

2) 220 — n. de horas trabalhadas no mês (v. item 2 da Explicação na questão n. 01);

3) R$ 1.267,20 — valor do aviso prévio indenizado.

Notas

1. Aviso prévio — Duração — Conceituação

A Constituição Federal preceitua: "aviso prévio proporcional ao tempo de serviço, sendo no mínimo de 30 dias, nos termos da lei" (art. 7º, XXI).

A Consolidação das Leis do Trabalho estabelece:

"Art. 487. Não havendo prazo estipulado, a parte que, sem justo motivo, quiser rescindir o contrato, deverá avisar a outra da sua resolução, com a antecedência mínima de:

I — oito dias, se o pagamento for efetuado por semana ou tempo inferior;

II — trinta dias aos que perceberem por quinzena ou mês, ou tenham mais de doze meses de serviço na empresa."

A CF/1988 absorveu o art. 487 da CLT, com exclusão do aviso prévio de oito dias. Portanto, o aviso prévio será no mínimo de trinta dias, podendo ser mais, por liberalidade do empregador ou por negociação coletiva (convenção ou acordo coletivo de trabalho).

Dispensa do aviso prévio **(positivo)**

O empregado despedido fica dispensado do cumprimento do aviso prévio quando comprovar a obtenção de novo emprego, desonerando a empresa do pagamento dos dias não trabalhados (Precedente Normativo n. 24 do TST — ex-PN 41).

2. Falta do aviso e contagem do tempo

A falta do aviso prévio por parte do empregador dá ao empregado o direito aos salários, correspondentes ao prazo do aviso, garantida sempre a integração desse período no seu tempo de serviço (art. 487, § 1º, da CLT).

3. Dispensa abrupta

É a dispensa brusca, instantânea, sem aviso prévio.

4. Valor do aviso prévio indenizado

O pagamento correspondente ao aviso prévio não trabalhado, também chamado de aviso prévio indenizado, é o mesmo que o empregado perceberia se estivesse trabalhando.

5. Aviso prévio — Força maior

A respeito, escreveu Modestino Martins Netto: "E, como para ser devido *aviso prévio* é imprescindível que a resilição unilateral seja sem justo motivo, o que é o mesmo que dizer-se *sem motivo algum*, da parte de quem tenha iniciativa, a conclusão óbvia é a de que o aviso prévio não é devido na ocorrência de força maior, pois motivo houve para a resilição do contrato, e o que é mais: inevitável e imprevisível. E onde existe justo motivo descabe o aviso prévio"(29).

---

(29) *Manual de aviso prévio*. Rio de Janeiro: Trabalhistas, 1972. p. 138.

6. Aviso Prévio — Contagem do prazo

A contagem do prazo do aviso prévio deve ser feita com exclusão do dia do começo (dia da comunicação) e inclusão do dia do vencimento. Esta regra tem por base os arts. 775 da CLT, 184 do Código de Processo Civil e 125 do Código Civil[30]. Já foi decidido: "Tanto a lei processual (art. 775, da CLT), como a lei substantiva (art. 125, do CC), mandam contar o prazo com a exclusão do dia do começo. Essa regra deve ser observada também em relação ao aviso prévio" (TRT-3ª Reg., 4ª T., RO n. 1.193/1990, Rel. Juiz Orestes C. Gonçalves, DJMG de 8.2.1991, p. 93).

Por sua vez, o TST, por meio da Súmula n. 380, disciplina: "Aplica-se a regra prevista no *caput* do art. 132 do Código Civil de 2002 à contagem do prazo do aviso prévio, excluindo-se o dia do começo e incluindo o do vencimento".

O Dr. Melchíades Rodrigues Martins, tratando do assunto, concluiu que, "se a comunicação do aviso prévio se der antes de o empregado iniciar o seu dia de trabalho, é sustentável a tese de que a contagem se inicia no mesmo dia.

Contudo, se a comunicação for feita durante, ou no final da jornada de trabalho, iniciará a contagem no dia seguinte, pois em caso contrário, não se estaria respeitando o prazo mínimo de trinta dias assegurado pela Magna Carta" (*LTr Sup. Trab.* 113/1991).

Ementa Normativa da SRT/MTE n. 21

Homologação. Aviso prévio. Contagem do prazo. O prazo do aviso prévio conta-se excluindo o dia da notificação e incluindo o dia do vencimento. A contagem do período de trinta dias será feita independentemente de o dia seguinte ao da notificação ser útil ou não, bem como do horário em que foi feita a notificação no curso da jornada.

7. Aviso prévio — Doença ou acidente do trabalho

Quando o empregado estiver afastado do serviço, por doença ou acidente do trabalho, não há possibilidade de concessão do aviso prévio.

O afastamento do empregado, por doença ou acidente do trabalho, poderá ocorrer depois de concedido o aviso prévio ou no caso de aviso prévio indenizado.

Se o aviso foi dado pelo empregado, o entendimento predominante é o de que o contrato cessa no final do pré-aviso. Se o aviso foi de iniciativa do empregador, há divergência doutrinária e jurisprudencial da data efetiva da dissolução do contrato de emprego, identificando-se quatro posicionamentos:

(30) *Novo Código Civil*, art. 132.

para uns, o afastamento do empregado por doença ou acidente do trabalho interrompe a contagem do prazo do aviso prévio, devendo ser dado novo aviso prévio após o término do afastamento do empregado; outros pugnam pela suspensão da contagem do prazo do aviso prévio, devendo o seu curso ser retomado a partir do término do afastamento do empregado; para terceiros, o aviso prévio flui normalmente até esgotar o seu prazo, pondo fim ao contrato de trabalho e à responsabilidade do empregador, por analogia à regra dos contratos por prazo determinado; e, por último, os que defendem que o prazo do aviso prévio flui normalmente até esgotar-se, mas os efeitos da dispensa só se concretizam após o término do afastamento do empregado.

A Súmula n. 371 do TST estabelece: "*Aviso prévio indenizado. Efeitos. Superveniência de auxílio-doença no curso deste.* A projeção do contrato de trabalho para o futuro, pela concessão do aviso prévio indenizado, tem efeitos limitados às vantagens econômicas obtidas no período de pré-aviso, ou seja, salários, reflexos e verbas rescisórias. No caso de concessão de auxílio-doença no curso do aviso prévio, todavia, só se concretizam os efeitos da dispensa depois de expirado o benefício previdenciário" (ex-OJs ns. 40 e 135).

Exemplificação, com base na Súmula n. 371 do TST: empregado dispensado no dia 20.7, com aviso prévio (trabalhado ou indenizado) que começa a contar a partir do dia 21.7 até o dia 20.8; no dia 10.8, o trabalhador foi afastado do serviço por doença, até o dia 12.10, quando expira o benefício previdenciário; dessa forma, o contrato termina no dia 20.8, mas os efeitos da dispensa só se concretizam após o gozo do auxílio-doença, sendo que os cálculos das verbas rescisórias serão efetuados com base na remuneração atualizada do dia 20.8; no caso de aviso prévio indenizado, se as parcelas rescisórias foram pagas antecipadamente, os cálculos deverão ser refeitos, com base na remuneração corrigida do final do aviso (20.8) e complementadas as possíveis diferenças.

8. Aviso prévio — Estabilidade no emprego

Existem dois tipos de estabilidade no emprego: a definitiva ou decenal e a provisória ou transitória. A definitiva produz efeito enquanto perdurar o contrato de emprego, sendo que a estabilidade provisória produz efeito enquanto vigorar.

Na vigência da estabilidade, não há possibilidade de o empregador dar aviso prévio ao empregado. Nesse sentido, o TST pacificou que é inválida a concessão do aviso prévio na fluência da garantia de emprego, ante a incompatibilidade dos dois institutos (Súmula n. 348). Por sua vez, a Instrução

Normativa SRT/MTE n. 3/2002 preceitua no art. 25: "É inválida a concessão do aviso prévio na fluência da garantia de emprego ou férias".

Quanto à aquisição da estabilidade no período do aviso prévio trabalhado ou indenizado, o entendimento predominante é no sentido de sua impossibilidade. A OJ n. 40 da SDI-1-TST, que foi cancelada em decorrência de sua conversão na Súmula n. 371 do TST, preceituava: "*Estabilidade. Aquisição no período do aviso prévio. Não reconhecida.* A projeção do contrato de trabalho para o futuro, pela concessão do aviso prévio indenizado, tem efeitos limitados às vantagens econômicas obtidas no período de pré-aviso, ou seja, salários, reflexos e verbas rescisórias." Na mesma direção é a Súmula n. 369 do TST: (V) "O registro de candidatura do empregado a cargo de dirigente sindical durante o período de aviso prévio, ainda que indenizado, não lhe assegura a estabilidade, visto que inaplicável a regra do § 3º do art. 543 da Consolidação das Leis do Trabalho" (ex-OJ n. 35 da SBDI-1).

O Procurador do Trabalho, Rodrigo de Lacerda Carelli, tratando da aquisição da estabilidade durante o aviso prévio, argumenta: "Somos pela possibilidade de aquisição da estabilidade provisória acidentária durante o período de aviso prévio trabalhado, mas acompanhamos a orientação jurisprudencial da SDI do TST quanto às outras estabilidades provisórias, seja aviso prévio trabalhado ou não" (*LTr Sup. Trab.* 106/2000, p. 620).

9. Aviso prévio cumprido em casa — Pagamento das verbas rescisórias

Às vezes o empregador dá o aviso prévio ao empregado e o dispensa do seu cumprimento, determinando que o trabalhador não precisa trabalhar durante tal período. É o que se chama de aviso prévio cumprido em casa. Nada há de irregular neste procedimento, apenas o empregador deverá atentar que, nessa situação, o pagamento das verbas rescisórias, inclusive o do aviso, deverá ser efetuado até o décimo dia, contado da data da notificação da dispensa (CLT, art. 477, § 6º, letra *a*). Neste sentido preceitua a Orientação Jurisprudencial n. 14 da SDI-1-TST: "Aviso prévio cumprido em casa. Verbas rescisórias. Prazo para pagamento. Em caso de aviso prévio cumprido em casa, o prazo para pagamento das verbas rescisórias é até o décimo dia da notificação de despedida".

Ementa Normativa da SRT/MTE n. 20:

> *Homologação. Aviso prévio cumprido em casa. Falta de previsão legal. Efeitos.* Inexiste a figura jurídica do "aviso prévio cumprido em casa". O aviso prévio ou é trabalhado ou indenizado. A dispensa do empregado de trabalhar no período de aviso prévio implica a necessidade de quitação das verbas rescisórias até o décimo dia, contado da data da notificação da dispensa, nos termos do § 6º, alínea *b*, do art. 477, da CLT.

Precedente Administrativo da SIT/MTE n. 87:

Rescisão. Multas pelo atraso. Duas consequências decorrem da inobservância ao § 6º do art. 477 da CLT, quais sejam, uma multa a título de penalidade pela irregularidade e outra multa em favor do empregado lesado, equivalente ao seu salário. Estatuindo a própria lei duas consequências pecuniárias, absolutamente distintas em termos de natureza jurídica, finalidade e destinatário, completamente descabida é a tese de improcedência do auto de infração por já ter sido recolhida a multa de um salário em favor do empregado.

10. Aviso prévio — Contagem do prazo de prescrição

Há divergência de entendimento quanto ao início da contagem do prazo prescricional, quando se tratar de aviso prévio indenizado.

Para Lélia Guimarães Carvalho Ribeiro, "... quando o pré-aviso se converte no pagamento de uma obrigação descumprida, a prescrição corre desde o instante em que os serviços cessaram, efetivamente. É nesse instante em que o vínculo foi dissolvido que se pode determinar a violação de direitos subjetivos, gerando imediata contagem do prazo prescricional" (*Natureza jurídica do aviso prévio.* São Paulo: LTr, 1995. p. 108). Neste sentido é a ementa:

> "*Aviso prévio indenizado — Integração no tempo de serviço para fins de início de contagem de prazo prescricional — Impossibilidade.* A intenção da norma contida no art. 487, § 1º, da CLT, é evitar possíveis fraudes e garantir direitos rescisórios aos trabalhadores, mas não transformar a realidade quanto à data de extinção do contrato de trabalho, elastecendo o prazo prescricional insculpido no art. 7º, inciso XXIX, alínea *a*, da CF." (TRT, 8ª Região, RO n. 569/1998 — Ac. 1ª T., 7.4.1998 — Rel. Juíza Maria Joaquina Siqueira Rebelo — In: *Revista LTr* 63-04/545)

Por sua vez, a Orientação Jurisprudencial n. 83 da SDI-1-TST considera a computação do prazo do aviso prévio indenizado para efeito de início de contagem do prazo prescricional, preceituando: "Aviso prévio. Prescrição. Começa a fluir no final da data do término do aviso prévio — Art. 487, § 1º, CLT".

Diferente é a situação do empregado demissionário, como evidencia a ementa:

> "*Aviso prévio dado pelo empregado — Prescrição — Termo inicial* — A dação de aviso prévio por parte do empregado, com expresso pedido de seu não cumprimento, aceito pelo empregador, constitui termo inicial para efeito de contagem do prazo prescricional. Essa hipótese se diferencia daquela em que o empregador é quem toma a iniciativa de denunciar o contrato de trabalho sem justa causa, e que o empregado tem o direito de ver computado em seu tempo de serviço o prazo do aviso prévio (indenizado ou trabalhado), para

todos os efeitos legais (Orientação Jurisprudencial n. 83 da SDI-1). Nesse contexto, e considerando-se que foi da reclamante a iniciativa de pedir demissão e solicitar o descumprimento do aviso prévio, por certo que não se pode falar em ofensa ao art. 7º, XXI, da Constituição Federal, e muito menos em contrariedade ao Enunciado n. 276 do TST. Agravo de instrumento não provido." [TST-AIRR-47/2002-900-09-00.7 — (Ac. 4ª T.) — 9ª Reg. — Rel. Min. Milton de Moura França. DJU 21.5.2004, p. 550 — in *LTr Sup. Jurisp.* 30/2004, p. 233/234]

11. Jurisprudência

Súmulas do TST

14. Aviso prévio. Culpa recíproca

Reconhecida a culpa recíproca na rescisão do contrato de trabalho (art. 484 da CLT), o empregado tem direito a 50% (cinquenta por cento) do valor do aviso prévio, do décimo terceiro salário e das férias proporcionais.

44. Aviso prévio. Cessação da atividade da empresa

A cessação da atividade da empresa, com o pagamento da indenização, simples ou em dobro, não exclui, por si só, o direito do empregado ao aviso prévio.

163. Aviso prévio. Contrato de experiência

Cabe aviso prévio nas rescisões antecipadas dos contratos de experiência, na forma do art. 481 da CLT. (ex-prejulgado n. 42)

182. Aviso prévio. Indenização compensatória. Lei n. 6.708, de 30.10.1979 (Redação dada pela Res. n. 5, DJ 9.11.1983)

O tempo do aviso prévio, mesmo indenizado, conta-se para efeito da indenização adicional prevista no art. 9º da Lei n. 6.708, de 30.10.1979(31).

276. Aviso prévio. Renúncia pelo empregado

O direito ao aviso prévio é irrenunciável pelo empregado. O pedido de dispensa de cumprimento não exime o empregador de pagar o respectivo valor, salvo comprovação de haver o prestador dos serviços obtido novo emprego.

348. Aviso prévio. Concessão na fluência da garantia de emprego. Invalidade

É inválida a concessão do aviso prévio na fluência da garantia de emprego, ante a incompatibilidade dos dois institutos.

369. Dirigente sindical. Estabilidade

[...] V — O registro da candidatura do empregado a cargo de dirigente sindical durante o período de aviso prévio, ainda que indenizado, não lhe assegura a estabilidade, visto que inaplicável a regra do § 3º do art. 543 da Consolidação das Leis do Trabalho. (ex-OJ n. 35)

371. Aviso prévio indenizado. Efeitos. Superveniência de auxílio-doença no curso deste (Res. n. 129 — DJ 20.4.2005)

A projeção do contrato de trabalho para o futuro, pela concessão do aviso prévio indenizado, tem efeitos limitados às vantagens econômicas obtidas no período de pré-

(31) Atualmente Lei n. 7.238/1984.

-aviso, ou seja, salários, reflexos e verbas rescisórias. No caso de concessão de auxílio-doença no curso do aviso prévio, todavia, só se concretizam os efeitos da dispensa depois de expirado o benefício previdenciário. (ex-OJs ns. 40 e 135 — Inseridas respectivamente em 28.11.1995 e 27.11.1998)

380. Aviso prévio. Início da contagem. Art. 132 do Código Civil de 2002 (Res. n. 129 — DJ 20.4.2005)

Aplica-se a regra prevista no *caput* do art. 132 do Código Civil de 2002 à contagem do prazo do aviso prévio, excluindo-se o dia do começo e incluindo o do vencimento. (ex-OJ n. 122 — Inserida em 20.4.1998)

Orientações Jurisprudenciais da SBDI-1-TST

14. Aviso prévio cumprido em casa. Verbas rescisórias. Prazo para pagamento

Em caso de aviso prévio cumprido em casa, o prazo para pagamento das verbas rescisórias é até o décimo dia da notificação de despedida.

82. Aviso prévio. Baixa na CTPS

A data de saída a ser anotada na CTPS deve corresponder à do término do prazo do aviso prévio, ainda que indenizado.

83. Aviso prévio. Indenizado. Prescrição

A prescrição começa a fluir no final da data do término do aviso prévio. Art. 487, § 1º, CLT.

84. Aviso prévio. Proporcionalidade

A proporcionalidade do aviso prévio, com base no tempo de serviço, depende da legislação regulamentadora, posto que o art. 7º, inc. XXI, da CF/1988 não é autoaplicável.

268. Indenização adicional. Leis ns. 6.708/1979 e 7.238/1984. Aviso prévio. Projeção. Estabilidade provisória

Somente após o término do período estabilitário é que se inicia a contagem do prazo do aviso prévio para efeito das indenizações previstas nos arts. 9º da Lei n. 6.708/1979 e 9º da Lei n. 7.238/1984.

367. Aviso prévio de 60 dias. Elastecimento por norma coletiva. Projeção. Reflexos nas parcelas trabalhistas

O prazo de aviso prévio de 60 dias, concedido por meio de norma coletiva que silencia sobre alcance de seus efeitos jurídicos, computa-se integralmente como tempo de serviço, nos termos do § 1º do art. 487 da CLT, repercutindo nas verbas rescisórias.

372. Minutos que antecedem e sucedem a jornada de trabalho. Lei n. 10.243, de 27.6.2001. Norma coletiva. Flexibilização. Impossibilidade

A partir da vigência da Lei n. 10.243, de 27.6.2001, que acrescentou o § 1º ao art. 58 da CLT, não mais prevalece cláusula prevista em convenção ou acordo coletivo que elastece o limite de 5 minutos que antecedem e sucedem a jornada de trabalho para fins de apuração das horas extras.

Ementas diversas

Aviso prévio. Falência. Concordata. Dobra salarial

"Para os empregados a falência do empregador é quase sempre uma surpresa. Por isso, na rescisão do contrato de trabalho é devido o aviso prévio." (TST, RR 2.009/

1973, Barata Silva, 3ª T., 1.555/1973, DJU 20.11.1973, in CARRION, Valentin. *Nova jurisprudência em direito do trabalho.* São Paulo: RT, 1975, ementa n. 666, p. 112)

"Constituindo a falência, uma das características do risco do negócio — ônus do empregador — é devido o aviso prévio mesmo nesta hipótese. A massa falida não satisfaz créditos fora do juízo universal da falência. Seria, ademais, estabelecer-se privilégio em detrimento de outros credores, impor à falida, a dobra salarial prevista no art. 467 da CLT." (TST, RR 5.873/1983, Ac. 2ª T., 3.176/1984, 2ª Reg., Rel. Min. Marcelo Pimentel, DJU 7.12.1984, in *RDT* n. 55, p. 74)

Aviso prévio. Acordo

"Não cabe aviso prévio quando o contrato de trabalho é rescindido por acordo." (TST, E-RR-2.569/1972, Coqueijo Costa, TP-1.024/1974, DJU 6.9.1974, p. 6639, in ob. acima citada de V. Carrion, ementa n. 169, p. 29)

Aviso prévio. Natureza

"O aviso prévio, quando pago sem que haja exigência de labor, constitui salário pago antecipadamente. Não se destina tal pagamento a reparar dano ou a indenizar o empregado." (TRT-9ª Reg., RO 3.629/1990, Ac. 1ª T. 4.211/1991, 11.6.1991, Rel. Juiz Tobias de Macedo Filho — In *Revista LTr* 56-03/329)

Aviso prévio de 60 dias. Reflexos. Violação do art. 896 da CLT

"Indiscutível se afigura na hipótese dos autos que foram observados os limites da norma coletiva que, ao estabelecer o prazo do aviso prévio em 60 dias, não desnaturou o instituto — e nem poderia fazê-lo, por se tratar de garantia mínima, não inserida no âmbito da disponibilidade das partes. Assim, não concedido o aviso prévio, o prazo respectivo deverá ser computado na duração do contrato de trabalho, a teor do art. 487, § 1º da CLT. Ilesos os arts. 1.090 do Código Civil de 1916, 7º, inciso XXI, da Constituição da República e 487 da CLT. As normas trabalhistas encerram preceitos mínimos de proteção ao trabalhador, revestindo-se de plena eficácia as disposições que vêm em seu benefício. Pertinência do princípio protetivo, expressamente positivado no *caput* do próprio art. 7º da Carta Magna. Recurso de embargos não conhecido." [TST-E-RR-646.156/2000.2 — (Ac. SBDI1) — 3ª Reg. — Rel. Min. Lélio Bentes Corrêa. DJU 11.11.2005, p. 912 — In *LTr Sup. Jurisp.* 52/2005, p. 412]

Aviso prévio. Indeferimento do pedido

"Não faz jus ao pagamento de aviso prévio funcionário que imediatamente após a rescisão contratual foi contratado para trabalhar. O objetivo da instituição do aviso prévio é em síntese comunicar as partes que o contrato laboral será rescindido, proporcionar condições para que o empregado e o empregador encontrem nova colocação e novo funcionário, desta forma, tendo o obreiro sido contratado para trabalhar no dia subsequente à rescisão contratual, o objetivo primordial do aviso prévio falece, não havendo portanto que se falar em seu pagamento. Por analogia recorro à Súmula n. 278 do C.TST." (TRT 2ª R. — Proc 01183200344202005 (20050768535) — 8ª T. — Relª Lilian Lygia Ortega Mazzeu, DJSP 3.11.2005 — In *Revista IOB Trabalhista e Previdenciária* n. 199, ementa 22450, p. 131)

Gestante. Gravidez no curso do aviso prévio. Estabilidade provisória. Inexistência

"*Gestante. Gravidez no curso do aviso prévio. Não geração de estabilidade. Súmula n. 371 do TST.* A questão da aquisição de estabilidade no curso do prazo correspondente ao aviso prévio já se encontra pacificada nesta Corte, através da Súmula n. 371, segundo a qual a projeção do contrato de trabalho para o futuro, pela concessão do aviso prévio indenizado, tem efeitos limitados às vantagens econômicas obtidas no período de pré-aviso, ou seja, salários, reflexos e verbas rescisórias. Assim, o fato da reclamante ter engravidado no curso do aviso prévio não faz nascer a estabilidade própria da gestante, pois do contrário a concepção poderia se converter em meio de frustrar o exercício do direito potestativo do empregador, de resilição do contrato de trabalho, vindo a pagar por período sequer trabalhado, em caso de constatação tardia da gravidez. Recurso de revista provido." [TST-RR 1957/2003-067-15-00.0 — 15ª Reg. (4ª T.) — Rel. Min. Ives Gandra Martins Filho — DJU 1 10.8.2007]

Prescrição. Aviso prévio indenizado. Integração. Contrato de trabalho

"*Prescrição. Aviso prévio indenizado. Integração. Contrato de trabalho.* 1. O prazo prescricional somente começa a fluir a partir da data da efetiva extinção do contrato de trabalho, a qual se dá ao final do aviso prévio, ainda que indenizado, nos exatos termos do disposto no art. 487, § 1º, da CLT. Incidência da Orientação Jurisprudencial 83 da SBDI-1 do TST. 2. Se a lei assegura projeção do aviso prévio para todos os efeitos legais (art. 487, § 1º, da CLT), o início do prazo prescricional dá-se com a cessação contratual que, juridicamente, não coincide com a data da dispensa, mesmo que tal haja sido tomada como referência para anotação em CTPS. 3. Decorridos menos de dois anos entre a data do ajuizamento da ação e a data da extinção do contrato de trabalho, incluído nesta o prazo do aviso prévio indenizado, não há prescrição a ser declarada. 4. Recurso de revista conhecido e provido, no particular." [TST-RR-699.546/2000.5 — (Ac. 1ª T.) — Rel. Min. João Oreste Dalazen — DJU 9.2.2007, p. 676 — In *LTr Sup. Jurisp.* 15/2007, p. 119]

MENSALISTA — HORAS EXTRAS HABITUAIS

Questão n. 61

Empregado, com jornada normal de trabalho, contratado por prazo indeterminado, foi dispensado injusta e abruptamente. Na época da dispensa, ganhava R$ 3.520,00 (três mil, quinhentos e vinte reais) mensais e mediante acordo, durante todo o contrato de trabalho, fez 2 horas extras por dia. Quanto deverá receber a título de aviso prévio?

Solução

a) R$ 3.520,00 : 220 = R$ 16,00

b) R$ 16,00 x 1,5 x 60 = R$ 1.440,00

c) R$ 3.520,00 + R$ 1.440,00 = R$ 4.960,00

Explicação

1) R$ 16,00 — valor do salário/hora (v. questão n. 1);

2) R$ 1.440,00 — valor mensal das horas extras habituais (2 h/dia x 30 dias = 60 h/mês — v. questão n. 1);

3) R$ 4.960,00 — valor do aviso prévio indenizado.

Notas

1. Aviso prévio — Horas extras habituais — Reajustamento salarial — CLT, art. 487

"§ 5º O valor das horas extraordinárias habituais integra o aviso prévio indenizado."

"§ 6º O reajustamento salarial coletivo, determinado no curso do aviso prévio, beneficia o empregado pré-avisado da despedida, mesmo que tenha recebido antecipadamente os salários correspondentes ao período do aviso, que integra seu tempo de serviço para todos os efeitos legais." (Parágrafos acrescentados pela Lei n. 10.218/2001)

2. Aviso prévio — Média das horas extras

Nesta questão, o empregado fazia 2 horas suplementares por dia. Caso as horas extras habituais não sejam uniformes, procura-se a média das horas extras dos 12 últimos meses de serviço (v. CLT, 487, § 3º e Súmula n. 347 do TST).

3. Jurisprudência

Horas extras habituais. Apuração. Média física

"O cálculo do valor das horas extras habituais, para efeito de reflexos em verbas trabalhistas, observará o número de horas efetivamente prestadas e a ele aplica-se o valor do salário-hora da época do pagamento daquelas verbas." (Enunciado n. 347 do TST)

Aviso prévio. Reajuste salarial

"Quando o reajuste salarial ocorre no transcurso do aviso prévio, somente é devido o pagamento reajustado dos dias posteriores à sua vigência." (TST, E-RR 7.367/1986, Ac. TP 2.988/1989, 11.9.1989, Rel. Min. Orlando Teixeira da Costa, in *Rev. LTr* 54-4/464)

DIARISTA — ADICIONAL DE PERICULOSIDADE

Questão n. 62

Empregado, com jornada normal, contratado por prazo indeterminado, trabalhava em condições perigosas e depois de um ano de serviço foi, injusta e abruptamente, dispensado. Ganhava R$ 24,00 (vinte e quatro reais) por dia na época da dispensa. Quanto deverá receber de aviso prévio?

Solução

a) R$ 24,00 x 30 = R$ 720,00

b) R$ 720,00 x 30% = R$ 216,00

c) R$ 720,00 + R$ 216,00 = R$ 936,00
ou,

simplificando: R$ 720,00 x 1,3 = R$ 936,00

Explicação

1) R$ 720,00 — valor do salário mensal (R$ 24,00 por dia x 30 dias);

2) R$ 216,00 — valor mensal do adicional de periculosidade (v. questão n. 46);

3) R$ 936,00 — valor do aviso prévio indenizado.

Notas

1. Adicionais habituais — Reflexos

Os adicionais habituais (horas extras, periculosidade, insalubridade, noturno etc.) são espécies do gênero percentagem; portanto, integram o salário nos termos do art. 457, § 1º, da CLT. Razão por que são levados em conta no cálculo do aviso prévio indenizado.

2. Jurisprudência

Súmulas do TST

60. Adicional noturno. Integração no salário e prorrogação em horário diurno (Res. n. 129 — DJ 20.4.2005)

I — O adicional noturno, pago com habitualidade, integra o salário do empregado para todos os efeitos. (ex-Súmula n. 60 — RA 105, DJ 24.10.1974)

II — Cumprida integralmente a jornada no período noturno e prorrogada esta, devido é também o adicional quanto às horas prorrogadas. Exegese do art. 73, § 5º, da CLT. (ex-OJ n. 6 — Inserida em 25.11.1996)

253. Gratificação semestral. Repercussões

A gratificação semestral não repercute nos cálculos das horas extras, das férias e do aviso prévio, ainda que indenizado. Repercute, contudo, pelo seu duodécimo na indenização por antiguidade e na gratificação natalina.

TAREFEIRO — DEMISSÃO

Questão n. 63

Empregado, tarefeiro, trabalhava jornada normal, contratado por prazo indeterminado; com mais de ano de serviço, deixou o emprego sem aviso prévio ao empregador. Nos últimos 12 meses de serviço, considerados os repousos legais, produziu 72.600 (setenta e duas mil e seiscentas) peças, e por ocasião da demissão ganhava R$ 0,40 (quarenta centavos) por peça produzida. Quanto o empregador poderá descontar a título de aviso prévio?

Solução

72.600 : 12 = 6.050 x R$ 0,40 = R$ 2.420,00

Explicação

1) 6.050 — média mensal da produção correspondente aos últimos 12 meses (v. CLT, art. 487, § 3º);

2) R$ 0,40 — valor da tarifa por ocasião da demissão;

3) R$ 2.420,00 — valor que o empregador poderá descontar pela falta do aviso prévio por parte do empregado.

Notas

1. Falta de aviso do empregado

A falta de aviso por parte do empregado dá ao empregador o direito de descontar os salários correspondentes ao prazo respectivo (art. 487, § 2º, da CLT).

2. Salário-tarefa — Cálculo

Em se tratando de salário pago na base de tarefa, o cálculo, para os efeitos dos parágrafos anteriores, será feito de acordo com a média dos últimos doze meses de serviço (art. 487, § 3º, da CLT).

3. Aviso prévio — Desconto

A respeito de desconto do aviso prévio, José Serson argumenta: "Se o empregado pede demissão e quer o desligamento imediato, a empresa subtrairá, de verbas que teria de pagar, o valor do aviso prévio; se der saldo negativo, a empresa perde a diferença, pois a lei fala em 'descontar' (art. 487, § 2º, da CLT) e não em 'cobrar'. A correção salarial que ocorrer durante o período referente ao desconto deve ser nele incluída. Não concordamos com os que acham que o desconto possa ser feito apenas 'dos salários', e que não admitem o desconto do 13º, das férias ou do salário-família. O que a lei diz é que se pode descontar 'os salários' correspondentes ao prazo do aviso prévio, mas não limita a base do desconto, isto é, o desconto pode ser feito de qualquer verba a pagar." Mais adiante o autor finaliza: "Se o empregado dá o aviso prévio, mas não o cumpre, não cabe retenção, que só é permitida em lei quando o aviso não é dado; mas se configura a falta grave de desídia (por faltas injustificadas) ou abandono de emprego (se, depois de dar o aviso o empregado não vem mais trabalhar, só voltando para o acerto de contas)" (*Curso de rotinas trabalhistas.* 18. ed. São Paulo: LTr, 1981. p. 79 e 80).

4. Aviso prévio — Gestante

Faculta-se à gestante, desde que fundada em atestado médico, não apenas mudar a função, durante a gravidez, mas também rescindir o respectivo contrato de trabalho, o que poderá fazer sem ônus de conceder aviso prévio ao empregador (MAGANO, Octavio Bueno. Proteção ao trabalho da mulher. *Revista LTr* 49-8/929).

5. Jurisprudência

Aviso prévio. Renúncia pelo empregado

"O direito ao aviso prévio é irrenunciável pelo empregado. O pedido de dispensa de cumprimento não exime o empregador de pagar o respectivo valor, salvo comprovação de haver o prestador dos serviços obtido novo emprego." (Súmula n. 276 do TST)

Aviso prévio. Pedido de dispensa de seu cumprimento pelo empregado

"Recurso de Revista a que se dá provimento para julgar procedente a reclamatória, pois o pedido de dispensa de cumprimento do aviso prévio solicitado pelo empregado e aceito pela empresa, desobriga o empregado do trabalho, mas não o empregador do seu pagamento, pois aceitando o pedido deve arcar com tal ônus." (TST, RR 6.015/1983, Ac. 1ª T., 442/1985, 19.3.1985, Rel. Desig. Min. João Wagner, in *Revista LTr* 49-7/824)

Aviso prévio. Dispensa do cumprimento

"Se o empregado pede dispensa da obrigação legal de prestar serviços no período do aviso prévio, dado pelo empregador, para assumir outro emprego, não faz jus ao seu pagamento. Na hipótese dos autos, está presente o interesse maior do empregado, ou seja, a oportunidade de contratação imediata com terceiro. Recurso conhecido e não provido." (TRT-10ª Reg., RO 2.881/1985, Ac. 1ª T., 2.634/1986, Rel. Juiz Bertholdo Satyro — DJ 6.10.1986 — in RDT n. 65, p. 107)

Aviso prévio do empregado. Compensação

"Aviso prévio do empregado. Compensação. De acordo com o art. 487, § 2º, da CLT, a ausência de aviso prévio por parte do empregado dá ao empregador o direito de descontar os salários correspondentes ao prazo respectivo." [TRT, 3ª Reg., RO 00178-

2004-106-03-00-2 — (Ac. 6ª T.) — Rel. Juiz Ricardo Antonio Mohallem, DJMG 3.2.2005, p. 27 — *Apud LTr Sup. Jurisp.* 17/2005, p. 130]

Aviso prévio. Dispensa. Desconto pecuniário

"Por se tratar de obrigação bilateral decorrente do contrato de trabalho, não só o empregador tem o dever jurídico de pré-avisar ao empregado sobre a sua intenção de rescindir o contrato entre eles existente. Todavia, existem duas hipóteses que autorizam a dispensa do cumprimento do aviso prévio, quais sejam: a primeira, quando o empregador comprova que o empregado demitido obteve um novo emprego (Precedente n. 24 e Súmula n. 276 do C. TST); a segunda, trata-se de uma faculdade, pois o empregador poderá ou não dispensar a referida obrigação jurídica do empregado que pede demissão e solicita a dispensa do cumprimento do aviso prévio. Portanto, se a iniciativa da ruptura do contrato de trabalho parte do empregado e este deixa de dar ou de cumprir o aviso prévio, nasce para o empregador o direito de descontar o valor equivalente àquele período. Inteligência do § 2º do art. 487 da CLT" [TRT 10ª Reg. ROPS 00687-2005-020-10-00-6 — (Ac. 1ª T./2005) — Rel. Juiz Pedro Luis Vicentin Foltran. DJU 7.10.2005, p. 29 — In *LTr Sup. Jurisp.* 45/2005, p. 354].

Aviso prévio. Solicitação imediata de afastamento feita pelo empregado. Anuência da empresa. Indevido

"*Aviso prévio — Solicitação imediata de afastamento feita pelo empregado — Anuência da empresa* — É indevido o valor referente ao aviso prévio quando o empregado solicita o afastamento imediato do trabalho com a anuência da empresa." [TRT 12ª Reg. RO 00222-2007-031-12-00-0 — (Ac. 2ª T., 28.8.2007) — Relª Juíza Ione Ramos. Disp. TRT-SC/DOE 11.10.2007. Data de Publ. 15.10.2007. In *LTr Sup. Jurisp.* 49/2007, p. 385]

COMISSIONISTA — DESPEDIDA INDIRETA

Questão n. 64

Empregado comissionista trabalhava jornada normal, contratado por prazo indeterminado; com mais de ano de serviço, considerou o seu contrato de trabalho desfeito devido ao fato de o empregador não cumprir com as suas obrigações legais. Nos últimos 12 (doze) meses de serviço, considerados os repousos legais, ganhou de comissão R$ 40.800,00 (quarenta mil e oitocentos reais). Quanto deverá receber a título de aviso prévio?

Solução

R$ 40.800,00 : 12 = R$ 3.400,00

Explicação

1) R$ 40.800,00 — valor das comissões nos últimos 12 meses de serviço;

2) R$ 3.400,00 — valor do aviso prévio, que é igual à média dos 12 últimos meses de serviço.

Notas

1. Aviso prévio — Despedida indireta

É devido o aviso prévio na despedida indireta (CLT, art. 487, § 4º — acrescentado pela Lei n. 7.108, de 5.7.1983).

2. Despedida indireta — Conceito

É a provocada pelo empregador, isto é, quando ele dá motivo para a cessação do contrato de trabalho. Os motivos dados pelo empregador pelos quais o empregado pode considerar o contrato desfeito estão enumerados no art. 483 da CLT.

3. Comissionistas — Cálculo

No caso de comissionistas, por analogia, aplica-se a regra dos tarefeiros, contida no § 3º do art. 487 da CLT (v. Nota n. 2 da questão anterior).

FALTA DE REDUÇÃO DO HORÁRIO

Questão n. 65

Empregado, com jornada normal, ganha R$ 5.544,00 (cinco mil, quinhentos e quarenta e quatro reais) mensais. Contratado por prazo indeterminado, foi dispensado sem justa causa. Durante o aviso prévio, o empregador não concedeu a redução das duas horas diárias, prevista em lei. Quanto deverá receber pelo período do aviso prévio trabalhado?

Solução

a) R$ 5.544,00 : 220 = R$ 25,20

b) R$ 25,20 x 1,50 x 60 = R$ 2.268,00

c) R$ 5.544,00 + R$ 2.268,00 = R$ 7.812,00

Explicação

1) R$ 5.544,00 — valor do aviso prévio trabalhado;

2) R$ 2.268,00 — valor das 60 horas (2 h/dia x 30 dias) não reduzidas durante o aviso prévio trabalhado, e que serão pagas como extraordinárias com o adicional de 50%;

3) R$ 7.812,00 — somatório do valor do aviso prévio trabalhado com as horas extras feitas nesse período; esse entendimento foi alterado pela Súmula n. 230 do TST. (Consultar a Nota n. 4 abaixo)

Notas

1. Diminuição da jornada no aviso prévio trabalhado — CLT

"Art. 488. O horário normal de trabalho do empregado, durante o prazo do aviso, e se a rescisão tiver sido promovida pelo empregador, será reduzido de duas horas diárias, sem prejuízo do salário integral.

Parágrafo único. É facultado ao empregado trabalhar sem a redução das 2 (duas) horas diárias previstas neste artigo, caso em que poderá faltar ao serviço, sem prejuízo do salário integral, por 1 (um) dia, na hipótese do inciso I, e por 7 (sete) dias corridos, na hipótese do inciso II do art. 487 desta Consolidação." (parágrafo único acrescentado pela Lei n. 7.093, de 25.4.1983)

2. Trabalhador rural — Diminuição do horário

Durante o prazo do aviso prévio, e se a rescisão tiver sido promovida pelo empregador, o empregado rural terá direito a um dia por semana, sem prejuízo do salário integral, para procurar outro trabalho (Lei n. 5.889/1973, art. 15).

3. Falta de redução do horário — Ilegalidade

Quando o empregador não propiciar a redução da jornada normal de trabalho durante o prazo do aviso prévio, este deixa de atingir a sua finalidade, ficando o empregador obrigado a conceder novo aviso ou pagá-lo de forma integral. Francisco Antonio de Oliveira argumenta que "o pagamento das horas, que deveriam ser reduzidas, como extras, tem por consequência imediata a neutralização do aviso concedido, considerando-o não concedido para todos os efeitos legais, nos termos do art. 9º da Consolidação"[32].

(32) *Comentários aos enunciados do TST*. 5. ed. São Paulo: RT, 2001. p. 631.

4. Jurisprudência

Aviso prévio. Substituição pelo pagamento das horas reduzidas da jornada de trabalho

"É ilegal substituir o período que se reduz da jornada de trabalho, no aviso prévio, pelo pagamento das horas correspondentes." (Súmula n. 230)

Redução em duas horas. Desrespeito. Efeito

"Aviso prévio. Nulidade. A orientação contida no art. 488 da CLT, ao determinar a redução em duas horas da jornada, tem como escopo permitir ao empregado dispensado por iniciativa do empregador tempo suficiente na procura de novo emprego. Na hipótese de a norma ser desrespeitada, a finalidade do instituto não foi alcançada, ficando a Empresa inadimplente quanto ao pagamento do aviso prévio." [TST-RR--252238/1996-4 — TRT 2ª Reg. — (Ac. 4ª T./TST) — Rel. Min. Wagner Pimenta, DJU 7.8.1998, p. 804 — *Apud* FERRARI, Irany; MARTINS, Melchíades Rodrigues. *Julgados trabalhistas selecionados*. São Paulo: LTr, v. VI, ementa n. 182]

Aviso prévio. Redução da carga horária

"O objetivo maior do aviso prévio é a procura de novo emprego. Assim, sua finalidade fica diluída se não for observada a redução da jornada de trabalho em duas horas, não havendo como se admitir que essas horas possam ser remuneradas como extras, nos moldes do Enunciado n. 230 do TST. Assim, é devido o pagamento integral do aviso prévio que, em realidade, não foi outorgado." (TST, RR 4.285/1990.6, Ac. 2ª T., 1.274/1990.1, 1ª Reg., Rel. Min. Francisco Leocádio, DJU-I, de 19.12.1990, p. 15.61969, in *Orientador Trabalhista*, SJP n. 5/91, p. 174)

Aviso prévio trabalhado. Resilição contratual promovida pelo empregador. Inobservância do art. 488/CLT. Efeitos

"O aviso prévio trabalhado pode ser cumprido de duas maneiras, nos casos de dispensa promovida pelo empregador, a teor da regra contida no art. 488 da CLT. A primeira, mediante prestação laborativa pelo obreiro na jornada e horários habituais, ao longo de 30 dias, com redução diária de duas horas, sem prejuízo da integralidade do salário (*caput* do art. 488/CLT). A segunda consiste na supressão de qualquer trabalho nos últimos 7 dias de pré-aviso, laborando-se o período anterior sem a redução de duas horas acima mencionada (parágrafo único do art. 488/CLT). Não comprovada a observância de qualquer dessas medidas por parte da ré, sendo dela o ônus de prova (art. 333, II, do CPC c/c art. 818/CLT), reputa-se frustrado o principal objetivo do aviso prévio, que é possibilitar à parte surpreendida com a ruptura ajustar-se à nova situação; no caso de empregado, procurar outro emprego. Em consequência, é devido ao obreiro o pagamento de novo valor pelo aviso parcialmente frustrado, pagamento que tem evidente caráter indenizatório (Enunciado n. 230 do TST)." [TRT, 3ª Reg., RO 00503-2004-099-03-00-3 — (Ac. 1ª T.) — Rel. Juiz Mauricio J. Godinho Delgado, DJMG 18.2.2005, p. 4, in *LTr Sup. Jurisp.* 15/2005, p. 114]

Aviso prévio. Ausência da redução da jornada prevista no art. 488 da CLT. Nulidade

"O objetivo do aviso prévio é possibilitar ao empregado a obtenção de nova colocação no mercado de trabalho. O art. 488 da CLT dispõe que o horário de trabalho do empregado será reduzido quando dado o aviso prévio pelo empregador, sem prejuízo do salário integral. Já o parágrafo único do citado dispositivo faculta ao empregado trabalhar sem a redução, com direito de faltar ao serviço por 7 dias corridos. Trata-se de uma faculdade, não podendo, por isso mesmo, ser imposta pelo empregador. Por conseguinte, quando o empregador não concede a redução de horário, tem-se que o fim precípuo do instituto não foi atingido, na medida em que não é viável a possibilidade de o empregado procurar novo emprego, circunstância que descaracteriza o instituto. Agravo de instrumento não provido." [TST-AIRR-14.716/2002-900-04-00.6 — (Ac. 4ª T.) — 4ª Reg. — Rel. Juiz Convocado José Antônio Pancotti. DJU 11.11.2005, p. 1.264. In *LTr Sup. Jurisp.* 2/2006, p. 10]

Aviso prévio. Trabalhador rural. Divergência

"*Aviso prévio — Trabalhador rural — Não aplicação da legislação específica (art. 15 da Lei n. 5.889/1973) — Nulidade — Inexistência.* O reclamante afirmou ser nulo o aviso prévio concedido nos moldes do art. 488, da CLT, eis que inaplicável aos trabalhadores rurais, que dispõem de legislação própria (art. 15 da Lei n. 5.889/1973), entretanto, deve ser revelado que esse preceito legal não foi recepcionado pela Constituição de 1988, acarretando a ampla aplicabilidade do art. 488, da CLT aos rurais, que inclusive resultou mais benéfico ao obreiro, porque deixou de trabalhar sete dias, enquanto que nos termos da lei própria os dias não trabalhados seriam em torno de quatro. Recurso improcedente." [TRT, 15ª Reg. (Campinas/SP) — RO 434909/1998 — (Ac. 1ª T., 22906/00 — Rel. Juiz Antonio Miguel Pereira, DJSP 4.7.2000, p. 28 — *Apud LTr Sup. Trab.* 131/00-728]

"*Empregado rural. Aviso prévio. Inaplicabilidade do art. 488 da CLT.* O empregado rural está sujeito à legislação própria específica e que prevê concessão de aviso prévio diferenciado dos trabalhadores celetistas. Assim, conforme Lei n. 5.889/1973, art. 15, no caso de aviso prévio deverá haver ausência num dia por semana (e não a redução de duas horas diárias ou de sete dias corridos conforme previsão do parágrafo único do art. 488 da CLT — lei genérica)." [TRT, 15ª Reg. (Campinas/SP) — Proc. 10453/2003 — (Ac. 1ª T. 15333/03-PATR) — Rel. Juiz Luiz Roberto Nunes, DJSP 6.6.2003, p. 78, in *LTr Sup. Trab.* 102/2003 — p. 464]

FALTA GRAVE DURANTE O AVISO PRÉVIO

Questão n. 66

Empregado, com jornada normal, ganha R$ 768,00 (setecentos e sessenta e oito reais) mensais. Contratado por prazo indeterminado, foi dispensado sem justa causa. Após 10 (dez) dias de vigência do aviso prévio, cometeu falta grave, acarretando a cessação do contrato de trabalho. Quanto deverá receber a título de aviso prévio?

Solução

R$ 768,00 : 30 = R$ 25,60 x 10 = R$ 256,00

Explicação

1) R$ 768,00 — valor do salário mensal;

2) R$ 25,60 — valor do salário/dia;

3) R$ 256,00 — valor do aviso prévio trabalhado, durante os 10 dias.

Notas

1. Falta grave durante o aviso trabalhado — CLT

"Art. 490. O empregador que, durante o prazo do aviso prévio dado ao empregado, praticar ato que justifique a rescisão imediata do contrato, sujeita-se ao pagamento da remuneração correspondente ao prazo do referido aviso, sem prejuízo da indenização que for devida.

Art. 491. O empregado que, durante o prazo do aviso prévio, cometer qualquer das faltas consideradas pela lei como justas para a rescisão, perde o direito ao restante do respectivo prazo."

2. Jurisprudência

Aviso prévio. Despedida. Justa causa

A ocorrência de justa causa, salvo a de abandono de emprego, no decurso do prazo do aviso prévio dado pelo empregador, retira do empregado qualquer direito às verbas rescisórias de natureza indenizatória (Súmula n. 73 do TST).

Justa causa. Ato lesivo da honra e da boa fama. Superiores hierárquicos. Configuração

"Recurso ordinário — Justa causa. As partes de uma relação de trabalho devem manter entre si os laços de respeito e urbanidade durante todo o período contratual, nele se englobando o intervalo entre a comunicação e a formalização da dispensa. Se no entremeio de tanto o empregado comete ato lesivo da honra e da boa fama de seus superiores hierárquicos, dá ensejo à aplicação da justa causa prevista pelo art. 482, *k*, da CLT." [TRT 7ª Reg. RO 2465/2006-003-07-00.0 — (Ac. 2ª T.) — Rel. Claudio Soares Pires. DJe/TRT 7ª Reg. n. 349/2009, 4.11.2009, p. 23 — *Apud LTr Sup. Jurisp.* 7/2010, p. 54]

ACORDO DE 60 HORAS

Questão n. 67

Empregado, com jornada normal, ganha R$ 6.600,00 (seis mil e seiscentos reais) mensais. Contratado por prazo indeterminado, foi dispensado sem justa causa. Entre o servidor e o empregador foi feito um acordo pelo qual o empregado receberia as horas reduzidas e ficaria dispensado do cumprimento do aviso prévio. Neste caso, quanto deverá receber a título de "aviso prévio"?

Solução

R$ 6.600,00 : 220 = R$ 30,00 x 60 = R$ 1.800,00 (v. a seguir nota n. 2)

Explicação

1) R$ 6.600,00 — valor do salário mensal;

2) R$ 30,00 — valor do salário/hora;

3) R$ 1.800,00 — valor que receberá pelas 60 horas (2 h/dia x 30 dias) dispensadas do trabalho, durante o prazo do aviso prévio.

Notas

1. Acordo das 60 horas — Validade — Divergência

"Não atenta contra a lei o acordo pelo qual o empregado recebe o valor de 60 horas ficando dispensado do trabalho nos 30 dias que seriam de aviso prévio. Revista não provida." (TST, 1ª T., Ac. n. 1.428/1980, Proc. RR 3.326/1979, Rel. Min. Hildebrando Bisaglia, DJ de 3.10.1980, p. 7.761, in TEIXEIRA FILHO, João de Lima. *Repertório de Jurisprudência Trabalhista.* Rio de Janeiro: Freitas Bastos, 1982, ementa n. 516, p. 96)

"Se o empregador não pagou a indenização substitutiva do aviso prévio (CLT, art. 487, § 1º), mas, apenas, as horas que seriam reduzidas e remuneradas se o aviso houvesse sido concedido em tempo (CLT, art. 488), deve complementar o pagamento feito, até o limite legal. A quitação vale, apenas, quanto ao valor efetivamente pago (CLT, art. 477, § 2º). Recurso de revista conhecido, mas ao qual se nega provimento." (TST, 2ª T., Ac. n. 892/1980, Proc. RR 3.173/1979, Rel. Min. Mozart V. Russomano, DJ de 4.7.1980, p. 5.122, *in* ob. acima citada, ementa n. 517, p. 96)

"*Do aviso prévio nulo — Não redução da jornada.* Considerando o disposto no Enunciado n. 230 do TST, no sentido de ser ilegal substituir o período de redução da jornada de trabalho no curso do aviso prévio pelo pagamento das horas correspondentes, bem como a finalidade dessa redução, que é possibilitar ao trabalhador procurar novo emprego, nulo é o aviso prévio concedido sem a referida redução, ainda que as duas horas que o trabalhador deveria deixar de laborar sejam pagas como extras." [TRT, 17ª Reg., RO 00487.2004.121.17.00.9 — (Ac. 2120/2005) — Relª Juíza Cláudia Cardoso de Souza. DJES 21.3.2005, p. 1.892, *in LTr Sup. Jurisp.* 15/2005, p. 114]

2. Aviso prévio — Substituição pelo pagamento das horas reduzidas da jornada de trabalho

O Tribunal Superior do Trabalho acabou adotando a tese da ilegalidade da negociação das 60 horas. É o que demonstra o Enunciado n. 230: "É ilegal substituir o período que se reduz da jornada de trabalho, no aviso prévio, pelo pagamento das horas correspondentes".

CESSAÇÃO DO CONTRATO

CESSAÇÃO DO CONTRATO INDIVIDUAL DE TRABALHO POR PRAZO INDETERMINADO — INDENIZAÇÃO OU FGTS

Em nosso Direito do Trabalho, nos termos da Constituição brasileira de 1969, art. 165, inciso XIII, existiam dois regimes jurídicos: "estabilidade, com indenização ao trabalhador despedido ou fundo de garantia equivalente". A estabilidade e a indenização pelo tempo de serviço foram regulamentadas pela Consolidação das Leis do Trabalho (CLT), e o regime do Fundo de Garantia do Tempo de Serviço (FGTS) era disciplinado pela Lei n. 5.107, de 13 de setembro de 1966, regulamentada pelo Decreto n. 59.820, de 20 de dezembro de 1966.

A atual Constituição estabelece:

"Art. 7º São direitos dos trabalhadores urbanos e rurais, além de outros que visem à melhoria de sua condição social:

I — relação de emprego protegida contra despedida arbitrária ou sem justa causa, nos termos de lei complementar, que preverá indenização compensatória, dentre outros direitos;

II — ...

III — fundo de garantia do tempo de serviço."

Nas Disposições Transitórias da Constituição está previsto:

"Art. 10. Até que seja promulgada a lei complementar a que se refere o art. 7º, I, da Constituição:

I — fica limitada a proteção nele referida ao aumento, para quatro vezes, da porcentagem prevista no art. 6º, *caput* e § 1º, da Lei n. 5.107, de 13 de setembro de 1966."

Após o advento da atual Constituição (5.10.1988), veio a lume a Lei n. 7.839, de 12 de outubro de 1989 (DOU 13.10.1989), disciplinando a adoção do regime único do FGTS retroativo a 5 de outubro de 1988, data da promulgação da Constituição.

A Lei n. 7.839/1989 foi revogada pela Lei n. 8.036, de 11 de maio de 1990 (DOU 14.5.1990), sendo esta regulamentada pelo Decreto n. 99.684, de 8 de novembro de 1990 (DOU 12.11.1990).

A Lei n. 8.036/1990 preceitua:

"Art. 14. Fica ressalvado o direito adquirido dos trabalhadores que, à data da promulgação da Constituição Federal de 1988, já tinham o direito à estabilidade no emprego nos termos do Capítulo V do Título IV da CLT.

§ 1º O tempo do trabalhador não optante do FGTS, anterior a 5 de outubro de 1988, em caso de rescisão sem justa causa pelo empregador, reger-se-á pelos dispositivos constantes dos arts. 477, 478 e 497 da CLT."

Por isso, neste livro, nas questões elaboradas, será mostrado, simultaneamente, o funcionamento dos dois regimes. Cada questão será formulada com empregado não optante pelo FGTS (regime da indenização), e, nas NOTAS, mostraremos o funcionamento do regime do FGTS.

CONTRATO POR PRAZO INDETERMINADO — DISPENSA SEM JUSTA CAUSA

Questão n. 68

Empregado, não optante pelo FGTS, admitido no dia 1º.4.1985, dispensado injustamente no dia 30.7.2004. Ganhava por ocasião da dispensa R$ 384,00 (trezentos e oitenta e quatro reais) mensais. Quanto deverá receber a título de indenização pelo tempo de serviço?

Solução

a) tempo de serviço para efeito de indenização:

05.10.88 — data de ingresso no regime único do FGTS

01.04.85 — data de admissão

04.06.03 — tempo de serviço (3 anos, 6 meses e 4 dias)

b) R$ 384,00 : 12 = R$ 32,00

c) R$ 384,00 + R$ 32,00 = R$ 416,00

d) R$ 416,00 x 4 = R$ 1.664,00

ou

a) R$ 384,00 x 4 = R$ 1.536,00

b) R$ 1.536,00 : 12 = R$ 128,00

c) R$ 1.536,00 + R$ 128,00 = R$ 1.664,00

ou

aplicando a fórmula: maior remuneração x tempo de serviço x 13/12 = R$ 384,00 x 4 x 13/12 = R$ 1.664,00

Explicação

1) R$ 384,00 — valor do salário mensal;

2) R$ 32,00 — valor correspondente a 1/12 do salário mensal e ao qual vai integrar-se para efeito do cálculo de indenização (v. Súmula n. 148 do TST);

3) R$ 416,00 — valor do salário para efeito de cálculo de indenização;

4) 4 — são os anos de serviço para efeito dos cálculos de indenização. Foram tomados 4 anos, porque a regra para o cálculo da indenização determina: "será de um mês de remuneração por ano de serviço efetivo, ou por ano e fração igual ou superior a seis meses". Como o tempo de serviço anterior ao regime único do FGTS foi de 3 anos, 6 meses e 4 dias, toma-se, para efeito de indenização, 4 anos. V. questão n. 36, onde é mostrado o uso da regrinha prática para se achar o tempo de serviço;

5) R$ 1.664,00 — valor da indenização pelo tempo de serviço;

6) — indicamos uma outra maneira de se calcular a indenização: em primeiro lugar, acha-se a indenização sem computar o valor da Gratificação de Natal (R$ 384,00 x 4 = R$ 1.536,00); em seguida, calcula-se essa gratificação, que é igual a 1/12 da indenização achada (R$ 1.536,00 : 12 = R$ 128,00); finalmente, somam-se os dois valores, obtendo-se a indenização pelo tempo de serviço (R$ 1.536,00 + R$ 128,00 = R$ 1.664,00). Por último, o uso da fórmula facilita o cálculo, sendo que, 13/12 (1 + 1/12) representa o salário acrescido de 1/12 do 13º salário (Súmula n. 148 do TST).

Notas

1. Dispensa sem justa causa — Indenização pelo tempo de serviço

A dispensa ou despedida do empregado sem justa causa é espécie do gênero resilição contratual. O empregador, regra geral, goza do direito potestativo de resilir o contrato de trabalho quando julgar conveniente. Assim, quando se tratar de contrato por prazo indeterminado, o empregador poderá dispensar o empregado sem justa causa, pondo fim ao contrato.

Neste caso, o empregado dispensado sem justa causa faz jus a uma indenização pelo tempo de serviço anterior à data de seu ingresso no regime do FGTS (5.10.88), conforme estabelecem os arts. 477 e 478 da CLT.

2. Empregado não optante — Com um ou mais anos de serviço — Indenização — Cálculo — CLT

"Art. 477. É assegurado a todo empregado, não existindo prazo estipulado para a terminação do respectivo contrato, e quando não haja ele dado motivo para cessação das relações de trabalho, o direito de haver do empregador uma indenização, paga na base da maior remuneração que tenha percebido na mesma empresa.

Art. 478. A indenização devida pela rescisão de contrato por prazo indeterminado será de um mês de remuneração por ano de serviço efetivo, ou por ano e fração igual ou superior a seis meses."

Empregado estável

"O empregado que contar mais de dez anos de serviço na mesma empresa não poderá ser despedido senão por motivo de falta grave ou circunstância de força maior, devidamente comprovadas" (CLT, art. 492, *caput*).

Empregado estável — Indenização dobrada

Em caso de dissídio entre empregado estável e empregador, conforme o grau de incompatibilidade a que os dois chegarem, o Tribunal do Trabalho poderá converter a reintegração em indenização paga em dobro. Também, caberá indenização dobrada nos casos de extinção da empresa e/ou fechamento do estabelecimento (CLT, arts. 496 a 498).

Despedida obstativa da estabilidade — Indenização dobrada

A despedida que se verificar com o fim de obstar ao empregado a aquisição de estabilidade sujeitará o empregador a pagamento em dobro da indenização prescrita nos arts. 477 e 478 (CLT, art. 499, § 3º).

3. Empregado não optante que passa a optante — Indenização e utilização do FGTS

Empregado não optante, que passa à condição de optante pelo FGTS e depois é dispensado sem justa causa. Neste caso, que é o da questão em estudo, o tempo de serviço anterior à opção será indenizado pelo empregador, como visto acima na Nota n. 1 (v. FGTS — Lei n. 8.036/1990, art. 14 e parágrafos). Os depósitos do FGTS anteriores ao ingresso do trabalhador no Fundo de Garantia (5.10.1988) serão levantados pelo empregador (Lei n. 8.036/1990, art. 19). O saque será feito pelo Código 10 (havendo indenização) ou 26 (não havendo indenização) ou 27 (em caso de transação ou depósito na conta vinculada do empregado) da Circular Caixa n. 537/2011. A Portaria MTE n. 366, de 16.9.2002 (DOU de 17.9.2002), aprova normas para autorizar o saque do FGTS de contas vinculadas, em nome de empregadores, individualizadas por empregados na condição de não optante, quando não há indenização a ser paga ou decorrido o prazo prescricional para a reclamação de direitos por parte do trabalhador. Após a passagem para o regime único do FGTS (5.10.1988), o empregado dispensado sem justa causa poderá levantar os depósitos feitos em sua conta vinculada. O saque será feito no código 01, conforme a Circular Caixa n. 537/2011 (v. Nota a seguir).

4. Empregado optante pelo FGTS

"Ocorrendo rescisão do contrato de trabalho por parte do empregador, ficará este obrigado a depositar na conta vinculada do trabalhador no FGTS os valores relativos aos depósitos referentes ao mês da rescisão e ao imediatamente anterior, que ainda não houver sido recolhido, sem prejuízo das cominações legais." (art. 18, *caput,* da Lei n. 8.036/1990)

"Na hipótese de despedida pelo empregador sem justa causa, depositará este, na conta vinculada do trabalhador no FGTS, importância igual a quarenta por cento do montante de todos os depósitos realizados na conta vinculada durante a vigência do contrato de trabalho, atualizados monetariamente e acrescidos dos respectivos juros." (§ 1º do art.18 da Lei n. 8.036/1990 — alterado pela Lei n. 9.491/1997)

5. Saque do FGTS

O empregado dispensado sem justa causa, além de receber as verbas rescisórias a que tem direito, poderá sacar os depósitos efetuados na sua conta vinculada (Lei n. 8.036/1990, art. 20, inciso I). O saque do FGTS será feito mediante apresentação do recibo de quitação das verbas rescisórias ao banco. O recibo de quitação é o próprio formulário do "Termo de Rescisão do Contrato de Trabalho" (Portaria MTE n. 302/2002) e que, também, serve como documento autorizador do saque do FGTS. A Caixa Econômica Federal, agente operador do FGTS, por meio de Circular estabelece os códigos para efeito de saques do FGTS, que, na situação em estudo, dispensa sem justa causa, leva o número 01 (zero um), que deve ser consignado no campo 24 do formulário, "Termo de Rescisão de Contrato de Trabalho".

6. Recebimento de outras verbas

Quando o empregado for dispensado sem justa causa, além da indenização e/ou utilização dos depósitos do FGTS, poderá receber, por ocasião da cessação do contrato, outras verbas a que tenha direito, como: aviso prévio, 13º salário, salário-família, férias, saldo de salário, adicionais, gratificações, indenização adicional (art. 9º da Lei n. 7.238/1984) etc.

7. Jurisprudência

Súmulas do TST

24. Serviço extraordinário. Indenização

Insere-se no cálculo da indenização por antiguidade o salário relativo a serviço extraordinário, desde que habitualmente prestado.

28. Indenização. Conversão da reintegração

No caso de se converter a reintegração em indenização dobrada, o direito aos salários é assegurado até a data da primeira decisão que determinou essa conversão.

98. FGTS. Indenização. Equivalência. Compatibilidade (Res. n. 129 — DJ 20.4.2005)

I — A equivalência entre os regimes do Fundo de Garantia do Tempo de Serviço e da estabilidade prevista na CLT é meramente jurídica e não econômica, sendo indevidos valores a título de reposição de diferenças. (ex-Súmula n. 98 — RA 57, DJ 6.6.1980)

II — A estabilidade contratual ou a derivada de regulamento de empresa são compatíveis com o regime do FGTS. Diversamente ocorre com a estabilidade legal (decenal, art. 492 da CLT), que é renunciada com a opção pelo FGTS. (ex-OJ n. 299 — DJ 11.8.2003)

138. Readmissão. Tempo de serviço

Em caso de readmissão, conta-se a favor do empregado o período de serviço anterior, encerrado com a saída espontânea. (ex-Prejulgado n. 9)

148. Gratificação natalina

É computável a gratificação de Natal para efeito de cálculo de indenização. (ex-Prejulgado n. 20)

203. Gratificação por tempo de serviço. Natureza salarial

A gratificação por tempo de serviço integra o salário para todos os efeitos legais.

206. FGTS. Incidência sobre parcelas prescritas

A prescrição da pretensão relativa às parcelas remuneratórias alcança o respectivo recolhimento da contribuição para o FGTS.

243. Servidor público. Opção pelo regime trabalhista — Supressão das vantagens estatutárias

Exceto na hipótese de previsão contratual ou legal expressa, a opção do funcionário público pelo regime trabalhista implica na renúncia dos direitos inerentes ao sistema estatutário.

330. Quitação. Validade

A quitação passada pelo empregado, com assistência de entidade sindical de sua categoria, ao empregador, com observância dos requisitos exigidos nos parágrafos do art. 477, da CLT, tem eficácia liberatória em relação às parcelas expressamente consignadas no recibo, salvo se oposta ressalva expressa e especificada ao valor dado à parcela ou parcelas impugnadas. I — A quitação não abrange parcelas não consignadas no recibo de quitação e, consequentemente, seus reflexos em outras parcelas, ainda que essas constem desse recibo. II — Quanto a direitos que deveriam ter sido satisfeitos durante a vigência do contrato de trabalho, a quitação é válida em relação ao período expressamente consignado no recibo de quitação. (*Revisão do Enunciado* n. 41)

Orientações Jurisprudenciais da SBDI-1-TST

42. FGTS. Multa de 40%

I — É devida a multa do FGTS sobre os saques corrigidos monetariamente ocorridos na vigência do contrato de trabalho. Art. 18, § 1º, da Lei n. 8.036/1990 e art. 9º, § 1º, do Decreto n. 99.684/1990. (ex-OJ n. 107 da SBDI-1 — inserida em 1º.10.1997)

II — O cálculo da multa de 40% do FGTS deverá ser feito com base no saldo da conta vinculada na data do efetivo pagamento das verbas rescisórias, desconsiderada a projeção do aviso prévio indenizado, por ausência de previsão legal. (ex-OJ n. 254 da SBDI-1 — inserida em 13.3.2002)

232. FGTS. Incidência. Empregado transferido para o exterior. Remuneração

O FGTS incide sobre todas as parcelas de natureza salarial pagas ao empregado em virtude de prestação de serviços no exterior.

238. Multa. Art. 477 da CLT. Pessoa jurídica de direito público. Aplicável

Submete-se à multa do art. 477 da CLT a pessoa jurídica de direito público que não observa o prazo para pagamento das verbas rescisórias, pois nivela-se a qualquer particular, em direitos e obrigações, despojando-se do *jus imperii* ao celebrar um contrato de emprego.

247. Servidor público. Celetista concursado. Despedida imotivada. Empresa pública ou sociedade de economia mista. Possibilidade

251. Descontos. Frentista. Cheques sem fundos

É lícito o desconto salarial referente à devolução de cheques sem fundos, quando o frentista não observar as recomendações previstas em instrumento coletivo.

341. FGTS. Multa de 40%. Diferenças decorrentes dos expurgos inflacionários. Responsabilidade pelo pagamento

É de responsabilidade do empregador o pagamento da diferença da multa de 40% sobre os depósitos do FGTS, decorrente da atualização monetária em face dos expurgos inflacionários.

344. FGTS. Multa de 40%. Diferenças decorrentes dos expurgos inflacionários. Prescrição. Termo inicial. DJ 10.11.2004 *(alterada em decorrência do julgamento do processo TST IUJ-RR 1577/2003-019-03-00.8)*

O termo inicial do prazo prescricional para o empregado pleitear em juízo diferenças da multa do FGTS, decorrentes dos expurgos inflacionários, deu-se com a vigência da Lei Complementar n. 110, em 30.6.2001, salvo comprovado trânsito em julgado de decisão proferida em ação proposta anteriormente na Justiça Federal, que reconheça o direito à atualização do saldo da conta vinculada.

Súmulas do STF

219. Indenização de empregado readmissível

Para a indenização devida a empregado que tinha direito a ser readmitido, e não foi, levam-se em conta as vantagens advindas à sua categoria no período do afastamento.

459. Indenização. Adicionais e gratificações

No cálculo da indenização por despedida injusta, incluem-se os adicionais ou gratificações, que, pela habitualidade, se tenham incorporado ao salário.

462. Indenização. Repouso semanal remunerado

No cálculo da indenização por despedida injusta, inclui-se, quando devido, o repouso semanal remunerado.

463. Tempo de serviço militar

Para efeito de indenização e estabilidade, conta-se o tempo em que o empregado esteve afastado, em serviço militar obrigatório, mesmo anteriormente à Lei n. 4.072, de 1º.6.1962.

CONTRATO POR PRAZO INDETERMINADO — DESPEDIDA INDIRETA

Questão n. 69

Empregado, não optante pelo FGTS, admitido no dia 2.4.1986, com jornada normal, considerou o seu contrato de trabalho desfeito no dia 28.7.2004, por ato faltoso, cometido pelo empregador. Por ocasião da resolução do contrato, ganhava R$ 10,80 (dez reais e oitenta centavos) por dia, sendo esta a maior remuneração já recebida na empresa. Quanto deverá receber a título de indenização pelo tempo de serviço?

Solução

a) tempo de serviço para efeito de indenização:

05.10.88 — data de ingresso no regime único do FGTS
02.04.86 — data de admissão do empregado
03.06.02 — tempo de serviço (2 anos, 6 meses e 3 dias)

b) R$ 10,80 x 30 = R$ 324,00

c) R$ 324,00 : 12 = R$ 27,00

d) R$ 324,00 + R$ 27,00 = R$ 351,00

e) R$ 351,00 x 3 = R$ 1.053,00

ou

a) R$ 324,00 x 3 = R$ 972,00

b) R$ 972,00 : 12 = R$ 81,00

c) R$ 972,00 + R$ 81,00 = R$ 1.053,00

ou

aplicando a fórmula: maior remuneração x tempo de serviço x 13/12 = R$ 324,00 x 3 x 13/12 = R$ 1.053,00

Explicação

1) R$ 324,00 — valor do salário mensal;

2) R$ 27,00 — valor correspondente a 1/12 do salário mensal e ao qual vai integrar-se para efeito de indenização (v. Súmula n. 148 do TST);

3) R$ 351,00 — valor do salário para efeito de indenização;

4) 3 — são os anos de serviço, para efeito do cálculo de indenização (v. item 4 da Explicação na questão anterior);

5) R$ 1.053,00 — valor da indenização pelo tempo de serviço;

6) — a outra maneira de se calcular a indenização, consultar o item 6 da Explicação na questão anterior.

Notas

1. Despedida ou rescisão indireta

O contrato de trabalho poderá cessar por culpa do empregador quando este cometer certos atos que sejam considerados como causa justificadora da resolução do contrato. Nesse caso, o empregado poderá considerar o contrato desfeito por culpa do empregador, ocorrendo o que se chama de despedida ou rescisão indireta do contrato, a qual é provocada pelo empregador, isto é, quando ele dá motivo para a cessação da relação empregatícia. Os motivos dados pelo empregador que podem levar o empregado a considerar o contrato desfeito estão, regra geral, enumerados no art. 483 da CLT.

2. Faltas graves — CLT

"Art. 483. O empregado poderá considerar rescindido o contrato e pleitear a devida indenização quando:

a) forem exigidos serviços superiores às suas forças, defesos por lei, contrários aos bons costumes, ou alheios ao contrato;

b) for tratado pelo empregador ou por seus superiores hierárquicos com rigor excessivo;

c) correr perigo manifesto de mal considerável;

d) não cumprir o empregador as obrigações do contrato;

e) praticar o empregador, ou seus prepostos, contra ele ou pessoas de sua família, ato lesivo da honra e boa fama;

f) o empregador ou seus prepostos ofenderem-no fisicamente, salvo em caso de legítima defesa, própria ou de outrem;

g) o empregador reduzir o seu trabalho, sendo este por peça ou tarefa, de forma a afetar sensivelmente a importância dos salários."

3. Salário diário — Cálculo da indenização

Se o salário for pago por dia, o cálculo da indenização terá por base 30 (trinta) dias (art. 478, § 2º, da CLT).

4. Empregado não optante pelo FGTS — Indenização

Procedimento idêntico ao da questão anterior, consultar Nota n. 1.

5. Empregado não optante que passa a optante — Indenização e utilização do FGTS

Procedimento idêntico ao da questão anterior, consultar Nota n. 2.

6. Empregado optante pelo FGTS

Procedimento idêntico ao da questão anterior, consultar Nota n. 3.

7. Recebimento de outras verbas

No caso de despedida indireta, além da indenização e/ou utilização dos depósitos do FGTS, o empregado poderá receber, por ocasião da resolução do contrato de trabalho, outras verbas a que tenha direito, como: aviso prévio, 13º salário, salário-família, férias, saldo de salário, adicionais, gratificações, indenização adicional (Lei n. 7.238/1984, art. 9º) etc.

8. Rescisão indireta — Direitos da personalidade — Dano moral

8.1. Direitos da personalidade

São direitos não patrimoniais que têm por finalidade resguardar a dignidade da pessoa no que diz respeito ao nome, à vida, ao trabalho, à saúde (física ou psíquica), à intimidade, à liberdade, à honra, à moral, à autoestima, à imagem e à privacidade. A respeito consultar: CF/1988 — arts. 3º, III e IV; 5º, V e X; CC (Lei n. 10.406/2002) — arts. 11 a 21, 186, 187 e 927.

8.2. Direitos da personalidade — Agressão e assédio moral ou sexual — Dano moral

Os direitos inerentes à personalidade podem ser lesados por atos ilícitos de agressão moral ou assédio moral e sexual, resultando em dano moral.

O assédio compreende a prática insistente e repetitiva de atos, diferenciando-se da agressão, ato único e instantâneo, sendo que ambos produzem dano. O assédio pode ser moral ou sexual. O assédio sexual efetiva-se por intimidação ou por chantagem. O assédio moral é uma forma de agressão prolongada no tempo, e quando praticado no ambiente do trabalho, provoca forte pressão psicológica sobre a pessoa ofendida, sendo considerado causa de estresse, atingindo a autoestima e a dignidade do trabalhador.

8.3. Dano moral — Configuração

No direito do trabalho, o dano moral poderá ocorrer antes da contratação do trabalhador, na vigência do contrato de trabalho ou após a sua cessação.

Exemplos de procedimentos configuradores de dano moral antes, durante e após a contratação do empregado: divulgação pelo empregador de dados prejudiciais ao trabalhador (*v. g.* alegação de ser viciado ou homossexual); promessa de contratação não realizada; indagações sobre preferência sexual ou convicção religiosa do trabalhador; deixar o empregado sem trabalho e exposto às chacotas dos colegas; empregado que é continuamente criticado, hostilizado e desprezado diante dos demais companheiros; contínuas brincadeiras com insinuações maldosas, constrangedoras e humilhantes; informações inverídicas e desabonadoras da conduta do trabalhador; atribuições de tarefas impossíveis; trabalhador que é ridicularizado e humilhado; injúria, difamação ou calúnia contra o servidor; disponibilidade remunerada do obreiro; revista no empregado de forma abusiva, humilhante, vexatória e desrespeitosa; anotações desabonadoras na CTPS do empregado; divulgação de “listas negras”; acusação infundada de ato de improbidade etc.

O assédio sexual no ambiente de trabalho é uma forma de violência contra a dignidade e a liberdade da pessoa ofendida. O assédio sexual configura-se pela repulsa e não aceitação, por parte do ofendido, das reiteradas manifestações de desejos ou intenções sexuais do ofensor.

8.4. Agressão moral — Assédio moral e sexual — Resolução do contrato

A agressão moral, o assédio moral, bem como o sexual são atos ilícitos que agridem os direitos da personalidade do empregado e, quando ocorrem, constituem causas justificadoras da resolução do contrato de trabalho. Quando o ofendido for o empregado, ele poderá considerar o contrato desfeito. É a denominada despedida ou rescisão indireta do contrato por culpa do empregador, conforme disciplina o art. 483 da CLT. O ofendido poderá ser o empregador, surgindo a possibilidade da dispensa direta do empregado por justa causa, conforme assegura o art. 482 da CLT.

Quando o trabalhador for agredido ou assediado moral ou sexualmente, sofrerá lesão em direito não patrimonial, resultando, consequentemente, em dano moral. O contrato de trabalho poderá ser considerado desfeito, desde que fique caracterizado o nexo de causa e efeito entre a lesão ocorrida e o vínculo de emprego. Dessa forma, além das verbas trabalhistas resultantes da rescisão indireta do contrato de trabalho, o empregado ofendido poderá postular, conforme a situação, indenização por danos morais e/ou materiais (danos emergentes ou lucros cessantes — art. 950 do CC), junto à Justiça do Trabalho que tem competência para processar e julgar as ações de indenização por dano moral ou patrimonial, decorrentes da relação de trabalho (CF/1988, art. 114, VI, com redação dada pela EC n. 45/2004). No caso de o empregador ser o ofendido, também terá direito à indenização por danos morais.

8.5. Dano moral — Indenização ou compensação

O valor da indenização ou compensação por dano moral não se encontra fixado em lei, não é tarifado, sendo estabelecido por arbitramento judicial. Em que pese a ampla liberdade do juiz para fixar o valor da indenização, ele deverá levar em consideração certos critérios, como: os princípios da equidade, da proporcionalidade (entre reparação e agravo) e da razoabilidade (bom senso, ponderação e prudência); o caráter pedagógico da indenização no combate à impunidade; a relevância do direito violado; a condição do ofendido e a intensidade do seu sofrimento; a intensidade do dolo ou da culpa do ofensor, a sua situação econômico-financeira e a sua vida pregressa; ainda, que o ressarcimento não deve ser fonte de enriquecimento, mas fator inibitório.

8.6. Dano moral — Colegas de trabalho — Responsabilidade

O dano moral ocorre não só entre empregado e empregador ou preposto, mas entre colegas de trabalho, desde que haja o nexo de causalidade entre os atos ou fatos e a relação de emprego. Nesse caso, levando-se em consideração a teoria da culpa *in eligendo* e/ou *in vigilando*, a responsabilidade pelo pagamento da indenização, em princípio, fica a cargo do empregador. Por sua vez, o atual Código Civil preceitua que o empregador responde pelos atos de seus empregados, serviçais e prepostos, no exercício do trabalho que lhes competir, ou em razão dele (art. 932, III). O empregado ofendido, além da indenização por dano moral, poderá pleitear a rescisão indireta do contrato de emprego e o ofensor poderá ser dispensado por justa causa.

9. Jurisprudência

Justa causa. Imediatidade

"A justa causa, tanto para o empregador quanto para o empregado, há de consistir em uma reação imediata à falta, pena de configurar-se o perdão tácito, que afasta definitivamente a caracterização daquela." (TRT, 3ª R., RO n. 16.487/98, Ac. da 1ª T., Rel. Juiz Ricardo Antonio Mohallem, DJMG de 18.6.1999, p. 10, in *Revista Síntese Trabalhista* n. 138, p. 46).

"*Rescisão indireta — Necessidade de comunicação ao empregador das causas ensejadoras do desejo de se desligar do emprego — Imediatidade.* A imediatidade entre a falta patronal cometida e a vontade de o empregado desligar-se da reclamada deve ser exigida nos mesmos parâmetros da aplicação da justa causa definida no art. 482 da CLT. Impõe-se, portanto, que haja atualidade também da decisão do empregado, que deve, além disso, comunicar ao empregador as razões do seu afastamento, sob pena de se desfigurar a rescisão indireta pretendida, transformando-a em abandono de emprego." [TRT, 3ª Reg., RO 00865-2003-071-03-00-8 — (Ac. 3ª T.) — Rel. Juiz Antônio Álvares da Silva — DJMG 17.4.2004, p. — *Apud LTr Sup. Jurisp.* 28/2004, p. 224]

Rescisão indireta do contrato de trabalho. Período de afastamento. Salários

"Só quando se trata de empregado que goza de estabilidade é que tem natureza constitutiva a sentença que decreta a rescisão contratual por culpa do empregador. Nesta hipótese, os salários são devidos ao empregado até a data da sentença que põe fim ao contrato. No caso de empregado não estável, diferentemente, a sentença que reconhece a culpa do empregador não tem natureza constitutiva. O término da relação de emprego ocorre no momento em que o empregado dá por rescindido o contrato, com o afastamento dos serviços, sendo, pois, os salários devidos apenas até esta oportunidade. Recurso de embargos parcialmente conhecido e provido para excluir da condenação o pagamento dos salários relativos ao período posterior ao afastamento do empregado do serviço." (TST, ERR n. 32.054/1991 — SBDI-1 — Rel. Min. Vantuil Abdala — DJU 12.2.1999, p. 59)

Rescisão indireta. Imediatidade da reação do empregado

"*Rescisão indireta — Imediatidade da reação do empregado* — A anotação da CTPS e o recolhimento do FGTS decorrem de obrigação legal do empregador, pelo que se configurou o ato faltoso, como relatado pelo Regional. Embora o Reclamante não tenha se insurgido de forma imediata, deixando transcorrer tempo razoável entre o inadimplemento e o momento de promover a resilição do contrato de trabalho, não é aplicável à espécie o princípio da imediatidade, aplicado ao empregador, pois trata-se de hipótese diversa. Na hipótese, deve aplicar-se o princípio da hipossuficiência, porque o empregado é obrigado a submeter-se a certas condições, por um período de tempo, ainda que lhe provoquem prejuízo, com o objetivo único de preservar seu posto de trabalho. Recurso de Revista conhecido e provido." [TST-RR 2045/2001-067-02-00.5 — (Ac. 2ª T.) — Rel. Min. José Simpliciano Fontes de F. Fernandes — DEJT 6.3.2009]

Dano moral — Súmula do TST

37. São cumuláveis as indenizações por dano material e dano moral oriundos do mesmo fato.

Dano moral — Súmula do STJ

392. Dano moral. Competência da Justiça do Trabalho. Nos termos do art. 114 da CF/1988, a Justiça do Trabalho é competente para dirimir controvérsias referentes à indenização por dano moral, quando decorrente da relação de trabalho. (ex-OJ n. 327)

Assédio moral. Caracterização

"O termo 'assédio moral' foi utilizado pela primeira vez pelos psicólogos e não faz muito tempo que entrou para o mundo jurídico. O que se denomina assédio moral, também conhecido como *mobbing* (Itália, Alemanha e Escandinávia), *harcèlement moral* (França), *acoso moral* (Espanha), terror psicológico ou assédio moral entre nós, além de outras denominações, são, a rigor, atentados contra a dignidade humana. De início, os doutrinadores o definiam como 'a situação em que uma pessoa ou um grupo de pessoas exercem uma violência psicológica extrema, de forma sistemática e frequente (em média uma vez por semana) e durante um tempo prolongado (em torno de uns 6 meses) sobre outra pessoa, a respeito da qual mantém uma relação assimétrica de poder no local de trabalho, com o objetivo de destruir as redes de comunicação da vítima, destruir sua reputação, perturbar o exercício de seus trabalhos e conseguir, finalmente, que essa pessoa acabe deixando o emprego' (cf. Heinz Leymann, médico alemão e pesquisador na área de psicologia do trabalho, na Suécia, falecido em 1999, mas cujos textos foram compilados na obra de Noa Davenport e outras, intitulada *Mobbing: Emotional 'Abuse in The American Work Place'*). O conceito é criticado por ser muito rigoroso. Esse comportamento ocorre não só entre chefes e subordinados, mas também na via contrária, e entre colegas de trabalho com vários objetivos, entre eles o de forçar a demissão da vítima, o seu pedido de aposentadoria precoce, uma licença para tratamento de saúde, uma remoção ou transferência. Não se confunde com outros conflitos que são esporádicos ou mesmo com más condições de trabalho, pois o assédio moral pressupõe o comportamento (ação ou omissão) por um período prolongado, premeditado, que desestabiliza psicologicamente a vítima. Se a hipótese dos autos revela violência psicológica intensa sobre o empregado, prolongada no tempo, que acabou por ocasionar, intencionalmente, dano psíquico (depressão e síndrome do pânico), marginalizando-o no ambiente de trabalho, procede a indenização por dano moral advindo do assédio em questão." [TRT, 3ª Reg., RO 01292-2003-057-03-00-3 — (Ac. 2ª T.) — Relª Juíza Alice Monteiro de Barros — DJMG 11.8.2004, p. 13 — *Apud LTr Sup. Jurisp.* 35/2004, p. 275/276]

Assédio moral. Resolução do contrato de trabalho por justa causa do empregador. Indenização por dano moral. Cabimento

"O assédio moral, como forma de degradação deliberada das condições de trabalho por parte do empregador em relação ao obreiro, consubstanciado em atos e atitudes negativas ocasionando prejuízos emocionais para o trabalhador, face à exposição ao ridículo, humilhação e descrédito em relação aos demais trabalhadores, constitui ofensa à dignidade da pessoa humana e quebra do caráter sinalagmático do contrato de trabalho. Autorizando, por conseguinte, a resolução da relação empregatícia por justa causa do empregador, ensejando, inclusive, indenização por dano moral." [TRT, 15ª Reg. (Campinas/SP) — Proc. 20534/2002 — (Ac. 2ª T. 5807/03-PATR) — Relª Juíza Mariane Khayat Fonseca do Nascimento — DJSP 21.3.2003, p. 85 — *Apud LTr Sup. Jurisp.* 23/2003, p. 177]

Rescisão indireta. Assédio sexual

"A empregada que sofre assédio sexual por superior hierárquico, registrando a ocorrência e sem que a administração empresarial tome quaisquer providências, tem autorizada a rescisão indireta do contrato de trabalho." (TRT, 12ª Reg., Ac. n. 2.896, 13.2.2001, RO-V n. 6.632/2000, 1ª T., Rel. Juiz C. A. Godoy Ilha, DJSC 30.3.2001. *Apud* ALMEIDA, Amador Paes de. *CLT comentada.* São Paulo: Saraiva, 2003. p. 246)

Danos morais. Indenização. Ofensas verbais praticadas pelo empregador contra o empregado

"Ofensas verbais injustamente proferidas pelo empregador contra o empregado, em público, diante dos demais colegas, caracterizam a comoção íntima própria do dano moral reparável, sendo, assim, passíveis de indenização." [TRT, 15ª Reg. (Campinas/

SP) — RO 00099-2001-097-15-00-7 — (Ac. 5ª T. 020071/2003-PATR) — Rel. Juiz Ricardo Regis Laraia — DJSP 18.7.2003, p. 69 — *Apud LTr Sup. Jurisp.* 39/2003, p. 300]

Dano moral. Responsabilidade do empregador pelos atos de seus prepostos

"Não pode o empregador, simplesmente, negar a sua responsabilidade quanto ao maltrato recebido pela reclamante, sob o argumento de que esta e sua colega exerciam as mesmas funções, não havendo qualquer superioridade hierárquica entre as mesmas, máxime porque restou comprovado que a autora do maltrato detém a função de chefia. Mesmo que se aceite que ocorreu por parte da empregada, detentora do cargo de chefia, abuso pelo exercício de um direito (no caso o direito de representação), sem qualquer benefício para o seu titular, e tendo como única consequência causar dano ou prejuízo a terceiro — no caso, à reclamante e ao empregador, cabe a este promover a busca da reparação, quanto ao comportamento adotado por sua preposta. Isto porque ao empregador cabe o poder diretivo da relação laboral, tendo o mesmo obrigação de se informar sobre as relações havidas entre os seus empregados e superiores hierárquicos." [TRT, 3ª Reg., RO 8469/03 00275-2003-017-03-00-0 — (Ac. 8ª T.) — Rel. Juiz Heriberto de Castro — DJMG 2.8.2003, p. 17 — *Apud LTr Sup. Jurisp.* 42/2003, p. 323]

Anotações desabonadoras consignadas pela reclamada na CTPS da reclamante. Dano moral configurado. Indenização devida

"Restou inequívoco nos autos que a reclamada procedeu anotações desabonadoras na CTPS da autora. As acusações imputadas à reclamante e consignadas em sua CTPS demonstraram-se infundadas e não restaram provadas. Repercutiram na esfera moral da demandante, já que feriu sua autoestima e dignidade, maculando sua imagem perante terceiros. Ademais, mesmo que restassem provadas as alegações da defesa (o que não foi feito, frise-se), tal fato não autorizaria atitude da reclamada. Isto porque o § 4º do art. 29 da CLT, peremptoriamente, veda ao empregador efetuar anotações desabonadoras à conduta do empregado em sua CTPS. Logo, a reclamada cometeu ato ilícito, o qual, no presente caso, repercutiu na esfera moral da autora. Exsurge, pois, o dever de indenizar, nos termos dos arts. 159 e 1.518 do CCB." [TRT, 9ª Reg., Proc. 26161-2000-016-09-00-8 — (Ac. 20004/2003) — Rel. Juiz Sérgio Murilo Rodrigues Lemos — DJPR 12.9.2003, p. 460 — *Apud LTr Sup. Jurisp.* 48/2003, p. 371]

Dano moral. Responsabilidade do empregador

"De acordo com o disposto no art. 5º, *caput* e inciso X, da Constituição Federal, todos são iguais perante a lei, sem distinção alguma, garantindo-se a todos a inviolabilidade da intimidade, da vida privada, da honra e da imagem, assegurado o direito à indenização pelo dano material ou moral decorrente de sua violação. Revelando a prova dos autos que o reclamante era frequentemente humilhado e exposto ao ridículo pelo seu superior hierárquico na frente dos demais empregados, sendo motivo de chacotas diversas, está correto o julgado que condenou a reclamada na indenização do dano moral, considerando que o empregador responde pelos atos de seus empregados, serviçais e prepostos, no exercício do trabalho que lhes competir, ou por ocasião dele (art. 932, III, Código Civil), sendo essa responsabilidade objetiva (art. 933, Código Civil), bastando a existência do elo de causalidade entre o dano moral e o ato do agente, para que surja o dever de indenizar, o que foi comprovado nos autos. Sentença mantida." [TRT, 15ª Reg., Proc. n. 38.328/2003 (32432/04-PATR) — 3ª T. — Rel. Juiz Lorival Ferreira dos Santos — DOESP 27.8.2004, *Apud Revista Síntese Trabalhista*, n. 186, p. 61]

CONTRATO POR PRAZO INDETERMINADO — DEMISSÃO

Questão n. 70

Dissolução do contrato individual de trabalho a pedido do empregado.

Notas

1. Demissão

O contrato de trabalho por prazo indeterminado poderá cessar por ato unilateral do empregado, quando, no caso, pedir demissão do emprego. O término do contrato, por iniciativa do empregado e sem motivo, constitui espécie do gênero resilição contratual.

2. Empregado não optante pelo FGTS

Pelo tempo de serviço, como não optante do Fundo de Garantia, o empregado que deixa espontaneamente o emprego não faz jus à indenização de antiguidade (v. Nota n. 1 na questão n. 68).

3. Empregado não optante que passa a optante e pede demissão

O tempo de serviço anterior à opção pelo FGTS não será indenizado pelo empregador, como visto acima na Nota n. 2. Após o ingresso do trabalhador no Fundo de Garantia, segue o procedimento mostrado abaixo na Nota n. 4. Os depósitos do FGTS, correspondentes ao período da não opção do empregado, poderão ser levantados pelo empregador, por meio do código 26, conforme a Circular Caixa n. 537/2011.

4. Empregado optante pelo FGTS

A demissão espontânea do empregado não lhe permite levantar os depósitos do FGTS. Todavia, a Lei n. 8.036/1990 prevê que a conta vinculada do empregado poderá ser movimentada "quando permanecer três anos ininterruptos, a partir de 1º de junho de 1990, fora do regime do FGTS, podendo o saque, neste caso, ser efetuado a partir do mês de aniversário do titular da conta" (art. 20, inciso VIII — redação da Lei n. 8.678/1993). O saque será feito pelo código 86 ou 87 (Circular Caixa n. 537/2011). Além dessa situação, o empregado que pede demissão poderá utilizar os depósitos do FGTS em sua conta vinculada, para aquisição de moradia própria pelo Sistema

Financeiro da Habitação (Lei n. 8.036/1990 — art. 20, incisos V a VII) ou por determinação judicial (Circular Caixa n. 537/2011 — códigos 88, 91, 92 e 93).

5. Recebimento de outras verbas

Na dissolução do contrato individual de trabalho, a pedido do empregado, ele poderá receber outras verbas, como: 13º salário, salário-família, férias, saldo de salário, adicionais, gratificações, diárias etc. Em caso de demissão, a falta de aviso prévio por parte do empregado poderá acarretar-lhe o desconto do respectivo valor (v. Notas ns. 1 e 3 da questão n. 63).

6. Jurisprudência

Pedido de demissão. Transação sobre o montante dos depósitos fundiários não efetuados. Impossibilidade

"Tanto a Lei n. 5.107/1966 como a de n. 8.036/1990, preveem, taxativamente, as hipóteses em que o empregado pode se utilizar dos depósitos fundiários de sua conta vinculada, em caso de pedido de demissão. Não preveem hipótese do empregado receber diretamente do empregador, os depósitos fundiários não efetuados, pois, aquele não tem a livre disponibilidade dos mesmos. A eventual existência de transação entre empregado e empregador, acerca dos depósitos não efetuados, é nula." [TRT-15ª Reg. — R-Ex-Off-RO 4.600/91 — (Ac. 2ª T. 03654/92, 14.4.1920) — Rel. Juiz Antonio Bosco da Fonseca — *Apud Revista LTr* 56-11.1/1378)

CONTRATO POR PRAZO INDETERMINADO — DISPENSA POR JUSTA CAUSA

Questão n. 71

Dissolução do contrato individual de trabalho por justa causa cometida pelo empregado.

Notas

1. Resolução do contrato por culpa do empregado

O contrato de trabalho poderá cessar por culpa do empregado quando este cometer certos atos que sejam considerados como causa justificadora da resolução da relação de emprego. A justa causa, para ser fator determinante da cessação do contrato, tem de ser prevista em lei. Nesse aspecto, o direito do trabalho inspirou-se no princípio da reserva legal previsto no direito penal (*nullum crimen nulla poena sine lege*). Não haverá justa causa se não houver previsão legal e, no direito do trabalho, as situações de justa causa cometida pelo empregado estão, na sua maioria, enumeradas no art. 482 da CLT.

2. Faltas graves — CLT

"Art. 482. Constituem justa causa para rescisão do contrato de trabalho pelo empregador:

a) ato de improbidade;

b) incontinência de conduta ou mau procedimento;

c) negociação habitual por conta própria ou alheia sem permissão do empregador e quando constituir ato de concorrência à empresa para a qual trabalha o empregado, ou for prejudicial ao serviço;

d) condenação criminal do empregado, passada em julgado, caso não tenha havido suspensão da execução da pena;

e) desídia no desempenho das respectivas funções;

f) embriaguez habitual ou em serviço;

g) violação de segredo da empresa;

h) ato de indisciplina ou de insubordinação;

i) abandono de emprego;

j) ato lesivo da honra ou da boa fama praticado no serviço contra qualquer pessoa, ou ofensas físicas, nas mesmas condições, salvo em caso de legítima defesa, própria ou de outrem;

k) ato lesivo de honra e boa fama ou ofensas físicas praticadas contra o empregador e superiores hierárquicos, salvo em caso de legítima defesa, própria ou de outrem;

l) prática constante de jogos de azar."

A enumeração das faltas do art. 482 da CLT não é taxativa, podendo haver outras, como:

a) falta grave do ferroviário (CLT, art. 240, parágrafo único);

b) abuso do direito de greve (Lei n. 7.783/1989);

c) falta grave do bancário (CLT, art. 508) etc.

3. Saque do FGTS pelo empregado

A Lei n. 5.107/1966 estabelecia que, "ocorrendo rescisão do contrato de trabalho, por justa causa, nos termos do art. 482 da CLT, o empregado fará jus ao valor dos depósitos feitos em seu nome, mas perderá, a favor do Fundo aludido no art. 11 desta Lei, a parcela de sua conta vinculada correspondente à correção monetária e aos juros capitalizados durante o tempo de serviço prestado à empresa de que for despedido" (art. 7º). Nesse caso, o empregado podia sacar os depósitos do FGTS feitos em sua conta nas seguintes situações:

a) para aplicação de capital em atividade comercial, industrial ou agropecuária (POS n. 2/78 — código 16);

b) para atender a necessidade grave e premente, pessoal ou familiar (POS n. 2/78 — código 18);

c) para aquisição de equipamento destinado à atividade autônoma (POS n. 2/78 — código 21).

A atual Lei do FGTS (8.036/1990) eliminou estas possibilidades vistas acima. A dispensa por justa causa do empregado não permite levantar os depósitos do FGTS; todavia, o trabalhador não perderá a correção monetária e os juros, como disciplinava a legislação revogada.

A Lei n. 8.036/1990 prevê que a conta vinculada do empregado poderá ser movimentada "quando permanecer três anos ininterruptos, a partir de 1º de junho de 1990, fora do regime do FGTS, podendo o saque, neste caso, ser efetuado a partir do mês de aniversário do titular da conta" (art. 20, inciso VIII — redação da Lei n. 8.678/1993). Além dessa situação, o empregado dispensado por justa causa poderá utilizar os depósitos do FGTS em sua conta vinculada para aquisição de moradia própria pelo Sistema Financeiro de Habitação ou por determinação judicial.

4. Saque do FGTS pelo empregador

No caso de empregado admitido antes do advento da atual Constituição (5.10.88), como não optante pelo FGTS, e, que, após a Constituição, instituidora do regime único e obrigatório do FGTS, foi dispensado por justa causa, teremos:

a) pelo tempo de serviço do empregado anterior ao regime único do FGTS, não haverá indenização;

b) após a inserção compulsória do empregado no regime único do FGTS, segue o procedimento mostrado acima na Nota n. 3;

c) os depósitos do FGTS, anteriores ao regime único, poderão ser levantados pelo empregador, pelo código 26, conforme disciplina a Circular Caixa n. 537/2011.

5. Recebimento de outras verbas

Na dissolução do contrato individual de trabalho, por justa causa dada pelo empregado, ele poderá receber outras verbas, como 13º salário vencido, salário-família, férias vencidas, saldo de salário, adicionais, gratificações, diárias etc.

6. Jurisprudência

Abandono de emprego — Súmula n. 32 do TST

"Presume-se o abandono de emprego se o trabalhador não retornar ao serviço no prazo de 30 (trinta) dias após a cessação do benefício previdenciário nem justificar o motivo de não o fazer".

A Lei n. 8.027, de 12.4.1990, que dispõe sobre normas de conduta dos servidores públicos, estabelece no art. 5º, VI: "abandonar o cargo, caracterizando-se o abandono pela ausência injustificada do servidor público ao serviço, por mais de trinta dias consecutivos".

Justa causa. Abandono de emprego

"São três os elementos materiais imprescindíveis para a caracterização do abandono de emprego: a subsistência da obrigação de prestar o serviço, a ausência ininterrupta e a ausência prolongada, que devem coexistir; faltando um deles é o suficiente para descaracterizar o abandono. Há, ainda, o elemento intencional ou psicológico que é o *animus abandonandi*. Este elemento não se presume antes de consumir o prazo de 30 dias fixados pela jurisprudência (Enunciado n. 32/C. TST), a não ser que se prove que o obreiro conseguiu novo emprego. Recurso conhecido e provido parcialmente." (TRT-18ª Reg., RO 4.057/1991, Ac. 713/92, Relª Juíza Ialba-Luza Guimarães Mello. DJGO, n. 11.346, de 12.6.1992, p. 36)

Aplicação com base em indícios. Descabimento

"*Justa causa* — Aplicação com base em indícios. Descabimento. A justa causa é pena máxima a ser aplicada ao trabalhador. Indícios sem as devidas comprovações não são ensejadores do despedimento por justo motivo." [TRT, 1ª RO 01656-2001-024-01-00-3 — (Ac. 5ª T.) — Rel. Des. Antonio Carlos Areal — DJRJ 1º.4.2005, p. 126 — *Apud LTr Sup. Jurisp.* 26/2005, p. 205]

CONTRATO POR PRAZO INDETERMINADO — CULPA RECÍPROCA

Questão n. 72

Empregado, não optante pelo FGTS, com jornada normal de trabalho, admitido no dia 2.5.1983, teve seu contrato dissolvido por culpa recíproca, no dia 30.10.2004. Ganhava por ocasião da cessação contratual R$ 2,40 (dois reais e quarenta centavos) por hora, sendo esta a sua maior remuneração percebida na empresa. Quanto deverá receber a título de indenização pelo tempo de serviço?

Solução

a) tempo de serviço:

05.10.88 — data de ingresso no regime único do FGTS

02.05.83 — data de admissão do empregado

03.05.05 — tempo de serviço para efeito de indenização (5 anos, 5 meses e 3 dias = 5 anos)

b) R$ 2,40 x 220 = R$ 528,00 (v. item 2 da Explicação na questão n. 01)

c) R$ 528,00 : 12 = R$ 44,00

d) R$ 528,00 + R$ 44,00 = R$ 572,00

e) (R$ 572,00 x 5) : 2 = R$ 1.430,00

ou

aplicando a fórmula: maior salário x tempo de serviço x 13/24 = R$ 528,00 x 5 x 13/24 = R$ 1.430,00

Explicação

1) R$ 528,00 — valor do salário mensal;

2) R$ 44,00 — valor correspondente a 1/12 do salário mensal e ao qual vai integrar-se para efeito do cálculo de indenização (v. Súmula n. 148 do TST);

3) R$ 572,00 — valor do salário para efeito do cálculo de indenização;

4) R$ 1.430,00 — valor da indenização de antiguidade. O tempo de serviço do empregado, para efeito de indenização, foi de 5 anos (v. item 4 da Explicação na questão n. 68). Como a cessação do contrato foi por culpa recíproca, a indenização será pela metade.

Notas

1. Culpa recíproca — Configuração

A legislação trabalhista não define a culpa recíproca. Aluysio Sampaio mostra que a doutrina e a jurisprudência, no entanto, têm firmado critérios para que se configure a compensação de culpas. Assim, as faltas devem ser *concorrentes*, isto é, *concomitantes e determinantes* da rescisão contratual. E, além disso, devem ser *equivalentes*, de modo que, se uma das faltas for excessiva em relação à outra, estará desconfigurada a culpa recíproca. (*Dicionário de direito individual do trabalho*. 2. ed. São Paulo: LTr, 1972. p. 79)

2. Empregado não optante — Com um ou mais anos de serviço — Indenização por metade

Havendo culpa recíproca no ato que determinou a resolução do contrato de trabalho, o Tribunal do Trabalho reduzirá a indenização à que seria devida em caso de culpa exclusiva do empregador, por metade (art. 484 da CLT).

3. Empregado não optante — Com menos de um ano de serviço

Não tem direito à indenização pelo tempo de serviço.

4. Empregado optante pelo FGTS

Ocorrendo a cessação do contrato de trabalho, por culpa recíproca, a multa-indenização fundiária será de 20% (vinte por cento), e, no mais, segue-se o procedimento da dispensa sem justa causa, como visto na questão n. 68, Nota n. 3 (Lei n. 8.036/1990, art. 18, § 2º, e Regulamento — Decreto n. 99.684/1990, art. 9º, § 2º).

5. Saque do FGTS pelo empregador

Os depósitos anteriores à passagem do empregado para o regime único e obrigatório do FGTS (5.10.1988) poderão ser levantados pelo empregador (art. 19 da Lei n. 8.036/1990). O saque será feito pelo código 10 (havendo indenização) ou 26 (não havendo indenização), conforme prevê a Circular Caixa n. 537/2011.

6. Saque do FGTS pelo empregado

Após a passagem para o regime único do FGTS (5.10.1988), o empregado poderá levantar os depósitos do FGTS feitos em sua conta vinculada (Lei n. 8.036/1990, art. 20, I, e Decreto n. 99.684/1990, art. 35, I). O saque será feito pelo código 02, conforme as especificações da Circular Caixa n. 537/2011.

7. Recebimento de outras verbas

Quando o contrato individual de trabalho for dissolvido por culpa recíproca, além da indenização e/ou utilização dos depósitos do FGTS, como visto acima, o empregado poderá receber outras verbas a que tenha direito, como: (aviso prévio, 13º salário e férias proporcionais, pela metade), salário-família, saldo de salário, adicionais, gratificações etc.

8. Jurisprudência

Súmulas do TST

14. Culpa recíproca

Reconhecida a culpa recíproca na rescisão do contrato de trabalho (art. 484), o empregado tem direito a 50% (cinquenta por cento) do valor do aviso prévio, do décimo terceiro salário e das férias proporcionais.

171. Férias proporcionais. Contrato de trabalho. Extinção

Salvo na hipótese de dispensa do empregado por justa causa, a extinção do contrato de trabalho sujeita o empregador ao pagamento da remuneração das férias proporcionais, ainda que incompleto o período aquisitivo de 12 (doze) meses (art. 147 da CLT).

Ementas diversas

Culpa concorrente. Indenização por metade

"*Dano moral — Culpa concorrente — Indenização por metade* — O atraso no pagamento de salários, e o desacerto financeiro da empregada, concorreram adequada e diretamente para o evento. As duas condutas, deram causa ao resultado, ou seja, ao dano, ainda que em grau de importância e intensidade diversas, de sorte que o agente não produziria o resultado sozinho, contou para isso, com o efetivo auxílio da vítima. Assim, havendo culpa concorrente o valor da indenização deve ser reduzida por metade." [TRT, 1ª Reg., RO n. 4.149/2001 — (Ac. 3ª T.) — Relª Juíza Maria das Graças Cabral Viégas Paranhos — DJRJ 26.2.2003, p. 201 — *Apud LTr Sup. Jurisp.* 22/2003, p. 169]

Culpa recíproca. Configuração

"*Culpa recíproca — Configuração* — Dos fatos delineados pelo acórdão regional, infere-se que o ato de insubordinação do autor ocorreu após as suspeitas de furto e o procedimento de revista pessoal, considerados ofensivos à sua honra e boa fama. Configura-se a culpa recíproca, pois, se é verdade que o empregado não atendeu à determinação de voltar ao trabalho, caracterizando-se a hipótese de justa causa prevista no art. 482, *h*, da CLT, deve-se reconhecer que o ato praticado pelo empregador subsume-se à hipótese do art. 483, *e*, da CLT." (TST — RR 529/2002-902-02-00-9 — 3ª T. — Relª Min. Maria Cristina Irigoyen Peduzzi — DJU 24.9.2004 — *Apud Revista Síntese Trabalhista*, n. 186, ementa 21250, p. 69)

CONTRATO POR PRAZO INDETERMINADO — MORTE DO EMPREGADO

Questão n. 73

Extinção do contrato individual de trabalho por morte do empregado.

Notas

1. Empregado não optante pelo FGTS — Indenização

A doutrina e a jurisprudência, em sua grande maioria, têm entendido que não cabe indenização na cessação do contrato de trabalho por morte do empregado. O saudoso Délio Maranhão defendia o cabimento da indenização, em seu livro *Direito do Trabalho*, publicação da Editora da Fundação Getúlio Vargas.

2. Saque do FGTS pelos dependentes

A Lei n. 8.036/1990 estabelece:

"Art. 20. A conta vinculada do trabalhador no FGTS poderá ser movimentada nas seguintes situações:

I — ...

IV — falecimento do trabalhador, sendo o saldo pago a seus dependentes, para esse fim habilitados perante a Previdência Social, segundo o critério adotado para a concessão de pensões por morte. Na falta de dependentes, farão jus ao recebimento do saldo da conta vinculada os seus sucessores previstos na lei civil, indicados em alvará judicial, expedido a requerimento do interessado, independente de inventário ou arrolamento."

O saque será feito pelos dependentes do empregado, pelo código 23, conforme as especificações da Circular Caixa n. 537/2011.

3. Pagamento dos créditos trabalhistas resultantes da extinção do contrato por morte do empregado

A Lei n. 6.858, de 24.11.1980 (DOU 25.11.1980), que dispõe sobre o pagamento, aos dependentes ou sucessores, de valores não recebidos em vida pelos respectivos titulares, estabelece:

"Art. 1º Os valores devidos pelos empregadores aos empregados e os montantes das contas individuais do Fundo de Garantia do Tempo de Serviço e do Fundo de Participação PIS-PASEP, não recebidos em vida pelos respectivos titulares, serão pagos, em quotas iguais, aos dependentes habilitados perante a Previdência Social ou na forma da legislação específica dos servidores civis e militares, e, na sua falta, aos sucessores previstos na lei civil, indicados em alvará judicial, independentemente de inventário ou arrolamento.

§ 1º As quotas atribuídas a menores ficarão depositadas em caderneta de poupança, rendendo juros e correção monetária, e só serão disponíveis após o menor completar 18 (dezoito) anos, salvo autorização do Juiz para aquisição de imóvel destinado à residência do menor e de sua família ou para dispêndio necessário à subsistência e educação do menor.

§ 2º Inexistindo dependentes ou sucessores, os valores de que trata este artigo reverterão em favor, respectivamente, do Fundo de Previdência e Assistência Social, do Fundo de Garantia do Tempo de Serviço ou do Fundo de Participação PIS-PASEP, conforme se tratar de quantias devidas pelo empregador ou de contas de FGTS e do Fundo PIS-PASEP.

Art. 2º O disposto nesta Lei se aplica às restituições relativas ao imposto de renda e outros tributos, recolhidos por pessoa física, e, não existindo outros bens sujeitos a inventário, aos saldos bancários e de contas de cadernetas de poupança e fundos de investimento de valor até 500 (quinhentas) Obrigações Reajustáveis do Tesouro Nacional.

Parágrafo único. Na hipótese de inexistirem dependentes ou sucessores do titular, os valores referidos neste artigo reverterão em favor do Fundo de Previdência e Assistência Social."

A respeito do pagamento dos créditos trabalhistas resultantes da extinção do contrato de trabalho por morte do empregado, o Advogado e Procurador do Estado do Rio de Janeiro, Victor Farjalla, fez um excelente roteiro:

"O problema que surge, normalmente, em caso de morte do empregado, é saber a quem se deve pagar os créditos resultantes da extinção contratual.

Em princípio, os créditos trabalhistas, como todos os outros créditos, estão sujeitos à vocação hereditária, para eles concorrendo os herdeiros do morto e seu cônjuge-meeiro, na forma da lei civil.

Ocorre que, tratando-se de crédito de natureza alimentar, como é o trabalhista, o legislador resolveu criar meios para o seu pronto pagamento, geralmente necessário à subsistência dos familiares do empregado falecido.

Para tal fim, foi editada a Lei n. 6.858, de 24 de novembro de 1980, que dispõe sobre o pagamento aos dependentes ou sucessores, de valores não recebidos em vida pelos respectivos titulares. No mesmo sentido, a legislação do FGTS (Lei n. 8.036, de 11 de maio de 1990) contém dispositivo (art. 20, IV) disciplinando o pagamento do saldo da conta individualizada em caso de falecimento do empregado.

Em ambos os casos se estabeleceu que, tanto os créditos decorrentes da extinção contratual, como o saldo da conta do FGTS, devem ser pagos aos dependentes do empregado habilitados perante a Previdência Social ou, na falta destes, aos sucessores previstos na lei civil, indicados em alvará judicial.

Quanto ao FGTS, o problema do saque não é do empregador, que, tendo efetuado regularmente os depósitos, se limita a entregar as guias AM, para levantamento do saldo por quem de direito. Já no que se refere às parcelas decorrentes da rescisão contratual, há necessidade de se pagar ao legítimo credor, porque 'quem paga mal, paga duas vezes'.

Assim, no caso de falecimento do empregado, a Empresa deve exigir de quem pretenda o recebimento de qualquer crédito a prova de sua condição de dependente habilitado perante a Previdência Social, que é feita com declaração própria desta. Havendo mais de um dependente habilitado, o pagamento é feito em quotas iguais e, sendo menores, suas partes deverão ser depositadas em caderneta de poupança (§ 1º, art. 1º, Lei n. 6.858, 24.11.1980).

Na falta de dependente habilitado, a empresa deverá exigir do interessado no recebimento a apresentação de alvará judicial com a indicação do nome ou dos nomes daqueles que devem receber.

Para evitar inútil discussão, o recibo da rescisão deverá, se o falecido empregado já contava um ano de tempo de serviço, ser homologado perante a autoridade do Ministério do Trabalho ou junto ao Sindicato, na forma de praxe.

Finalmente, cumpre advertir que não cabe à empresa, nos casos de companheirismo ou concubinato, fazer julgamento de merecimento ou de equidade. Deve, em qualquer hipótese, observar o que determina a lei. Se a dúvida resultar afinal insanável, há solução legalmente prevista, que é a via de consignação em pagamento, por ação judicial, em que a empresa deposita os valores devidos e a Justiça decidirá quem irá recebê-los." (Extinção do Contrato de Trabalho por Morte do Empregado — In *LTr Suplemento Trabalhista* n. 93/1990)

A título de esclarecimento, lembramos que "as guias AM", mencionadas pelo Dr. Farjalla, foram substituídas pelo "Termo de Rescisão do Contrato de Trabalho" — TRCT (Portaria MTE n. 302/2002).

Finalmente, lembramos que a via consignação em pagamento poderá ser extrajudicial, conforme prevê o CPC, art. 890, § 2º.

4. Saque do FGTS pelo empregador

No caso do empregado admitido antes do advento da atual Constituição (5.10.1988), como não optante pelo FGTS, e que, após a Constituição, instituidora do regime único e obrigatório do FGTS, venha a falecer, teremos:

a) pelo tempo de serviço do empregado anterior ao regime único do FGTS (5.10.1988) não haverá indenização;

b) após a inserção compulsória do empregado no regime único do FGTS, segue o procedimento mostrado acima na Nota n. 2;

c) os depósitos do FGTS anteriores ao regime único poderão ser levantados pelo empregador, conforme o código 26 da Circular Caixa n. 537/2011.

5. Recebimento de outras verbas

Quando houver cessação do contrato individual de trabalho, por morte do empregado, os seus herdeiros, além da utilização dos depósitos do FGTS, no caso de optante, poderão receber outras verbas, como: 13º salário, salário-família, férias, saldo de salário, adicionais, gratificações etc.

6. Entendimentos administrativos

Precedente Administrativo da SIT/MTE n. 37

Rescisão. Ajuizamento da ação de consignação fora do prazo legal para pagamento das verbas rescisórias. A propositura fora do prazo legal de ação judicial de consignação em pagamento para pagamento das verbas rescisórias não afasta a mora da empresa autuada em relação ao prazo legal para cumprimento da obrigação.

Ementa Normativa da SRT/MTE n. 3

Homologação. Empregado falecido. No caso de falecimento de empregado é devida a homologação e a assistência na rescisão do contrato de trabalho aos beneficiários habilitados perante o órgão previdenciário ou assim reconhecidos judicialmente, porque a estes se transferem todos os direitos do *de cujus.*

7. Jurisprudência

Competência. Levantamento dos valores relativos ao PIS/PASEP e FGTS. Falecimento do titular da conta

É da competência da Justiça Estadual autorizar o levantamento dos valores relativos ao PIS/PASEP e FGTS, em decorrência do falecimento do titular da conta. (Súmula n. 161 do STJ)

Falecimento do empregado. Indenização

"O falecimento do empregado não gera para seus dependentes o direito ao recebimento de qualquer indenização, pois, pelo evento não pode ser responsabilizado o empregador." (TRT-1ª Reg., RO 3.133/1985, Ac. 2ª T., 2.159/1985, 13.8.1985, Rel. Juiz Juracy Martins dos Santos)

Morte do empregado e indenização

"Com a morte do empregado, extingue-se, de pleno direito, a relação de emprego, sendo inadmissível o pagamento de indenização aos seus herdeiros, pelo tempo de serviço anterior. Como fato jurídico, a morte surge independentemente da vontade do empregador ou do empregado. Regulando-se o período anterior pelo sistema consolidado, sem amparo legal a pretensão de os herdeiros do empregado virem pleitear, com êxito, o recebimento de indenização, prevista no art. 477 da CLT. Revista conhecida e improvida." (TST, RR 1.301/1983, Ac. 2ª T. 3.135/1984, 1ª Reg., Rel. Min. Nelson Tapajós, DJU 16.11.1984, in RDT, p. 78)

Falecimento do trabalhador. Créditos trabalhistas. Lei n. 6.858/1980

"Os créditos trabalhistas não recebidos em vida pelo respectivo titular serão pagos, em quotas iguais, aos dependentes habilitados perante a Previdência Social, inclusive à companheira do *de cujus*. Aplicação da Lei n. 6.858/1980. Recurso conhecido e improvido." (TRT-18ª Reg., RO 2.019/1991, Ac. 450/1992 — Relª Juíza Ialba-Luza Guimarães de Mello — *In* Diário da Justiça do Estado de Goiás, n. 11.329, de 20.5.1992, p. 37)

Morte do empregado. Ação para haver direitos trabalhistas. Desnecessidade de inventário ou arrolamento (Lei n. 6.858/1980). Indenização com fulcro no art. 477, da CLT. Imprevisibilidade

"Desnecessário o inventário ou arrolamento, para os beneficiários do empregado morto perante a Previdência, ou na falta desses, seus sucessores nos termos da Lei Civil, postularem direitos trabalhistas do *de cujus* (Lei n. 6.858/1980 e Decreto n. 85.858). No entanto, a morte do empregado, causa de extinção do contrato de trabalho, não se confunde com dissolução por ato volitivo e, não é contemplada com indenização no art. 477, da CLT, ou qualquer outro, eis que o legislador quando quis deferir tal benefício, nas hipóteses de extinção, o fez expressamente (arts. 485, 486 e 502, da CLT)." [TRT-15ª Reg., RO-Ex-Off 185/1990 — (Ac. 2ª T., 11.244/1990, 25.9.1990) — Rel. Juiz Antônio Bosco da Fonseca — In *Rev. LTr* 56-09/1121)

Empregado. Falecimento. Verbas rescisórias. Quitação. Herdeiros aparentes. Validade

"Presumem-se legítimos credores de empregado falecido, sem cônjuge ou descendentes conhecidos, os seus genitores (CCB, art. 1.603, inciso II). Posterior reconhecimento judicial de paternidade não invalida, na esfera trabalhista, a quitação procedida por empregador aos herdeiros ostensivos. Evidenciada a boa-fé do devedor, o erro essencial de pessoa não macula a validade do ato jurídico, pois o direito prestigia a falsa — desde que escusável — aparência de licitude, quando da prática do ato. Inteligência do art. 935 do CCB." [TRT-10ª Reg. — RO 0883/1999 (Ac. 1ª T. 26.4.2000) — Rel. Juiz João Amilcar — *Apud Revista LTr* 65-01/55]

Espólio. Representação. Polo ativo

"*Espólio — Representação — Polo ativo* — A certidão de óbito do *de cujus* informa que este deixou bens. Portanto, ao contrário do que argumenta o Juízo *a quo*, há necessidade de inventário, não se podendo afastar a figura do espólio. Neste compasso, enquanto não encerrada a partilha da herança é o espólio quem tem legitimidade ativa e passiva para estar em Juízo, sendo representado pelo inventariante (arts. 12, V, e 991, I do CPC). O art. 1º da Lei n. 6.858/80 apenas trata de rateio entre dependentes e sucessores de valores não recebidos em vida pelo empregado falecido, o que deverá ser aferido num segundo momento. Entretanto, o referido dispositivo legal não autoriza a alteração do polo ativo, tampouco, determina que a representação judicial do espólio no processo do trabalho será atribuição exclusiva dos dependentes previdenciários habilitados. Assim, não pode prevalecer o entendimento do Juízo de primeiro grau de considerar como representante judicial do espólio apenas a única dependente previdenciária do *de cujus*. Por consequência, também não há que se falar em retificação da autuação, devendo ser mantido o espólio no polo ativo." [TRT 9ª Reg. RO 07389-2006-008-09-00-0 — (Ac. 4ª T. 20791/2007) — Rel. Juiz Sérgio Murilo Rodrigues Lemos. DJPR 3.8.2007, p. 644 — In *LTr Sup. Jurisp.* 35/2007, p. 280]

CONTRATO POR PRAZO INDETERMINADO — EXTINÇÃO DA EMPRESA SEM OCORRÊNCIA DE FORÇA MAIOR

Questão n. 74

Empregado não optante pelo FGTS trabalhava em condições perigosas, com jornada normal de trabalho; admitido no dia 2.3.1987, teve seu contrato dissolvido no dia 31.10.2004, por cessação da atividade da empresa, sem ocorrência de força maior. Ganhava por ocasião da cessação R$ 432,00 (quatrocentos e trinta e dois reais) mensais, sendo este o seu maior salário percebido na empresa. Quanto deverá receber a título de indenização?

Solução

a) tempo de serviço:

05.10.88 — data de ingresso no regime único do FGTS

02.03.87 — data de admissão do empregado

03.07.01 — tempo de serviço para efeito de indenização (1 ano, 7 meses e 3 dias = 2 anos)

b) R$ 432,00 x 1,3 = R$ 561,60

c) R$ 561,60 : 12 = R$ 46,80

d) R$ 561,60 + R$ 46,80 = R$ 608,40

e) R$ 608,40 x 2 = R$ 1.216,80

ou

aplicando a fórmula: maior salário x tempo de serviço x 13/12 = R$ 561,60 x 2 x 13/12 = R$ 1.216,80

Explicação

1) R$ 432,00 — valor do salário mensal;

2) R$ 561,60 — valor do salário mensal acrescido do adicional de periculosidade (30%) (v. questão n. 46 e Súmula n. 132 do TST);

3) R$ 46,80 — valor correspondente a 1/12 da remuneração mensal à qual vai integrar-se para efeito do cálculo da indenização (v. questão n. 68);

4) R$ 608,40 — valor da remuneração para efeito do cálculo da indenização;

5) 2 — são os anos de serviço para efeito dos cálculos da indenização (v. item 4 da Explicação na questão n. 68);

6) R$ 1.216,80 — valor da indenização pelo tempo de serviço.

Notas

1. Empregado não optante — Com um ou mais anos de serviço — Indenização — Cálculo

Procedimento idêntico ao da questão n. 68, nota n. 2.

Morte do empresário — Extinção da empresa

Quando cessar a atividade da empresa por morte do empregador, os empregados terão direito, conforme o caso, à indenização a que se referem os arts. 477 e 497 (CLT, art. 485).

No caso de morte do empregador constituído em empresa individual, é facultado ao empregado rescindir o contrato de trabalho (§ 2º do art. 483 da CLT).

Empregado estável

Extinguindo-se a empresa, sem a ocorrência de motivo de força maior, ao empregado estável é garantida a indenização por rescisão do contrato por prazo indeterminado, paga em dobro (art. 497 da CLT).

Em caso de fechamento do estabelecimento, filial ou agência, ou supressão necessária de atividade, sem ocorrência de motivo de força maior, é assegurado aos empregados estáveis, que ali exerçam suas funções, o direito à indenização, na forma do artigo anterior (art. 498 da CLT).

2. Extinção da empresa — FGTS — Lei n. 8.036/1990

"Art. 20. A conta vinculada do trabalhador no FGTS poderá ser movimentada nas seguintes situações:

I — ...

II — extinção total da empresa, fechamento de quaisquer de seus estabelecimentos, filiais ou agências, supressão de parte de suas atividades, declaração de nulidade do contrato de trabalho nas condições do art. 19-A, ou ainda falecimento do empregador individual sempre que qualquer dessas ocorrências implique rescisão de contrato de trabalho, comprovada por declaração escrita da empresa, suprida, quando for o caso, por decisão judicial transitada em julgado." (Redação dada pela MP n. 2.164-41/2001, em curso)

A Lei n. 8.036/1990 e o seu regulamento (Decreto n. 99.684/1990) não preveem, no caso de extinção da empresa, a obrigatoriedade, por parte do empregador, de "depositar na conta vinculada do trabalhador no FGTS os valores relativos aos depósitos referentes ao mês da rescisão e ao imediatamente anterior, que ainda não houver sido recolhido". Tampouco o depósito da multa rescisória a favor do empregado na "importância igual a quarenta por cento do montante de todos os depósitos realizados na conta vinculada durante a vigência do contrato de trabalho, atualizados monetariamente e acrescidos dos respectivos juros". Entretanto, o procedimento é o mesmo da questão n. 68, porque a dissolução do contrato por extinção da empresa, sem ocorrência de força maior, equipara-se à dispensa sem justa causa. É nesse sentido a sistemática da CLT ao estabelecer no art. 485: "Quando cessar a atividade da empresa por morte do empregador, os empregados terão direito, conforme o caso, à indenização a que se referem os arts. 477 e 497." A própria Lei n. 8.036/1990 determina que, na ocorrência de despedida por culpa recíproca ou força maior, a multa rescisória será de vinte por cento (art. 18, § 2º). Interpretar que na extinção da empresa sem ocorrência de força maior não haverá multa-indenização seria um contrassenso. Essa polêmica vem da primitiva Lei do FGTS (5.107/1966) e os entendimentos doutrinários e jurisprudenciais são no sentido de considerar a extinção da empresa, como caso de dispensa sem justa causa dos empregados, como demonstra a ementa: "Se a dissolução da sociedade empregadora (com extinção da empresa) é decidida por seus sócios em face de dificuldades conjunturais, a dispensa de seus empregados considerar-se-á sem justa causa e com pagamento integral das indenizações (ou emissão da AM do FGTS no código 01), não se enquadrando a hipótese entre as de força maior. O código 03 não tem correspondência na CLT, em hipóteses como a dos autos, sendo aplicável o código 01." (TRT-3ª Reg., 1ª T., Proc. RO 2.780/1985, Rel. Juiz Manoel Mendes de Freitas, DJMG n. 219/1985, in TEIXEIRA FILHO, João de Lima. *Repertório de jurisprudência trabalhista*. Rio de Janeiro: Freitas Bastos, 1985/1986, v. 5, ementa n. 1.966)

3. Saque do FGTS pelo empregado

Após a passagem para o regime único do FGTS (5.10.1988), o empregado poderá levantar os depósitos do FGTS feitos em sua conta vinculada. O saque será feito pelo código 01. Todavia, a Circular Caixa n. 537/2011 disciplina que o empregado poderá sacar os depósitos do FGTS no código 03.

4. Saque do FGTS pelo empregador

Os depósitos anteriores à passagem do empregado para o regime do FGTS poderão ser levantados pelo empregador. O saque será feito pelo código 10 (havendo indenização) ou 26 (não havendo indenização), conforme prevê a Circular Caixa n. 537/2011.

5. Extinção da empresa — Estabilidade

No caso de estabilidade provisória do empregado, havendo extinção da empresa ou do estabelecimento, o entendimento predominante é o de considerar que os efeitos resultantes do encerramento das atividades da empresa ou do estabelecimento dependem da finalidade de cada estabilidade considerada.

Em relação à garantia de emprego de cunho social ou coletivo, com predominância dos interesses coletivos da categoria, tem imperado o entendimento que afasta a estabilidade em caso de extinção da empresa, por considerar que, extinto o contrato, desaparecem as garantias decorrentes da relação de emprego, como bem demonstram as orientações sumuladas do TST:

"A estabilidade provisória do cipeiro não constitui vantagem pessoal, mas garantia para as atividades dos membros da CIPA, que somente tem razão de ser quando em atividade a empresa. Extinto o estabelecimento, não se verifica a despedida arbitrária, sendo impossível a reintegração e indevida a indenização do período estabilitário" (Súmula n. 339, II).

"Havendo extinção da atividade empresarial no âmbito da base territorial do sindicato, não há razão para subsistir a estabilidade" (Súmula n. 369, IV).

As orientações jurisprudenciais, consubstanciadas nas súmulas transcritas acima, têm sido estendidas a todas as formas de estabilidade de cunho comunitário. O argumento é o de que desaparecendo o emprego em virtude da extinção da empresa ou do estabelecimento, não haverá prestação de serviços, perdendo a estabilidade o seu sentido.

O TST, por meio da Súmula n. 173, posicionou-se: "Extinto, automaticamente, o vínculo empregatício com a cessação das atividades da empresa, os salários só são devidos até a data da extinção".

Quando se tratar das estabilidades provisórias de cunho pessoal ou individual (acidente do trabalho e gestante), elas têm como finalidade a proteção do próprio trabalhador e/ou do nascituro. Nestas situações, havendo extinção da empresa ou do estabelecimento, a jurisprudência tem-se inclinado pelo pagamento das parcelas salariais correspondentes ao período de estabilidade remanescente (salários, 13º salários, férias, FGTS, adicionais habituais e seus reflexos etc.), como medida de proteção do empregado e de sua família, conforme demonstram as ementas abaixo transcritas. Consultar a Nota n. 7 na questão n. 47.

6. Recebimento de outras verbas

Em caso de dissolução do contrato individual de trabalho, por cessação da atividade empresarial, sem ocorrência de força maior, além da indenização e/ou utilização dos depósitos do FGTS, o empregado poderá receber outras verbas a que tenha direito, como: aviso prévio, 13º salário, salário-família, férias, saldo de salário, adicionais, gratificações, indenização adicional (art. 9º da Lei n. 7.328/1984).

7. Jurisprudência

Súmulas do TST

44. Aviso prévio. Cessação da atividade da empresa

A cessação da atividade da empresa, com o pagamento da indenização, simples ou em dobro, não exclui, por si só, o direito do empregado ao aviso prévio.

132. Adicional de periculosidade. Integração (Res. n. 129 — DJ 20.4.2005)

I — O adicional de periculosidade, pago em caráter permanente, integra o cálculo de indenização e de horas extras. (ex-prejulgado n. 3) (ex-Súmula n. 132 — RA 102/ 1982, DJ 11.10.1982/DJ 15.10.1982 e ex-OJ n. 267 — Inserida em 27.9.2002)

II — Durante as horas de sobreaviso, o empregado não se encontra em condições de risco, razão pela qual é incabível a integração do adicional de periculosidade sobre as mencionadas horas. (ex-OJ n. 174 — Inserida em 8.11.2000)

173. Salário. Empresa. Cessação de atividades

Extinto, automaticamente, o vínculo empregatício com a cessação das atividades da empresa, os salários só são devidos até a data da extinção. (ex-Prejulgado n. 53)

339. CIPA. Suplente. Garantia de emprego. CF/1988 (Res. n. 129 — DJ 20.4.2005)

I — O suplente da CIPA goza da garantia de emprego prevista no art. 10, II, "a", do ADCT a partir da promulgação da Constituição Federal de 1988. (ex-Súmula n. 339 — Res. n. 39/1994, DJ 20.12.1994 e ex-OJ n. 25 — Inserida em 29.3.1996)

II — A estabilidade provisória do cipeiro não constitui vantagem pessoal, mas garantia para as atividades dos membros da CIPA, que somente tem razão de ser quando em atividade a empresa. Extinto o estabelecimento, não se verifica a despedida arbitrária, sendo impossível a reintegração e indevida a indenização do período estabilitário. (ex--OJ n. 329 — DJ 9.12.2003)

369. Dirigente sindical. Estabilidade provisória (Res. n. 129 — DJ 20.4.2005)

I — É indispensável a comunicação, pela entidade sindical, ao empregador, na forma do § 5º do art. 543 da CLT. (ex-OJ n. 34 — Inserida em 29.4.1994)

II — O art. 522 da CLT, que limita a sete o número de dirigentes sindicais, foi recepcionado pela Constituição Federal de 1988. (ex-OJ n. 266 — Inserida em 27.9.2002)

III — O empregado de categoria diferenciada eleito dirigente sindical só goza de estabilidade se exercer na empresa atividade pertinente à categoria profissional do sindicato para o qual foi eleito dirigente. (ex-OJ n. 145 — Inserida em 27.11.1998)

IV — Havendo extinção da atividade empresarial no âmbito da base territorial do sindicato, não há razão para subsistir a estabilidade. (ex-OJ n. 86 — Inserida em 28.4.1997)

V — O registro da candidatura do empregado a cargo de dirigente sindical durante o período de aviso prévio, ainda que indenizado, não lhe assegura a estabilidade, visto que inaplicável a regra do § 3º do art. 543 da Consolidação das Leis do Trabalho. (ex--OJ n. 35 — Inserida em 14.3.1994)

Súmula do STF

459. Indenização. Adicionais e gratificações

No cálculo da indenização por despedida injusta, incluem-se os adicionais ou gratificações, que, pela habitualidade, se tenham incorporado ao salário.

Ementas diversas

Fechamento de estabelecimento, filial ou agência. Insubsistência de estabilidade

"Os atos de fechamento de estabelecimento, filial ou agência extinguem os contratos de trabalho dos empregados, não prevalecendo contra eles qualquer forma de estabilidade, conforme os termos dos arts. 497 e 498 da CLT." (TST — RR 91.120/93-9 — Min. Hylo Gurgel — 2ª T. — Ac. 2.861 — *Apud* VALENTIN, Carrion. *Nova jurisprudência em direito do trabalho.* São Paulo: Saraiva, 1995, p. 186)

Estabilidade por acidente de trabalho. Encerramento das atividades empresariais

"*Estabilidade por acidente de trabalho — Encerramento das atividades empresariais — Consequências* — As garantias de emprego deferidas pela Constituição ou pela legislação inferior podem ser divididas quanto à finalidade, repartindo-se as de cunho social ou comunitário das de cunho personalíssimo, vinculadas diretamente à saúde do trabalhador. No primeiro caso, a estabilidade garantida pela norma jurídica objetiva proteger interesses coletivos da categoria da qual faz parte o empregado. Já quanto aos casos de origem personalíssima, a finalidade da norma é a proteção do próprio trabalhador. No segundo caso é pertinente a indenização do período de estabilidade, ainda que a empresa tenha encerrado suas atividades no sítio onde atuara o empregado." [TRT 15ª Reg. (Campinas/SP) RO 02017-2001-020-15-00-3 — (Ac. 50479/2005-PATR, 2ª Câmara) — Relª Juíza Regina Dirce Gago de Faria Monegatto — DJSP 21.10.2005, p. 34/3 — In *LTr Sup. Jurisp.* 46/2005, p. 365].

Garantia de emprego acidentária. Encerramento das atividades da empresa. Indenização substitutiva devida

"*Garantia de emprego acidentária. Encerramento das atividades da empresa. Indenização substitutiva devida.* Diferentemente do que ocorre quanto aos empregados albergados por garantia de emprego de caráter comunitário (dirigentes sindical e da CIPA), a ocorrência da causa personalíssima desafia a incorporação do direito à indenização do período estabilitário ao patrimônio do vitimado, independentemente do desfecho contratual operado em razão da extinção do estabelecimento do empregador ou encerramento da sua atividade econômica. A própria finalidade da lei, de garantir a subsistência do empregado no período de reabilitação, e a assunção dos riscos do empreendimento pelo empregador reforçam a necessidade do deferimento do pleito. Recurso improvido." (TRT 15ª R. — RO 00407.2004.003.15.00.6 — 3ª T. — Rel. Juiz Carlos Augusto Escanfella — DJSP 16.9.2005 — In *Revista IOB Trabalhista e Previdenciária* n. 199, ementa 22476, p. 181)

Garantia de emprego à gestante. Fechamento de empresa

"*Garantia de emprego à gestante — Fechamento de empresa — Art. 10, inciso II, letra b, do ADCT.* A empregada gestante faz jus à estabilidade de emprego conferida pelo art. 10, inciso II, alínea *b*, do ADCT, ainda que a despedida tenha ocorrido em virtude do fechamento da empresa, por se tratar, no caso, de uma garantia visando a não privar a gestante da conservação de um emprego que é vital para o nascituro, já que o salário percebido será utilizado em favor da subsistência e nutrição deste." [TST-RR 402.630/97 — (2ª T.) — Rel. Min. Vantuil Abdala, DJU 12.9.2001]

CONTRATO POR PRAZO INDETERMINADO — EXTINÇÃO DA EMPRESA POR MOTIVO DE FORÇA MAIOR

Questão n. 75

Empregado tarefeiro, não optante pelo FGTS, com jornada normal de trabalho, admitido no dia 3.10.1985, teve seu contrato de trabalho dissolvido no dia 30.11.2003, devido à extinção da empresa por motivo de força maior. No último ano do contrato, o empregado produziu 72.000 (setenta e duas mil) peças, considerados os repousos legais. Ganhava por ocasião da extinção R$ 0,10 (dez centavos) por peça produzida. Quanto deverá receber a título de indenização por tempo de serviço?

Solução

a) tempo de serviço:

05.10.88 — data de ingresso no regime único do FGTS

03.10.85 — data da admissão do empregado

02.00.03 — tempo de serviço para efeito de indenização (3 anos)

b) 72.000 : 12 = 6.000 x R$ 0,10 = R$ 600,00

c) R$ 600,00 : 12 = R$ 50,00

d) R$ 600,00 + R$ 50,00 = R$ 650,00

e) (R$ 650,00 x 3) : 2 = R$ 975,00

ou

aplicando a fórmula: maior salário x tempo de serviço x 13/24 = R$ 600,00 x 3 x 13/24 = R$ 975,00

Explicação

1) 72.000 — quantidade de peças feitas nos últimos 12 meses de serviço;

2) 12 — meses do ano;

3) 6.000 — média da produção nos 12 últimos meses de serviço;

4) R$ 0,10 — valor pago, por peça produzida, na época da dissolução do contrato;

5) R$ 600,00 — valor do salário mensal;

6) R$ 50,00 — valor correspondente a 1/12 do salário ao qual vai integrar-se para efeito de indenização (Súmula n. 148 do TST);

7) R$ 650,00 — valor do salário para efeito do cálculo da indenização;

8) R$ 975,00 — valor da indenização de antiguidade. O tempo de serviço do empregado foi de 3 anos (v. item 4 da Explicação na questão n. 68). Como a cessação foi por motivo de força maior, a indenização é a metade da normalmente calculada.

Notas

1. Força maior — Caracterização

A força maior caracteriza-se pela imprevisibilidade e inevitabilidade do acontecimento.

2. Conceito de força maior — CLT

"Art. 501. Entende-se como força maior todo acontecimento inevitável, em relação à vontade do empregador, e para a realização do qual este não concorreu, direta ou indiretamente.

§ 1º A imprevidência do empregador exclui a razão de força maior.

§ 2º À ocorrência do motivo de força maior que não afetar substancialmente, nem for suscetível de afetar, em tais condições, a situação econômica e financeira da empresa, não se aplicam as restrições desta lei referentes ao disposto neste Capítulo."

3. Empregado não optante — Com um ou mais anos de serviço

Tem direito à indenização por metade.

4. Indenização em caso de força maior — CLT

"Art. 502. Ocorrendo motivo de força maior que determine a extinção da empresa, ou de um dos estabelecimentos em que trabalhe o empregado, é assegurada a este, quando despedido, uma indenização na forma seguinte:

I — sendo estável, nos termos dos arts. 477 e 478;

II — não tendo direito à estabilidade, metade da que seria devida em caso de rescisão sem justa causa;

III — ...

5. Tarefeiro — Cálculo por analogia

Para os empregados que trabalhem à comissão ou que tenham direito a percentagens, a indenização será calculada pela média das comissões ou percentagens percebidas nos últimos 12 (doze) meses de serviço (art. 478, § 4º, da CLT).

6. Empregado não optante — Com menos de um ano de serviço

Não tem direito à indenização pelo tempo de serviço.

7. Empregado optante pelo FGTS

Ocorrendo a cessação do contrato de trabalho, por força maior, a multa fundiária será de 20%, e, no mais, segue-se o procedimento da dispensa sem justa causa, como visto na questão n. 68, Nota n. 4 (Lei n. 8.036/1990, art. 18, § 2º, e Decreto n. 99.684/1990, art. 9º, § 2º).

8. Saque do FGTS pelo empregador

Os depósitos anteriores à passagem do empregado para o regime único e obrigatório do FGTS (5.10.1988) poderão ser levantados pelo empregador (art. 19 da Lei n. 8.036/1990). O saque será feito pelo código 10 (havendo indenização) ou 26 (não havendo indenização), conforme prevê a Circular Caixa n. 537/2011.

9. Saque do FGTS pelo empregado

Após a passagem para o regime único do FGTS (5.10.1988), o empregado poderá levantar os depósitos do FGTS feitos em sua conta vinculada (Lei n. 8.036/1990, art. 20, I, e Decreto n. 99.684/1990, art. 35, I). O saque será feito pelo código 02, conforme as especificações da Circular Caixa n. 537/2011.

10. Recebimento de outras verbas

Quando houver dissolução do contrato individual de trabalho, por extinção da empresa, em caso de força maior, além da indenização e/ou utilização dos depósitos do FGTS, o empregado poderá receber outras verbas a que tenha direito, como: 13º salário, salário-família, férias, saldo de salário, adicionais, gratificações etc.

11. Jurisprudência

Força maior. Indenização pela metade

"A redução da indenização à metade está condicionada à verificação das condições de força maior previstas em lei." (TST, Sessão Plena, Proc. RR 2.917/1959, Rel. Min. Tostes Malta, DJU 4.3.1960, p. 541 — In: CAMPANHOLE, Adriano. *Prática e jurisprudência trabalhista*. 4. ed. São Paulo: Atlas, p. 426)

Dificuldades financeiras e instabilidade econômica

"Dificuldades financeiras e instabilidade econômica não caracterizam força maior para o fechamento de uma unidade produtiva da empresa, prevista no art. 502 da CLT." (TRT-2ª Reg., 1ª T., Proc. 02950400463, Rel. Juiz José Mollica, BJ n. 10/1997 — In: TEIXEIRA FILHO, João de Lima. *Repertório de jurisprudência trabalhista*. Rio de Janeiro: Renovar, v. 7, ementa n. 1.825)

CONTRATO POR PRAZO INDETERMINADO — DISSOLUÇÃO POR *FACTUM PRINCIPIS*

Questão n. 76

Empregado, não optante pelo FGTS, com jornada diária normal de trabalho, admitido no dia 1º.8.1983, teve seu contrato de trabalho dissolvido por ato de autoridade pública no dia 30.11.2003. Por ocasião da dissolução do contrato, ganhava R$ 450,00 (quatrocentos e cinquenta reais) mensais. Quanto deverá receber a título de indenização pelo tempo de serviço?

Solução

a) tempo de serviço:

05.10.88 — data de ingresso no regime único do FGTS

01.08.83 — data de admissão do empregado

04.02.05 — tempo de serviço para efeito de indenização (5 anos)

b) R$ 450,00 : 12 = R$ 37,50

c) R$ 450,00 + R$ 37,50 = R$ 487,50

d) R$ 487,50 x 5 = R$ 2.437,50

ou

Aplicando a fórmula: maior remuneração x tempo de serviço x 13/12 = R$ 450,00 x 5 x 13/12 = R$ 2.437,50

Explicação

1) R$ 450,00 — valor do salário mensal;

2) R$ 37,50 — valor correspondente a 1/12 do salário mensal e ao qual vai integrar-se para efeito de indenização (v. Súmula n. 148 do TST);

3) R$ 487,50 — valor do salário para efeito da indenização de antiguidade;

4) R$ 2.437,50 — valor da indenização de antiguidade. O tempo de serviço do empregado foi de 5 anos (v. item 4 da explicação na questão n. 68).

Notas

1. *Factum principis*

No caso de paralisação temporária ou definitiva do trabalho, motivada por ato de autoridade municipal, estadual ou federal, ou pela promulgação de lei ou resolução que impossibilite a continuação da atividade, prevalecerá o pagamento da indenização, que ficará a cargo do governo responsável (CLT, art. 486, *caput*).

2. *Factum principis* — Responsabilidade do empregador

No caso de cessação do contrato por ocorrência de *factum principis*, apenas o pagamento da indenização de antiguidade (CLT, arts. 477, *caput*, 478, 496, 497 e 498), da indenização atípica (CLT, art. 479) e da indenização compensatória (FGTS — multa de 40%) será de responsabilidade do ente público. As demais verbas trabalhistas (saldo de salário, aviso prévio, 13º salário, férias etc.) serão de responsabilidade do empregador.

Em que pese o artigo acima preceituar que o pagamento da indenização ficará a cargo do governo responsável, a jurisprudência trabalhista tem entendido que a responsabilidade do empreendimento econômico é do empregador, razão de este ser o responsável pelo pagamento das verbas rescisórias.

A cessação do contrato de trabalho por ato do governo (*factum principis*) equipara-se à dispensa sem justa causa, e aos empregados são assegurados todos os direitos trabalhistas, sendo o procedimento idêntico ao da questão n. 68.

3. Espécie do gênero — Consequências

"No Direito brasileiro, o *factum principis* não gera as mesmas consequências da força maior, embora esta seja o gênero e aquele a espécie" (RUSSOMANO, Mozart Victor. *Comentários à Consolidação das Leis do Trabalho*. 8. ed. Rio de Janeiro: Konfino, 1977. v. II, p. 787). Razão por que, na ocorrência de *factum principis*, as reparações trabalhistas não devem seguir o procedimento da extinção da empresa por motivo de força maior. Há, todavia, entendimentos em sentido contrário.

4. Saque do FGTS pelo empregado

Em caso de cessação do contrato de trabalho por *factum principis*, o procedimento é o mesmo da dispensa sem justa causa. Logo, o empregado tem direito à multa rescisória de 40% (quarenta por cento), que fica a cargo da autoridade governamental, responsável pela dissolução do contrato de trabalho; o saque do FGTS pelo empregado será feito de modo idêntico ao mostrado na questão n. 68. A legislação do FGTS nada diz, especificamente, a respeito da dissolução do contrato por *factum principis*, apenas se refere à extinção da empresa.

5. Saque do FGTS pelo empregador

Os depósitos anteriores à passagem do empregado para o regime único do FGTS poderão ser levantados pelo empregador. O saque será feito pelo código 10 (havendo indenização) ou 26 (não havendo indenização), conforme determina a Circular Caixa n. 537/2011. Como a indenização pelo tempo de serviço do empregado fica a cargo da entidade pública, caberá a esta, no acerto com a empresa, levar em consideração os depósitos do FGTS que serão utilizados pelo empregador.

6. Recebimento de outras verbas

Quando o contrato for dissolvido por *factum principis*, o empregado, além da indenização e/ou utilização dos depósitos do FGTS, poderá receber, por ocasião da cessação do contrato, outras verbas a que tenha direito, como: aviso prévio, 13º salário, salário-família, férias, saldo de salário, adicionais, gratificações, indenização adicional (Lei n. 7.238/1984, art. 9º).

7. Jurisprudência

***Factum principis*. Esvaziamento**

"Hodiernamente, vem se inclinando a jurisprudência, o que encontra respaldo na doutrina, para o entendimento de se ter como esvaziado o instituto do *factum principis*, haja vista, de qualquer sorte, se atribuir ao risco empresarial, por inteiro, todos os ônus que lhe advêm do pacto laboral, quer decorrentes de fatos que deu causa ou não (sem sua culpa), inclusive os imprevisíveis e aqueles originários de força maior." (TRT-6ª Reg., RO 824/1999, Ac. 1ª T. 23.11.99, Rel. Juiz Milton Gouveia — In *Revista LTr* 64-06/767)

Atos de previsibilidade do empresário

"Os atos discricionários da administração, como cancelamento de concessão ou modificação de normas, encontram-se na orla de previsibilidade do empresário, não figurando o *factum principis* ensejador da exclusão da responsabilidade patronal estatuída no art. 486 da CLT. Agravo de instrumento desprovido." (TST, AI 5.995/83, Ac. 1ª T., 2.212/1984, 3ª Reg., Rel. Min. Coqueijo Costa, DJU 10.8.1984, in *RDT* n. 52, p. 83)

***Factum principis.* Responsabilidade**

"Desativada a empresa, por força de ato de desapropriação e, em consequência, rescindido o contrato do empregado, forçoso reconhecer a ocorrência do *factum principis* (art. 486, da CLT). Inexistindo norma expressa sobre a responsabilidade das reparações decorrentes da dispensa, incumbe ao Estado (União Federal) o encargo. Ao ex-empregador cabe pagar parcelas resultantes da efetiva prestação laboral." (TFR, 2ª T., Proc. RO n. 8.205 AL; Rel. Min. William Patterson, DJ n. 52/1987. *Apud* TEIXEIRA, João de Lima. *Repertório de jurisprudência trabalhista.* Rio de Janeiro: Freitas Bastos, 1989. v. 6, ementa 2284, p. 554)

Indenização por *factum principis.* Competência da justiça do trabalho

"*Recurso de revista. Competência da justiça do trabalho. Indenização por* factum principis. O art. 486, § 3º, da CLT foi introduzido no ordenamento jurídico nacional no contexto da Carta Magna de 1934, quando ainda não era reconhecida, constitucionalmente, a competência desta Justiça Especializada para examinar causas em que figurassem como partes os entes da Administração Pública. Todavia, a análise da evolução constitucional das atribuições da Justiça do Trabalho conduz ao entendimento de que a CF/1988 retirou os fundamentos de validade daquele dispositivo celetário, na medida em que lhe foi atribuída, pelo art. 114, a competência para dirimir controvérsias decorrentes da relação de trabalho entre Entidade de Direito Público e trabalhadores. Restando configurado que o fundamento do pedido está assente na relação de emprego — já que o ente público, na ocorrência do *factum principis*, se estabelece na relação processual como litisconsorte necessário, participando efetivamente da relação processual — e diante da natureza trabalhista da indenização perseguida, é de se concluir que compete à Justiça Obreira apreciar tanto a questão relativa à caracterização do *factum principis*, como ao pleito de indenização, a cargo do governo responsável pelo ato que originou a rescisão contratual. Violação do art. 114 da Constituição Federal de 1988. Recurso de revista conhecido e provido." (Processo n. TST-RR-596.021/1999 — Ac. 2ª Turma — Rel. Min. Renato de Lacerda Paiva — DJ 16.4.2004 — *Apud Revista do TST*, v. 70, n. 1, p. 271/272)

***Factum principis.* Alcance**

"*Factum principis — Alcance. Factum principis* é o ato de autoridade pública que, por via administrativa ou legislativa, impossibilita a continuação da atividade da empresa. O *factum principis* libera o empregador de qualquer obrigação resultante da cessação das atividades da empresa. Todavia, no presente caso, a ocorrência do fato do príncipe foi invocada pelo autor de forma a justificar o seu pedido de condenação subsidiária dos entes públicos elencados na inicial, contudo, a revogação da concessão dos serviços públicos, retirando da empresa particular (CTC) o direito de explorar o transporte coletivo de passageiros, não transfere para o Poder Público a responsabilidade pelos direitos trabalhistas não cumpridos pela concessionária, que responderá com seus bens pelas obrigações inadimplidas." [TRT 18ª Reg. RO 00341-2007-012-18-00-1 — (Ac. 1ª T.) — Relª Des. Káthia Maria Bomtempo de Albuquerque — DJE/TRT 18ª Reg. Ano I, n. 189, 13.11.2007, p. 4/5 — In *LTr Sup. Jurisp.* 3/2008, p. 28]

Rescisão do contrato de trabalho. *Factum princips.* Extinção de convênio administrativo. Responsabilidade existente

"*Rescisão do contrato de trabalho — Factum principis — Extinção de convênio administrativo — Responsabilidade existente.* Nos convênios, há possibilidade de livre adesão e livre denúncia, exceto se for disposto o contrário no próprio documento. Portanto, diante da precariedade dos convênios administrativos, é impossível o reconhecimento de imprevisibilidade na sua extinção, não se cogitando em configuração da figura do *factum principis* na rescisão do contrato de trabalho. Em razão disso, rejeita-se a pretensão de exclusão da responsabilidade do empregador pelas verbas rescisórias, porque o não pagamento dessas parcelas não decorreu de acontecimento imprevisível. Recurso da primeira reclamada não provido." [TRT 15ª Reg. (Campinas/SP) Proc. 23100-47.2009.5.15.0059 RO — (Ac. 30754/10-PATR, 5ª C.) — Rel. Lorival Ferreira dos Santos — DEJT 2.6.2010, p. 186 — *Apud LTr Sup. Jurisp.* 30/2010, p. 240]

CONTRATO POR PRAZO INDETERMINADO — DISSOLUÇÃO DA EMPRESA — FALÊNCIA

Questão n. 77

Empregado, não optante pelo FGTS, admitido no dia 9.3.1987, teve o seu contrato de trabalho dissolvido, por falência da empresa, no dia 26.11.2005. Era comissionista e nos últimos 12 (doze) meses percebeu de comissão R$ 4.320,00 (quatro mil, trezentos e vinte reais), considerados os repousos legais. Quanto deverá receber a título de indenização pelo tempo de serviço?

Solução

a) tempo de serviço:

05.10.88 35.09.88 — data de ingresso no regime único do FGTS
<u>09.03.87</u> ou <u>09.03.87</u> — data de admissão do empregado
?. 07.01 26.06.01 — tempo de serviço para efeito de indenização (2 anos)

b) R$ 4.320,00 : 12 = R$ 360,00

c) R$ 360,00 : 12 = R$ 30,00

d) R$ 360,00 + R$ 30,00 = R$ 390,00

e) R$ 390,00 x 2 = R$ 780,00

ou

aplicando a fórmula: maior remuneração x tempo de serviço x 13/12 = R$ 360,00 x 2 x 13/12 = R$ 780,00

Explicação

1) R$ 4.320,00 — valor das comissões nos 12 meses que precederam a dissolução do contrato;

2) R$ 360,00 — valor da média salarial nos últimos 12 meses de serviço;

3) R$ 30,00 — valor correspondente a 1/12 da média salarial à qual vai integrar-se para efeito de indenização (Súmula n. 148 do TST);

4) R$ 390,00 — valor da remuneração para efeito do cálculo de indenização;

5) R$ 780,00 — valor da indenização de antiguidade. O tempo de serviço do empregado foi de 2 anos (v. item 4 da Explicação na questão n. 68).

Notas

1. Falência — Cessação do contrato de trabalho

A decretação da falência é causa de cessação dos contratos de trabalho, em razão da extinção das atividades da empresa, equiparando-se à dispensa dos empregados sem justa causa. Entretanto, a nova lei de falência (n. 11.101/2005), a exemplo da legislação anterior (Decreto-lei n. 7.665/1945), prescreve que os contratos bilaterais não se resolvem pela falência e podem ser cumpridos pelo administrador judicial, se o cumprimento reduzir ou evitar o aumento do passivo da massa falida ou for necessário à manutenção e preservação de seus ativos, mediante autorização do Comitê (art. 117, *caput*).

Na falência, pela nova lei, a figura do administrador judicial corresponde à do síndico da lei revogada e a continuidade dos contratos de trabalho depende do interesse da massa falida e da autorização do comitê de credores.

2. Falência — Créditos privilegiados

A CLT estabelece:

"Art. 148. A remuneração das férias, ainda quando devida após a cessação do contrato de trabalho, terá natureza salarial, para os efeitos do art. 449."

"Art. 449. Os direitos oriundos da existência do contrato de trabalho subsistirão em caso de falência, concordata ou dissolução da empresa.

§ 1º Na falência, constituirão créditos privilegiados a totalidade dos salários devidos ao empregado e a totalidade das indenizações a que tiver direito."

O art. 449 da CLT foi alterado pela nova lei de falência, que desconsiderou ser o risco do empreendimento do empregador (CLT, art. 2º, § 2º) e serem os créditos trabalhistas, regra geral, de natureza alimentar. Pela Lei n. 11.101/2005, no caso de falência, os créditos derivados da legislação do trabalho são considerados privilegiados até o limite de 150 (cento e cinquenta) salários mínimos por credor, e os decorrentes de acidentes de trabalho (art. 83, I). Os saldos dos créditos derivados da legislação do trabalho, que excederem o limite de 150 salários mínimos, são considerados créditos quirografários (art. 83, VI, *c*).

Determina a nova lei de falência que, na recuperação judicial e na extrajudicial, os créditos trabalhistas continuarão privilegiados, não seguindo o limite de 150 salários mínimos, previsto para o caso de falência, e que os créditos trabalhistas cedidos a terceiros serão considerados quirografários (§ 4º do art. 83).

Há certos créditos extraconcursais que serão pagos com precedência sobre os mencionados na falência, como: remunerações devidas ao administrador judicial e seus auxiliares, e créditos derivados da legislação do trabalho ou decorrentes de acidentes de trabalho, relativos a serviços prestados após a decretação da falência (Lei n. 11.101/2005, art. 84, I).

3. Falência — Sucessão — Novos contratos de trabalho

A nova lei de falência, em obediência à lei do mercado, desconsiderou os princípios e as garantias trabalhistas, ao estabelecer que na recuperação judicial e na falência do empresário e da sociedade empresária, o objeto da alienação conjunta ou separada de ativos, inclusive da empresa ou de suas filiais, estará livre de qualquer ônus e não haverá sucessão do arrematante nas obrigações do devedor, inclusive as de natureza tributária, as derivadas da legislação do trabalho e as decorrentes de acidentes de trabalho. Ainda, empregados do devedor, contratados pelo arrematante, serão admitidos mediante novos contratos de trabalho e o arrematante não responde por obrigações decorrentes do contrato anterior (Lei n. 11.101/2005, arts. 60 e 141).

4. Falência — Aplicação subsidiária

A Lei n. 11.101/2005 não se aplica a: I — empresa pública e sociedade de economia mista: II — instituição financeira pública ou privada, cooperativa de crédito, consórcio, entidade de previdência complementar, sociedade operadora de plano de assistência à saúde, sociedade seguradora, sociedade de capitalização e outras entidades legalmente equiparadas às anteriores (art. 2º).

Por sua vez, o art. 197 da nova Lei de Falência estabelece que, enquanto não forem aprovadas as respectivas leis específicas, ela será aplicada subsidiariamente, no que couber, aos regimes previstos no Decreto-lei n. 73/1966 (dispõe sobre o Sistema Nacional de Seguros Privados, regula as operações de seguros e resseguros), na Lei n. 6.024/1974 (dispõe sobre a intervenção e liquidação extrajudicial de instituições financeiras), no Decreto-lei n. 2.321/1987 (institui, em defesa das finanças públicas, regime de administração especial temporária, nas instituições financeiras privadas e públicas não federais) e na Lei n. 9.514/1997 (dispõe sobre o Sistema de Financiamento Imobiliário e institui a alienação fiduciária de coisa imóvel).

5. Falência — Competência — Habilitação

A nova lei de falência (art. 76, *caput*) prescreve que o juízo da falência é indivisível, atraindo para si todos os créditos, mas não tem competência para conhecimento das ações trabalhistas.

As ações de natureza trabalhista serão processadas perante a Justiça do Trabalho até a apuração do respectivo crédito (sem efetivação de sua execução), que será inscrito no quadro-geral de credores pelo valor determinado em sentença (Lei n. 11.101/2005, art. 6º, § 2º).

A CLT preceitua que terão preferência para julgamento os dissídios sobre pagamento de salário e aqueles que derivarem da falência do empregador, podendo o presidente da Vara, a pedido do interessado, constituir processo em separado, sempre que a reclamação também versar sobre outros assuntos (art. 652, parágrafo único). Ainda, terá preferência em todas as fases processuais o dissídio cuja decisão tiver de ser executada perante o juízo da falência (art. 768).

O juiz trabalhista poderá determinar a reserva da importância que estimar devida na recuperação judicial ou na falência, e, uma vez reconhecido líquido o direito, será o crédito incluído na classe própria (Lei n. 11.101/2005, art. 6º, § 3º).

6. Falência — Correção monetária — Juros

A correção monetária visa à atualização da moeda e os juros têm por objetivo a remuneração do capital. Os juros de mora representam a reparação do dano causado pelo devedor, pelo não pagamento do seu débito na data certa.

O art. 46 do ADCT/CF é taxativo ao preceituar: "São sujeitos à correção monetária desde o vencimento, até seu efetivo pagamento, sem interrupção ou suspensão, os créditos junto a entidades submetidas aos regimes de intervenção ou liquidação extrajudicial, mesmo quando esses regimes sejam convertidos em falência. O disposto neste artigo aplica-se também: I — às operações realizadas posteriormente à decretação dos regimes referidos no *caput* deste artigo".

Os débitos das entidades submetidas aos regimes de intervenção ou liquidação extrajudicial estão sujeitos à correção monetária desde o respectivo vencimento até seu efetivo pagamento, sem interrupção ou suspensão, não incidindo, entretanto, sobre tais débitos, juros de mora (Súmula n. 304 do TST).

O atual Código Civil prevê no art. 407: "Ainda que se não alegue prejuízo, é obrigado o devedor aos juros da mora que se contarão assim às dívidas em dinheiro como às prestações de outra natureza, uma vez que lhes esteja fixado o valor pecuniário por sentença judicial, arbitramento, ou acordo entre as partes".

O Decreto-lei n. 7.661/1945 preceituava que "contra a massa não correm juros, ainda que estipulados forem, se o ativo apurado não bastar para o pagamento do principal" (art. 26, *caput*).

Por sua vez, a nova lei de falência (n. 11.101/2005) estabelece que "contra a massa falida não são exigíveis juros vencidos após a decretação da falência, previstos em lei ou em contrato, se o ativo apurado não bastar para o pagamento dos credores subordinados" (art. 124, *caput*).

Conclui-se que, na falência, há incidência de correção monetária sobre os débitos trabalhistas. Quanto aos juros, são devidos os vencidos antes da decretação da falência; os juros vencidos após a decretação da falência não são exigíveis, se o ativo apurado não bastar para o pagamento dos credores subordinados.

Questão polêmica é a que diz respeito ao momento (época própria) em que deve incidir a correção monetária, havendo divergência de entendimento na doutrina e na jurisprudência. Para uns, quando se tratar de salário, *época própria* é o próprio mês de vencimento do salário. Para outros, *época própria* é a data em que o salário (crédito do empregado) torna-se exigível, como, por exemplo, a partir do 5º dia útil do mês subsequente ao vencido (CLT — art. 459, parágrafo único, com redação dada pela Lei n. 7.855/1989). O TST, por meio da Súmula n. 381, uniformizou: "O pagamento dos salários até o 5º dia útil do mês subsequente ao vencido não está sujeito à correção monetária. Se essa data-limite for ultrapassada, incidirá o índice da correção monetária do mês subsequente ao da prestação dos serviços, a partir do dia 1º."

Quanto aos juros de mora, eles incidem desde a data do ajuizamento da ação, até o dia do efetivo pagamento. A CLT preceitua que, não pagando o executado, nem garantindo a execução, seguir-se-á penhora dos bens, tantos quantos bastem ao pagamento da importância da condenação, acrescida de custas e juros de mora, sendo estes, em qualquer caso, devidos a partir da data em que for ajuizada a reclamação inicial (art. 883).

7. Empregado não optante — Com um ou mais anos de serviço — Indenização — Cálculo

Procedimento idêntico ao da questão n. 68, Nota n. 2.

8. Comissionista — Indenização — Cálculo

Para os empregados que trabalhem à comissão ou que tenham direito a percentagens, a indenização será calculada pela média das comissões ou percentagens percebidas nos últimos 12 (doze) meses de serviço (art. 478, § 4º, da CLT).

9. Empregado não optante que passa a optante — Indenização e utilização do FGTS

Procedimento idêntico ao da questão n. 68, Nota n. 3.

10. Empregado optante pelo FGTS

Procedimento idêntico ao da questão n. 68, Nota n. 4. Em caso de falência, havendo cessação do contrato de trabalho, esta situação se equipara à dispensa sem justa causa, e ao empregado são assegurados todos os direitos trabalhistas. A legislação do FGTS nada diz, especificamente, a respeito de falência do empregador, apenas se refere à extinção da empresa, sendo que a Circular Caixa n. 537/2011 disciplina que, neste caso, o empregado poderá sacar os depósitos do FGTS pelo código 03 (v. Nota n. 3 da questão n. 74).

11. Recebimento de outras verbas

Quando houver dissolução do contrato de trabalho por falência da empresa, o empregado, além da indenização ou utilização dos depósitos do FGTS, poderá receber outras verbas a que tenha direito, como: aviso prévio, 13º salário, salário-família, férias, saldo de salário, adicionais, gratificações, indenização adicional (art. 9º da Lei n. 7.238/1984) etc.

12. Ementa n. 17 da SRT/MTE

Homologação. Empresa em processo de recuperação judicial

As empresas em processo de recuperação judicial não têm privilégios ou prerrogativas em relação à homologação das rescisões de contrato de trabalho. Portanto, devem atender a todas as exigências da legislação em vigor.

13. Jurisprudência

Súmulas do TST

86. Deserção. Massa falida. Empresa em liquidação extrajudicial (Res. n. 129 — DJ 20.4.2005)

Não ocorre deserção de recurso da massa falida por falta de pagamento de custas ou de depósito do valor da condenação. Esse privilégio, todavia, não se aplica à empresa em liquidação extrajudicial. (Primeira parte — ex-Súmula n. 86 — RA 69, DJ 26.9.1978; segunda parte — ex-OJ n. 31 — Inserida em 14.3.1994)

304. Correção monetária. Empresas em liquidação. Art. 46 do ADCT/CF. Revisão da Súmula n. 284 (Res. n. 17, DJ 18.3.1988)

Os débitos trabalhistas das entidades submetidas aos regimes de intervenção ou liquidação extrajudicial estão sujeitos à correção monetária desde o respectivo vencimento até seu efetivo pagamento, sem interrupção ou suspensão, não incidindo, entretanto, sobre tais débitos, juros de mora.

381. Correção monetária. Salário. Art. 459 da CLT (Res. n. 129 — DJ 20.4.2005)

O pagamento dos salários até o 5º dia útil do mês subsequente ao vencido não está sujeito à correção monetária. Se essa data-limite for ultrapassada, incidirá o índice da correção monetária do mês subsequente ao da prestação dos serviços, a partir do dia 1º. (ex-OJ n. 124 — Inserida em 20.4.1998)

388. Massa falida. Arts. 467 e 477 da CLT. Inaplicabilidade (Res. n. 129 — DJ 20.4.2005)

A massa falida não se sujeita à penalidade do art. 467 e nem à multa do § 8º do art. 477, ambos da CLT. (ex-OJs n. 201 — DJ 11.8.2003 e n. 314 — DJ 8.11.2000)

Súmula do STF

227. A concordata[33] do empregador não impede a execução de crédito nem a reclamação de empregado na Justiça do Trabalho.

Ementas diversas

Massa falida. Dobra salarial e multa. Divergência

"Falência — Dobra salarial e multa do art. 477 da CLT. Não há como a Massa Falida honrar o pagamento das verbas rescisórias no prazo da lei, bem como efetuar o pagamento do saldo salarial em audiência, por impossibilidade jurídica, visto que o síndico não está autorizado a fazer pagamento fora do juízo falimentar. Embargos conhecidos e desprovidos." (TST, Ac. unânime da SBDI-1, ERR 435.433/98.4, 2ª Reg., Rel. Min. Candeia de Souza, Suplente, j. 12.4.1999, DJU-1 14.5.1999, p. 43, in OT — SLJD 8/2000, p. 23)

"Falência. Multa do art. 477 da CLT. Dobra salarial do art. 467 da CLT. A falência faz parte dos riscos do negócio, que não podem ser carreados ao empregado. Não constitui, dessa forma, motivo de força maior, e não pode ser invocada como justificativa para o atraso no pagamento das verbas rescisórias, assim como, em audiência, dos salários incontroversos. São devidas, portanto, a multa do art. 477, § 8º da CLT e a dobra salarial contemplada no art. 467 da CLT." (TRT-2ª Reg., Ac. da 8ª T., por maioria de votos, RO 02980057252, Relª desig. Juíza Wilma Nogueira de Araújo Vaz da Silva, j. 21.1.1999, DOSP 18.5.1999, p. 46, in OT — SLJD 8/2000, p. 23)

---

(33) Com a Lei n. 11.101/2005, no lugar de concordata, leia-se recuperação judicial.

Falência. Indenizações

"Ocorrendo rescisão contratual ocasionada pela decretação de falência, as indenizações são devidas integralmente ao empregado, pois não se trata de força maior." (TRT-10ª Reg., RO 1.053/1984, Ac. TP 0524/1985, Rel. Juiz Libânio Cardoso, DJU 8.4.1985, in RDT n. 57, p. 114)

Falência. Correção monetária de crédito trabalhista

"A Lei n. 6.809/1981 é de caráter global, e de amplo alcance, não sendo incompatível com as hipóteses de falência e concordata." (STF, RE 115.128-5-SP, Ac. 2ª T., 30.9.1988, Rel. Min. Francisco Rezek, in *Revista LTr* 53-3/334)

Execução. Crédito previdenciário. Falência do devedor

"Decretada a falência da empresa devedora, a competência da Justiça do Trabalho cessa com a apuração do valor do débito previdenciário, devendo o INSS, de posse da certidão de crédito, habilitá-lo no juízo falimentar." (TRT 18ª Reg. — AP-00128--2004-221-18-00-4 — Rel. Juiz Gentil Pio de Oliveira — DJGO n. 14.608, de 30.9.2005, p. 65).

CONTRATO POR PRAZO INDETERMINADO — APOSENTADORIA

Questão n. 78

Extinção do contrato individual de trabalho por aposentadoria do empregado.

Notas

1. Aposentadoria do empregado — Dissolução do contrato

1.1. Aposentadoria espontânea — Divergência

Quando o empregado se aposenta espontaneamente (por idade e/ou por tempo de serviço/contribuição) e se desliga do emprego, o contrato de trabalho cessará a seu pedido; neste caso, o procedimento é idêntico ao da questão n. 70.

Em se tratando de aposentadoria espontânea, sem desligamento do emprego, há divergência a respeito da dissolução ou não do contrato do empregado.

Para alguns, com base na Lei n. 8.213/1991 (arts. 18, § 2º; 49, I, *b*; e 54), a aposentadoria espontânea não tem o poder de cessar o contrato de emprego.

Já para outros, considerando o art. 453 da CLT, a aposentadoria espontânea cessa automaticamente o contrato de trabalho. Nessa linha, a

Orientação Jurisprudencial n. 177 da SDI-1-TST: "Aposentadoria espontânea. Efeitos. A aposentadoria espontânea extingue o contrato de trabalho, mesmo quando o empregado continua a trabalhar na empresa após a concessão do benefício previdenciário. Assim sendo, indevida a multa de 40% do FGTS em relação ao período anterior à aposentadoria".

Essa OJ n. 177 foi cancelada pelo Pleno do TST, em 25 de outubro de 2006, após o julgamento pelo STF das ADIns ns. 1.770-4 e 1.721-3, considerando inconstitucionais os §§ 1º e 2º do art. 453 da CLT, acrescentados pela Lei n. 9.528/1997.

Em maio de 2008 foi publicada a OJ n. 361 da SDI-1-TST, reconhecendo que "a aposentadoria espontânea não é causa de extinção do contrato de trabalho se o empregado permanece prestando serviços ao empregador após a jubilação. Assim, por ocasião da sua dispensa imotivada, o empregado tem direito à multa de 40% do FGTS sobre a totalidade dos depósitos efetuados no curso do pacto laboral".

O STF não considerou inconstitucional o *caput* do art. 453, apenas os seus §§ 1º e 2º, o que levou Sergio Pinto Martins (Orientador Trabalhista — SLJD — 11.2006, p. 3) a observar "que a matéria rescisão do contrato de trabalho do empregado em decorrência de aposentadoria espontânea não é constitucional. O inciso I do art. 7º da Constituição não trata do tema. A matéria é de lei ordinária, tanto que envolve a interpretação do *caput* do art. 453 da CLT", e conclui que "a aposentadoria rescinde o contrato de trabalho do empregado. Permanecendo o obreiro a trabalhar na empresa ao requerer sua aposentadoria, inicia-se novo contrato de trabalho com o empregador".

Como magistrado, Sergio Pinto Martins foi relator do acórdão que tem a seguinte ementa: "Aposentadoria — Rescisão do contrato de trabalho — O inciso II do § 3º do art. 1º da Lei n. 4.090/1962 é claro no sentido de que a aposentadoria é causa de cessação da relação de emprego." [TRT 2ª Reg. 01926200336102007 — (Ac. 2ª T. 20060896366) — Rel. Desig. Sérgio Pinto Martins. DJSP 14.11.2006, p. 17 — *LTr Sup. Jurisp.* 49/2006, p. 387]

No mesmo sentido, Melchíades Rodrigues Martins (*Revista LTr* 71-01/15), após minuciosa análise, conclui:

> "a) A aposentadoria é causa da cessação do contrato de trabalho. A continuidade do vínculo empregatício dependerá da manifestação de vontade do empregador. Tal entendimento está alicerçado no *caput* do art. 453, da CLT, no inciso II, § 3º, do art. 1º da Lei n. 4.090/1962, introduzido pela Lei n. 9.011/1995 e também no item III do art. 20 da Lei n. 8.036/1990.
>
> b) As decisões proferidas nas ADIns ns. 1.770-4 e 1.771-3 não podem atingir o *caput* do art. 453, da CLT, o qual foi modificado pela Lei n. 6.204/1975, que vigora há mais de 32 anos sem qualquer vício de

inconstitucionalidade. As mencionadas decisões dizem respeito à Lei n. 9.528/1997, a qual foi direcionada às entidades públicas (empresas públicas e sociedade de economia mista)".

1.2. Aposentadoria por invalidez

Na aposentadoria por invalidez, estando o empregado incapacitado total e definitivamente para o trabalho, haverá cessação do contrato, sem iniciativa do empregador, conforme se depreende do art. 43 da Lei n. 8.213/1991.

1.3. Aposentadoria compulsória

No caso de aposentadoria do empregado requerida pelo empregador, denominada compulsória (70 anos de idade para o homem e 65 para a mulher), o contrato de trabalho cessará, equiparando-se à dispensa sem justa causa (Lei n. 8.213/1991, art. 51).

1.4. Aposentadoria especial

Quando se tratar de aposentadoria especial (trabalho em atividade insalubre e/ou perigosa), espécie de aposentadoria por tempo de serviço, haverá cessação do contrato de trabalho e o trabalhador não poderá voltar a trabalhar nessas atividades.[34]

2. Legislação — Lei n. 8.213/1991

"Art. 18, § 2º: O aposentado pelo Regime Geral de Previdência Social — RGPS que permanecer em atividade sujeita a este Regime, ou a ele retornar, não fará jus a prestação alguma da Previdência Social em decorrência do exercício dessa atividade, exceto ao salário-família e à reabilitação profissional, quando empregado." (redação dada pela Lei n. 9.528/1997)

"Art. 49. A aposentadoria por idade será devida:

I — ao segurado empregado, inclusive o doméstico, a partir:

a) ... ou

b) da data do requerimento, *quando não houver desligamento do empregado* ou quando for requerida após o prazo previsto na alínea *a.*" (grifamos)

"Art. 51. A aposentadoria por idade pode ser requerida pela empresa, desde que o segurado tenha cumprido o período de carência e completado 70 (setenta) anos de idade, se do sexo masculino, ou 65 (sessenta e cinco) anos, se do sexo feminino, sendo compulsória, caso em que será garantida ao empregado a indenização prevista na legislação trabalhista, considerada

(34) Lei n. 8.213/1991, art. 57.

como data da rescisão do contrato de trabalho a imediatamente anterior à do início da aposentadoria." (V. Regulamento — Decreto n. 3.048/1999, art. 54)

"Art. 54. A data do início da aposentadoria por tempo de serviço será fixada da mesma forma que a da aposentadoria por idade, conforme o disposto no art. 49."

O Decreto n. 3.048/1999, atual regulamento da Lei n. 8.213/1991, prevê:

"Art. 52. A aposentadoria por idade será devida:

I — ao segurado empregado, inclusive o doméstico:

a) ...

b) a partir da data do requerimento, quando não houver desligamento do emprego ou quando for requerida após o prazo da alínea *a*; e

II — ...

"Art. 58. A data do início da aposentadoria por tempo de contribuição será fixada conforme o disposto nos incisos I e II do art. 52."

Tempo de serviço — Readmissão — CLT

"Art. 453. No tempo de serviço do empregado, quando readmitido, serão computados os períodos, ainda que não contínuos, em que tiver trabalhado anteriormente na empresa, salvo se houver sido despedido por falta grave, recebido indenização ou aposentado espontaneamente.

Aposentadoria por invalidez — Indenização — CLT

"Art. 475. O empregado que for aposentado por invalidez terá suspenso o seu contrato de trabalho durante o prazo fixado pelas leis de previdência social para a efetivação do benefício.

§ 1º Recuperando o empregado a capacidade de trabalho e sendo a aposentadoria cancelada, ser-lhe-á assegurado o direito à função que ocupava ao tempo da aposentadoria, facultado, porém, ao empregador, o direito de indenizá-lo por rescisão do contrato de trabalho, nos termos dos arts. 477 e 478, salvo na hipótese de ser ele portador de estabilidade, quando a indenização deverá ser paga na forma do art. 497.

§ 2º ...

3. Saque do FGTS pelo empregado

Com a aposentadoria, o empregado poderá levantar os depósitos do FGTS feitos em sua conta vinculada (Lei n. 8.036/1990, art. 20, III, e Decreto (regulamento) n. 99.684/1990, art. 35, III). O saque será feito pelo código 05, conforme as especificações da Circular Caixa n. 537/2011.

4. Saque do FGTS pelo empregador

No caso de empregado admitido antes do advento da atual Constituição Federal (5.10.1988), como não optante pelo FGTS, e que, após a Constituição, instituidora do regime único e obrigatório do FGTS, se aposentou, teremos:

a) pelo tempo de serviço do empregado anterior ao regime único do FGTS (5.10.1988), não haverá indenização;

b) após a inserção compulsória do empregado no regime único do FGTS, segue o procedimento mostrado acima na Nota n. 3;

c) os depósitos do FGTS anteriores ao regime único poderão ser levantados pelo empregador, código 26, conforme determina a Circular Caixa n. 537/2011.

5. Recebimento de outras verbas

Quando o contrato de trabalho se extinguir com a aposentadoria do empregado, além da indenização (caso de aposentadoria compulsória do não optante) ou da utilização dos depósitos do FGTS, no caso de optante, poderá o empregado receber outras verbas a que tenha direito, como: 13º salário, salário-família, férias, saldo de salário, adicionais, gratificações etc.

6. Ementa normativa n. 2 da SRT/MTE

Homologação. Aposentadoria. É devida a assistência prevista no § 1º, do art. 477, da CLT, na ocorrência da aposentadoria espontânea acompanhada do afastamento do empregado. A assistência não é devida na aposentadoria por invalidez.

7. Jurisprudência

Súmulas do TST

160. Aposentadoria por invalidez

Cancelada a aposentadoria por invalidez, mesmo após cinco anos, o trabalhador terá direito de retornar ao emprego, facultado, porém, ao empregador, indenizá-lo na forma da lei. (ex-Prejulgado n. 37)

295. Aposentadoria espontânea. Depósito do FGTS. Período anterior à opção

A cessação do contrato de trabalho em razão de aposentadoria espontânea do empregado exclui o direito ao recebimento de indenização relativa ao período anterior à opção. A realização de depósito na conta do Fundo de Garantia do Tempo de Serviço, de que trata o § 3º do art. 14 da Lei n. 8.036, de 11.5.1990, é faculdade atribuída ao empregador.

Orientação Jurisprudencial da SBDI-1-TST

361. Aposentadoria espontânea. Unicidade do contrato de trabalho. Multa de 40% do FGTS sobre todo o período

A aposentadoria espontânea não é causa de extinção do contrato de trabalho se o empregado permanece prestando serviços ao empregador após a jubilação. Assim, por ocasião da sua dispensa imotivada, o empregado tem direito à multa de 40% do FGTS sobre a totalidade dos depósitos efetuados no curso do pacto laboral.

Orientação Jurisprudencial da SBDI-1 — Transitória

51. Complementação de aposentadoria. Caixa Econômica Federal. Auxílio--alimentação. Supressão. Súmulas ns. 51 e 288

A determinação de supressão do pagamento de auxílio-alimentação aos aposentados e pensionistas da Caixa Econômica Federal, oriunda do Ministério da Fazenda, não atinge aqueles ex-empregados que já percebiam o benefício. (ex-OJ n. 250 da SBDI--1 — inserida em 13.3.2002)

Súmulas do STF

217. Aposentadoria. Readmissão

Tem direito de retornar ao emprego, ou ser indenizado em caso de recusa do empregador, o aposentado que recupera a capacidade de trabalho dentro de cinco anos a contar da aposentadoria, que se torna definitiva após esse prazo.

220. Indenização de estável readmissível

A indenização devida a empregado estável, que não é readmitido, ao cessar sua aposentadoria, deve ser paga em dobro.

Súmula do STJ (ex-TFR)

198. Periculosidade. Insalubridade. Aposentadoria especial.

Atendidos os demais requisitos, é devida a aposentadoria especial, se perícia judicial constata que a atividade exercida pelo segurado é perigosa, insalubre ou penosa, mesmo não inscrita em Regulamento.

Ementas diversas

Aposentadoria. Não extinção do contrato de trabalho

"A aposentadoria espontânea não acarreta a extinção do contrato de trabalho, art. 49, I, letra *b*, da Lei n. 8.213/1991. Não há que se confundir o direito de trabalhar com o direito à percepção de benefícios previdenciários. Recurso não provido." (TRT-6ª Reg., RO 10.310/1993, Ac. 2ª T., 11.5.1994, Rel. Juiz Newton Gibson, in *Revista LTr* 59-01/80)

"Após o advento da Lei n. 8.213/1991, que retirou a obrigatoriedade de desligamento do empregado da empresa, para concessão da aposentadoria, espontaneamente requerida, não se pode mais concluir pela extinção do contato de trabalho, em razão de tal benefício. A rescisão contratual, pelo empregador, acarreta para o mesmo a responsabilidade pelo pagamento das indenizações legais." (TRT-8ª Reg., 3ª T., Proc. RO 5.436/1996, Relª Juíza Lygia Simão; BJ jun./1997 — *Apud* TEIXEIRA FILHO, João de Lima. *Repertório de jurisprudência trabalhista.* Rio de Janeiro: Renovar, 1999, v. 7, ementa n. 679)

"Aposentadoria. Não extinção do contrato. Multa do FGTS. Tem direito o empregado, espontaneamente aposentado, a receber integralmente os 40% devidos sobre a totalidade dos depósitos do FGTS efetuados ao longo do contrato, porque a aposentadoria não é fator de extinção do contrato, cabendo salientar que a relação de trabalho é rigorosamente distinta daquela mantida com o órgão previdenciário." (TRT — 2ª Reg. — Ac. Unânime da 8ª T. — RO 19990621864 — Relª Juíza Wilma Nogueira de Araújo Vaz da Silva — j. 26.3.2001 — DOSP 10.4.2001, p. 27 — *Apud OT — SLJD* n. 10/2002, p. 23)

"Aposentadoria espontânea não implica, por si só, extinção do contrato de trabalho. 1. Despedida arbitrária ou sem justa causa (CF, art. 7º, I): viola a garantia constitucional o acórdão que, partindo de premissa derivada de interpretação conferida ao art. 453, *caput*, da CLT (redação alterada pela Lei n. 6.204/1975), decide que a aposentadoria espontânea extingue o contrato de trabalho, mesmo quando o empregado continua a trabalhar na empresa após a concessão do benefício previdenciário. 2. A aposentadoria espontânea pode ou não ser acompanhada do afastamento do empregado de seu trabalho: só há readmissão quando o trabalhador aposentado tiver encerrado a relação de trabalho e posteriormente iniciado outra; caso haja continuidade do trabalho, mesmo após a aposentadoria espontânea, não se pode falar em extinção do contrato de trabalho e, portanto, em readmissão. 3. Precedentes (ADIn 1.721-MC, Ilmar Galvão, RTJ 186/3; ADIn 1.770, Moreira Alves, RTJ 168/128)." [STF RE 449420/PR — (1ª T.) — Rel. Min. Sepúlveda Pertence — DJU 14.10.2005 — *Apud Revista IOB Trabalhista e Previdenciária* n. 199, ementa n. 22.448, p. 120]

"*Recurso de embargos — Aposentadoria espontânea — Ausência de extinção do contrato de trabalho — ADIN n. 1.721-3 — Incidência da multa de 40% sobre os depósitos do FGTS efetuados anteriormente à jubilação* — O excelso Supremo Tribunal Federal, julgando a Adin n. 1721-3 e a Adin n. 1770-4, firmou posicionamento no sentido de que o contrato de trabalho permanece íntegro mesmo com a aposentadoria espontânea do trabalhador. Diante desse posicionamento, não resta dúvida de que a multa de 40% do FGTS, devida por ocasião do rompimento do contrato de trabalho por iniciativa da empresa, deve incidir sobre os depósitos do FGTS efetuados no período anterior à jubilação, sacados por força da aposentadoria espontânea. Embargos conhecidos e providos." [TST E-RR 666.618/2003 — (Ac. SBDI-1, 14.11.2006) — Rel. Min. Aloysio Corrêa da Veiga — In *Revista LTr* 71-02/209]

"*Aposentadoria espontânea — Multa de 40% do FGTS — Período anterior à aposentadoria* — Segundo o mais recente entendimento do Supremo Tribunal Federal, a interpretação conferida ao art. 453 da CLT pela OJ n. 177, da SDI-1, do TST, no sentido de que a aposentadoria voluntária extingue o contrato de trabalho mesmo quando o empregado continua a trabalhar na empresa, viola a garantia constitucional contra a despedida arbitrária (CF/1988, art. 7º, inciso I). Nesse contexto, vale enfatizar que a aposentadoria voluntária somente origina um novo vínculo de emprego se acompanhada do afastamento do serviço. Nos casos em que o trabalhador não se afasta do serviço, havendo continuidade da relação de emprego, a aposentadoria espontânea não implica a extinção do contrato de trabalho, sendo devida, portanto, a indenização de 40% sobre o FGTS depositado em conta vinculada no período anterior à aposentadoria." [TRT 3ª Reg. RO 00576-2005-004-03-00-9 — (Ac. 6ª T.) — Rel. Juiz João Bosco de Barcelos Coura. DJMG 4.11.2005 — *Apud Revista IOB Trabalhista e Previdenciária* n. 200, p, 161, ementa n. 22.548]

"*Recurso de revista do reclamante. Período posterior à aposentadoria espontânea. Direito do empregado público às verbas rescisórias. Inteligência do art. 37, inciso II, § 2º da Constituição.* Em que pese achar-se consolidada nesta Corte a nulidade do contrato de trabalho sem o precedente do concurso público, dela decorrendo apenas as verbas indicadas no Enunciado n. 363 do TST, é preciso alertar para a circunstância de o Supremo Tribunal Federal na ADIn n. 1.770-4 ter deferido medida cautelar para suspender, com eficácia *ex nunc*, a vigência do § 1º do art. 453 da CLT, introduzido pela Lei n. 9.528/1997, pelo qual se exigia a aprovação em concurso público para validade da persistência da relação de emprego após a obtenção da aposentadoria. Dessa decisão se constata não ser exigível, a partir da liminar concedida pelo STF, o precedente do concurso público, tanto quanto se infere que anteriormente à Lei n. 9.528/1997 a persistência da relação de emprego após a aposentadoria, não obstante sua aptidão para extinguir o contrato de trabalho, a teor da OJ n. 177, não induzia a ideia, como atualmente não induz, de que a pactuação tácita se ressentisse da nulidade por falta de concurso público. Mesmo porque, segundo se extrai da razão legal do art. 37, inciso II, da Constituição, o concurso público era e é imprescindível para ingresso no serviço público e ulterior ascensão funcional, não alcançando a situação atípica da persistência da pactuação superveniente à jubilação. Assim extremadas as situações referentes ao primeiro ingresso no serviço público e à manutenção do contrato de trabalho após a obtenção da aposentadoria, sobretudo depois da decisão do STF na ADIn n. 1770-4, não há lugar para se valer da aplicação analógica do art. 37, inciso II da Constituição, sem o pressuposto contido no brocardo segundo o qual *ubi eadem ius, ibi idem dispoitio*, infirmando desse modo sua pretensa violação literal e direta, a teor do Enunciado 266. Recurso a que se dá provimento para reconhecer o direito às verbas rescisórias do segundo contrato de trabalho." [Processo n. TST-RR-816.260/2001 — (Ac. 4ª Turma) — Rel. Min. Antônio José de Barros Levenhagen — DJ 28.5.2004 — In *Revista do TST*, v. 70, n. 1, p. 232)

Aposentadoria espontânea. Extinção do contrato de emprego. FGTS. Multa de 40%

"1. A aposentadoria não provoca a extinção do contrato de emprego se o empregado permanece prestando serviços ao empregador após a jubilação. Determinação do Supremo Tribunal Federal para que se rejulgue o recurso, sem a premissa de que a aposentadoria teria, automaticamente, extinguido o contrato de trabalho. Ulterior decisão vinculante do Pleno do STF no mesmo sentido.

2. Não há lei que declare a extinção do contrato de emprego em face da aposentadoria espontaneamente requerida pelo empregado se prossegue a prestação dos serviços ao mesmo empregador. Exatamente o oposto sugere o art. 49 da Lei n. 8.213/1991.

3. O *caput* do art. 453 da CLT disciplina tão somente a apuração do tempo de serviço em caso de readmissão do empregado cujo contrato de trabalho efetivamente rompeu-se em face de anterior aposentadoria espontânea. Não dá suporte jurídico, assim, para embasar a conclusão de que a aposentadoria espontânea, se prossegue a prestação de serviços em favor do empregador, implica cessação do contrato de trabalho.

4. O empregado faz jus à multa de 40% do FGTS sobre os depósitos de todo o período do contrato de emprego uno, computado o tempo anterior e o posterior à jubilação espontânea seguida da continuidade do labor, contanto que, ao final, opere-se a rescisão do contrato de trabalho sem justa causa.

5. Recurso de revista conhecido e provido." (TST — 1ª T. — RR-2051-2002-900-04-00 — Rel. Min. João Oreste Dalazen — DJU 24.11.2006).

Aposentadoria e extinção do contrato de trabalho

"*Aposentadoria e extinção do contrato de trabalho* — O fato de ter sido cancelada a jurisprudência cristalizada no sentido de que a aposentadoria é forma de extinção do contrato de trabalho, não retoma, automaticamente, entendimento em contrário, antes que outra norma seja firmada, sob pena de ferir o princípio da legalidade que deve reger a relação jurídica entre as partes. Ainda, conceder ao empregado o direito à multa de 40% do FGTS sem considerar o ato de aposentação é, antes, favorecer-lhe o enriquecimento sem causa, porquanto, ao jubilar-se, já levantara os depósitos do FGTS, supedâneo para a multa correspondente. Considerá-los somente para o cômputo da multa rescisória é, além de punir injustamente o empregador, incitá-lo a retirar o aposentado de seus quadros, resultando em prejuízo ao trabalhador em tal condição. Provejo o recurso da reclamada." [TRT 2ª Reg. RO 01185200604702006 — (Ac. 5ª T. 20070240455) — Relª Juíza Ana Cristina Lobo Petinati — DJSP 13.4.2007, p. 58 — In *LTr Sup. Jurisp.* n. 21/2007, p. 162]

CONTRATO POR PRAZO INDETERMINADO — ACORDO ENTRE AS PARTES

Questão n. 79

Cessação do contrato individual de trabalho por acordo entre empregado e empregador.

Notas

1. Legislação

Lei n. 5.107, de 13.9.1966 (FGTS)

"Art. 17. Os contratos de trabalho que contarem mais de 10 (dez) anos, na data da publicação desta lei, poderão ser rescindidos a qualquer tempo, por livre acordo entre as partes. E, na ocorrência desta hipótese, o empregado receberá, diretamente do empregador, a importância que convencionar como indenização.

§ 1º Se o empregador for optante poderá movimentar livremente a conta vinculada depositada a partir da data da opção.

§ 2º Para a validade do pedido de demissão é essencial o cumprimento das formalidades prescritas no art. 500, da Consolidação das Leis do Trabalho.

§ 3º A importância a ser convencionada na forma deste artigo nunca poderá ser inferior a 60% (sessenta por cento) do que resultar da multiplicação dos anos de serviço contados em dobro, pelo maior salário mensal percebido pelo empregado na empresa."

Regulamento — Decreto n. 59.820/1966

"Art. 35. Os contratos de trabalho que contarem mais de 10 (dez) anos em 14 de dezembro de 1966 — data da publicação da Lei n. 5.107 — poderão ser rescindidos a qualquer tempo por livre acordo entre as partes, recebendo o empregado diretamente da empresa a importância que convencionar como indenização, na forma do § 3º deste artigo.

§ 1º Se o empregado for optante poderá utilizar livremente a sua conta, constituída a partir da opção, observando o disposto no art. 27 deste Regulamento, fazendo-se a comprovação segundo o disposto no parágrafo seguinte.

§ 2º Para a validade do pedido de dispensa é essencial o cumprimento das formalidades prescritas no art. 500 da CLT.

§ 3º A importância a ser convencionada na forma deste artigo nunca poderá ser inferior a 60% (sessenta por cento) do que resultar da multiplicação dos anos de serviço contados em dobro, pelo maior salário mensal percebido pelo empregado na empresa.

§ 4º As disposições deste artigo, com exclusão do § 1º, são também aplicáveis ao caso do empregado estável que transacionar com a empresa o tempo de serviço anterior à opção e continuar prestando serviços à mesma, sob o regime deste regulamento."

2. Acordo — Possibilidade — Redução da indenização

A cessação do contrato de emprego por acordo entre as partes só é possível nos termos dos artigos acima citados, isto é, para os contratos que contavam dez anos na data da publicação da lei do FGTS (5.107/1966). Entretanto, entendimentos doutrinários e jurisprudenciais têm admitido a cessação do contrato de emprego por acordo, quer se trate de empregado optante ou não, sem ou com estabilidade adquirida em qualquer época. Segundo entendem, é livre o acordo entre as partes, desde que seja respeitado o mínimo de 60% (sessenta por cento) da indenização devida (simples para os não estáveis e dobrada para os estáveis).

A nova sistemática do FGTS (Lei n. 8.036/1990) prevê: "O tempo de serviço anterior à atual Constituição poderá ser transacionado entre empregador e empregado, respeitado o limite mínimo de sessenta por cento da indenização prevista" (art. 14, § 2º).

Os conhecidos Planos de Desligamento Voluntário (PDVs) assemelham-se à cessação do contrato por acordo entre as partes; todavia, na prática, a adesão a tais "planos" não passa de dispensa do empregado por ato do empregador. A respeito, consultar a jurisprudência transcrita abaixo.

3. Empregado optante

Não há acordo sobre os depósitos do FGTS feitos na conta do empregado. É impossível a transação, pois os depósitos já se integraram ao patrimônio do servidor. Há uma corrente que entende haver possibilidade de acordo sobre o valor da multa-indenização. Cremos que nem mesmo sobre a multa-indenização é possível qualquer acordo, em razão da sua natureza jurídica (sanção, penalidade) ser diferente da natureza jurídica da indenização pelo tempo de serviço. O próprio art. 14, § 2º, da Lei n. 8.036/1990 deixa bem claro que o acordo é sobre a indenização pelo tempo de serviço.

Comissão de conciliação prévia — CCP e Núcleo Intersindical de Conciliação Trabalhista — NINTER — FGTS

Não produz efeitos o acordo firmado no âmbito de CCP e NINTER, transacionando o pagamento diretamente ao empregado da contribuição do FGTS e da multa de quarenta por cento, prevista no § 1º, do art. 18, da Lei n. 8.036, de 11 de maio de 1990, incidentes sobre os valores acordados ou devidos na duração do vínculo empregatício, dada a natureza jurídica de ordem pública da legislação respectiva. (Ementa Normativa SRT/MTE n. 34)

A Portaria MTE n. 329, de 14.8.2002 (DOU 15.8.2002), que estabelece procedimentos para a instalação e o funcionamento das Comissões de Conciliação Prévia e Núcleos Intersindicais de Conciliação Trabalhista, preceitua: "Não pode ser objeto de transação o percentual devido a título de FGTS, inclusive a multa de 40% sobre todos os depósitos devidos durante a vigência do contrato de trabalho, nos termos da Lei n. 8.036, de 11 de maio de 1990" (art. 11, parágrafo único).

4. Empregado não optante que passa a optante — Utilização do FGTS

Empregado não optante pelo FGTS que passa à condição de optante e depois, por livre acordo, tem o seu contrato dissolvido. Neste caso, o tempo de serviço anterior à opção será indenizado, como visto acima na Nota n. 2, e a empresa utilizará os depósitos do FGTS anteriores à opção. O saque será feito no código 27 da Circular Caixa n. 537/2011.

5. Recebimento de outras verbas

Quando o contrato se desfaz por livre acordo entre as partes, além da indenização (respeitado o mínimo de 60%), o empregado poderá receber outras verbas, como: 13º salário, salário-família, férias, saldo de salário, adicionais, gratificações etc.

6. Jurisprudência

Súmula do TST

54. Estável optante. Rescisão por acordo. Indenização devida

Rescindido por acordo seu contrato de trabalho, o empregado estável optante tem direito ao mínimo de 60% (sessenta por cento) do total da indenização em dobro, calculada sobre o maior salário percebido no emprego. Se houver recebido menos do que esse total, qualquer que tenha sido a forma de transação, assegura-se-lhe a complementação até aquele limite.

Orientações Jurisprudenciais da SBDI-1-TST

207. Programa de Incentivo à Demissão Voluntária. Indenização. Imposto de renda. Não incidência

A indenização paga em virtude de adesão a programa de incentivo à demissão voluntária não está sujeita à incidência do imposto de renda.

270. Programa de Incentivo à Demissão Voluntária. Transação extrajudicial. Parcelas oriundas do extinto contrato de trabalho. Efeitos

A transação extrajudicial que importa rescisão do contrato de trabalho ante a adesão do empregado a plano de demissão voluntária implica quitação exclusivamente das parcelas e valores constantes do recibo.

Ementas diversas

"O art. 17 da Lei n. 5.107/1966 tem caráter geral, não se aplicando, apenas, aos trabalhadores optantes, como se vê de seu § 1º. Respeitada a formalidade do § 2º e obedecido o limite mínimo no § 3º, é válida a transação da estabilidade, se o contrato tinha mais de dez anos de vigência na data da promulgação da mencionada lei." (Ac. TST, 2ª T., Proc. RR 1.733/1980, Rel. Min. Mozart V. Russomano, publ. em audiência de 17.6.1981, in *Dicionário de Decisões Trabalhistas*, de BOMFIM, B. Calheiros e SANTOS, Silvério dos. 18. ed. Rio de Janeiro: Trabalhistas, Ementa n. 4.111, p. 621)

"Indenização por tempo de serviço. Quitada a indenização em montante superior a 60% mediante acordo entre as partes, nos termos da Súmula n. 54 do C. TST, e art. 14, § 2º, da Lei n. 8.036/1990, indevidas diferenças a tal título. Recurso do autor a que se nega provimento." (TRT-9ª Reg., 5ª T., Proc. RO 13.392/1996, j. 30.4.1997, Rel. Juiz Luiz Zornig Filho. *Apud* TEIXEIRA FILHO, João de Lima. *Repertório de jurisprudência trabalhista*. Rio de Janeiro: Renovar, 1999, v. 7, ementa n. 2.734)

"Transação. A transação de direitos trabalhistas é ato válido, perfeito e acabado, quando ajustada entre pessoas capazes, tendo por finalidade objeto lícito e desde que inexista vício do consentimento." (TRT-2ª Reg., RO-02970065376, Ac. 7ª T., 02970705120, Relª Juíza Yone Frediani, DJSP 16.1.1998, p. 214. *Apud* FERRARI, Irany; MARTINS, Melchíades Rodrigues. *Julgados trabalhistas selecionados*. São Paulo: LTr, 1999, v. VI, ementa n. 1.076)

"A transação do tempo de serviço anterior à opção pode operar-se tanto em relação aos empregados estáveis como aos não estáveis. Recurso desprovido." (Ac. TRT-2ª Reg., 2ª T., Proc. RO 3.434/80, Rel. Juiz Roberto Mário Rodrigues Martins, DO 27.2.1981, p. 40, in ob. acima citada, ementa n. 4.112, p. 621)

"*Transação. Adesão ao PDV. Validade.* Negar que possa existir autonomia de vontade na relação de trabalho somente pode encontrar respaldo em uma visão dogmática, segundo a qual o empregado sempre seria uma pessoa semicapaz, subjugada pelo odioso capital, o que é uma simplificação grosseira da realidade. Por outro lado, repelir, de plano, a possibilidade de transação no Direito do Trabalho significa recusar totalmente a tutela aos direitos do empregador, sendo certo que o princípio protetivo não autoriza que se considerem, pura e simplesmente, as obrigações assumidas pelos empregados, sem sequer se examinar se foram livremente constituídas. Assim, estando provado que o empregado manifestou, expressa e livremente, sua vontade de transacionar direitos controversos, recebendo em troca benefícios concretos e imediatos, há que se reconhecer a validade do negócio jurídico pelo qual ele, recebendo razoável indenização, deu quitação ao extinto contrato de trabalho. Observe-se, inclusive, que tal entendimento não contraria a OJ n. 270 da SDI-1 do Col. TST, eis que o Termo de Transação estabeleceu, de forma expressa, que, pelo pagamento da indenização do PDV, o empregado daria quitação a todos os direitos decorrentes do contrato de trabalho, incluindo horas extras, parcela postulada na inicial." (TRT 18ª Reg. — 01488-2002-006-18-00-2 — Relª Juíza Dora Maria da Costa — DJGO n. 13.973, de 25.2.2003, p. 133).

CESSAÇÃO DO CONTRATO INDIVIDUAL DE TRABALHO POR PRAZO DETERMINADO — INDENIZAÇÃO OU FGTS

EXTINÇÃO DE CONTRATO POR PRAZO DETERMINADO

Questão n. 80

Contrato por prazo determinado que chega ao seu término.

Notas

1. Empregado não optante pelo FGTS — Indenização

Extinguindo-se o contrato por prazo determinado, ou a termo, o empregado não tem direito à indenização pelo tempo de serviço.

2. Contrato de emprego — Classificação — Contrato a termo: Tipos e condições justificadoras — CLT

"Art. 443. O contrato individual de trabalho poderá ser acordado tácita ou expressamente, verbalmente ou por escrito e por prazo determinado ou indeterminado.

§ 1º Considera-se como de prazo determinado o contrato de trabalho cuja vigência dependa de termo prefixado ou de execução de serviços especificados ou ainda da realização de certo acontecimento suscetível de previsão aproximada.

§ 2º O contrato por prazo determinado só será válido em se tratando:

a) de serviço cuja natureza ou transitoriedade justifique a predeterminação do prazo;

b) de atividades empresariais de caráter transitório;

c) de contrato de experiência."

3. Contrato a termo — Duração — Prorrogação — CLT

"Art. 445. O contrato de trabalho por prazo determinado não poderá ser estipulado por mais de 2 (dois) anos, observada a regra do art. 451.

Parágrafo único. O contrato de experiência não poderá exceder de 90 (noventa) dias.

...

Art. 451. O contrato de trabalho por prazo determinado que, tácita ou expressamente, for prorrogado mais de uma vez, passará a vigorar sem determinação de prazo."

4. Contrato por prazo determinado — Legislação específica

a) técnico estrangeiro (Decreto-lei n. 691/1969);

b) atleta profissional (Leis ns. 6.354/1976 e 9.615/1998);

c) artistas (Lei n. 6.533/1978);

d) por obra ou serviço certo (Lei n. 2.959/1956);

e) safra (Lei n. 5.889/1973, art. 14);

f) trabalho temporário (Lei n. 6.019/1974);

g) especial por prazo determinado (Lei n. 9.601/1998);

h) aprendizagem (CLT, art. 428 ... com redação da Lei n. 11.180/2005);

i) contrato de trabalhador rural por pequeno prazo [Lei n. 5.889/1973, art. 14-A, acrescido pela Lei n. 11.718, de 20 de junho de 2008 (DOU 23.6.2008)];

j) trabalho no exterior (Lei n. 7.064/1982).

5. Empregado não optante pelo FGTS

A CF/1988 introduziu o regime único e obrigatório do FGTS. Como os contratos a termo, ou por prazo determinado, não podem ser estipulados por mais de dois anos (CLT, art. 445), fica evidente, atualmente, a impossibilidade da existência de contrato a prazo com empregado não optante pelo FGTS.

6. Empregado — Utilização do FGTS

Na extinção normal do contrato por prazo determinado, o empregado utilizará os depósitos do FGTS feitos em sua conta vinculada. A atual Lei do FGTS (8.036/1990) preceitua:

"Art. 20. A conta vinculada do trabalhador no FGTS poderá ser movimentada nas seguintes situações:

...

IX — extinção normal do contrato a termo, inclusive o dos trabalhadores temporários regidos pela Lei n. 6.019, de 3 de janeiro de 1974."

O saque do FGTS será feito no código 04, conforme estabelece a Circular Caixa n. 537/2011.

7. Contrato por prazo determinado — Extinção estando o contrato suspenso ou interrompido — Divergência

O contrato por prazo determinado, estando suspenso ou interrompido, como no caso de gozo de benefício previdenciário por parte do empregado, chegando ao seu termo final combinado, ele se extingue? A respeito, existem entendimentos divergentes. Para uns, o tempo de afastamento não impede a extinção do contrato no dia previamente combinado, salvo se houve acordo para que não seja computado esse tempo (v. Nota n. 12 da questão n. 47). Neste sentido: "Contrato de experiência — Acidente do trabalho. Em sendo o contrato de prova de natureza determinada (art. 443, § 2º, *c*, da CLT), não há falar em suspensão do prazo, excepcionada a hipótese prevista no art. 472, § 2º, consolidado" [TRT 2ª Reg. — RO-02970102034 — (Ac. 5ª T. 02980277180) — Rel. Juiz Francisco Antonio de Oliveira, DJSP 12.6.1998, p. 171. *Apud* FERRARI, Irany; MARTINS, Melchíades Rodrigues. *Julgados trabalhistas selecionados*. São Paulo: LTr, 1999. v. VI, p. 150, ementa n. 280].

Para outros, o prazo do contrato a termo flui normalmente até esgotar-se, mas o acerto rescisório só se efetiva após o término do afastamento do empregado. É o que se verifica pela ementa: "Se por ocasião do termo final do contrato de experiência o empregado se encontrar no gozo de auxílio-doença, prorroga-se o prazo contratual até o término do benefício." (TRT 12ª Reg., RO 47/1984, Ac. 1.447/74, 7.11.1984, Rel. Juiz Veron Cevey — In *Revista LTr* 50-3/355)

Ainda, os que entendem que durante o afastamento do empregado o contrato não cessa, ficando prorrogada a sua extinção até o final do afastamento acrescido do tempo restante do contrato por prazo determinado. Nesse sentido é a ementa: "*Suspensão do contrato por prazo determinado — Acidente de trabalho no curso do contrato — Possibilidade*. A ocorrência de acidente de trabalho, na vigência do liame empregatício, provoca a suspensão do contrato, ainda que celebrado por prazo determinado. Suspenso o contrato, não se cogita de sua expiração, senão após a cessação da causa suspensiva e transcurso do tempo contratual sobejante, resultando nulo o ato de dispensa praticado durante o período de suspensão. Diante da impossibilidade de determinar a retomada do curso contratual, resolve-se a obrigação em indenização correspondente ao período não fruído do contrato de trabalho. Recurso de revista conhecido e parcialmente provido." [TST-RR--32.992/2002-902-02-00.0 — (Ac. 1ª T.) — 2ª Reg. — Rel. Min. Lélio Bentes Corrêa — DJU 22.3.2005, p. 673 — *Apud LTr Sup. Jurisp.* 17/2005, p. 132]

8. Contrato por prazo determinado — Estabilidade provisória

O entendimento predominante é o de que a estabilidade provisória, surgida no curso do contrato por prazo determinado, persiste enquanto perdurar o prazo do contrato. Portanto, o surgimento da estabilidade provisória, prevista em lei, não é causa impeditiva da cessação do contrato a termo no prazo combinado pelas partes. Nesse sentido, a Lei n. 9.601/1998, que dispõe sobre o contrato de trabalho por prazo determinado, estabelece: "São garantidas as estabilidades provisórias da gestante; do dirigente sindical, ainda que suplente; do empregado eleito para cargo de direção de comissões internas de prevenção de acidentes; do empregado acidentado, nos termos do art. 118 da Lei n. 8.213, de 24 de julho de 1991, durante a vigência do contrato por prazo determinado, que não poderá ser rescindido antes do prazo estipulado pelas partes" (art. 1º, § 4º).

A indicação pelo parágrafo dos casos de estabilidade é apenas exemplificativa e não taxativa, o que equivale a dizer que os demais casos legais de estabilidade provisória (empregados membros do conselho curador do FGTS, dirigentes de cooperativa de empregados, representantes dos empregados no CNPS etc.) também gozam da referida garantia enquanto perdurar o contrato de trabalho por prazo determinado, sob pena de ser ferido o princípio constitucional da isonomia. Pelo visto, ficam excluídas desta regra apenas as situações de estabilidade provisória negociadas pelas partes ou as concedidas por liberalidade do empregador.

O prof. Enoque Ribeiro dos Santos entende "que o acidente de trabalho no curso do contrato de experiência provoca a sua interrupção, daí, esse tipo de empregado também passa a ter o amparo do benefício previdenciário (a garantia temporária no emprego até 12 meses após o retorno ao trabalho), da mesma forma que o empregado contratado em regime de tempo indeterminado" (*Responsabilidade objetiva e subjetiva do empregador em face do novo Código Civil*. São Paulo: LTr, 2007. p. 206).

9. Verbas rescisórias

Na extinção normal do contrato individual de trabalho por prazo determinado, não há aviso prévio ou qualquer tipo de indenização legal; o empregado levantará os depósitos do FGTS, sem a multa fundiária de 40%, podendo receber como verbas rescisórias: saldo de salário, 13º salário, férias, salário-família, adicionais, gratificações, multa por atraso do pagamento das verbas rescisórias (CLT, art. 477, §§ 6º e 8º) etc.

10. Jurisprudência

Súmula do TST

244. Gestante. Estabilidade provisória

...

III — Não há direito da empregada gestante à estabilidade provisória na hipótese de admissão mediante contrato de experiência, visto que a extinção da relação de emprego, em face do término do prazo, não constitui dispensa arbitrária ou sem justa causa. (ex-OJ n. 196 — Inserida em 8.11.2000)

Ementas diversas

"*Acidente de trabalho. Contrato de trabalho temporário. Inocorrência da estabilidade provisória prevista no art. 118 da Lei n. 8.213/1991.* Acidente do trabalho, ocorrido no curso de contrato de trabalho temporário, não tem o condão de transmudar este último em contrato por prazo indeterminado, eis que há de se obedecer à regra que determina que o contrato a prazo flui até seu final, vencendo-se, inexoravelmente, em seu termo fatal, sem interrupção ou suspensão (art. 443, § 2º, *a* e art. 472, § 2º, ambos da CLT). Por consequência, não leva à aquisição da estabilidade provisória prevista no art. 118 da Lei n. 8.213/1991, aplicável somente aos contratos por prazo indeterminado." [TRT, 15ª Reg., Proc. n. 34.319/2000 — (Ac. 5ª T. n. 15.977/01) — Rel. Juíza Olga Aida Joaquim Gomiere — DJSP 8.5.2001, p. 21 — In *LTr Sup. Trab.* 101/2001, p. 484]

"*Empregado acidentado. Contrato de safra. Garantia de emprego. Inexistência.* As garantias de emprego instituídas mediante Lei têm por escopo preservar laboristas em situações especiais de dispensas discriminatórias. Se o término do ajuste já estava previamente acertado, tal qual se dá nos contratos de safra, não se poderá cogitar de arbítrio patronal nem, por conseguinte, de obrigação à manutenção da avença em tais termos celebrada, ainda quando se trate de trabalhador acidentado. Recurso patronal conhecido e provido para o efeito de declarar-se improcedente a reclamação." [TRT, 15ª Reg., Proc. n. 3.475/2001 — (Ac. 2ª T. n. 17.185/01) — Rel. Juiz Manoel Carlos Toledo Filho — DJSP 8.5.2001, p. 57 — *Apud LTr Sup. Trab.* 102/2001, p. 488]

"*Estabilidade provisória — Gestante dispensa no curso da prorrogação de contrato de experiência.* O contrato de experiência, espécie do gênero contrato de trabalho por prazo determinado, pode ser tacitamente prorrogado (arts. 443, § 2º, *c*, e 451 da CLT), desde que, em atenção ao Enunciado n. 188 do TST, seja respeitado o limite de 90 (noventa) dias. Na espécie, em razão da validade da cláusula de prorrogação automática do contrato de experiência e da observância do prazo fixado no Enunciado, conclui-se que a reclamante, despedida 8 (oito) dias antes do termo do contrato de experiência, não tem jus à estabilidade provisória conferida à gestante no art. 10, II, *b*, do ADCT da Constituição da República, mas apenas à indenização prevista no art. 479 da CLT, como foi paga. A dispensa da empregada, no curso ou após o término do prazo do contrato de experiência, não configura dispensa arbitrária, pois decorre do direito de o empregador, que celebra essa modalidade de contrato por prazo determinado, optar pela manutenção, ou não, do vínculo. Recurso conhecido e provido." [TST-RR-598.420/99 — (3ª Turma) — Rel. Min. Maria Cristina Irigoyen Peduzzi — DJU 6.6.2003 — *Apud Revista do TST*, v. 69, n. 2, p. 426]

"*Recurso de revista. Contrato de experiência. Acidente de trabalho.* É incontroverso nos autos que o contrato celebrado entre as partes era por período de experiência (fl. 65), portanto, contrato por prazo determinado, que não tem natureza de continuidade, extinguindo-se no término do prazo previsto. O art. 118 da Lei n. 8.213/1991 assegura, em caso de acidente de trabalho, a manutenção, pelo prazo mínimo de 12 meses, do contrato de trabalho, referindo-se à modalidade típica, por prazo indeterminado, não sendo admissível interpretação ampliativa, de modo a estender-se garantia a ele inerente para o contrato por prazo determinado ou a termo. Recurso de revista de que se conhece e a que se nega provimento." [TST-RR-592.253/1999.2 — (5ª T.) — Rel. Min. João Batista Brito Pereira — DJU 30.4.2004 — *Apud Revista do TST,* v. 70, n. 1, p. 396]

"Recurso de revista — estabilidade provisória decorrente de acidente de trabalho — Lei n. 8.213/1991 — Compatibilidade com contrato a prazo contrato de experiência. Aplica-se a previsão do art. 118 da Lei n. 8.213/1991, para o fim de conferir estabilidade provisória no emprego ao trabalhador vitimado por acidente de trabalho ainda que o contrato de trabalho em curso, quando da ocorrência do sinistro, tenha sido celebrado a título de experiência. Essa peculiar modalidade de contratação por prazo determinado distingue-se das demais por trazer, ínsita, uma expectativa de continuidade da relação entre as partes, às quais aproveita, em igual medida, teoricamente, um resultado positivo da experiência. Assim, em consideração ao aspecto teleológico das normas que resguardam os direitos sociais na busca da valorização do trabalho e da proteção da figura hipossuficiente do trabalhador, mantém-se a decisão regional na qual foi reconhecido o direito à estabilidade decorrente de acidente de trabalho ocorrido no curso de contrato de experiência. [TST-RR-4700-85.2005.5.17.0013 — (Ac. 1ª T., 7.4.2010) — Rel. Min. Vieira de Mello Filho — In *Revista LTr* 74-07/864]

EXTINÇÃO DE CONTRATO POR PRAZO DETERMINADO — OBRA OU SERVIÇO CERTO

Questão n. 81

Empregado realizou, com determinado empregador, contrato de trabalho para prestar serviço durante a construção de um edifício, que demorou um ano e sete meses. O empregado não era optante pelo FGTS e ganhava R$ 696,00 (seiscentos e noventa e seis reais) mensais por ocasião do término da obra. Quanto deverá receber como indenização pelo tempo de serviço?

Solução

a) R$ 696,00 : 12 = R$ 58,00

b) R$ 696,00 + R$ 58,00 = R$ 754,00

c) R$ 754,00 x 2 = R$ 1.508,00

d) R$ 1.508,00 x 70% = R$ 1.055,60

ou

aplicando a fórmula: maior remuneração x tempo de serviço x 91/120 = R$ 696,00 x 2 x 91/120 = R$ 1.055,60

Explicação

1) R$ 696,00 — valor do salário mensal;

2) R$ 58,00 — valor correspondente a 1/12 do salário mensal e ao qual vai integrar-se para o cálculo da indenização (v. Súmula n. 148 do TST);

3) R$ 754,00 — valor do salário para o cálculo da indenização;

4) 2 — são os anos de serviço para efeito da indenização (v. item 4 da Explicação na questão n. 68);

5) R$ 1.055,60 — valor da indenização pelo tempo de serviço. Como se trata de contrato por prazo determinado, a indenização é igual a 70% (setenta por cento) da indenização prevista para os contratos por prazo indeterminado (v., abaixo, Nota n. 2).

Notas

1. Contrato por obra certa — Aspectos diversos

O contrato de trabalho por obra ou serviço certo, como contrato a termo, não poderá ser estipulado por mais de dois anos (CLT, art. 445), não comportando a prorrogação do art. 451 da CLT; todavia, poderá ser sucessivamente renovado, sem que se transforme em contrato por prazo indeterminado; esse tipo de contrato não é acumulável com o contrato de experiência.

2. Empregado não optante pelo FGTS — Indenização

Rescindido o contrato de trabalho em face do término de obra ou serviço, tendo o empregado mais de 12 (doze) meses de serviço, ficar-lhe-á assegurada a indenização por tempo de trabalho na forma do art. 478 da Consolidação das Leis do Trabalho, com 30% (trinta por cento) de redução (art. 2º da Lei n. 2.959, de 17.11.1956, que dispõe sobre os contratos por obra ou serviço certo).

3. Empregado não optante pelo FGTS — Impossibilidade

Consultar a Nota n. 5 da questão anterior, em que fica demonstrada a impossibilidade da questão em análise. A respeito da extinção da indenização prevista na Lei n. 2.959/1956, Irany Ferrari escreveu: "... que o regime único do FGTS, instituído pela nova Constituição, de 1988, pôs por terra todo e qualquer tipo de indenização por tempo de serviço, apenas com a ressalva do direito adquirido antes de sua vigência.

Assim, a rescisão desse tipo, também especial e peculiar, de trabalho, após 5.10.1988 (data da promulgação da CF/1988), no seu termo previsto (conclusão da obra ou serviço), só conferirá ao trabalhador direito aos depósitos fundiários sem a multa compensatória de 40%.

Se, no entanto, a rescisão for arbitrária ou sem justa causa, antes do término da obra ou serviço, a multa será devida.

É de entender-se, ainda, que para esse tipo de trabalho a termo, será irrelevante, após 5.10.1988, o tempo de serviço, ou seja, se inferior ou superior a 12 meses, como previsto no art. 2º supratranscrito.

Tal conclusão parece-nos correta, não só porque a Constituição Federal de 1988 não distingue entre contratos a termo ou não, e, sobretudo, porque a Lei n. 8.036/1990, que regula o FGTS, autoriza a movimentação dos depósitos fundiários nos contratos a termo, pura e simplesmente, só conferindo direito à multa indenizatória, ou compensatória, de 40%, se houver rescisão por iniciativa do empregador, sem justa causa ou arbitrariamente". (*LTr Sup. Trab.* 103-503, p. 90)

4. Empregado — Utilização do FGTS

Na extinção normal do contrato de trabalho em face do término de obra ou serviço, a conta vinculada do trabalhador no FGTS poderá ser movimentada. O saque do FGTS será feito no código 04, conforme prevê a Circular Caixa n. 537/2011 (v. Nota n. 6 da questão anterior).

5. Verbas rescisórias

Na extinção normal do contrato a termo (por obra ou serviço certo), não há aviso prévio ou qualquer tipo de indenização legal; o empregado levantará os depósitos do FGTS, sem a multa fundiária de 40%, podendo receber como verbas rescisórias: saldo de salário, 13º salário, férias, salário-família, adicionais, gratificações, multa por atraso do pagamento das verbas rescisórias (CLT, art. 477, §§ 6º e 8º) etc.

6. Jurisprudência

Contrato por obra certa. Término por etapas

"É legítima a contratação para obra certa e não paira dúvida de que a sua terminação, sobretudo quando se trata de obra de vulto, não ocorre a um só tempo, mas por etapas. A terminação da obra vai ocorrendo aos poucos, à medida que a obra se aproxima do seu termo vão sendo necessários menos empregados. Não fere dispositivo legal nenhuma cláusula contratual que estabelece que o contrato de trabalho chegará a seu termo ao ensejo da terminação de cada etapa da obra." (TRT-2ª Reg., Proc. 11.059/1976, Rel. Juiz Wilson de Souza Campos Batalha, in *RF* 74:382 — *Apud* MARTINS, Sergio Pinto. Vigência do contrato de trabalho por obra certa e suas consequências. *Orientador Trabalhista — SLJD* n. 10/2000, p. 7)

Contrato por obra certa. Aviso prévio

"A intenção do legislador, inserida no art. 487 da CLT, foi expungir do aviso prévio os contratos a prazo determinado, como tal considerando o ajuste por obra certa." (TRT-10ª Reg., RO 1.173/1983, Ac. TP 2.033/1984, Relª Juíza Heloísa Pinto Marques, in *RDT* n. 56, p. 100)

Dos tipos de contrato por prazo determinado. Impossibilidade

"A recorrida, em sua defesa, alegou que os recorrentes foram contratados para obra certa, mas juntou na defesa contratos de experiência. Apenas porque a despedida ocorreu no término do prazo, a E. Junta concluiu pela improcedência das verbas rescisórias. Recurso a que se dá provimento, porque a contratação a termo certo deve ser clara e insofismável, por se tratar de contrato excepcional." (TRT-2ª Reg., RO 14.417/1985, Ac. 7ª T., Rel. Juiz Vinícius Ferraz Torres, 101.293/1986, 20.10.1986, in *Revista LTr* 51-4/460)

Contratação de pessoal por tempo determinado

"A montagem de equipamento é atividade permanente de empresas montadoras; o trabalho a ser desenvolvido em si é sempre transitório, o que justifica a legalidade da contratação de pessoal por tempo determinado." (TRT-20ª Reg., RO 103/1993, Ac. 11/1993, 11.3.1993, Rel. Juiz Eduardo Prado de Oliveira, in *Revista LTr* 57-05/618)

Contrato por obra certa. Validade

"*Contrato por obra certa — Validade*. Estando plenamente em vigor a Lei n. 2.959/1956 a qual normatiza situação especial, tendo em vista que, ainda que no caso concreto a atividade empresarial seja permanente, o serviço prestado é sempre transitório, sendo perfeitamente possível que a obra vá terminando por etapas e aos poucos vão sendo dispensados os funcionários, na medida em que o serviço vai acabando. A disposição inserta no art. 443 da CLT é, portanto, uma norma geral, pelo que resta plenamente válido o contrato por obra certa firmado entre as partes diante da falta de comprovação de vício de consentimento. [TRT 8ª Reg. RO 00719-2009-125-08-00-8 — (Ac. 3ª T.) — Rel. Graziela Leite Colares — DJe/TRT 8ª Reg. 328/2009, 1º.10.2009, p. 30 — In *LTr Sup. Jurisp.* 51/2009, p. 402]

EXTINÇÃO DE CONTRATO POR PRAZO DETERMINADO — SAFRISTA

Questão n. 82

Empregado trabalhou para certo empregador rural por ocasião da colheita de algodão, que durou 2 (dois) meses e 18 (dezoito) dias. O empregado safrista percebeu salário mensal de R$ 3.024,00 (três mil e vinte e quatro reais). Quanto deverá receber como indenização pelo tempo de serviço?

Solução

a) R$ 3.024,00 : 12 = R$ 252,00

b) R$ 3.024,00 + R$ 252,00 = R$ 3.276,00

c) R$ 3.276,00 x 3/12 = R$ 819,00

ou

aplicando a fórmula: salário mensal x tempo de serviço x 13/144 = R$ 3.024,00 x 3 x 13/144 = R$ 819,00

Explicação

1) R$ 3.024,00 — valor do salário mensal;

2) R$ 252,00 — valor correspondente a 1/12 do salário e ao qual vai se integrar para o cálculo da indenização (Súmula n. 148 do TST);

3) R$ 3.276,00 — valor do salário para o cálculo da indenização;

4) R$ 819,00 — valor da indenização pelo tempo de serviço. Como se trata de safrista, a indenização corresponderá "a 1/12 (um doze avos) do salário mensal por mês de serviço ou fração superior a 14 (quatorze) dias" — (v., abaixo, Nota n. 2).

Notas

1. Contrato de safra — Aspectos diversos

O contrato por safra, como contrato a termo, não comporta prorrogação, mas poderá ser sucessivamente renovado, sem que se transforme em contrato por prazo indeterminado. O contrato de safra não é acumulável com o contrato de experiência.

2. Safrista — Indenização — Lei n. 5.889/1973

"Art. 14. Expirado normalmente o contrato, a empresa pagará ao safrista, a título de indenização do tempo de serviço, importância correspondente a 1/12 (um doze avos) do salário mensal, por mês de serviço ou fração superior a 14 (quatorze) dias.

Parágrafo único. Considera-se contrato de safra o que tenha sua duração dependente de variações estacionais da atividade agrária."

Regulamento — Decreto n. 73.626/1974

"Art.19. Considera-se safreiro ou safrista o trabalhador que se obriga à prestação de serviços mediante contrato de safra.

Parágrafo único. Contrato de safra é aquele que tenha sua duração dependente de variações estacionais da atividade agrária, assim entendidas as tarefas normalmente executadas no período compreendido entre o preparo do solo para o cultivo e a colheita.

Art. 20. Expirado, normalmente, o contrato de safra, o empregador pagará ao safreiro, a título de indenização do tempo de serviço, a importância correspondente a 1/12 (um doze avos) do salário mensal, por mês de serviço ou fração superior a 14 (quatorze) dias."

3. Indenização — FGTS

Consultar a Nota n. 3 da questão n. 81. Ao empregado rural não se aplicava o regime do FGTS (Lei n. 5.107/1966, regulamentada pelo Decreto n. 59.820/1966). A Constituição de 1988 determinou a extensão do FGTS aos trabalhadores rurais. A Lei n. 8.036/1990, que regulamenta o regime único do FGTS, abrange os trabalhadores rurais (art. 15, § 2º). Dessa forma, deixou de existir a indenização para os safristas prevista no art. 14 da Lei n. 5.889/1973. Todavia, esse entendimento não é pacífico; para alguns há coexistência da referida indenização com os depósitos do FGTS.

O prof. Amauri Mascaro Nascimento, em Conferência proferida na seção de abertura do III Congresso Brasileiro de Direito de Trabalho Rural, promovido pelo TRT/15ª Região, em Ribeirão Preto, em setembro de 1995, afirmou: "Outra questão é a indenização do safrista no término do contrato. A Lei n. 5.889 estabelece que será de 1/12 do salário mensal, por mês de serviço ou fração. A Constituição de 1988 transformou a indenização em Fundo de Garantia do Tempo de Serviço. Nesse caso, no término do contrato de safra, devido é o levantamento dos depósitos do FGTS e não a indenização em duodécimos" (*Apud Revista LTr* 59-10/1.308).

4. Empregado — Utilização do FGTS

Na extinção normal do contrato de trabalho do safrista (contrato por prazo determinado), a conta vinculada do trabalhador no FGTS poderá ser movimentada. Neste caso não haverá incidência da multa rescisória de 40% (quarenta por cento), e o saque do FGTS será feito pelo código 04, conforme estabelece a Circular Caixa n. 537/2011 (v. Nota n. 4 da questão n. 81).

5. Extensão — Trabalhadores urbanos e rurais

O contrato de trabalho por safra, em que pesem as divergências, não é restrito ao meio rural. José Luiz Ferreira Prunes conceitua como safrista os operários da "matança" dos frigoríficos, os garçons de hotéis de veraneio, os balconistas especialmente contratados para a época natalina etc. (*Direito do trabalho rural:* dicionários. São Paulo: LTr, 1991. p. 275). Consultar a jurisprudência abaixo.

6. Unicidade contratual — Impossibilidade

A CLT disciplina no *caput* do art. 453: "No tempo de serviço do empregado, quando readmitido, serão computados os períodos, ainda que não contínuos, em que tiver trabalhado anteriormente na empresa, salvo se houver sido despedido por falta grave, *recebido indenização legal* ou se aposentado espontaneamente" (grifamos).

Como nos contratos de safra, o empregado recebe as verbas rescisórias e dentre elas os depósitos do FGTS, que se equipara à indenização prevista no artigo acima transcrito, não há que se falar em soma dos períodos contratuais. Nesse sentido é a ementa:

"*Produção por safra — Unicidade contratual.* O contrato de safra é aquele que tem sua duração dependente de variações estacionais da atividade agrária, consoante o disposto no art. 14, parágrafo único, da Lei n. 5.889/1973. Nessa modalidade de contrato de emprego que produz por safra obriga-se à prestação de serviços apenas durante o período da safra, compreendido entre o preparo do solo para o cultivo e a colheita. Não se aplica a esta espécie de contratos a contagem de períodos descontínuos de que trata o art. 453 do Estatuto Consolidado, não cabendo falar em unicidade contratual, sendo o empregado indenizado ao fim de cada contrato, que coincide com o término da safra. Recurso de revista a que se dá parcial provimento." [TST-RR-499168/98.9 — (Ac. 5ª T.) — TRT-15ª Reg. — Rel. Min. Gelson de Azevedo, DJU 19.4.2002, p. 723 — In *LTr Sup. Trab.* 06/2002-44]

7. Verbas rescisórias

Na extinção normal do contrato por safra, não há aviso prévio ou qualquer tipo de indenização legal; o empregado levantará os depósitos do FGTS, sem a multa fundiária de 40%, podendo receber como verbas rescisórias: saldo de salário, 13º salário, férias, adicionais, gratificações, multa por atraso do pagamento das verbas rescisórias (CLT, art. 477, §§ 6º e 8º) etc.

8. Cumulação. Entendimento administrativo

Rurícola. Contrato de safra. Indenização ao término do contrato. FGTS. Compatibilidade. O art. 14 da Lei n. 5.889, de 8 de junho de 1973, foi recepcionado pela Constituição Federal de 1988, devendo tal indenização ser cumulada com o percentual do FGTS devido na dispensa. No contrato de safra se permite uma dualidade de regimes, onde o acúmulo de direitos corresponde a um *plus* concedido ao safrista. Não há que se falar, portanto, em *bis in idem* ao empregador rural. (Precedente Administrativo SIT/MTE n. 65)

9. Jurisprudência

Contrato de trabalho por safra. Meio rural

"Trabalho rural temporário. Safrista. A contratação de mão de obra através de empresa intermediadora, prevista na Lei n. 6.019/1974, art. 4º, é aplicável apenas no meio urbano, sendo que o trabalho rural transitório se caracteriza como de safrista (Lei n. 5.889/1973, art. 14). Pelo que, a empresa rural terá de efetuar as anotações na Carteira de Trabalho e Previdência Social do empregado contratado para a execução de trabalho durante a safra." [Ac. (unânime) TRT-12ª Reg., 1ª T. (RO 000867/98), Rel. desig. Juiz C. A. Godoy Ilha, DJSC 10.12.1998, p. 216, BOMFIM, B. Calheiros e outros. *Dicionário de decisões trabalhistas.* 30. ed. Rio de Janeiro: Trabalhistas, 1997, ementa n. 1.999, p. 509]

Contrato de trabalho por safra. Meio urbano

"Contrato de trabalho por safra não é restrito à atividade agrícola. Existe na indústria, dependente das variações estacionais da atividade agrícola, no armazenamento e beneficiamento do produto, que exige trabalho intenso imediatamente após a colheita, para evitar o perecimento ou deterioração. Todos os elementos do contrato por safra estão presentes nessa atividade: condicionamento a um fato da natureza, temporariedade, maior intensidade de trabalho, intermitência." (TRT-4ª Reg., RO 9.766/1985, Ac. 1ª T., 3.4.1986, Rel. Juiz Ermes Pedro Pedrassani, in *Revista LTr* 50-9/1089)

Contrato de trabalho por safra. Peculiaridades

"Contrato de safra. A peculiaridade desse tipo de contrato constitui fator determinante à sua validade. Prescindível o preenchimento de requisitos formais, quando se constata que a sua celebração decorreu da temporariedade e especificação do serviço. Recurso do obreiro improvido." (TRT-6ª Reg., 2ª T., Proc. RO 2.113/1997, Rel. Juiz Antônio Jacarandá, *BJ* n. 7/1997. *Apud* TEIXEIRA FILHO, João de Lima. *Repertório de jurisprudência trabalhista,* Rio de Janeiro: Renovar, 1999, v. 7, ementa n. 1.255)

Contrato de trabalho por safra. Aviso prévio. Seguro-desemprego

"No contrato de safra, modalidade de contrato a termo, não há que se cogitar de aviso prévio ou de entrega das guias para habilitação no programa do seguro-desemprego." (TRT-9ª Reg., 1ª T., Proc. RO 5606/1997, j. 12.8.1997, Rel. Juiz Tobias de Macedo Filho. *Apud* TEIXEIRA FILHO, Lima. Ob. cit., v. 7, ementa n. 1.262)

Contrato de trabalho por safra. Acumulação

"A celebração concomitante dos contratos de experiência e de safra descaracteriza a ambos." (TRT-6ª Reg., 2ª T., Proc. RO 5.767/1997, j. 24.10.1997, Rel. Juiz Pedro Mesquita, BJ n. 12/1997 — *Apud* TEIXEIRA FILHO, Lima. Ob. cit., v. 7, ementa n. 1.263)

Contrato por safra. Prorrogação

"*Contrato por safra* — O contrato a termo constitui uma exceção ao princípio da continuidade da relação trabalhista, sendo permitido apenas nas hipóteses previstas no § 2º do art. 443 da CLT e, agora, da Lei n. 9.601/1998 as quais não se evidenciam no caso dos autos. O marco final do contrato de safra é o término da própria safra. Desnatura-se, portanto, quando prorrogado sucessivamente, inclusive no período de entressafra." (TRT 4ª R. — RO 00064.732/98-3 — 4ª T. — Rel. Juiz Fabiano de Castilhos Bertoluci — DOERS 13.8.2001).

Contrato por safra. Condomínio

"*Plantio e corte de cana em contratos de safra separados* — Art. 9º, CLT — Labor para condomínio rural (22 fazendas), em plantio e corte de cana-de-açúcar durante o ano todo, revela atividade de caráter permanente, não condizente com a contratação a termo. A separação em dois contratos sucessivos de safra, a pretexto do art.19, parágrafo único, do Decreto n. 73.626/74, resvala no art. 9º da CLT." [TRT 15ª Reg. (Campinas/SP) ROPS 2740-2005-011-15-00-5 — (Ac. 48774/06-PATR, 8ª Câmara) — Rel. Juiz Flávio Allegretti de Campos Cooper. DJSP 20.10.2006, p. 72 — *Apud LTr Sup. Jurisp.* 49/2006, p. 387]

Indenização. FGTS. Incompatibilidade

"*Indenização — Contrato de safra — Art. 14 da Lei n. 5.889/1973 — Incompatibilidade com o sistema do FGTS — Incabimento.* A Constituição Federal, em seu art. 7º, III, estendeu a todos os trabalhadores, compulsoriamente, urbanos e rurais, o regime do FGTS, o qual substituiu a indenização prevista no art. 14 da Lei n. 5.889/1973. Privilegiou-se assim o critério hierárquico sobre o especial, uma vez que se fez prevalecer a norma constitucional sobre a lei específica do trabalhador rural, diante da incompatibilidade havida entre as citadas normas." (TRT 15ª Reg. — ROS n. 003326/2000 — 2ª Turma — Rel. Luís Carlos Cândido Martins Sotero da Silva — DOE 4.6.2001).

Contrato de safra. Indenização ao término do contrato. Compatibilidade do com o FGTS

"Contrato de safra — Indenização ao término do contrato (art. 14, Lei n. 5.889/1973) — Compatibilidade do com o FGTS — Na extinção normal do contrato de safra, o obreiro recebe, por força de lei, a indenização geral cumulada com a específica. Assim, levanta os depósitos do FGTS (art. 35, IX, Lei n. 8.036/1990) e percebe a indenização de que trata o art. 14 da Lei n. 5.889/1973. A coexistência dos dois sistemas foi reconhecida pela Lei n. 8.212/1991, em seu art. 28, § 9º, alínea *e*, item 4, da mesma forma que o Decreto n. 3.048/1999, em seu art. 214, inciso V, § 9º, alínea *d*. Trata-se, pois, de um *plus* decorrente da natureza temporária da contratação." [TRT 15ª Reg. (Campinas/SP) RO 817-2006-061-15-00-0 — (Ac. 29128/09-PATR, 8ª C.) — Rel. Flavio Allegretti de Campos Cooper — DOE 22.5.2009, p. 37 — In *LTr Sup. Jurisp.* 26/2009, p. 201]

CONTRATO POR PRAZO DETERMINADO — DISSOLUÇÃO POR INICIATIVA DO EMPREGADOR SEM JUSTA CAUSA

Questão n. 83

Entre empregado e empregador foi feito um contrato de trabalho pelo prazo de 18 (dezoito) meses. Ao final de 14 (quatorze) meses, o empregador, sem justa causa, dispensou o empregado. Por ocasião da dispensa o empregado ganhava R$ 3.600,00 (três mil e seiscentos reais) por mês. Quanto deverá receber a título de indenização?

Solução

a) R$ 3.600,00 : 12 = R$ 300,00

b) R$ 3.600,00 + R$ 300,00 = R$ 3.900,00

c) (R$ 3.900,00 x 4) : 2 = R$ 7.800,00

ou

aplicando a fórmula: salário mensal x tempo de serviço restante x 13/ 24 = R$ 3.600,00 x 4 x 13/24 = R$ 7.800,00

Explicação

1) R$ 3.600,00 — valor do salário mensal;

2) R$ 300,00 — valor correspondente a 1/12 do salário mensal e ao qual vai integrar-se para o cálculo da indenização (Súmula n. 148 do TST);

3) R$ 3.900,00 — valor do salário real para efeito do cálculo da indenização;

4) R$ 7.800,00 — valor da indenização, e que é igual à metade da importância correspondente aos quatro meses que o empregado iria receber até o final do contrato (v., abaixo, Nota n. 1).

Notas

1. Indenização atípica — Cálculo — CLT

"Art. 479. Nos contratos que tenham termo estipulado, o empregador que, sem justa causa, despedir o empregado, será obrigado a pagar-lhe, a título de indenização, e por metade, a remuneração a que teria direito até o termo do contrato.

Parágrafo único. Para a execução do que dispõe o presente artigo, o cálculo da parte variável ou incerta dos salários será feito de acordo com o prescrito para o cálculo da indenização referente à rescisão dos contratos por prazo indeterminado."

A CLT, no art. 479, obrigou o empregador que despedir sem justa causa o empregado com contrato a prazo certo a pagar-lhe, como indenização, metade da remuneração a que teria direito até o termo do contrato, incluindo a parte variável dos salários, e, obviamente, o 13º salário.[35]

2. Transformação do contrato determinado em indeterminado

Aos contratos por prazo determinado, que contiverem cláusula assecuratória do direito recíproco de rescisão antes de expirado o termo ajustado, aplicam-se, caso exercido tal direito por qualquer das partes, os princípios que regem a rescisão dos contratos por prazo indeterminado (CLT, art. 481).

(35) CESARINO JÚNIOR, A. F. *Direito social.* São Paulo: LTr, 1980. p. 326.

3. Indenização atípica — FGTS

Escreveu Irany Ferrari:

"Tais contratos a termo, ou por prazo determinado, englobam, como é pacífico, os chamados 'contratos de experiência', cuja previsão consta do art. 443, § 2º, letra *c*, da CLT, e cuja duração não pode ser superior a 90 dias, conforme art. 445, parágrafo único, do mesmo estatuto consolidado.

Tais contratos, como decorre da lei, não comportam aviso prévio (art. 487, *caput*), nem indenização (art. 477, *caput*).

Comportam, ao revés, apenas a indenização atípica prevista do art. 479 supratranscrito, se rescindido pelo empregador, sem justa causa ou arbitrariamente, antes do termo previsto para sua expiração normal.

Com o regime facultativo ou optativo do FGTS, implantado pela Lei n. 5.107/1966, a indenização prevista neste art. 479 passou a ser interpretada como complementar apenas, conforme entendimento do Enunciado n. 125 do Colendo TST, tendo em vista o disposto no art. 30, § 3º do Decreto n. 59.820, de 20.12.1966.

Foi a forma encontrada para compatibilizar o regime do FGTS e daquela indenização atípica.

Será que, após a Constituição Federal de 1988, prevalecerá esse entendimento?

Como forma de solução prática e simplificada, talvez sim.

Todavia, como aplicação correta do novo texto constitucional, a ele acoplado o da Lei n. 8.036, de 11.5.1990, que alterou e deu nova redação às Leis anteriores sobre FGTS, entendemos que não.

É que a Lei n. 8.036, de 11.5.1990, incluiu, para o efeito de movimentação da conta vinculada os contratos a termo, determinando que sobre os depósitos fundiários resultantes da obrigatoriedade do regime do FGTS, deve incidir a multa indenizatória, ou compulsória, de 40%, tal como ocorre com relação aos contratos por prazo indeterminado (art. 20, item IX da Lei n. 8.036/1990).

O Decreto n. 59.820/1966, que regulamentou a Lei n. 5.107/1966, foi substituído pelo Decreto n. 98.818, de 10.1.1990, e este não contém dispositivo idêntico, para se concluir pela complementaridade da indenização com os depósitos, sendo certo que a Lei n. 8.036/1990 não foi até a presente data regulamentada.

Mas, não é apenas esse o motivo de nosso entendimento quanto à revogação do art. 479, da CLT, já que a razão mais forte é de índole constitucional, ou seja, de que a Nova Carta Magna institui obrigatoriamente o regime do FGTS, estabelecendo a multa compensatória de 40% sobre os depósitos fundiários, até que lei complementar venha a ser editada.

É bom que se esclareça, no entanto, que essa multa de 40% só será devida se houver despedida por parte do empregador antes do termo contratual previamente ajustado, eis que se o contrato for rescindido no dia aprazado para seu término, não terá ocorrido a dispensa arbitrária ou sem justa causa, por óbvio."(36)

A Lei n. 8.036/1990 foi regulamentada pelo Decreto n. 99.684, de 8.11.1990 (DOU 12.11.1990), que preceitua no art. 14: "No caso de contrato a termo, a rescisão antecipada, sem justa causa ou com culpa recíproca, equipara-se às hipóteses previstas nos §§ 1º e 2º do art. 9º, respectivamente, sem prejuízo do disposto no art. 479 da CLT". Como se vê, o Decreto n. 99.684/1990 não seguiu a orientação sumulada do TST, por meio do Enunciado n. 125, no sentido de haver complementação da indenização com os depósitos do FGTS.

Em conclusão: o empregado receberá a indenização prevista no art. 479 da CLT, a multa indenizatória ou fundiária de 40% (quarenta por cento) e poderá levantar os depósitos do FGTS (código 01).

A Instrução Normativa SRT/MTE n. 3, de 21 de junho de 2002 (DOU 28.6.2002), que estabelece procedimentos para assistência ao empregado na rescisão de contrato de trabalho, no âmbito do Ministério do Trabalho e Emprego, preceitua:

> "Art. 34. Nos contratos a prazo determinado previstos na CLT, o empregador que dispensar o empregado sem justa causa será obrigado a pagar-lhe, a título indenizatório e por metade, a remuneração a que teria direito até o término do contrato, nos termos do art. 479 da CLT.
>
> § 1º Nos contratos referidos no *caput*, havendo cláusula assecuratória de direito recíproco de rescisão antecipada, desde que executada, caberá o pagamento do aviso prévio de, no mínimo, 30 (trinta) dias.
>
> § 2º É devido o recolhimento da multa de 40% (quarenta por cento) sobre os depósitos do FGTS, nos termos do art. 14 do Decreto n. 99.684, de 8 de novembro de 1990, sem prejuízo da indenização prevista no *caput*, na rescisão antecipada do contrato a prazo determinado, realizada sem justa causa por iniciativa do empregador e independentemente da existência da cláusula assecuratória do direito recíproco da rescisão antecipada."

(36) *LTr Sup. Trab.* 103-502/90.

4. Verbas rescisórias

Na dissolução antecipada do contrato por prazo determinado, por iniciativa do empregador e sem justa causa, não terá aviso prévio, mas haverá pagamento de indenização atípica (CLT, art. 479) e levantamento do FGTS, com a multa fundiária de 40%, podendo o empregado receber outras verbas, como: saldo de salário, 13º salário, férias, indenização adicional (Lei n. 7.238/1984), adicionais, gratificações, multa por atraso do pagamento das verbas rescisórias etc.

Quando o contrato por prazo determinado contiver cláusula assecuratória do direito recíproco de rescisão antes de expirado o termo ajustado, aplicam-se os princípios que regem a rescisão dos contratos por prazo indeterminado (CLT, art. 481). Nessa situação, não haverá indenização atípica, mas terá aviso prévio (Súmula n. 163 do TST), saldo de salário, 13º salário, férias, adicionais, gratificações, multa por atraso do pagamento das verbas rescisórias (CLT, art. 477, §§ 6º e 8º) etc. Ainda, o empregado poderá levantar os depósitos do FGTS, acrescidos da multa fundiária de 40%, se a iniciativa da rescisão for do empregador.

5. Jurisprudência

Súmulas do TST

125. Contrato de trabalho. Art. 479 da CLT

O art. 479 da CLT aplica-se ao trabalhador optante pelo FGTS admitido mediante contrato por prazo determinado, nos termos do art. 30, § 3º, do Decreto n. 59.820, de 20 de dezembro de 1966.

163. Aviso prévio. Contrato de experiência

Cabe aviso prévio nas rescisões antecipadas dos contratos de experiência, na forma do art. 481 da CLT. Ex-prejulgado n. 42.

Ementas diversas

Contrato por prazo determinado. Cláusula de reciprocidade

"Para que o contrato a prazo adote os princípios que regem as rescisões dos contratos por prazo indeterminado, é necessário que contenha cláusula assecuratória de direito recíproco de rescisão, desde que seja tal direito exercido por qualquer das partes. A simples transcrição das hipóteses previstas no art. 479 da CLT não pode ser entendida como tal." (TRT-10ª Reg., 1ª T., Proc. RO 4.299/1995, Rel. Juiz Oswaldo Neme, Rev.1996 — *Apud* TEIXEIRA FILHO, Lima. Ob. cit., v. 7, ementa n. 1.251)

Rescisão antecipada de contrato por prazo determinado. Indenização

"Havendo cláusula contratual que assegure o direito recíproco de rescisão antecipada do contrato de trabalho firmado por prazo determinado, tal rescisão opera-se segundo os princípios que regulam a rescisão de contrato por prazo indeterminado, restando afastada a incidência da indenização na forma prevista no art. 479 da CLT. Recurso de revista a que se dá provimento." (Processo n. TST-RR-366.758/1997, 5ª T., Rel. Min. Gelson de Azevedo, DJU 27.4.2001, *Apud Revista do TST,* v. 67, n. 2, p. 387)

Indenização adicional. Contrato de experiência

"O art. 9º da Lei n. 6.708/1979 não faz qualquer alusão a contrato de prazo determinado ou indeterminado. O reclamante foi dispensado antes da data prevista para o término do contrato de experiência firmado por 90 dias, tendo sido dispensado sem justo motivo, antes da correção salarial semestral. Faz jus à indenização adicional prevista no art. 9º da Lei n. 6.708/1979. Revista conhecida e provida para restabelecer a sentença de 1º grau." (TST, RR 2.080/1983, Ac. 3ª T., 2.132/1984, 2ª Reg., Rel. Min. Expedito Amorim, DJU 6.9.1984, in RDT n. 53, p. 76)

Trabalho temporário. Aplicação do art. 479, da CLT

"*Aplicação do art. 479 da CLT nos contratos regidos pela Lei n. 6.019/1974 — Inexistência de cláusula assecuratória de rescisão antecipada — Correta a decisão que determina o pagamento da metade da remuneração devida até o término do contrato.* O contrato de trabalho temporário regido pela Lei n. 6.019/1974 é um contrato a prazo determinado sujeito a evento futuro e certo com data certa para ultimação. Vale dizer: *dies certus quando.* A tese sustentada pela recorrente no sentido de que as disposições gerais contidas na CLT não se aplicam ao trabalho temporário não prospera. A Lei n. 6.019/1974, conquanto discipline as condições do trabalho temporário, não excluiu estes trabalhadores das demais regras gerais de proteção previstas na CLT, sobretudo daquelas em que não previu — de forma expressa — diverso disciplinamento. É regra basilar de hermenêutica que a lei nova, e que estabelece disposições gerais ou especiais, não revoga nem modifica a lei anterior (art. 2º, § 2º da Lei de Introdução ao Código Civil), a não ser nas situações de expressa revogação ou de incompatibilidade de seus preceitos com a lei antiga, o que não é a hipótese que aqui se verifica. No presente processo, restou incontroverso que os reclamantes foram dispensados imotivadamente antes do término final do contrato, atraindo a aplicação dos arts. 479 e 481, ambos da CLT. Como não houve cláusula assecuratória do direito recíproco de rescisão contratual, devida a indenização prevista no art. 479 e que consiste no pagamento de metade da remuneração devida até o termo do contrato, tal como corretamente decidido na origem." [TRT-15ª Reg. (Campinas/SP) — ROS-1 — 27068/2001 — (Ac. 3ª T. 18.241/2002) — Relª Juíza Maria de Fátima Vianna Coelho, DJSP 13.5.2002, p. 51. *Apud LTr Sup. Trab.* 129/2002, p. 614]

Trabalho temporário. Indenização indevida

"Indenização do art. 479 da CLT — Contrato de trabalho temporário — O art. 12 da Lei n. 6.019 não dispõe que é devida a indenização prevista no art. 479 da CLT. O FGTS substitui a referida indenização a partir de 5 de outubro de 1998. Indenização indevida." [TRT 2ª Reg. RS 01212200837102000 — (Ac. 1ª T. 20090230897) — Red. Sérgio Pinto Martins — DOe/TRT 2ª Reg. 3.4.2009, p. 30 — In *LTr Sup. Jurisp.* 25/2009, p.193]

CONTRATO POR PRAZO DETERMINADO — DISSOLUÇÃO POR INICIATIVA DO EMPREGADO SEM JUSTA CAUSA

Questão n. 84

Empregado pede demissão antes do término do contrato por prazo determinado.

Notas

1. Indenização atípica — CLT

"Art. 480. Havendo termo estipulado, o empregado não se poderá desligar do contrato, sem justa causa, sob pena de ser obrigado a indenizar o empregador dos prejuízos que desse fato lhe resultarem.

§ 1º A indenização, porém, não poderá exceder àquela a que teria direito o empregado em idênticas condições."

2. Empregado — Utilização do FGTS

A demissão espontânea do empregado não lhe permite levantar os depósitos do FGTS. Todavia, a Lei n. 8.036/1990 prevê que a conta vinculada do empregado poderá ser movimentada em certas situações, como:

a) quando o trabalhador permanecer três anos ininterruptos, a partir de 1º de junho de 1990, fora do regime do FGTS, podendo o saque, neste caso, ser efetuado a partir do mês de aniversário do titular da conta (Lei n. 8.036/1990, art. 20, VIII); o saque será feito pelo código 87 (Circular Caixa n. 537/2011);

b) para aquisição de moradia própria pelo Sistema Financeiro de Habitação (Lei n. 8.036/1990, art. 20, V a VII); os saques serão feitos pelos códigos: 91, 92, 93 e 95, conforme Circular Caixa n. 537/2011;

c) por determinação judicial (Circular Caixa n. 537/2011, código 88).

3. Verbas rescisórias

Na dissolução antecipada do contrato de trabalho por prazo determinado, por iniciativa do empregado e sem justa causa (demissão), ele será obrigado a indenizar o empregador dos prejuízos causados com a sua saída (CLT, art. 480), podendo receber como verbas rescisórias: saldo de salário, 13º salário, férias, adicionais, gratificações, e a multa por atraso do pagamento das verbas rescisórias etc.

CONTRATO POR PRAZO DETERMINADO — DISSOLUÇÃO POR MOTIVO DE FORÇA MAIOR OU CULPA RECÍPROCA

Questão n. 85

Entre empregado e empregador foi feito um contrato de trabalho pelo prazo de 18 (dezoito) meses. Ao final de 15 (quinze) meses, o contrato terminou por motivo de força maior. Por ocasião da dissolução, o empregado ganhava R$ 720,00 (setecentos e vinte reais) por mês. Quanto deverá receber a título de indenização?

Solução

a) R$ 720,00 : 12 = R$ 60,00

b) R$ 720,00 + R$ 60,00 = R$ 780,00

c) $\frac{\text{R\$ } 780{,}00 \times 3}{2}$ = (R$ 780,00 x 3) : 4 = R$ 585,00

ou

aplicando a fórmula: salário mensal x tempo de serviço restante x 13/48 = R$ 720,00 x 3 x 13/48 = R$ 585,00

Explicação

1) R$ 720,00 — valor do salário mensal;

2) R$ 60,00 — valor correspondente a 1/12 do salário e ao qual vai integrar-se para o cálculo da indenização (Súmula n. 148 do TST);

3) R$ 780,00 — valor do salário real para efeito do cálculo da indenização;

4) R$ 585,00 — valor da indenização, e que é igual à metade da metade (ou um quarto) dos salários correspondentes aos 3 (três) meses que o empregado iria receber até o final do contrato (v., abaixo, Nota n. 1).

Notas

1. Indenização atípica — Cálculo — CLT

"Art. 502. Ocorrendo motivo de força maior que determine a extinção da empresa, ou de um dos estabelecimentos em que trabalhe o empregado, é assegurada a este, quando despedido, uma indenização na forma seguinte:

...

III — havendo contrato por prazo determinado, aquela a que se refere o art. 479, desta lei, reduzida igualmente à metade."

2. Conceito de força maior

CLT, art. 501 (v. Nota n. 2 da questão n. 75).

3. Culpa recíproca

CLT, art. 484 (v. Nota n. 1 da questão n. 72).

4. Empregado — Utilização do FGTS

No caso de dissolução do contrato por prazo determinado, por culpa recíproca ou motivo de força maior, o empregado receberá a multa indenizatória ou fundiária de 20% (Lei n. 8.036/1990, art. 18, § 2º, e Decreto n. 99.684/1990, art. 9º, § 2º). O empregado poderá levantar os depósitos do FGTS feitos em sua conta vinculada (Lei n. 8.036/1990, art. 20, I, e Decreto n. 99.684/1990, art. 35, I), e receberá a indenização prevista no art. 479 da CLT pela metade (Decreto n. 99.684/1990, art. 14). O saque será feito pelo código 02, conforme a Circular Caixa n. 537/2011 (v. Nota n. 5 da questão n. 75).

5. Verbas rescisórias

Na dissolução antecipada do contrato por prazo determinado, por motivo de força maior (CLT, art. 501) ou culpa recíproca (CLT, art. 484), o empregado poderá receber: saldo de salário, 13º salário, férias, adicionais, gratificações, multa por atraso no pagamento das verbas rescisórias (CLT, art. 477, §§ 6º e 8º), indenização atípica (CLT, art. 479) reduzida pela metade (CLT, arts. 502, III e 484) e o empregado levantará os depósitos do FGTS, acrescidos da multa de 20%. No caso de força maior não há aviso prévio e no de culpa recíproca, o aviso prévio, o 13º salário e as férias proporcionais são pagos pela metade (Súmula n. 14 do TST).

QUESTÕES GERAIS

Na cessação do contrato individual de trabalho, normalmente, cabem ao empregado certos créditos trabalhistas. Para saber quais são esses créditos, basta olhar, na parte deste livro dedicada à cessação do contrato, a questão que corresponde ao caso desejado, nela consultar a nota *recebimentos de outras verbas ou verbas rescisórias* e verificar aquelas a que o empregado tem direito. Feito isso, é só calcular o valor de cada verba, e, para tanto, basta localizar no livro o modelo correspondente.

A seguir, são mostrados, dois exemplos de cessação do contrato individual de trabalho, destacando em cada um as verbas trabalhistas a que o empregado faz jus.

CONTRATO POR PRAZO INDETERMINADO — OPTANTE — DISPENSA INJUSTA

Questão n. 86

Calcular as verbas trabalhistas a que tem direito empregado regido pela CLT e que foi dispensado sem justa causa.

Dados Complementares

1) admissão 15.3.1999;

2) aviso prévio 28.6.2004;

3) desligamento 28.6.2004;

4) maior remuneração — à da época do desligamento ..... R$ 336,00;

5) gozou as férias até o período aquisitivo 2001/2002 e cometeu faltas injustificadas ao serviço na seguinte ordem:

5.1) no período aquisitivo de 2002/03 .... 10 dias;

5.2) na segunda semana do mês de junho/04 .... 02 dias;

6) data-base para o seu reajuste salarial .... 1º de agosto;

7) no mês de junho, por motivo de força maior, fez 12 (doze) horas extras;

8) recebeu os salários até o mês de maio/2004, sendo que o depósito do FGTS referente a este mês ainda não foi efetuado;

9) o extrato do FGTS, fornecido pelo banco depositário, até o mês de abril/2004 = R$ 1.150,00.

Solução (v. Nota n. 6 da questão n. 68)

a) aviso prévio "indenização" (v. questão n. 60) .... R$ 336,00

b) 13º salário (7/12 — incluído aviso prévio) 7/12 x R$ 336,00 = R$ 196,00 (v. a parte deste trabalho correspondente à gratificação de Natal) .... R$ 196,00

c) férias vencidas (2 anos — v. questão n. 43) .... R$ 1.164,80

período aquisitivo 2002/03 — dobrado — 10 faltas = 48 dias;

período 2003/04 — simples — s/ faltas =30 dias;

total dos dois períodos aquisitivos = 78 dias (78 x R$ 11,20 = R$ 873,60 x 4/3 = R$ 1.164,80)

d) férias proporcionais (4/12 — incluído aviso) .... R$ 149,33

4/12 x 30 = 10 dias 10 x R$ 11,20 = R$ 112,00 x 4/3 = R$ 149,33 (v. questão n. 43)

e) saldo de salário (25 dias — diminuídas as 2 faltas e o repouso) .... R$ 280,00

25 x R$ 11,20 = R$ 280,00 (v. questão n. 14)

f) indenização adicional (Lei n. 7.238/1984) .... R$ 336,00

g) horas extras (12 horas) .... R$ 27,54

R$ 336,00 : 220 = R$ 1,53

R$ 1,53 x 12 x 1,5 = R$ 27,54 (v. questão n. 01)

h) FGTS — quitação (letras a + b + e + g) (v. nota abaixo) .....R$ 67,16

R$ 336,00 + R$ 196,00 + R$ 280,00 + R$ 27,54 = R$ 839,54 x 8% = R$ 67,16 (v. Nota n. 4 da questão n. 68)

i) FGTS — mês anterior (maio) .... R$ 26,88

R$ 336,00 x 8% = R$ 26,88 (v. Nota n. 4 da Questão n. 68)

j) FGTS — multa fundiária (9 + h + i) .... R$ 497,62

R$ 1.150,00 + R$ 67,16 + R$ 26,88 = R$ 1.244,04 x 40% = R$ 497,62 (v. Nota n. 4 da questão n. 68)

Notas

1. Fundo de Garantia do Tempo de Serviço — Incidência sobre aviso prévio

O pagamento relativo ao período de aviso prévio, trabalhado ou não, está sujeito à contribuição para o FGTS (Súmula n. 305 do TST).

2. Indenização adicional — Lei n. 7.238/1984

O empregado dispensado, sem justa causa, no período de 30 (trinta) dias que antecede à data de sua correção salarial, terá direito à indenização adicional equivalente a um salário mensal, seja ele optante ou não pelo Fundo de Garantia do Tempo de Serviço — FGTS (art. 9º).

3. Disciplinamento administrativo — Indenização adicional — IN SRT/MTE n. 3/2002

IN SRT/MTE n. 3/2002

"Art. 35. Na rescisão sem justa causa, ocorrida no período de 30 (trinta) dias que antecede a data-base, é devido o pagamento de indenização adicional equivalente a um salário mensal do empregado, nos termos do art. 9º da Lei n. 7.238, de 29 de outubro de 1984.

Parágrafo único. Considera-se salário mensal o devido à data da comunicação da dispensa do empregado, acrescido dos adicionais legais ou convencionais, não se computando o décimo terceiro salário."

4. Jurisprudência

Súmulas do TST

182. Aviso prévio. Indenização compensatória. Lei n. 6.708, de 30.10.1979

O tempo do aviso prévio, mesmo indenizado, conta-se para efeito da indenização do art. 9º da Lei n. 6.708, de 30.10.1979.

242. Indenização adicional. Valor

A indenização adicional, prevista no art. 9º da Lei n. 6.708, de 30.10.1979 e no art. 9º da Lei n. 7.238, de 28.10.1984, corresponde ao salário mensal, no valor devido na data da comunicação do despedimento, integrado pelos adicionais legais ou convencionados, ligados à unidade de tempo mês, não sendo computável a gratificação natalina.

314. Indenização adicional. Verbas rescisórias. Salário corrigido

Se ocorrer a rescisão contratual no período de 30 (trinta) dias que antecede à data-base, observado o Enunciado de n. 182 do TST, o pagamento das verbas rescisórias com o salário já corrigido não afasta o direito à indenização adicional prevista nas Leis ns. 6.708, de 30.10.1979 e 7.238, de 28.10.1984.

Orientação Jurisprudencial da SBDI-1-TST

268. Indenização adicional. Leis ns. 6.708/1979 e 7.238/1984. Aviso prévio. Projeção. Estabilidade provisória

Somente após o término do período estabilitário é que se inicia a contagem do prazo do aviso prévio para efeito das indenizações previstas nos arts. 9º da Lei n. 6.708/1979 e 9º da Lei n. 7.238/1984.

Ementas diversas

Multa do FGTS — Natureza jurídica — Prazo prescricional aplicável

Ementa: *Multa do FGTS — Natureza jurídica — Prazo prescricional aplicável.* A "multa do FGTS", apesar de a prática forense ter consagrado essa expressão, não se trata de multa nem de FGTS, pois a sua natureza jurídica é diversa. Prevista no art. 18, § 1º, da Lei n. 8.036/1990, corresponde à indenização referida nos arts. 7º, I, da CF, e 10, I, do ADCT. O primeiro refere-se a "indenização compensatória" contra despedida arbitrária ou sem justa causa, e o segundo a fixa, até que seja promulgada Lei Complementar disciplinando o assunto, no quádruplo do valor referido no art. 6º, *caput* e inciso I, da Lei n. 5.107/1966 (que se refere a 10%). A Lei n. 8.036/1990, que substituiu a Lei n. 5.107/1966, disciplinou expressamente a questão, exatamente como preconizado pelo art. 10, I, do ADCT, ou seja, fixando a indenização em 40% dos depósitos do FGTS. Portanto, a "multa" do FGTS não é sanção pela despedida sem justa causa, mas sim parte da política nacional de proteção ao emprego, tratando-se, nos termos do art. 7º, I, da CF, de indenização compensatória contra despedida arbitrária ou sem justa causa. Ainda, a indenização compensatória não se confunde com os depósitos regulares do FGTS, limitando-se a utilizá-los como base de cálculo. Assim, a indenização não se enquadra na noção de "multa", por não ter conteúdo sancionatório, nem na de FGTS, por ter origem, finalidade e natureza jurídica distintas. Sendo assim, não está sujeita à prescrição trintenária, aplicável aos depósitos regulares do FGTS na forma da Súmula 362 do TST, mas sim à bienal prevista no art. 7º, XXIX, da CF, por se tratar de direito social trabalhista. Recurso ordinário do reclamante conhecido e não provido. [TRT 9ª Reg. RO 38363/2008-010-09-00.1 — (ac. 4ª T.) — Rel. Luiz Celso Napp — DJe/TRT 9ª Reg. n. 356/09, 12.11.2009, p. 351 — In *LTr Sup. Jurisp.* 7/2010, p. 054]

CONTRATO POR PRAZO INDETERMINADO — NÃO OPTANTE QUE PASSA A OPTANTE — DISPENSA SEM JUSTA CAUSA

Questão n. 87

Calcular as verbas trabalhistas a que tem direito empregado regido pela CLT e que foi dispensado injusta e abruptamente.

Dados Complementares

1) admissão 1º.3.1985

2) opção pelo FGTS 30.9.1987

3) dispensa 14.4.2004

4) maior remuneração — à da época da dispensa .... R$ 348,00

5) gozou as férias até o período aquisitivo 2002/2003

6) data-base para o seu reajuste salarial .... 1º de junho

7) recebeu os salários até o mês de março/2004, sendo que o depósito do FGTS deste mês ainda não foi efetuado

8) o extrato do FGTS, fornecido pelo banco depositário, até o mês de fevereiro/2004 = R$ 2.675,00

Solução (v. Nota n. 6 da questão n. 68)

a) indenização pelo tempo de serviço (3 anos) .... R$ 1.131,00

R$ 348,00 : 12 = R$ 29,00 (Súmula n. 148 do TST)
R$ 348,00 + R$ 29,00 = R$ 377,00 x 3 = R$ 1.131,00
(v. Nota n. 3 da questão n. 68)

b) aviso prévio "indenizado" (v. questão n. 60) .... R$ 348,00

c) 13º salário proporcional (4/12 — incluído aviso) .... R$ 116,00

R$ 348,00 x 4/12 = R$ 116,00 (v. a parte deste trabalho correspondente à gratificação de Natal)

d) férias vencidas (v. questão n. 40) .... R$ 464,00

período aquisitivo 2003/04 (simples — s/faltas = 30 dias)
R$ 348,00 x 4/3 = R$ 464,00

e) férias proporcionais (2/12 — incluído aviso) .... R$ 77,33

R$ 348,00 x 4/3 = R$ 464,00 x 2/12 = R$ 77,33
(v. questão n. 40)

f) saldo de salário (14 dias de abril) .... R$ 162,40

R$ 348,00 : 30 = R$ 11,60 x 14 = R$ 162,40

g) FGTS — quitação (b + c + f) .... R$ 50,11

R$ 348,00 + R$ 116,00 + R$ 162,40 = R$ 626,40 x 8% = R$ 50,11

h) FGTS — mês anterior à dispensa (março) .... R$ 27,84

R$ 348,00 x 8% = R$ 27,84 (v. Nota n. 4 da questão n. 68)

i) FGTS — multa fundiária 40% (8 + g + h...) .... R$ 1.101,18

R$ 2.675,00 + R$ 50,11 + R$ 27,84 = R$ 2.752,95 x 40% = R$ 1.101,18 (v. Nota n. 4 da questão n. 68)

j) indenização adicional (Lei n. 7.238/84) .... R$ 348,00

(v. Notas ns. 2, 3 e 4 na questão anterior)

TABELA DE INCIDÊNCIA DE PREVIDÊNCIA SOCIAL, FUNDO DE GARANTIA DO TEMPO DE SERVIÇO E IMPOSTO DE RENDA

PARCELAS	INSS	FGTS	IR
1. ADICIONAIS: insalubridade, periculosidade, noturno, horas extras, de função, por tempo de serviço etc.	SIM	SIM	SIM
2. AJUDA DE CUSTO			
2.1. diárias até 50% do salário...............................	NÃO	NÃO	NÃO
2.2. diárias superiores a 50% do salário.....................	SIM	SIM	SIM
2.3. com gastos de transferências de localidade........	NÃO	NÃO	NÃO
3. AUXÍLIO-DOENÇA (primeiros 15 dias).......................	SIM	SIM	SIM
4. AVISO PRÉVIO:			
4.1. trabalhado...	SIM	SIM	SIM
4.2. indenizado...	NÃO	SIM[37]	NÃO
5. FÉRIAS:			
5.1. gozadas...	SIM	SIM	SIM
5.2. indenizadas e abono (venda) de férias (até 20 dias)..	NÃO	NÃO	SIM
5.3. dobradas (valor da dobra).................................	NÃO	NÃO	SIM
6. GRATIFICAÇÕES:			
6.1. ajustadas, prêmios, produtividade..................	SIM	SIM	SIM
6.2. de Natal (13º salário)			
6.2.1. primeira parcela..	NÃO	SIM	NÃO
6.2.2. segunda parcela	SIM	SIM	SIM
6.2.3. proporcional (na cessação do contrato).........	SIM	SIM	SIM
6.3. quebra de caixa (bancário/comerciário)..............	SIM	SIM	NÃO
7. INDENIZAÇÃO:			
7.1. adicional (Lei n. 7.238/84, art. 9º)........................	NÃO	NÃO	NÃO
7.2. por tempo de serviço + En. n. 148 do TST..........	NÃO	NÃO	NÃO
8. SALÁRIO:			
8.1. propriamente dito..	SIM	SIM	SIM
8.2. família...	NÃO	NÃO	NÃO
8.3. maternidade e paternidade................................	SIM	SIM	SIM
8.4. estagiário (Lei n. 6.494/77)..............................	NÃO	NÃO	SIM
9. VERBA DE REPRESENTAÇÃO..............................	SIM	SIM	SIM

(37) V. Enunciado n. 305 do TST.

Notas

1. Incidência ou não de INSS

A Lei n. 8.212/1991, art. 28 e parágrafos, determina as parcelas que integram ou não a remuneração para fins de incidência de Previdência Social. Consultar a Instrução Normativa MPS/SRP n. 3, de 14 de julho de 2005 (DOU 15.7.2005) e sua alteração pela IN SRP n. 20, de 11 de janeiro de 2007 (DOU 16.1.2007), com retificação em 18 e 25.1.2007.

2. Incidência ou não de FGTS

A Lei n. 8.036/1990, art. 15 e parágrafos, estabelece as parcelas que integram ou não a remuneração do empregado para efeito de incidência do FGTS. Consultar a Instrução Normativa MTE/SIT n. 25, de 20 de dezembro de 2001 (DOU 27.12.2001).

3. Incidência ou não de Imposto de Renda

A respeito de incidência ou não do Imposto de Renda sobre o trabalho assalariado, consultar o RIR/1999 (Decreto n. 3.000/1999) e a Instrução Normativa SRF n. 15, de 6 de fevereiro de 2001 (DOU 8.2.2001, ret. DOU 28.5.2001).

4. Jurisprudência

Súmulas do TST

63. FGTS. Horas extras e adicionais eventuais

A contribuição para o Fundo de Garantia do Tempo de Serviço incide sobre a remuneração mensal devida ao empregado, inclusive horas extras e adicionais eventuais.

247. Quebra de caixa. Natureza jurídica

A parcela paga aos bancários sob a denominação "quebra de caixa" possui natureza salarial, integrando o salário do prestador dos serviços, para todos os efeitos legais.

305. Fundo de Garantia do Tempo de Serviço. Incidência sobre aviso prévio

O pagamento relativo ao período de aviso prévio, trabalhado ou não, está sujeito à contribuição para o FGTS.

Orientações Jurisprudenciais da SBDI-1-TST

195. Férias indenizadas. FGTS. Não incidência

Não incide a contribuição para o FGTS sobre as férias indenizadas.

207. Programa de Incentivo à Demissão Voluntária. Indenização. Imposto de Renda. Não incidência

A indenização paga em virtude de adesão a programa de incentivo à demissão voluntária não está sujeita à incidência do imposto de renda.

363. Descontos previdenciários e fiscais. Condenação do empregador em razão do inadimplemento de verbas remuneratórias. Responsabilidade do empregado pelo pagamento. Abrangência

A responsabilidade pelo recolhimento das contribuições social e fiscal, resultante de condenação judicial referente a verbas remuneratórias, é do empregador e incide sobre o total da condenação. Contudo, a culpa do empregador pelo inadimplemento das verbas remuneratórias não exime a responsabilidade do empregado pelos pagamentos do imposto de renda devido e da contribuição previdenciária que recaia sobre sua quota-parte.

Súmulas do STJ

125. O pagamento de férias não gozadas por necessidade do serviço

Não está sujeito à incidência do Imposto de Renda.

136. Licença-prêmio. Não gozada por necessidade de serviço. Imposto de Renda

O pagamento de licença-prêmio não gozada por necessidade de serviço não está sujeito ao imposto de renda.

215. Imposto de Renda. Programa de Demissão Voluntária. Isenção

A indenização recebida pela adesão a programa de incentivo à demissão voluntária não está sujeita à incidência do imposto de renda.

Súmulas do STF

593. FGTS. Horas extraordinárias

Incide o percentual do Fundo de Garantia do Tempo de Serviço (FGTS) sobre a parcela da remuneração correspondente a horas extraordinárias de trabalho.

688. Contribuição previdenciária. 13º salário. Legítima a incidência

É legítima a incidência da contribuição previdenciária sobre o 13º salário.

Ementas diversas

Imposto de Renda. Férias. Ausência de fato gerador. Liberalidade do empregador na rescisão sem justa causa. Caráter indenizatório

"*Tributário — Imposto de Renda — Férias — Conversão em pecúnia — Verba de liberalidade — Natureza indenizatória — Fato gerador não configurado.* 1 — Se o direito a férias não for usufruído, seja por necessidade de serviço, seja por opção do empregado, o pagamento correspondente objetiva apenas compensar o dano ocasionado pela perda do direito de legalmente ausentar-se do trabalho. Há um direito do servidor que gera um dever jurídico correlato do empregador; se esse direito não foi satisfeito na forma, modo e tempo estabelecidos, as importâncias equivalentes visam simplesmente a recompor o patrimônio jurídico lesado, inexistindo o acréscimo de riqueza nova, imprescindível à caracterização do fato gerador do Imposto de Renda. 2 — Quanto à verba de liberalidade paga pelo empregador pela rescisão sem justa causa, denota-se o mesmo caráter indenizatório, posto que nada mais é do que uma forma não prevista em lei de indenizar o rompimento brusco e imotivado do contrato de trabalho, quebrando-se relação de emprego de longos anos." (TRF — 4ª Região —

1ª T.; AP em MS n. 2006.72.05.001450-7 — Blumenau-SC; Rel. Des. Federal Joel Ilan Paciornik; j. 28.2.2007. *Apud LTr Sup. Trab.* 18/2008, p. 92)

Acordo judicial. Discriminação das parcelas. Aviso prévio indenizado. Não incidência da contribuição previdenciária

"*Acordo judicial — Discriminação das parcelas — Aviso prévio indenizado — Não incidência da contribuição previdenciária.* A indenização pela não concessão do aviso prévio não constitui pagamento que tenha por objetivo remunerar serviços prestados ou tempo à disposição do empregador, nos termos do art. 28 da Lei n. 8.212/1991, sendo apenas reparação pela supressão da concessão do período de aviso prévio por parte do empregador, conforme estabelecido no art. 487, § 1º da CLT. Portanto, não há incidência de contribuição previdenciária sobre o aviso prévio indenizado porque esta verba não integra o salário-de-contribuição. A alteração prevista no Decreto n. 6.727/2009 não possui o condão de transmudar o caráter indenizatório da referida verba em natureza salarial." [TRT 14ª Reg. RO 01179.2008.005.14.00-3 — (Ac. 1ª T.) — Rel. Des. Vulmar de Araújo Coelho Junior — DJe 27.4.2009 — *Apud Revista IOB Trabalhista e Previdenciária*, n. 241, p. 156, ementa 25877]

FÓRMULAS

A seguir indicamos as fórmulas utilizadas em algumas das questões e que concorrem para facilitar os cálculos.

HORAS EXTRAS (adicional de 50%) = valor da hora normal x n. das horas extras x 1,5

HORAS EXTRAS. REPOUSO SEMANAL REMUNERADO E NOS FERIADOS (RSR/F):

a) Semanal = (média das horas extras nos dias úteis da semana) x (n. RSR/F da semana)

b) Mensal = (média das horas extras nos dias úteis do mês) x (n. RSR/F do mês)

HORA NOTURNA REDUZIDA = hora diurna x 1,1428571

ADICIONAL NOTURNO = valor da hora diurna x n. das horas normais noturnas (60') x 22,857142%

HORAS NOTURNAS = valor da hora diurna x n. das horas normais noturnas (60') x 137,14285%

HORAS NOTURNAS EXTRAS = valor da hora diurna x n. das horas normais noturnas extras (60') x 205,71427%

ADICIONAL DE INSALUBRIDADE MENSAL = salário mínimo x adicional

ADICIONAL DE INSALUBRIDADE DIÁRIO = (salário mínimo x adicional) : 30

ADICIONAL DE INSALUBRIDADE HORÁRIO = (salário mínimo x adicional) : 220

ADICIONAL DE PERICULOSIDADE = salário x 30%

INDENIZAÇÃO NOS CONTRATOS POR PRAZO INDETERMINADO:

a) INDENIZAÇÃO POR TEMPO DE SERVIÇO (dispensa sem justa causa) = maior remuneração x tempo de serviço x 13/12

b) INDENIZAÇÃO POR TEMPO DE SERVIÇO (culpa recíproca e/ou força maior) = maior remuneração x tempo de serviço x 13/24

INDENIZAÇÃO NOS CONTRATOS POR PRAZO DETERMINADO:

a) EXTINÇÃO DO CONTRATO POR OBRA OU SERVIÇO CERTO (Lei n. 2.959/1956) = maior remuneração x tempo de serviço x 91/120

b) SAFRISTA = salário mensal x tempo de serviço x 13/144

c) DISSOLUÇÃO, SEM JUSTA CAUSA, ANTES DO TÉRMINO DO CONTRATO = salário mensal x tempo de serviço restante do contrato x 13/24

d) DISSOLUÇÃO POR MOTIVO DE FORÇA MAIOR OU CULPA RECÍPROCA = salário mensal x tempo de serviço restante do contrato x 13/48.

APÊNDICE

TÉCNICO EM RADIOLOGIA

1. Disciplinamento legal

A Lei n. 7.394, de 29.10.1985 (DOU 30.10.1985), regula o exercício da profissão de técnico em radiologia e foi regulamentada pelo Decreto n. 92.790, de 17.6.1986 (DOU 18.6.1986).

2. Jornada de trabalho

A duração normal do trabalho do técnico em radiologia será de 24 (vinte e quatro) horas semanais, como prevê o art. 14 da Lei n. 7.394/1985. O Decreto n. 92.790/1986, regulamento da Lei n. 7.394/1985, preceitua que a jornada de trabalho dos profissionais abrangidos por este Decreto será de vinte e quatro horas semanais (art. 30).

3. Salário profissional

O salário profissional do técnico em radiologia é o dobro do mínimo geral ou comum; entretanto, a péssima redação do art. 16 da Lei n. 7.394/1985 e do art. 31 do regulamento (Decreto n. 92.790/1986) deixou dúvidas, o que levou Irany Ferrari, no *LTr Suplemento Trabalhista* n. 80/1986, item I, a comentar:

> "Com a nova Lei n. 7.394, de 29.10.1985, regulamentada pelo Decreto n. 92.790, de 17.6.1986, o entendimento que dela deflui são dois:
>
> 1º) que por ser posterior e tratar da mesma matéria, revogou a anterior e a disciplinou de forma diferente; e
>
> 2º) que o salário profissional dos Auxiliares e Técnicos em Radiologia passou a ser 4 (quatro) salários mínimos das regiões ou sub-regiões, já que determinou ela que o mesmo será equivalente a 2 (dois) salários mínimos profissionais anteriormente fixados em 2 (dois) salários mínimos das regiões ou sub-regiões.

Acreditamos que deve ter ocorrido um lapso do legislador, no qual incidiu, também, a Administração ao regulamentar a lei, lapso esse que só poderá ser corrigido com a edição de nova lei.

A razão de assim entendermos, é a de que não será justo que os médicos e cirurgiões-dentistas continuem com seus salários mínimos profissionais fixados em 3 (três) vezes o valor do salário mínimo das regiões, pela mesma carga de 24 (vinte e quatro) horas semanais, enquanto que os Técnicos em Radiologia passariam a ter o seu salário mínimo profissional equivalente a 4 (quatro) daqueles mínimos regionais ou sub-regionais.

O que se espera, pois, das entidades representativas das categorias econômicas envolvidas, é que as mesmas promovam suas gestões junto ao Congresso Nacional para a reparação do equívoco."

4. Adicional de risco de vida ou insalubridade

O valor do adicional de risco de vida ou insalubridade corresponde a 40% (quarenta por cento) do salário profissional.

5. Jurisprudência

Orientação Jurisprudencial da SBDI-1-TST

208. Radiologista. Gratificação de Raios X. Redução. Lei n. 7.923/1989

A alteração da gratificação por trabalho com raios X, de quarenta para dez por cento, na forma da Lei n. 7.923/1989, não causou prejuízo ao trabalhador porque passou a incidir sobre o salário incorporado com todas as demais vantagens.

Súmula do TST

358. Radiologista. Salário profissional. Lei n. 7.394, de 29.10.1985

O salário profissional dos técnicos em radiologia é igual a 2 (dois) salários mínimos e não a 4 (quatro).

Ementas diversas

Técnico de laboratório. Jornada de trabalho

"A jornada de trabalho dos técnicos de laboratório é de oito horas diárias, pois a Lei n. 3.999/1961 estabeleceu apenas a remuneração mínima em função de falar em pagamento de horas extras, a não ser que seja extrapolado o limite diário de oito horas ou o semanal de 44 horas." (Processo TST, RR 400.850/1997, 3ª T., Rel. Min. Carlos Alberto Reis de Paula, DJU 30.3.2001, in *Revista do TST*, v. 67, n. 2, p. 365)

Técnico em radiologia. Salário mínimo profissional

"O legislador quis fixar o salário mínimo profissional dos Técnicos em Radiologia em dois salários regionais, sendo evidente o erro de redação do art. 16 da Lei n. 7.394/1985, que se referiu a dois inexistentes 'salários mínimos profissionais da Região'." (TRT-1ª Reg., RO 1.649/1988, Ac. 5ª T., 16.1.1989, Rel. Juiz Paulo Cardoso, in *Revista LTr* 53-9/1076)

Salário profissional. Técnico em radiologia

"O art. 16 da Lei n. 7.394/1985 dispôs, expressamente, acerca do salário dos profissionais da área de radiologia, derrogando o art. 5º da Lei n. 3.999/1961, que anteriormente dispunha sobre a matéria. Por outro lado, o equívoco do legislador é evidente ao referir-se a 'dois salários mínimos profissionais da região', no indigitado artigo 16, pois dentro da terminologia adotada em Direito do Trabalho, inexiste esta unidade salarial, que deve ser entendida como salário mínimo." (TST, E-RR 134089.7, Ac. SDI 2.692/1991, 17.12.1991, Rel. Min. Hylo Gurgel — *Apud Revista LTr* 56-07/863)

Horas extras. Técnico em radiologia. Jornada excedente à 4ª hora

"Recurso ordinário do reclamante. Horas extras excedentes da 4ª diária. Espécie em que o reclamante, ao exercer de modo concomitante as atribuições de técnico em radioterapia e de supervisor dos técnicos em radioterapia, encontra-se sujeito à jornada normal de 4 horas. Aumento salarial concedido ao empregado que visa a remunerar a maior responsabilidade pelo desempenho das funções de supervisor e não as horas trabalhadas excedentes à 4ª diária. Recurso a que dou provimento para reconhecer jornada normal de 4 horas, durante todo o contrato. Recurso ordinário de reclamada. Montante descontado na rescisão. Ausência do empregado ao trabalho que foi justificada por atestado médico. Assim, tenho por ilegal o desconto procedido a título de 'faltas', quando da rescisão do contrato. Recurso a que nego provimento." (TRT 4ª R. — RO 00530.2005.601.04.00.4 — 8ª T. — Rel. Juiz Carlos Alberto Robinson — DJRS 10.1.2007 — *Apud Revista IOB Trabalhista e Previdenciária* n. 214, p. 113, ementa n. 23.467)

Auxiliar de radiologia que trabalha em câmara clara e escura. Jornada reduzida

"Auxiliar de radiologia que trabalha em câmara clara e escura — Jornada reduzida — A Lei n. 7.394/1985, que regulamenta a profissão do Técnico em Radiologia, dispõe, em seu art. 11, § 2º, serem aplicáveis as previsões dessa legislação, no que couber, aos Auxiliares de Radiologia que trabalham com câmara clara e escura, sendo certo que o seu art. 14 preceitua, ainda, que "a jornada de trabalho dos profissionais abrangidos por esta lei será de vinte e quatro horas semanais". No caso específico dos autos, restou incontroverso que a Autora trabalhava como Auxiliar de Radiologia em câmara clara e escura. Por esta razão, o labor desempenhado pela Reclamante insere-se na previsão do dispositivo legal, o qual lhe estende o benefício da jornada reduzida. Tendo em vista que a Obreira, no decorrer do pacto laboral, cumpria jornada superior a quarenta e duas horas semanais, merece ser provido o apelo para lhe deferir as horas extras vindicadas na peça de ingresso e os consequentes reflexos." [TRT 3ª Reg. — RO 00596-2008-021-03-00-8 — (8ª T.) — Rel. Des. Márcio Ribeiro do Vale — DJ 11.10.2008]

SEGURO-DESEMPREGO

1. Legislação básica

O seguro-desemprego foi criado pelo Decreto-lei n. 2.283, de 27.2.1986 (DOU 28.2.1986), tendo sido revogado e confirmado pelo Decreto-lei n. 2.284, de 10.3.1986 (DOU 11.3.1986), que foi regulamentado pelo Decreto n. 92.608, de 30.4.1986 (DOU 2.5.1986).

A atual Constituição faz referência ao seguro-desemprego nos arts. 7º, II, 201, III, e 239, § 4º.

No momento, a Lei n. 7.998, de 11 de janeiro de 1990 (DOU 12.1.1990), regulamenta o programa do seguro-desemprego, com as alterações introduzidas pela Lei n. 8.178, de 1º de março de 1991 (DOU 4.3.1991), e pela Lei n. 8.900, de 30.6.1994 (DOU 1º.7.1994).

A Medida Provisória n. 74, de 23 de outubro de 2002 (DOU 24.10.2002), altera a Lei n. 7.998, de 11 de janeiro de 1990, para assegurar o pagamento de seguro-desemprego ao trabalhador resgatado da condição análoga à de escravo. Essa MP foi transformada na Lei n. 10.608, de 20 de dezembro de 2002 (DOU 23.12.2002).

A Resolução CODEFAT n. 467, de 21 de dezembro de 2005 (DOU 26.12.2005), estabelece procedimentos relativos à concessão do seguro-desemprego.

A Portaria Interministerial n. 70, de 11 de outubro de 2002 (DOU 14.10.2002), institui a Caixa Econômica Federal como agente operador do Seguro-Desemprego, regulado pela Lei n. 7.998, de 11 de janeiro de 1990, e dá outras providências.

2. Finalidade do programa do seguro-desemprego

O programa do seguro-desemprego tem por finalidade dar assistência financeira, por certo período, ao trabalhador desempregado por motivo de dispensa sem justa causa, inclusive a indireta. Ainda, auxiliar os trabalhadores na busca de novo emprego, por meio de ações integradas de orientação, recolocação e qualificação profissional.

3. A quem se destina

O seguro-desemprego destina-se a todos os trabalhadores empregados, urbanos e rurais (CF/88, art. 7º, II). Em relação aos empregados domésticos, a Lei n. 10.208, de 23 de março de 2001 (DOU 24.3.2001), acrescenta dispositivos à Lei n. 5.859, de 11 de dezembro de 1972, que dispõe sobre a profissão de empregado doméstico, para facultar o acesso ao Fundo de Garantia do Tempo de Serviço — FGTS e ao seguro-desemprego. A Resolução CODEFAT n. 253, de 4.10.2000 (DOU 6.10.2000), estabelece procedimentos para a concessão do benefício do seguro-desemprego ao empregado doméstico.

4. Direito do trabalhador ao seguro-desemprego — Requisitos (Res. CODEFAT n. 467/2005, art. 3º)

4.1. ter recebido salários consecutivos nos últimos seis meses anteriores à dispensa;

4.2. ter sido empregado, durante pelo menos seis meses nos últimos trinta e seis meses anteriores à dispensa;

4.3. não estar em gozo de qualquer benefício previdenciário de prestação continuada, salvo auxílio-acidente e pensão por morte;

4.4. não possuir renda própria de qualquer natureza suficiente à sua manutenção e de sua família.

O art. 4º da Resolução n. 467/2005 indica os meios de comprovação dos requisitos acima enumerados (anotações na CTPS, Termo de Rescisão do Contrato de Trabalho — TRCT, extrato ou documento utilizado para levantamento de depósitos do FGTS, acórdão, sentença transitada em julgado ou certidão judicial que contenham os dados necessários, por meio da fiscalização trabalhista ou previdenciária e pela declaração firmada pelo trabalhador, no Requerimento do Seguro-Desemprego — RSD).

A adesão do empregado a Plano de Demissão Voluntária, ou similar, não dará direito ao benefício, por não caracterizar demissão involuntária (art. 6º da Res. n. 467/2005).

5. Duração do benefício

O seguro-desemprego será concedido ao trabalhador desempregado, por um período máximo de 3 a 5 meses a cada período aquisitivo de 16 (dezesseis) meses, seja de forma contínua ou em períodos alternados, sendo que o número de parcelas (3 a 5) depende da duração do vínculo empregatício nos últimos 36 meses. Assim: 3, 4 e 5 parcelas para vínculo empregatício de (6 a 11) meses, (12 a 23 meses) e no mínimo 24 meses, respectivamente (Res. CODEFAT n. 467/2005, art. 5º).

6. Valor do seguro-desemprego — Cálculo

A Resolução CODEFAT n. 467/2005 dispõe sobre o valor e a forma de cálculo do benefício do seguro-desemprego:

> "Art. 7º O valor do benefício será fixado em moeda corrente na data de sua concessão e corrigido anualmente por índice oficial, não podendo ser inferior ao valor do salário mínimo.

> Art. 8º O valor do benefício do Seguro-Desemprego será calculado com base no art. 5º, da Lei n. 7.998/1990 e reajustado de acordo com a legislação em vigor.
>
> Art. 9º Para fins de apuração do benefício, será considerada a média aritmética dos salários dos últimos 3 (três) meses de trabalho.
>
> § 1º O salário será calculado com base no mês completo de trabalho, mesmo que o trabalhador não tenha trabalhado integralmente em qualquer dos 3 (três) últimos meses.
>
> § 2º No caso de o trabalhador perceber salário fixo com parte variável, a composição do salário para o cálculo do Seguro-Desemprego tomará por base, ambas as parcelas.
>
> § 3º Quando o trabalhador perceber salário por quinzena, por semana, ou por hora, o valor do Seguro-Desemprego será calculado com base no que seria equivalente ao seu salário mensal, tomando-se por parâmetro, para essa equivalência, o mês de 30 (trinta) dias ou 220 (duzentas e vinte) horas, exceto para quem tem horário especial, inferior a 220 horas mensais, que será calculado com base no salário mensal.
>
> § 4º O valor do benefício será igual ao valor de unidades de moeda corrente, excluídas as partes decimais.
>
> Art. 10. Para o trabalhador em gozo de auxílio-doença ou convocado para prestação do serviço militar, bem assim na hipótese de não ter percebido do mesmo empregador os 3 (três) últimos salários, o valor do benefício basear-se-á na média dos 2 (dois) últimos ou, ainda, no valor do último salário."

A Resolução n. 658, de 30 de dezembro de 2010 (DOU 31.12.2010), dispõe sobre o reajuste do valor do benefício de seguro-desemprego.

O Conselho Deliberativo do Fundo de Amparo ao Trabalhador — CODEFAT, no uso das atribuições que lhe confere o inciso IX do art. 19 da Lei n. 7.998, de 11 de janeiro de 1990, resolve:

> Art. 1º A partir de 1º de janeiro de 2011, o valor do benefício do Seguro-Desemprego terá como base de cálculo a aplicação do percentual de 5,8824%.
>
> Parágrafo único. Para cálculo do valor do benefício do Seguro-Desemprego, segundo as faixas salariais a que se refere o art. 5º, da Lei n. 7.998/1990, e observando o estabelecido no § 2º do mencionado artigo, serão aplicados os seguintes critérios:
>
> I — Para a média salarial até R$ 891,40 (oitocentos e noventa e um reais e quarenta centavos), obtida por meio da soma dos 3 (três) últimos salários anteriores à dispensa; o valor da parcela será o resultado da aplicação do fator 0,8 (oito décimos);
>
> II — Para a média salarial compreendida entre R$ 891,41 (oitocentos e noventa e um reais e quarenta e um centavos) e R$ 1.485,83 (um mil, quatrocentos e oitenta e cinco reais e oitenta e três centavos), aplicar-se-á o fator 0,8 (oito

décimos) até o limite do inciso anterior e, no que exceder, o fator 0,5 (cinco décimos). O valor da parcela será a soma desses dois valores;

III — Para a média salarial superior a R$ 1.485,83 (um mil, quatrocentos e oitenta e cinco reais e oitenta e três centavos), o valor da parcela será, invariavelmente, R$ 1.010,34 (um mil e dez reais e trinta e quatro centavos).

Art. 2º Esta Resolução entra em vigor na data de sua publicação, revogando-se a Resolução n. 623, de 24 de dezembro de 2009, deste Conselho(38).

7. Seguro-desemprego — Requerimento — Formalidades — Recurso

No caso de dispensa injusta, inclusive a indireta, o empregador fornecerá ao empregado os formulários: Requerimento do Seguro-Desemprego (RSD) e a Comunicação de Dispensa (CD), devidamente preenchidos.

De posse desses documentos, o empregado poderá pleitear o seguro-desemprego ao Ministério do Trabalho e Emprego (MTE), a partir do 7º (sétimo) e até o 120º (centésimo vigésimo) dia subsequente à sua dispensa, nos postos credenciados das suas Delegacias, do Sistema Nacional de Emprego (SINE) e de Entidades Parceiras ou autorizadas pelo MTE.

Além dos formulários (RSD e CD), o trabalhador, ao pleitear o benefício, deverá apresentar outros documentos, como: Carteira de Identidade; CPF; CTPS; documento de identificação no PIS ou PASEP; Termo de Rescisão de Contrato de Trabalho (TRCT) e comprovante de levantamento dos depósitos no FGTS ou extrato comprobatório dos depósitos.

No caso de o requerente não ter recebido as verbas rescisórias, deverá apresentar certidão das Comissões de Conciliação Prévia/Núcleos Intersindicais (certidão da justiça ou relatório da fiscalização).

Na hipótese de não ser concedido o seguro-desemprego, caberá recurso ao MTE, no prazo de 2 (dois) anos, contados a partir da data da dispensa que deu origem ao benefício, bem como para os casos de notificações, reemissões e reembolsos.

8. Hipóteses de suspensão do pagamento

A Resolução CODEFAT n. 467/2005 estabelece:

"Art. 18. O pagamento do Seguro-Desemprego será suspenso nas seguintes situações:

I — admissão do trabalhador em novo emprego; e

(38) DOU de 31 de dezembro de 2010.

II — início de percepção de benefício de prestação continuada da Previdência Social, exceto o auxílio-acidente e a pensão por morte.

Parágrafo único. Será assegurado o direito ao recebimento do benefício e/ou retomada do saldo de parcelas quando ocorrer suspensão motivada por reemprego em contrato temporário, experiência, tempo determinado, desde que o motivo da dispensa não seja a pedido ou por justa causa, observando que o término do contrato ocorra dentro do mesmo período aquisitivo e tenha pelo menos 1 (um) dia de desemprego de um contrato para outro."

9. Hipóteses de cancelamento do seguro-desemprego

9.1. pela recusa, por parte do trabalhador desempregado, de outro emprego condizente com sua qualificação e remuneração anterior;

9.2. por comprovação da falsidade na prestação de informações necessárias à habilitação;

9.3. por comprovação de fraude visando à percepção indevida do benefício do seguro-desemprego;

9.4. por morte do segurado.

10. Restituição das parcelas do seguro-desemprego

A Resolução n. 467/2005 prevê:

"Art. 21. As parcelas do Seguro-Desemprego, recebidas indevidamente pelos segurados, serão restituídas mediante depósitos em conta do Programa Seguro-Desemprego na Caixa Econômica Federal — CAIXA, exceto nos casos de restituição por determinação judicial que será efetuada mediante Guia de Recolhimento da União — GRU.

§ 1º O valor da parcela a ser restituída será corrigida pelo Índice Nacional de Preços ao Consumidor — INPC, a partir da data do recebimento indevido até a data da restituição.

§ 2º O prazo para o segurado solicitar o reembolso de parcelas restituídas indevidamente será de 2 (dois) anos, contados a partir da data da efetiva restituição indevida."

11. Contrato em aberto na CTPS

Nos casos de contrato em aberto na CTPS, o trabalhador poderá requerer o benefício do Seguro-Desemprego, desde que o empregador não seja localizado pela fiscalização do trabalho, nem apresente movimento há mais de 2 (dois) anos no CAGED, observando que o período relativo à situação de contrato em aberto não será considerado para a contagem de tempo de serviço para fins de obtenção do Seguro-Desemprego (Resolução n. 467/ 2005, art. 22).

12. Seguro-desemprego — Trabalho escravo

O trabalhador que vier a ser identificado como submetido a regime de trabalho forçado ou reduzido à condição análoga à de escravo, em decorrência de ação de fiscalização do Ministério do Trabalho e Emprego, será dessa situação resgatado e terá direito à percepção de três parcelas de seguro-desemprego no valor de um salário mínimo cada (art. 2º-C da Lei n. 7.998/ 1990).

O trabalhador, após a identificação feita pela fiscalização do Ministério do Trabalho e Emprego, será encaminhado para qualificação profissional por meio do Sistema Nacional de Emprego (SINE).

É vedado ao trabalhador o recebimento do benefício, em circunstâncias similares, nos doze meses seguintes à percepção da última parcela.

13. Jurisprudência

Súmula do TST

389. Seguro-desemprego. Competência da Justiça do Trabalho. Direito à indenização por não liberação de guias (Res. n. 129 — DJ 20.4.2005)

I — Inscreve-se na competência material da Justiça do Trabalho a lide entre empregado e empregador tendo por objeto indenização pelo não fornecimento das guias do seguro-desemprego. (ex-OJ n. 210 — Inserida em 8.11.2000)

II — O não fornecimento pelo empregador da guia necessária para o recebimento do seguro-desemprego dá origem ao direito à indenização. (ex-OJ n. 211 — Inserida em 8.11.2000)

Ementas diversas

Indenização substitutiva do seguro-desemprego. Necessidade de preenchimento dos requisitos constantes do art. 3º da Lei n. 7.998/1990

"A Justiça do trabalho é competente para processar e julgar ação cujo objeto é a indenização pela ausência de entrega das guias de seguro-desemprego. A empresa, ao obstar o percebimento do benefício, furtando-se à concessão das guias, atrai para si a responsabilidade pelo prejuízo suportado pelo Obreiro, devendo arcar com o pagamento da indenização correspondente, em face do preceito contido no art. 159 do Código Civil, aplicável subsidiariamente por força do art. 8º, parágrafo único, da CLT. Entretanto, o simples fato de a Empresa não ter concedido as guias para a obtenção do benefício não é suficiente, por si só, para embasar a indenização. É necessário que o Reclamante comprove que efetivamente fazia jus ao benefício, e que a atitude da Reclamada, ao não entregar as guias necessárias, causou-lhe prejuízo, por inviabilizar a sua fruição. Recurso de Revista conhecido e provido." (TST, RR

592.435/99.1, Ac. 5ª T., 5.4.2000, Rel. Min. Rider de Brito — *Apud Revista LTr* 65-2/196)

Obrigação de fazer da empresa

"Seguro-desemprego. O seguro-desemprego é uma obrigação de fazer da empresa e não de pagar. Trata-se, ainda, de benefício previdenciário (art. 201, IV, da Constituição). O empregado terá 120 dias a contar do trânsito em julgado da sentença para requerer o benefício. Dou provimento à remessa oficial para determinar que a reclamada forneça as guias do seguro-desemprego em 5 dias após o trânsito em julgado desta decisão, sob pena de pagar a indenização correspondente." [TRT-2ª Reg., RE-02970093426, (Ac. 3ª T. 029800533834) — Rel. Juiz Sérgio Pinto Martins, DJSP 17.2.1998, p. 125. *Apud* FERRARI, Irany; MARTINS, Melchíades Rodrigues. *Julgados trabalhistas selecionados*. São Paulo: LTr, v. VI, ementa n. 997]

Seguro-desemprego. Reclamatória trabalhista visando a discutir vínculo empregatício e dispensa por justa causa

"Prevendo o Manual de Atendimento do Seguro-Desemprego (Resolução Codefat n. 41, de 12 de maio de 1993) a possibilidade de o empregado apresentar certidão, no prazo de 120 dias, contados da data da sentença judicial transitada em julgado, em que se discute vínculo empregatício ou justa causa, inviável acolher o pedido de indenização do seguro." (TRT-18ª Reg., RO n. 2926/1996, Ac. n. 765/1998, Relª Juíza Dora Maria da Costa, DJGO n. 12.760, de 10.3.1998, p. 100)

Seguro-desemprego. Indenização

"Se a causa da rescisão está *sub judice*, o prazo para requerer o benefício inicia-se a partir do trânsito em julgado da sentença ou do acórdão, conforme orientação administrativa contida no 'Manual de Atendimento do Seguro-Desemprego'. Por isso, é incabível a indenização da parcela nesse caso." (TRT-18ª Reg., RO 2.153/1995, Ac. n. 4203/1996, Rel. Juiz Platon Teixeira de Azevedo Filho, DJGO n. 12.442, de 27.11.1996, p. 53)

"Face à dispensa injusta deveria a reclamada fornecer à reclamante a documentação necessária à percepção do seguro-desemprego. Como não o fez, deve arcar com o ônus correspondente." (TRT-8ª Reg., RO 1.545/87, Ac. 15.1.1988, Rel. Juiz José Jacy Ribeiro Aires, in *Revista LTr* 52-5/587)

Seguro-desemprego. Falta das contribuições previdenciárias

"Não pode o seguro-desemprego ser objeto de condenação pela Justiça do Trabalho, a pretexto de falta de recolhimento das contribuições previdenciárias, pois isto não obsta a que o trabalhador receba diretamente o seguro, mormente se tem anotada a Carteira de Trabalho." (TRT-5ª Reg., Rex-Off 281.90.0347-52, Ac. 3ª T., 2.042/1991, 8.5.91, Rel. Juiz Ronald Souza — In *Revista LTr* 56-05/563)

Contrato de experiência. Seguro-desemprego

"Devido é o seguro-desemprego no caso de término do contrato de experiência, de acordo com o art. 3º da Lei n. 7.998/1990, combinado com o art. 7º, inciso II, da Constituição Federal de 1988." (TRT-6ª Reg., RO 776/1991, Ac. 1ª T., 24.1.1992, Relª desig. Juíza Ana Schuler — *Apud Revista LTr* 56-09/1089)

Seguro-desemprego. Indenização compensatória

"Inútil o fornecimento das guias do seguro-desemprego, após o transcurso de vários meses da dispensa sem justa causa, procede o pedido de indenização pela falta de entrega da documentação necessária à percepção da vantagem, a cargo do empregador." (TRT-8ª Reg., Rex-Off 147/1992, Ac. 2ª T., 2.095/92, 20.5.1992 — *Apud Revista LTr* 56-11/1359)

Seguro-desemprego. Comunicação de dispensa

"Face o reduzido tempo de serviço o reclamante não receberia o seguro-desemprego. Seria inócua a entrega da Comunicação de Dispensa. Não havendo prejuízo, não há que se falar em ressarcimento." (TRT-6ª Reg., RO 4.850/1994, Ac. 2ª T., 31.8.1994, Rel. Juiz Adalberto Guerra Filho, in *Revista LTr* 59-01/82)

Tempo de serviço. Projeção do aviso prévio

"*Seguro-desemprego — Tempo de serviço — Projeção do aviso prévio.* Ainda que indenizado, o aviso prévio integra o tempo de serviço, somente se reputando efetiva a rescisão do contrato depois de expirado o marco desse instituto. Por outro lado, o legislador, ao determinar a contagem do prazo do aviso no tempo de serviço do trabalhador, não excluiu qualquer consequência, não sendo razoável que o intérprete restrinja a finalidade do instituto. Acrescente-se que a natureza salarial do instituto acha-se consagrada no Enunciado n. 305 do TST. Tendo em vista que o Reclamante começou a trabalhar para a Reclamada em 17.12.1993 e foi dispensado, sem justa causa, em 31.5.1994, computando-se o prazo do aviso, seu tempo de serviço amplia-se até 31.6.1994, ou seja, mais de 6 meses de serviço. Por outro lado, o art. 2º, § 3º, da Lei n. 8.900/94 também assegura que a fração igual ou superior a quinze dias de trabalho seja considerada como mês integral, para os efeitos da percepção do seguro-desemprego. Recurso conhecido e provido, no tópico." [TST-RR-425.137/98.5 — (Ac. 3ª T.) — TRT-15ª Reg., Relª Juíza convocada Eneida M. C. de Araújo — DJU 15.2.2002, p. 478 — *Apud LTr Sup. Jurisp.* 2/2002, p. 15]

Seguro-desemprego. Competência

"*Seguro-desemprego. Competência.* Ao juiz do trabalho cabe apenas determinar a entrega das guias, não lhe cabendo averiguar se estão ou não preenchidos os pressupostos para o efetivo recebimento do benefício." (TRT-18ª Reg. — RO-01355-2003-004-18-00-4 — Rel. Juiz Luiz Francisco Guedes de Amorim, *DJGO* n. 14.263, de 4.5.2004, p. 145)

CONTRATO DE APRENDIZAGEM(39)

1. Da constitucionalidade

A CF/88, em sua redação original, estabeleceu no art. 7º, inciso XXXIII:

"proibição de trabalho noturno, perigoso ou insalubre aos menores de dezoito e de qualquer trabalho a menores de quatorze anos, salvo na condição de aprendiz."

A EC n. 20, de 15 de dezembro de 1998 (DOU 16.12.1998), deu ao inciso XXXIII, do art. 7º, a seguinte redação:

(39) A Lei n. 11.180, de 23 de setembro de 2005 (DOU 26.9.2005), alterou o art. 428 da CLT, estabelecendo que a aprendizagem vai dos 14 aos 24 anos de idade.

"proibição de trabalho noturno, perigoso ou insalubre a menores de 18 (dezoito) e de qualquer trabalho a menores de 16 (dezesseis) anos, salvo na condição de aprendiz, a partir de 14 (quatorze) anos."

O primeiro aspecto a ser observado seria o da constitucionalidade ou não da EC n. 20/1998 ao alterar o inciso XXXIII, devido a este se incluir entre os direitos sociais enumerados no art. 7º da Carta Magna (Dos Direitos e Garantias Fundamentais — Título II — Capítulo II).

A CF/1988 preceitua:

"Art. 60. A Constituição poderá ser emendada mediante proposta:

...

§ 4º Não será objeto de deliberação a proposta de emenda tendente a abolir:

...

IV — os direitos e garantias individuais.

...

De acordo com a EC n. 20/1998, houve alteração na idade para o trabalho dos menores, passando de 14 para 16 anos.

Neste aspecto, poderá ser entendido que os menores de 16 anos foram prejudicados, desaparecendo o direito (direito social) e a garantia constitucional ao trabalho dos menores de 16 anos, salvo na condição de aprendiz, a partir de 14 anos, ferindo, desta forma, o art. 60, § 4º, IV, da CF/1988.

De nossa parte, entendemos que a EC n. 20/1998 não colide com o art. 60, § 4º, inciso IV da CF/1988, como argumenta Estêvão Mallet ao escrever sobre a EC n. 28/2000: "Aos direitos sociais, ainda que considerados fundamentais, não se conferiu a particular rigidez atribuída aos direitos individuais, insuscetíveis de abolição"[(40)].

Outro aspecto a considerar é o do inciso XXXIII do mencionado dispositivo constitucional, que prevê a "proibição de trabalho noturno, perigoso ou insalubre a menores de dezoito anos *e de qualquer trabalho a menores de dezesseis anos, salvo na condição de aprendiz, a partir de quatorze anos*" (grifamos). A literalidade do dispositivo leva à conclusão de que só seria permitido o trabalho do menor empregado. Entretanto, considerando-se os fins sociais assegurados pela própria CF/1988, o trabalho do menor pode ser visto sob as formas: a) *com vínculo empregatício* (o maior de 16 anos) e o menor aprendiz (14 a 18 anos) — CF/1988 e CLT, arts. 3º e 428; b) *sem vínculo empregatício* temos as modalidades: o trabalho em regime familiar (Lei n. 8.069/1990 — Estatuto da Criança e do Adolescente — ECA, art. 67 e CLT, art. 402, parágrafo único); o estagiário (Lei n. 11.788/2008) e o trabalho educativo ou assistido por entidade sem fins lucrativos, devidamente registrada

(40) *Revista LTr* 64/08-999.

e que desenvolva programa de caráter socioeducativo (Leis n. 8.069/1990 — ECA — arts. 67/68 e n. 9.394/1996 — LDBEN — art. 40).

"*Ação civil pública — ASAM.* Círculo de amigos do menor patrulheiro. Assistência educacional, profissional e à saúde do menor. Bolsa de estudos. Inexistência de vínculo empregatício. Trata-se de hipótese em que a requerida prestava assistência aos menores, proporcionando-lhes educação, orientação profissional, além de assistência à saúde. Celebrava convênios, por meio dos quais os menores recebiam pagamento intitulado bolsa de estudos, equivalente a um salário mínimo, nos primeiros sessenta dias, acrescido de 50% após esse período, além de custear seguro de vida e pagar taxa administrativa de 50%. Dessa forma, verifica-se que o amparo ao menor carente, efetuado pela recorrida, não afronta o disposto no art. 227, § 3º, II da Carta Magna, na medida em que a formação educacional e profissional e a percepção de bolsa de estudos (paga pelas empresas conveniadas) não caracterizam vínculo empregatício. Não evidenciada ofensa aos arts. 7º, XXX e XXXIII da Constituição Federal; 1º, 6º, 61 e 65 da Lei n. 8.069/1990. A divergência jurisprudencial também não foi caracterizada, na medida em que os paradigmas não apresentam a similitude fática exigida pelo Enunciado n. 296 do TST." (TST-RR 10603/2002-900-02.2 — 3ª T. — Rel. p/ o Ac. Min. Vantuil Abdala — DJU 27.8.2004 — *apud Revista Síntese Trabalhista*, n. 185, ementa n. 21.141, p. 77)

2. Das alterações da CLT

A respeito do menor aprendiz, a Lei n. 10.097, de 19.12.2000 (DOU 20.12.2000), revogou, acrescentou e introduziu alterações aos dispositivos da CLT que tratavam do assunto, sobre os quais, a seguir, passamos a tecer algumas considerações.

Artigos da CLT que foram alterados: 402, 403, 428, 429, § 1º, 430, 431, 432, § 1º e 433; acrescidos os §§ 1º a 4º ao art. 428, o § 1º-A ao art. 429, os incisos I e II do *caput* e os §§ 1º a 3º ao art. 430, e os incisos I a IV do *caput* e o § 2º ao art. 433; e revogado o art. 80, o § 1º dos arts. 405, 436 e 437.

3. Menor — Aprendiz — Idade

Considera-se menor para os efeitos desta Consolidação o trabalhador de 14 até 18 anos (CLT, art. 402).

O art. 403 da CLT passou a ter a seguinte redação:

"É proibido qualquer trabalho a menores de dezesseis anos de idade, salvo na condição de aprendiz, a partir dos quatorze anos.

Parágrafo único. O trabalho do menor não poderá ser realizado em locais prejudiciais à sua formação, ao seu desenvolvimento físico, psíquico, moral e social e em horários e locais que não permitam a frequência à escola."

4. Contrato de aprendizagem — Definição

O Estatuto da Criança e do Adolescente — ECA (Lei n. 8.069/1990) define a aprendizagem como a formação técnico-profissional, ministrada segundo as diretrizes e bases da legislação de educação em vigor (art. 62).

Para a OIT, a aprendizagem é todo o sistema de virtude do qual o empregador está obrigado a empregar um jovem trabalhador e ensinar-lhe, ou a fazer que lhe ensinem, metodicamente, um ofício, durante um período previamente fixado, no curso do qual o aprendiz está obrigado a trabalhar para o referido empregador (Recomendação n. 57).

O art. 428, *caput*, da CLT, com nova redação dada pela Lei n. 11.180, de 23 de setembro de 2005 (DOU 26.9.2005), define o contrato de aprendizagem como "contrato de trabalho especial, ajustado por escrito e por prazo determinado, em que o empregador se compromete a assegurar ao maior de 14 (quatorze) e menor de 24 (vinte e quatro) anos, inscrito em programa de aprendizagem, formação técnico-profissional metódica, compatível com o seu desenvolvimento físico, moral e psicológico, e o aprendiz, a executar, com zelo e diligência, as tarefas necessárias a essa formação". O § 5º, do art. 428, preceitua que a idade máxima prevista no *caput* deste artigo não se aplica a aprendizes portadores de deficiência.

O regulamento (Decreto n. 5.598/2005) preceitua no art. 11:

> "A contratação de aprendizes deverá atender, prioritariamente, aos adolescentes entre quatorze e dezoito anos, exceto quando: I — as atividades práticas da aprendizagem ocorrerem no interior do estabelecimento, sujeitando os aprendizes à insalubridade ou à periculosidade, sem que se possa elidir o risco ou realizá-las integralmente em ambiente simulado; II — a lei exigir, para o desempenho das atividades práticas, licença ou autorização vedada para pessoa com idade inferior a dezoito anos; e III — a natureza das atividades práticas for incompatível com o desenvolvimento físico, psicológico e moral dos adolescentes aprendizes.
>
> Parágrafo único. A aprendizagem para as atividades relacionadas nos incisos deste artigo deverá ser ministrada para jovens de dezoito a vinte e quatro anos."

5. Contrato de aprendizagem — Validade

A validade do contrato de aprendizagem pressupõe anotação na Carteira de Trabalho e Previdência Social, matrícula e frequência do aprendiz à escola, caso não tenha concluído o ensino fundamental, e inscrição em programa de aprendizagem desenvolvido sob a orientação de entidade qualificada em formação técnico-profissional metódica (CLT, art. 428, § 1º).

O Decreto n. 5.598, de 1º de dezembro de 2005 (DOU 2.12.2005), regulamenta a contratação de aprendizes, preceitua que o descumprimento das disposições legais e regulamentares importará a nulidade do contrato de aprendizagem, nos termos do art. 9º da CLT, estabelecendo-se o vínculo empregatício diretamente com o empregador responsável pelo cumprimento da cota de aprendizagem. Não se aplicando o disposto, quanto ao vínculo, a pessoa jurídica de direito público (art. 5º, parágrafo único).

6. Menor aprendiz — Salário

O art. 80 da CLT estabelecia que ao menor aprendiz seria pago salário nunca inferior a meio salário mínimo durante a primeira metade da duração máxima prevista para o aprendizado do respectivo ofício; na segunda metade, passaria a perceber pelo menos 2/3 (dois terços) do salário mínimo. Este artigo foi revogado pela Lei n. 10.097/2000, sendo que o § 2º, acrescentado ao art. 428 da CLT, prevê que ao menor aprendiz, salvo condição mais favorável, será garantido o salário mínimo-hora.

A Secretaria de Inspeção do Trabalho do Ministério do Trabalho estabelece:

> *Salário mínimo e piso salarial. Aprendizes. Aplicabilidade.* A lei garante ao aprendiz o direito ao salário mínimo, e não ao piso salarial, salvo quando lhe for expressamente assegurada condição mais favorável, seja pela lei, por contrato coletivo ou por liberalidade do empregador. (Precedente Administrativo SIT/MTE n. 83)

7. Contrato de aprendizagem — Duração

O contrato de aprendizagem é um contrato a termo e tinha a duração correspondente à do curso, encontra-se previsto na Portaria Ministerial n. 43, de 27 de abril de 1953 (DOU 4.5.1953), e variava de 5 meses a 3 anos. Por sua vez, o Decreto n. 31.546/1952, dispondo sobre conceito de empregado aprendiz, estabelecia que o tempo máximo de aprendizagem não seria superior a 3 anos. O § 3º, acrescentado ao art. 428 da CLT pela Lei n. 10.097/2000, preceitua que o contrato de aprendizagem é por prazo determinado e terá a duração máxima de 2 anos, adequando-se, desta forma, às disposições gerais do contrato individual de trabalho, que, no art. 445, *caput*, da CLT, estabelece que o contrato de trabalho por prazo determinado não poderá ser estipulado por mais de 2 anos. Portanto, o contrato de aprendizagem é um contrato por prazo determinado, de natureza especial, não se inserindo nas hipóteses dos parágrafos do art. 443 da CLT; como contrato a termo, comporta apenas uma prorrogação, respeitado o limite de dois anos, sob pena de se transformar em contrato por prazo indeterminado, conforme disciplina o art. 451 da CLT.

8. Menor aprendiz — Atividades

O § 4º, acrescido ao art. 428 da CLT, estabelece que a formação técnico-profissional do aprendiz caracteriza-se por atividades teóricas e práticas e que devem ser desenvolvidas no ambiente de trabalho. A legislação alterada apenas exigia que o empregador contratasse o menor aprendiz e o matriculasse no curso de formação profissional.

As atividades teóricas e práticas podem ocorrer no ambiente de trabalho ou na própria entidade qualificada em formação técnico-profissional metódica, conforme disciplinam os arts. 22 e 23 do regulamento (Decreto n. 5.598/2005).

9. Menor aprendiz — Jornada de trabalho

A respeito da jornada de trabalho do menor aprendiz e sua prorrogação, a Lei n. 10.097/2000 deu nova redação à CLT, estabelecendo:

> "Art. 432. A duração do trabalho do aprendiz não excederá de seis horas diárias, sendo vedadas a prorrogação e a compensação de jornada. (NR)
>
> § 1º O limite previsto neste artigo poderá ser de até oito horas diárias para os aprendizes que já tiverem completado o ensino fundamental, se nelas forem computadas as horas destinadas à aprendizagem teórica." (NR)

Dessa forma, se o menor aprendiz não tiver completado o ensino fundamental (8ª série), a sua jornada de trabalho não excederá de 6 horas, sendo o salário mínimo proporcional a essa jornada.

No caso da jornada de 8 horas, para os aprendizes que já tiverem completado o ensino fundamental, o salário mensal não poderá ser inferior ao salário mínimo.

O regulamento (Decreto n. 5.598/2005) disciplina:

> "Art. 20. A jornada do aprendiz compreende as horas destinadas às atividades teóricas e práticas, simultâneas ou não, cabendo à entidade qualificada em formação técnico-profissional metódica fixá-las no plano do curso.
>
> Art. 21. Quando o menor de 18 (dezoito) anos for empregado em mais de um estabelecimento, as horas de trabalho em cada um serão totalizadas.
>
> Parágrafo único. Na fixação da jornada de trabalho do aprendiz menor de 18 (dezoito) anos, a entidade qualificada em formação técnico-profissional metódica levará em conta os direitos assegurados na Lei n. 8.069, de 13 de julho de 1990."

10. Menor aprendiz — Percentual — Exceções

O art. 429, *caput*, com redação dada pela Lei n. 10.097/2000, preceitua que os estabelecimentos de qualquer natureza são obrigados a empregar e matricular, nos cursos dos Serviços Nacionais de Aprendizagem, número de aprendizes equivalente a 5%, no mínimo, e 15%, no máximo, dos trabalhadores existentes em cada estabelecimento, cujas funções demandem formação profissional. Esse percentual se destinava aos estabelecimentos industriais, nos termos do alterado art. 429, *caput,* da CLT. Em relação aos estabelecimentos comerciais, o percentual era de 10%, conforme Decreto-lei n. 8.622, de 10.1.1946. A Lei n. 10.097/2000 generalizou e uniformizou o percentual para todas as atividades. Esse limite não se aplica quando o empregador for entidade sem fins lucrativos, que tenha por objetivo a educação profissional (CLT, art. 429, § 1º-A). A fração de unidade resultante no cálculo da percentagem dará lugar à admissão de um aprendiz (CLT, art. 429, § 1º).

A Instrução Normativa SIT/MTE n. 75, de 8 de maio de 2009 (DOU 11.5.2009), disciplina a fiscalização das condições de trabalho no âmbito dos programas de aprendizagem, preceitua:

> Art. 2º Os estabelecimentos de qualquer natureza, que tenham pelo menos 7 (sete) empregados, são obrigados a contratar aprendizes, de acordo com o percentual legalmente exigido.

A Lei n. 11.180, de 23 de setembro de 2005 (DOU 26.9.2005), art. 10, preceitua que a vinculação de estabelecimento produtivo ao Projeto Escola de Fábrica não o exime do cumprimento da porcentagem mínima de contratação de aprendizes, nos termos do art. 429 da CLT.

Estão isentas da obrigatoriedade do art. 429, *caput*, as microempresas e as empresas de pequeno porte, conforme estabelece a Lei n. 9.841/1999, art. 11, *caput:* "A microempresa e a empresa de pequeno porte são dispensadas do cumprimento das obrigações acessórias a que se referem os arts. 74; 135, § 2º; 360; 429 e 629, § 1º, da Consolidação das Leis do Trabalho — CLT".

No mesmo sentido estabelece o Decreto n. 5.598/05, art. 14: "Ficam dispensadas da contratação de aprendizes: I — as microempresas e as empresas de pequeno porte; e II — as entidades sem fins lucrativos que tenham por objetivo a educação profissional".

A Lei Complementar n. 123, de 14 de dezembro de 2006 (DOU 15.12.2006), institui o Estatuto Nacional da Microempresa e da Empresa de Pequeno Porte, revoga a Lei n. 9.841/1999, preceituando que as microempresas e as empresas de pequeno porte são dispensadas de empregar e matricular seus aprendizes nos cursos dos Serviços Nacionais de

Aprendizagem (art. 51, III). O que significa que essas empresas são dispensadas de contratar aprendizes, mas se o fizerem, estão dispensadas de os matricular nos cursos profissionalizantes.

O percentual de menores aprendizes a serem compulsoriamente admitidos só deve incidir sobre os cargos que demandem formação profissional. Desta forma, como ilustra o prof. Octavio Bueno Magano, "num consultório médico ou num escritório de advocacia, por exemplo, só os auxiliares respectivos devem ser considerados para o mesmo cálculo. É que a aprendizagem se restringe a menores entre quatorze e dezoito anos, inabilitados ainda para a prática ou da medicina ou da advocacia, atividades que incentivam a admissão não de aprendizes, mas de estagiários, nos termos da Lei n. 6.494/1977 e Decreto n. 87.497/1982".[41]

O regulamento (Decreto n. 5.598/2005) prevê que para a definição das funções que demandem formação profissional, deverá ser considerada a Classificação Brasileira de Ocupações (CBO), elaborada pelo Ministério do Trabalho e Emprego (art. 10). Ficam excluídas da definição do *caput* deste artigo as funções que demandem, para o seu exercício, habilitação profissional de nível técnico ou superior, ou, ainda, as funções que estejam caracterizadas como cargos de direção, de gerência ou de confiança, nos termos do inciso II e do parágrafo único do art. 62 e do § 2º do art. 224 da CLT (§ 1º). Deverão ser incluídas na base de cálculo todas as funções que demandem formação profissional, independentemente de serem proibidas para menores de dezoito anos (§ 2º).

Os empregados que executem os serviços prestados sob o regime de trabalho temporário, instituído pela Lei n. 6.019/1973, bem como os aprendizes já contratados, ficam excluídos da base de cálculo de que trata o *caput* do art. 429 da CLT. No caso de empresas que prestem serviços especializados para terceiros, independentemente do local onde sejam executados, os empregados serão incluídos na base de cálculo da prestadora, exclusivamente (Decreto n. 5.598/2005, art. 12, parágrafo único).

11. Cursos de aprendizagem — Entidades responsáveis

A Lei n. 10.097/2000 disciplina que os cursos serão oferecidos pelos Serviços Nacionais de Aprendizagem (Senai, Senac, Senar, Senat e Secoop); não sendo possível, poderão ser oferecidos por outras entidades qualificadas, como prevê a nova redação do art. 430 da CLT:

"Art. 430. Na hipótese de os Serviços Nacionais de Aprendizagem não oferecerem cursos ou vagas suficientes para atender à demanda dos

(41) Orientador Trabalhista — *SLJD* n. 2/2001, p. 12.

estabelecimentos, esta poderá ser suprida por outras entidades qualificadas em formação técnico-profissional metódica, a saber:

I — Escola Técnica de Educação;

II — entidades sem fins lucrativos, que tenham por objetivo a assistência ao adolescente e à educação profissional, registradas no Conselho Municipal dos Direitos da Criança e do Adolescente.

§ 1º As entidades mencionadas neste artigo deverão contar com estrutura adequada ao desenvolvimento dos programas de aprendizagem, de forma a manter a qualidade do processo de ensino, bem como acompanhar e avaliar os resultados.

§ 2º Aos aprendizes que concluírem os cursos de aprendizagem, com aproveitamento, será concedido certificado de qualificação profissional.

§ 3º O Ministério do Trabalho e Emprego fixará normas para avaliação da competência das entidades mencionadas no inciso II deste artigo."

A Portaria GM/MTE n. 702, de 18 de dezembro de 2001 (DOU 19.12.2001), estabelece normas para avaliação da competência das entidades sem fins lucrativos que tenham por objetivo a assistência ao adolescente e a educação profissional, e que se proponham a desenvolver programas de aprendizagem nos termos do art. 430 da CLT.

Consultar a Instrução Normativa SIT/MTE n. 75, de 8 de maio de 2009 (DOU 11.5.2009), que disciplina a fiscalização das condições de trabalho no âmbito dos programas de aprendizagem.

12. Menor aprendiz — Empregado — Terceirização

O menor aprendiz será contratado como empregado, gozando de todos os direitos trabalhistas, tendo como função estudar e aprender um ofício que demanda formação profissional ou aprendizagem metódica. A contratação será efetivada pela empresa ou pelas entidades sem fins lucrativos que tenham por objetivo a assistência ao adolescente e a educação profissional, conforme preceituado no art. 431 da CLT, com redação dada pela Lei n. 10.097/2000, *verbis*:

"A contratação do aprendiz poderá ser efetivada pela empresa onde se realizará a aprendizagem ou pelas entidades mencionadas no inciso II do art. 430, caso em que não gera vínculo de emprego com a empresa tomadora dos serviços."

A Lei n. 10.097/2000, que deu nova redação ao art. 431 da CLT, flexibilizou ao admitir a possibilidade de a empresa terceirizar a obrigação de contratar menor aprendiz. Ela possibilita a transferência dessa obrigação para as entidades especificadas no art. 430, II. É mais um tipo de terceirização legal; consequentemente, em caso de inadimplemento das obrigações por parte do empregador (entidade sem fins lucrativos encarregada da aprendizagem), a empresa tomadora dos serviços responderá subsidiariamente, conforme prevê o Enunciado n. 331 do TST, IV, *verbis*:

> "O inadimplemento das obrigações trabalhistas, por parte do empregador, implica na responsabilidade subsidiária do tomador dos serviços, quanto àquelas obrigações, inclusive quanto aos órgãos da administração direta, das autarquias, das fundações públicas, das empresas públicas e das sociedades de economia mista, desde que hajam participado da relação processual e constem também do título executivo judicial (art. 71 da Lei n. 8.666/1993)."

O Procurador-Chefe do Ministério Público do Trabalho da 15ª Região, Dr. Ricardo Tadeu Marques da Fonseca, escreveu: "O art. 430 foi totalmente modificado, justamente para explicitar que, na hipótese de insuficiência dos serviços prestados pelo sistema S, o percentual de contratação obrigatória de aprendizes nas empresas poderá ser preenchido por meio de terceirização, patrocinada por entidades sem fins lucrativos, cuja finalidade seja a profissionalização".[(42)]

Assim, com o advento da Lei n. 10.097/2000, a contratação do menor aprendiz poderá ser efetivada diretamente pela empresa ou pelas entidades sem fins lucrativos (CLT, art. 431). O que foi confirmado pelo art. 15 do Decreto n. 5.598/2005. O regulamento (art. 16) estabelece que o procedimento será o mesmo quando se tratar de contratação de aprendizes por empresas públicas e de sociedade de economia mista. No caso de contratação direta de aprendizes por essas empresas, haverá necessidade da realização de processo seletivo mediante edital. A contratação de aprendizes por órgãos e entidades da administração direta, autárquica e fundacional observará regulamento específico, não se aplicando o disposto neste Decreto (art. 16, parágrafo único).

O prof. Sergio Pinto Martins entende que a entidade sem fins lucrativos não contrata o menor aprendiz e argumenta:

> "A redação do artigo dá margem a muitas dúvidas. Na verdade, não é a entidade sem fins lucrativos que vai contratar o aprendiz, mas irá prestar o ensino da aprendizagem.
>
> A expressão 'caso em que não gera vínculo de emprego' diz respeito apenas ao que vem antes da vírgula, ou seja: 'pelas entidades mencionadas no inciso II do art. 430', isto é, às entidades sem fins lucrativos. Não gerará, portanto, vínculo de emprego com a empresa tomadora na hipótese de os cursos de aprendizagem serem prestados por entidades sem fins lucrativos. Implicará, porém, a formação de contrato de trabalho com a empresa, quando a aprendizagem não for prestada por entidades

(42) *Revista LTr* 65-02/145.

sem fim lucrativo, pois o art. 428 da CLT mostra que o contrato de aprendizagem é um contrato de trabalho especial, de prazo determinado. Do contrário, o art. 428 da CLT não faria referência à existência de contrato de trabalho."[(43)]

13. Contrato de aprendizagem — Cessação — Estabilidade

O contrato de aprendizagem cessará no seu termo ou quando o aprendiz completar 24 (vinte e quatro) anos, ressalvada a hipótese prevista no § 5º do art. 428 da CLT, ou ainda antecipadamente nas seguintes hipóteses: desenvolvimento insuficiente ou inadaptação do aprendiz (comprovado por meio de laudo de avaliação elaborado pela entidade qualificada em formação técnico-profissional metódica); falta disciplinar grave (CLT, art. 482); ausência injustificada à escola que implique perda do ano letivo (comprovada por meio de declaração da instituição de ensino); e a pedido do aprendiz.

O regulamento (Decreto n. 5.598/2005) disciplina que, nos casos de extinção ou rescisão do contrato de aprendizagem, o empregador deverá contratar novo aprendiz, sob pena de infração ao disposto no art. 429 da CLT (art. 28, parágrafo único).

Como a lei enumera as hipóteses de cessação do contrato de aprendizagem e não permite a dispensa imotivada do menor aprendiz, ela criou mais uma espécie de estabilidade provisória, que terá a duração do contrato de aprendizagem.

Por se tratar de contrato de trabalho especial, por prazo determinado, a ele não se aplica o disposto nos arts. 479 e 480 do diploma obreiro (CLT, art. 433, § 2º, com redação dada pela Lei n. 10.097/2000). Os arts. 479 e 480 da CLT preveem pagamento de indenização, nos contratos por prazo determinado, pela parte que, sem motivo, fizer o contrato cessar antes do termo avençado.

14. Contrato de aprendizagem — FGTS — Férias — Efeito dos instrumentos coletivos de trabalho — Vale-transporte

Nos contratos de aprendizagem, a alíquota do FGTS fica reduzida para 2%, conforme estabelece o art. 2º da Lei n. 10.097/2000, acrescentando o § 7º ao art. 15 da Lei n. 8.036/1990, que prevê alíquota do FGTS de 8% sobre o valor da remuneração mensal do empregado.

As férias do aprendiz devem coincidir, preferencialmente, com as férias escolares, sendo vedado ao empregador fixar período diverso daquele definido no programa de aprendizagem (Decreto n. 5.598/2005, art. 25).

(43) Orientador Trabalhista — *SLJD* n. 2/2001. p. 8.

As convenções e acordos coletivos apenas estendem suas cláusulas sociais ao aprendiz quando expressamente previstos e desde que não excluam ou reduzam o alcance dos dispositivos tutelares que lhes são aplicáveis (Decreto n. 5.598/2005, art. 26).

É assegurado ao aprendiz o direito ao benefício da Lei n. 7.418, de 16 de dezembro de 1985, que institui o vale-transporte (Decreto n. 5.598/2005, art. 27).

15. Certificado de qualificação profissional de aprendizagem

Aos aprendizes que concluírem os programas de aprendizagem com aproveitamento, será concedido pela entidade qualificada em formação técnico-profissional metódica o certificado de qualificação profissional. Esse certificado deverá enunciar o título e o perfil profissional para a ocupação na qual o aprendiz foi qualificado (Decreto n. 5.598/2005, art. 31, parágrafo único).

16. Jurisprudência

Contrato de aprendizagem. Prazo determinado. Estabilidade provisória. Descabimento

"A aprendizagem é contrato de trabalho especial, por tempo determinado, e, como tal, tem sua duração prefixada. É, portanto, contrato de trabalho em que as partes ajustam, antecipadamente, seu termo. Sendo assim, ao findar o período de aprendizagem, o empregador não está obrigado a admitir definitivamente o aprendiz, uma vez que se trata de modalidade de contrato especial. Dessa forma, não há que se falar em estabilidade. Recurso conhecido, mas desprovido." [TST-RR 457254/1998.3 — (Ac. 3ª T.) — 2ª Reg. Relª Min. Eneida Melo Correia de Araújo. DJU 31.8.2001, p. 620 — In *LTr Sup. Trab.* 139/2001, p. 662]

Contrato de aprendizagem. Caracterização

"A aprendizagem, nos termos do art. 430 e seguintes, da Consolidação das Leis do Trabalho, para restar configurada, imprescinde de um obreiro menor; um ensino que corresponda a um processo educacional e a frequência regular em curso ministrado por Serviços Nacionais de Aprendizagem, Escolas Técnicas de Educação ou Entidades sem fins lucrativos, cujos objetivos sejam a assistência ao adolescente e à educação profissional, registradas no Conselho Municipal de Direitos da Criança e do Adolescente; o limite temporal de duração do contrato e a prévia anotação na CTPS. Desatendidos tais requisitos, não se pode falar em contrato de aprendiz." (TRT-18ª Reg. — RO-1.980/2002 — Relª Juíza Elza Cândida da Silveira — In *DJGO* n. 13.898, de 5.11.2002, p. 86)

Contrato de aprendizagem. Responsabilidade subsidiária da tomadora ou convenente

"O estímulo à aprendizagem, em termos de formação técnico-profissional, subordina-se à garantia de acesso e frequência obrigatória ao ensino regular por parte do adolescente. Nessa esteira, voltada para a regulamentação do instituto do trabalho educativo previsto no Estatuto da Criança e do Adolescente e destinado ao adolescente entre 14 e 18 anos, de modo a conciliar atividades educativas com a inserção desse grupo no mercado de trabalho, foi promulgada a Lei n. 10.097/2000. O trabalho infantil é um fenômeno complexo, principalmente, quando consideradas as contingências culturais, econômicas e sociais predominantes atualmente em nosso país. Nesse diapasão, cabe às tomadoras dos serviços, como participantes responsáveis e beneficiárias da atividade do menor aprendiz, nos termos do art. 432, da CLT, zelar pela idoneidade da convenente. Já se encontra pacificado, de outra parte, que a responsabilidade subsidiária, que se atribui ao tomador de serviços, independe do vínculo de emprego e tem a sua gênese na responsabilidade por fato de terceiro, fundado na presunção da culpa *in eligendo* ou *in vigilando,* cujo amparo legal se encontra na interpretação sistemática dos arts. 159, 1.518 e segs., do CC c/c. 8º, 9º e 455 da CLT. Assim, ativando-se o aprendiz sob a guarda da Reclamada tomadora, a ela se impõe o dever de zelar pelo fiel cumprimento das obrigações decorrentes do convênio firmado. Responsabilidade subsidiária que se impõe." [TRT-15ª Reg. (Campinas/SP — Proc. 20161/2002 — (Ac. 3ª T. 24500/02-PAATR) — Relª Juíza Luciane Storel da Silva, DJSP 25.10.2002, p. 25 — *Apud LTr Sup. Jurisp.* n. 15/2002, p. 115]

Contrato de aprendizagem. Prazo determinado

"Com a edição da Lei n. 10.097/2000, que alterou o art. 428 da CLT, foi expressamente estabelecida a natureza jurídica do contrato de aprendizagem, como contrato por prazo determinado. Entretanto, mesmo no período anterior, o contrato de aprendizagem era de natureza especial, celebrado por prazo certo e com características próprias, o que não obrigava a contratação definitiva do aprendiz, após vencido o seu prazo. Recurso de Revista de que se conhece e a que se nega provimento." (TST-RR 487.817/1998.0 — Ac. 5ª T., 13.3.2003 — Rel. Min. João Batista Brito Pereira — *Apud Revista LTr* 67-8/991)

Contratação de menor aprendiz. Base de cálculo. Empregados que necessitem de formação profissional

"*Contratação de menor aprendiz — Base de cálculo — Empregados que necessitem de formação profissional.* 'O cálculo da quantidade de aprendizes a serem contratados terá por base o número total de empregados em todas as funções existentes no estabelecimento que demandem formação profissional, excluindo-se aquelas que exijam habilitação profissional de nível técnico ou superior' (Inteligência da IN n. 26, art. 1º, § 4º, do MTE). Assim, para efeitos desse critério estão incluídos todos os empregados cuja formação organizada fundamentalmente visar à preparação dos jovens para a escolha de um ofício ou de um ramo de formação, familiarizando-os com os materiais, os utensílios e as normas de trabalho próprios de um conjunto de atividades profissionais. Por isso, também devem ser excluídos do cálculo da percentagem aqueles trabalhadores que exercem atividades incompatíveis com o trabalho de aprendizes, como os motoristas de caminhão." [TRT-12ª Reg., RO-V 00110-2003-012-12-00-7 (Ac. 2ª T. 12.577/04, 31.8.2004) — Rel. Juiz Garibaldi T. P. Ferreira, DJSC 12.11.2004, p. 261 — *Apud LTr Sup. Jurisp.* 50/2004, p. 395]

Contrato de aprendizagem. Contratação por sociedade de economia mista. Inexigibilidade de concurso público

"*Contrato de aprendizagem — Contratação por sociedade de economia mista — Inexigibilidade de concurso público.* A contratação de aprendiz por sociedade de economia mista, sem concurso público, não viola a literalidade do art. 37, inciso II e § 2º, da CF/1988, uma vez que o contrato de aprendizagem possui características próprias, dentre elas a de proporcionar ao menor uma formação profissional metódica do ofício ou ocupação para cujo exercício foi admitido, não visando à investidura, de forma definitiva, em cargo ou emprego público. Da mesma forma, resta incólume a

Súmula n. 363 do col. TST, devido ser fato incontroverso nos autos a admissão dos reclamantes como menores aprendizes." [TST-AIRR 940/1999-701-4-40-9 — (2ª T.) — Rel. Juiz conv. Josenildo dos Santos Carvalho — DJU 26.8.2005 — *Apud Revista Síntese Trabalhista* n.197, p. 81, ementa n. 22.287)

Contrato de aprendizagem. Funções de motorista e ajudante

"Cumprimento da quota de aprendizes encaminhados aos serviços de aprendizagem prevista no art. 429 da CLT. Função de motorista e ajudante. Todas as funções que demandam formação profissional devem fazer parte da base de cálculo para a contratação de aprendizes, conforme previsão do art. 429 da CLT, aí estando incluídas as funções de motorista e ajudante. Não pode a empresa arguir que está impedida de contratar aprendizes e cumprir as disposições do art. 429 da CLT, porque suas atividades não são compatíveis com trabalhadores menores de dezoito anos, porque ela pode contratar, como aprendizes, pessoas maiores de idade, que detenham inclusive carteira de habilitação para desempenhar a função de motorista e que possam carregar peso até no máximo sessenta quilos, consoante previsão do art.198 da CLT." (TRT 17ª Reg. — RO 00765.2006.010.17.00.8 — Rel. Juiz Jailson Pereira da Silva — DJES 3.12.2007 — *Apud Revista IOB Trabalhista e Previdenciária* n. 224, p. 102, ementa 24305)

Contrato de aprendizagem. Ruptura antecipada. Insuficiência de desempenho

"Contrato de aprendizagem — Ruptura antecipada — Insuficiência de desempenho. O art. 428 da CLT preconiza que incumbe ao aprendiz executar, com zelo e diligência, as tarefas necessárias à sua formação técnico-profissional. Se a prova dos autos demonstra a ausência de diligência da reclamante, pois a mesma se ausentava notoriamente das atividades, é legítima a ruptura contratual antecipada do contrato de aprendizagem, por insuficiência de desempenho." [TRT 2ª Reg. RO 01225200905002003 — (Ac. 4ª T. 20100104791) — Rel. Paulo Augusto Camara — Doe/TRT 2ª Reg. 5.3.2010, p. 788 — In *LTr Sup. Jurisp.* 22/2010, p. 170]

Contrato de aprendizagem. Extinção antecipada. Possibilidade. Aplicação do art. 433 da CLT

Ementa: *Contrato de aprendizagem — Extinção antecipada — Possibilidade — Aplicação do art. 433 da CLT.* A *ratio legis* do inciso I do art. 433 da Consolidação das Leis do Trabalho é de que o contrato de aprendizagem poderá extinguir no seu termo ou quando o aprendiz completar 24 (vinte e quatro) anos, ressalvada a hipótese prevista no § 5º do art. 428 desta Consolidação, ou ainda antecipadamente nas hipóteses de desempenho insuficiente ou inadaptação do aprendiz; falta disciplinar grave; ausência injustificada à escola que implique perda do ano letivo; ou a pedido do aprendiz. No caso dos autos, os depoimentos das duas testemunhas ouvidas foram firmes e convergentes para o mesmo ponto: o de que o comportamento do autor era extremamente inadequado, já que conversava em excesso, assim como frequentemente realizava brincadeiras durante o andamento dos serviços que além de prejudicar o andamento e desempenho das tarefas, colocava em risco a integridade física tanto dele próprio, quanto dos demais trabalhadores, já que a reclamada é uma empresa metalúrgica e o autor ativava-se no setor de produção. Verifica-se, portanto, que o autor realmente comportou-se de modo incompatível com o que se exige de um trabalhador-aprendiz da área de produção de uma metalúrgica, onde a probabilidade da ocorrência de acidente de trabalho é real e a desatenção dos trabalhadores acarreta sério risco à integridade física. Seu comportamento enquadra-se no inciso I do art.

433 da Consolidação das Leis do Trabalho, que autoriza a extinção antecipada do contrato de aprendizagem. Recurso ordinário do reclamante a que se nega provimento. [TRT 15ª Reg. (Campinas/SP) Proc. 67400-09.2009.5.15.0152 — (Ac. 33879/10-PATR, 10ª C.) — Rel. José Antonio Pancotti — DEJT 17.6.2010, p. 388 — *Apud LTr Sup. Jurisp.* 33/2010, p. 258/259]

Trabalho do menor. Menor aprendiz. Ausência dos requisitos do art. 428, §1º da CLT. Descaracterização

"*Menor aprendiz — Ausência dos requisitos do art. 428, §1º da CLT — Descaracterização.* Não é menor aprendiz o trabalhador cujo contrato não atende aos requisitos do art. 428, § 1º da CLT. Não é porque a empresa dá ao cargo o nome de aprendiz aplicador que passa o trabalho a deter a condição jurídica de menor aprendiz. Recurso provido neste tópico. [TRT 2ª Reg. RS 01978200806102003 — (Ac. 3ª T. 20090310246) — Rel. Jonas Santana de Brito. DOE/TRT 2ª Reg. 5.5.2009, p. 62 — *Apud LTr Sup. Jurisp.* 029/2009, p. 232]

VALE-TRANSPORTE

1. Disciplinamento

O vale-transporte foi instituído pela Lei n. 7.418, de 16.12.1985 (DOU 17.12.1985), e sua adoção era facultativa por parte do empregador. A Lei n. 7.619, de 30.9.1987 (DOU 1º.10.1987), alterou a anterior e tornou obrigatória a adoção do vale-transporte. A Lei n. 7.418/1985, com a alteração da Lei n. 7.619/1987, foi regulamentada pelo Decreto n. 95.247, de 17 de novembro de 1987 (DOU 18.11.1987).

2. Empregador — Antecipação obrigatória

O fornecimento do vale-transporte pelo empregador pessoa física ou jurídica é compulsório.

A legislação acima citada, que instituiu o vale-transporte, determina que esse benefício será antecipado, obrigatoriamente, pelo empregador ao trabalhador, para utilização efetiva em despesas de deslocamento residência-trabalho e vice-versa. Essa entrega antecipada e obrigatória dos vales-transporte ao empregado pode ser feita diária, semanalmente, quinzenal ou mensalmente, ficando o controle a critério do empregador.

3. Exclusão da obrigatoriedade

O empregador que proporcionar transporte adequado aos seus empregados está dispensado da obrigatoriedade do fornecimento do vale-transporte.

4. Substituição por dinheiro

O regulamento (Decreto n. 95.247/1987) preceitua que ao empregador não é permitido substituir o vale-transporte por dinheiro ou qualquer outra forma de pagamento. Entretanto, comprovando o empregador a falta ou insuficiência de estoque de vale-transporte, o regulamento estabelece que o "beneficiário será ressarcido pelo empregador, na folha de pagamento imediata, da parcela correspondente, quando tiver efetuado, por conta própria, a despesa para seu deslocamento" (art. 5º, parágrafo único).

A Lei n. 7.418/1985, ao contrário do seu regulamento (Decreto n. 95.247/1987), não veda a substituição do vale-transporte por dinheiro. Como a CF/1988 preceitua que "ninguém será obrigado a fazer ou deixar de fazer alguma coisa senão em virtude de lei" (art. 5º, II), é possível efetuar tal substituição, como esclarece a ementa: "Ao vedar a antecipação em dinheiro do vale--transporte o decreto regulamentador extrapolou os limites da lei instituidora do benefício. Válido o ajuste coletivo que prevê a antecipação em dinheiro do vale-transporte e a redução do percentual de participação do trabalhador" (TST, AA-366.360/97.4, Ac. SDC, 1º.6.1998, Rel. convoc. Juiz Fernando Eizo Ono — in *Revista LTr* 62-09/1221).

5. Beneficiários

São beneficiários do vale-transporte: os empregados regidos pela Consolidaçao das Leis do Trabalho (CLT); os empregados domésticos (Lei n. 5.859/1972); os trabalhadores temporários (Lei n. 6.019/1974); os atletas profissionais (Lei n. 6.354/1976) e os servidores públicos celetistas (v. Orientação Jurisprudencial n. 216 da SDI-1-TST).

6. Custeio

O vale-transporte será custeado:

a) pelo trabalhador, com o valor equivalente a 6% (seis por cento) de seu salário ou vencimento básico (sem adicionais ou vantagens);

b) pelo empregador, no que ultrapassar a parte do trabalhador (6% do salário básico).

7. Exemplo prático

Empregado que ganha R$ 630,00 mensais e gasta com transporte R$ 51,00.

Neste exemplo é considerado o mês de 30 dias, sendo 25 dias úteis de trabalho em que há uso dos vales-transporte.

A importância de R$ 51,00 será antecipada ao empregado, por meio dos vales-transporte adquiridos pelo empregador. Desse valor (R$ 51,00), uma parte (R$ 31,50) será custeada pelo empregado e a outra parte (R$ 19,50) sairá do bolso do empregador.

A parte do empregado (R$ 31,50), que foi adiantada pelo empregador, será descontada na folha de pagamento do mês do adiantamento e corresponde a 6% (seis por cento) do salário de 25 dias em que há gastos com transporte (R$ 630,00 : 30 = R$ 21,00 x 25 dias = R$ 525,00 x 6% = R$ 31,50).

A parcela do empregador (R$ 19,50 = R$ 51,00 — R$ 31,50) não tem natureza salarial.

Demos um exemplo com salário mensal fixo; caso o salário seja variável, a parcela dos 6% (seis por cento) incidirá sobre o valor percebido no período correspondente; quando se tratar de salário fixo mais parte variável, a incidência dos 6% será sobre o total (parte fixa mais parte variável).

8. Parcela do empregador — Natureza jurídica

O empregador é obrigado a antecipar ao empregado o vale-transporte, mas nem sempre concorrerá para seu custeio. Exemplificando: empregado que ganha salário de R$ 630,00 por mês e paga de transporte R$ 18,00. O empregador só participará dos gastos com transporte, se o seu valor ultrapassar a parcela do empregado, que corresponde a 6% (seis por cento) do seu salário básico e que, no exemplo, seria de R$ 31,50.

Caso o empregador participe do custeio, como no exemplo anterior, esta contribuição (R$ 19,50) não tem natureza salarial; sobre ela não há incidência de contribuição previdenciária ou Fundo de Garantia do Tempo de Serviço (FGTS) e não se constitui como rendimento tributável do empregado.

> "*FGTS. Vale-transporte. Falta de recolhimento do percentual de 8% sobre parte da remuneração devida.* O vale-transporte não terá natureza salarial, não se incorporará à remuneração para quaisquer efeitos e tampouco constituirá base de incidência do FGTS, desde que fornecido de acordo com o disposto no art. 2º, II da Lei n. 7.418/1985. O vale-transporte pago em dinheiro tem natureza salarial e repercussão no FGTS." (Precedente Administrativo SIT/MTE n. 3)

9. Incentivo fiscal

Pela Lei n. 9.532/1997, a partir de 1998, deixou de existir o incentivo fiscal correspondente à concessão do vale-transporte, sendo possível apenas a dedução dos gastos como despesa operacional, para fins de imposto de renda.

10. Transporte — Salário-utilidade

No caso da aplicação da Lei do vale-transporte, o valor do transporte deixa de ter o efeito de salário-utilidade.

11. Acumulação de benefícios — Direitos adquiridos

É vedada a acumulação do benefício do vale-transporte com outras vantagens relativas ao transporte do empregado, exceto quando o empregador fornece ao beneficiário transporte próprio ou fretado, que não cobre integralmente os deslocamentos deste. O vale-transporte deverá ser aplicado para os segmentos da viagem não abrangidos pelo referido transporte. Vedada a acumulação de benefícios, a Lei do vale-transporte assegura os direitos adquiridos do trabalhador, se superiores aos instituídos por ela.

12. Formas de transporte — Utilização do vale

Utiliza-se o vale-transporte em todas as formas de transporte coletivo público urbano, intermunicipal e interestadual com características semelhantes ao urbano, operado diretamente pelo poder público ou mediante delegação, em linhas regulares e com tarifas fixadas pela autoridade competente.

Excluem-se os transportes seletivos e os especiais (ex.: ônibus executivos, táxis, lotações, veículos particulares etc.).

13. Prazo de validade

Emitido o vale-transporte, ele será adquirido pelo empregador, que o repassará ao empregado. Caso haja alteração no preço da passagem, o vale-transporte poderá ser trocado pelo empregador dentro do prazo de 30 (trinta) dias do reajuste da tarifa, ou ser utilizado pelo empregado no prazo estabelecido pelo poder concedente (Poder Público) ou órgão de gerência do sistema.

14. Local de aquisição dos vales — Recibo

O empregador poderá adquirir os vales-transporte nas centrais ou postos de venda. A compra dos vales será comprovada mediante recibo sequencialmente numerado, emitido pela vendedora em duas vias, uma das quais ficará com o empregador para os devidos fins comprobatórios perante as fiscalizações da Receita Federal, da Previdência Social e do Ministério do Trabalho, bem como junto ao Poder Judiciário.

15. Declaração do empregado

O empregador, ao cumprir a Lei do vale-transporte, solicitará do empregado um termo de declaração assinado em duas vias, ficando uma com ele e outra com o empregado. Essa é uma exigência legal para que o trabalhador faça jus ao vale-transporte.

Sugerimos a seguir um modelo de declaração:

DECLARAÇÃO

Eu, ..., residente nesta cidade, à rua ...., bairro ...., portador da Carteira de Trabalho n. ...., série ...., empregado da empresa ...., localizada à rua ...., na Cidade ...., Estado............, atendendo o que determina a Lei n. 7.418/1985, alterada pela Lei n. 7.619/1987 e regulamentada pelo Decreto n. 95.247/1987, declaro:

1) que, para o meu deslocamento residência-trabalho e vice-versa, tenho necessidade de utilizar os seguintes meios de transporte ....;

2) que tenho conhecimento de que as informações prestadas nesta declaração deverão ser atualizadas anualmente ou sempre que ocorrer alteração das mesmas, sob pena de suspensão do benefício do vale-transporte até o cumprimento dessa exigência;

3) que utilizarei o vale-transporte exclusivamente para o meu efetivo deslocamento residência-trabalho e vice-versa;

4) que tenho conhecimento de que a declaração com informações falsas e o uso indevido de vale-transporte constituem falta grave que poderá acarretar a cessação do contrato de trabalho.

local e data

assinatura do empregado

16. Recibo e autorização do empregado

O empregador, ao entregar os vales-transporte ao empregado, deverá exigir um recibo de entrega para efeito de comprovação junto à fiscalização e perante o Poder Judiciário, em caso de necessidade. É aconselhável que conste do recibo uma autorização, para que o empregador desconte na folha de pagamento o adiantamento feito ao empregado por ocasião da aquisição dos vales-transporte.

Como sugestão, apresentamos o modelo abaixo:

RECIBO/AUTORIZAÇÃO

Recebi .... vales-transporte, que correspondem à importância de R$ ...., do empregador ...., estabelecido nesta cidade, à rua ...., n. ....., bairro ...., e lhe autorizo a descontar de meu salário referente ao mês do adiantamento.

local e data

assinatura do empregado

17. Penalidade — Fiscalização trabalhista

Tanto a Lei n. 7.418/1985 quanto a Lei n. 7.619/1987, que a alterou, não previram nenhuma sanção aos empregadores que deixarem de cumpri-las.

As sanções previstas são dirigidas à empresa operadora que comercializar o vale diretamente ou mediante delegação, no caso de falta ou insuficiência de estoque de vales-transporte necessários ao atendimento da demanda e ao funcionamento do sistema.

Tratando do assunto, Irany Ferrari escreveu:

"Ressalte-se, por oportuno, que as empresas que descumprirem as determinações legais e regulamentares, poderão vir a ter problemas com seus sindicatos.

Acredita-se que sendo tais normas de caráter social, nenhuma empresa procurará descumpri-la, agravando o relacionamento harmonioso que deve existir entre empregadores e empregados.

Por oportuno, lembramos que a Fiscalização do Trabalho, quando não há previsão específica de sanção em matéria trabalhista, vale-se, para lavrar Autos de Infração, do que dispõe o art. 630, § 3º da CLT, ou seja, exigindo que o empregador exiba os documentos que digam respeito ao fiel cumprimento das normas de proteção ao trabalho."(44)

Entretanto, o infrator da Lei n. 7.418/1985 está sujeito à multa de 160 UFIRs (Unidades Fiscais de Referência), por empregado prejudicado, dobrada na reincidência, conforme Leis ns. 7.855/1989, 8.177/1991, 8.218/1991 e, ainda, Portaria MTb n. 290/1997.

(44) *LTr Supl. Trab.* 123-544/87.

18. Entidades de utilidade pública

O Secretário de Relações do Trabalho, por meio do Telex/Circular/SRT/MTb/DF n. 619, de 1º.7.1988, enviado aos delegados regionais do trabalho, recomendou:

"Solicito V. Sa. determinar orientação fiscalização no sentido não proceder autuações nas entidades declaradas de utilidade pública e com isenção imposto de renda, com relação ao 'vale-transporte'."

19. Empregados rurais

A consultoria jurídica do Ministério do Trabalho, no Parecer n. 2/1987 (DOU 21.7.1987), aprovado pelo Ministro do Trabalho e que passou a valer como meio de orientação para as Delegacias Regionais do Trabalho especifica:

"6. Lei n. 7.418/1985 — Qualquer empregador, qualquer que seja seu ramo de atividade (rural inclusive), pode optar pelo sistema instituído por esta lei, fornecendo o vale-transporte aos seus trabalhadores, hipótese prevista no art. 5º, ou lhes proporcionando, 'por meios próprios ou contratados', a condução adequada para o trabalho e seu retorno, art. 9º.

7. Aos rurais se aplica apenas a hipótese do art. 9º, que aliás é excludente do vale-transporte, cuja operacionalização no meio rural seria impraticável, exatamente por falta de veículos adequados ao transporte coletivo público de passageiros, no caso os trabalhadores rurais que, por isso mesmo, não foram relacionados como beneficiários do vale-transporte pelo art. 1º do Decreto n. 92.180, de 19 de dezembro de 1985, que regulamentou a Lei n. 7.418.

8. O empregador rural, é bom repetir, pode valer-se do art. 9º, para fazer, por meios próprios ou contratados, o transporte de seus trabalhadores e usufruir dos benefícios da Lei, apenas com a ressalva de que aqueles trabalhadores que eventualmente já vinham contando com o transporte gratuito terão, em face do disposto no art. 8º daquele diploma legal, assegurada essa vantagem como direito adquirido."

A extensão da legislação do vale-transporte ao meio rural foi assegurada pela Constituição de 5 de outubro de 1988, que estabelece no *caput* do art. 7º o princípio da igualdade de direitos para os empregados urbanos e rurais.

20. Vale-transporte. Não concessão para deslocamento do empregado no período do intervalo intrajornada

Vale-transporte. Não concessão para deslocamento do empregado no período do intervalo intrajornada. Infração inexistente. Não se depreende da Lei n. 7.418/1985, alterada pela Lei n. 7.619/1987, que o empregador esteja obrigado ao fornecimento do vale-transporte para a ida e retorno do empregado à sua residência para refeição. (Precedente Administrativo SIT/MTE n. 80)

21. Jurisprudência

Orientações Jurisprudenciais da SBDI-1-TST

215. Vale-transporte. Ônus da prova

É do empregado o ônus de comprovar que satisfaz os requisitos indispensáveis à obtenção do vale-transporte.

216. Vale-transporte. Servidor público celetista. Lei n. 7.418/1985. Devido

Aos servidores públicos celetistas é devido o vale-transporte, instituído pela Lei n. 7.418, de 16 de dezembro de 1985.

Ementas diversas

Vale-transporte. Concessão

"A Lei n. 7.619/1987 e o Decreto n. 95.247, de 17 de novembro de 1987, que a regulamentou, dispõem sobre exigências requeridas do trabalhador, para que tenha direito ao benefício. Sem o preenchimento desses requisitos e sem o requerimento, não está o empregador obrigado a conceder o vale-transporte.

Não requerendo o empregado a concessão do benefício e não comprovando os requisitos estabelecidos no Decreto n. 95.247/1987, e nos arts. 7º e 8º da Lei n. 7.619/1987, *dormientibus non succurrit jus.* A Demandante não pode se beneficiar de sua própria torpeza, e ser indenizada pelo período em que a Reclamada não forneceu o vale-transporte." (TST, RR 33.112/91.4, Ac. 5ª T., 1.656/1993, 23.6.1993, Rel. desig. Min. Armando de Brito, in *Revista LTr* 57-10/1252)

Vale-transporte. Salário básico. Incidência do desconto

"Levando-se em linha de consideração que o salário básico envolve não só a parte fixa como também a variável, a contribuição do empregado para custeio do vale-transporte incide também sobre as comissões de vendas." (Proc. TRT-RO n. 0298/1995, Ac. 3.377/1995, 7ª JCJ de Goiânia/GO, Rel. Juiz Luiz Francisco Guedes de Amorim — In *DJGO* n. 12.209, de 18.12.1995, p. 37)

Vale-transporte. Entidade beneficente de utilidade pública

"O fato de ser entidade beneficente e de utilidade pública, não exclui a acionada das obrigações relativas ao referido vale-transporte." (TRT-1ª Reg., 1ª T., Proc. RO 25.893/1994, Rel. Juiz Milner Coelho, *DORJ* n. 37/1997)

Vale-transporte. Obrigatoriedade

"A lei não concede ao empregador a faculdade de conceder, ou não, o vale-transporte. Sua concessão é compulsória por tratar-se de norma de ordem pública. Recurso parcialmente provido." (TRT-1ª Reg., 5ª T., Proc. RO 12.795/1993, Rel. Juiz Roberto Davis, *DORJ* n. 37/1997)

Vale-transporte. Indevido pelo empregador

"O vale-transporte é benefício sem natureza salarial, instituído exclusivamente para o deslocamento do empregado, mediante o sistema de transporte público coletivo, no trajeto residência-trabalho e vice-versa. Declarando o empregado, por livre vontade, que não utiliza o transporte público coletivo para se deslocar ao local de trabalho, o vale-transporte não é devido pelo empregador." (TRT-10ª Reg., 1ª T., Proc. 2.689/1995, Relª Juíza Terezinha Oliveira, Rev.1996)

Vale-transporte. Diligência do empregador

"Incumbe à empresa diligenciar no sentido de assegurar aos seus empregados o gozo dos direitos legalmente previstos para minimizar as suas carências. Não basta alegar a falta de interesse no recebimento do vale-transporte, faz-se necessário provar a opção pelo não recebimento do benefício." (TRT-6ª Reg., 1ª T., Proc. RO 2.354/1997, Rel. Juiz Ivanildo Andrade, *BJ* n. 8/1997)

Nota: as quatro ementas acima (4.235, 4.236, 4.238 e 4.239, respectivamente), foram extraídas de TEIXEIRA FILHO, João de Lima. *Repertório de jurisprudência trabalhista.* v. 7, p. 1.176/1.177.

Vale-transporte. Empregada doméstica

"Empregada doméstica. Vale-transporte. Reconhecido pela empregadora que as despesas de transporte da empregada doméstica eram repassadas em dinheiro, não pode vingar tese patronal que defende a necessidade de pedido escrito para a concessão do vale-transporte. Não comprovado o pagamento da importância pactuada, é devido o benefício." [Ac. TRT-10ª Reg., 1ª T. (RO 3.173/1998), Relª Juíza Márcia M. C. Ribeiro, DJDF 6.11.1998, p. 14, *JTB* 16-749/18, de 1º.3.1999. *Apud* BOMFIM, B. Calheiros e outros. *Dicionário de decisões trabalhistas*. 30. ed. ementa n. 2.251]

Obrigação do empregador mediante requerimento do empregado

"Vale-transporte: a Lei n. 7.619/1987 que obriga o empregador a fornecer o vale-transporte exige da mesma forma que o obreiro requeira a concessão do referido benefício, caso contrário é indevida a sua concessão. Revista parcialmente conhecida e provida." (TST, RR 235.897/1995-4 da 4ª Reg., Ac. 2ª T., Rel. Juiz Ângelo Mário de C. e Silva, *DJU* 26.6.1998, p. 264 — *Apud* FERRARI, Irany; MARTINS, Melchíades Rodrigues. *Julgados trabalhistas selecionados*. São Paulo: LTr, 1999, v. VI, ementa n. 1.090)

Vale-transporte. Requisitos legais

"Para que seja reconhecido em Juízo o direito ao recebimento de indenização decorrente do não fornecimento de vale-transporte, é necessário que o trabalhador comprove ter preenchido os requisitos legais exigidos para o exercício do direito durante a contratualidade, dentre os quais se insere o fornecimento a seu empregador, por escrito, de informação relativa a seu endereço residencial e aos serviços e meios de transporte mais adequados ao seu deslocamento residência-trabalho e vice-versa (incs. I e II do art. 7º do Decreto n. 95.247, de 17 de novembro de 1987). Essa exigência não pode ser ignorada, sob pena de julgamento contra a Lei e porque sua existência se justifica para propiciar seja punida como falta grave a informação falsa nesses termos fornecida (§ 3º do mesmo dispositivo legal)." [TRT-12ª Reg., RO-V-07524/01 — (Ac. 3ª T. 03653/02, 12.3.2002) — Relª Juíza Marta Maria Villalba Fabre — *DJSC* 18.4.2002, p. 177 — In *LTr Sup. de Jurisp.* 4/2002, p. 32]

Vale-transporte. Elaboração do documento requisitório

"Vale-transporte. Apesar de o Decreto n. 95.247/1987, que regulamenta a Lei n. 7.418/1985, em seu art. 7º, impor ao requerente demonstrar a necessidade e interesse em receber o vale-transporte (OJ n. 215/SDI/TST), cabe à empresa elaborar o documento requisitório, colhendo os dados indispensáveis para o seu atendimento e apresentá-lo ao empregado para que faça sua opção. É, pois, dever de todo o empregador solicitar ao empregado as informações necessárias (endereço residencial, meios de transporte adequados ao seu deslocamento residência/trabalho) ao referido documento, sob pena de sofrer a condenação ao pagamento substitutivo." [TRT-3ª Reg. — RO 00532.2003.044.00.6 — (4ª T.) — Rel. Juiz Lucas Vanucci Lins — DJMG 4.10.2003 — In *Revista Síntese Trabalhista* n. 176, ementa n. 20.240, p. 77]

Pagamento em espécie. Natureza salarial

"*Vale-transporte — Pagamento em espécie — Natureza salarial.* À exceção do ressarcimento ao empregado das despesas com transporte na hipótese de insuficiência de estoque do vale-transporte (Decreto n. 95.247/1987, art. 5º, parágrafo único), o pagamento do benefício em espécie e de forma habitual importa considerá-lo como verba de natureza salarial, pois não foram observados os requisitos formais de implementação do benefício (Decreto n. 95.247/1987, art. 6º)." [TRT-2ª Reg., RO 01385199902502001 — (Ac. 8ª T. 20040228929) — Rel. Juiz Rovirso Aparecido Boldo — DJSP 25.5.2004, p. 11 — In *LTr Sup. Jurisp.* 28/2004, p. 244]

Vale-transporte. Intervalo para descanso e alimentação

"*Vale-transporte — Lei n. 7.418/1985 — Intervalo para descanso e alimentação.* O deslocamento da residência-trabalho-residência, previsto na Lei n. 7.418/1985 e no Decreto n. 95.247/1987, diz respeito àquele em que o empregado, no início da jornada, vai de sua residência até o trabalho e, no final, realiza o trajeto contrário, disposição essa que não obriga o empregador a fornecer vales-transporte destinados ao trajeto entre a residência e o local de trabalho do empregado que opte gozar do intervalo para descanso e alimentação em sua residência." [TRT-4ª Reg. — RO 01066-2002-102-04-00-6 — (4ª T.) — Rel. Juiz Milton Varela Dutra — DOERS 27.8.2004 — In *Revista Síntese Trabalhista* n. 187, p. 86, ementa n. 21.375]

Vale-transporte. Faltas ao serviço. Descontos. Possibilidade

"*Vale-transporte — Faltas ao serviço — Descontos — Possibilidade.* A cota-parte suportada pela empresa com a concessão de vales-transporte pode ser descontada dos vencimentos do obreiro que deles não se utilizou para deslocar-se ao serviço." (TRT-18ª Reg., RO-00046-2005-003-18-00-2 — Relª Juíza Ialba-Luza Guimarães de Mello, DJGO 5.7.2005, p. 43 — In *LTr Sup. Jurisp.* 30/2005, p. 240)

Vale-transporte. Pagamento em dinheiro

"Vale-transporte — Incidência da contribuição previdenciária. Decreto não tem força de lei e não vincula o juiz, além do que não pode ir contra a previsão de lei. A lei não proíbe que o vale-transporte seja pago em dinheiro. Logo, o decreto não pode distinguir quando a lei não estabelece nada nesse sentido." (RO — Acórdão n. 2004350732 — Proc. TRT/SP n. 01057200234102005 — Rel. Juiz Sergio Pinto Martins — In *LTr Sup. Trab.* 130/05-585)

Vale-transporte. Indenização. Pagamento em dinheiro

"*Instituto Nacional do Seguro Social. Recurso ordinário interposto contra decisão homologatória de acordo que considerou serem de natureza indenizatória as verbas objeto da avença incluindo a parcela do acordo discriminada como diferença de vale--transporte.* Não há falar-se em incidência de contribuições previdenciárias sobre a parcela paga a título de diferença de vale-transporte. E isso porque o transporte destinado ao deslocamento para o trabalho e retorno não tem natureza salarial, nos termos do que dispõe o art. 458, § 2º, inciso III, da Consolidação das Leis do Trabalho, não havendo nenhuma proibição na Lei n. 7.418/1985 de pagamento do vale-transporte em dinheiro pelo empregador, sendo ilegal a vedação constante do art. 5º do Decreto n. 95.247/87, uma vez que regulamenta o que não está previsto na lei. Recurso a que se nega provimento." [TRT — 2ª Reg. — Proc. n. 1023-2005-012-02-00-3 — (Ac. 20061032144 — 12ª T.) — Relª Vânia Paranhos — DJ 12.1.2007]

Vale-transporte. Requisitos para concessão

"*Vale-transporte. Requisitos para concessão.* Nos termos do art. 7º do Decreto n. 95.247, de 17.11.1987, a percepção do benefício do vale-transporte, que só pode ser utilizado no deslocamento residência-trabalho e vice-versa, há que ser manifestada expressamente pelo empregado, que deverá informar à empregadora, por escrito, além de atualizar anualmente essa informação, a respeito do seu endereço residencial e dos serviços e meios de transporte mais adequados ao referido deslocamento." [TRT 2ª Reg. RO 00575-2007-043-12-00-0 — (Ac. 2ª T., 4.12.2008) — Red. Desig. Juíza Sandra Márcia Wambier — Disp. TRT-SC/DOE 30.1.2009 — Publicação em 2.2.2009 — In *LTr Sup. Jurisp.* 16/2009, p. 128]

Vale-transporte. Pagamento em dinheiro. Natureza indenizatória

"*Vale-transporte — Pagamento em dinheiro.* O vale-transporte pago em dinheiro diretamente aos trabalhadores, embora prática irregular, não altera a natureza jurídica indenizatória da parcela, pois o objetivo da parcela continua sendo custear o deslocamento do laborista de casa para o trabalho e vice-versa, mormente quando conta com autorização expressa em convenção coletiva de trabalho da categoria." [TRT 3ª Reg. RO 713/2008-095-03-00.0 — (Ac. 1ª T.) — Rel. Juiz Convocado Fernando Luiz G. Rios Neto — DJe/TRT n.196/09, 19.3.09, p. 63 — *Apud LTr Sup. Jurisp.* 26/ 2009, p. 208]

Vale-transporte. Base de cálculo

"*Vale-transporte — Base de cálculo.* O art. 9º do Decreto n. 95.247/1987 não autoriza que o cálculo da parcela a ser suportada pelo empregado seja feito sobre o total da remuneração, pois se refere a 'salário básico ou vencimento, excluídos quaisquer adicionais ou vantagens'. Logo, considerando que a empregadora efetuava o desconto sobre toda a remuneração do reclamante (fixo e comissões), impõe-se reconhecer como devidas as diferenças postuladas." [TRT 18ª Reg. RO 01787-2008-011-18-00-8 — (Ac. 2ª T.) — Rel. Des. Platon Teixeira de Azevedo Filho — DJe/TRT 18ª Reg., ano III, n. 50, 20.3.2009, p. 14/5 — *Apud LTr Sup. Jurisp.* 22/2009, p. 176]

Vale-transporte. Requisitos para concessão

"*Vale-transporte — Requisitos para concessão.* Nos termos do art. 7º do Decreto n. 95.247, de 17.11.1987, a percepção do benefício do vale-transporte, que só pode ser utilizado no deslocamento residência-trabalho e vice-versa, há que ser manifestada expressamente pelo empregado, que deverá informar à empregadora, por escrito, além de atualizar anualmente essa informação, a respeito do seu endereço residencial e dos serviços e meios de transporte mais adequados ao referido deslocamento." [TRT 12ª Reg. RO 00575-2007-043-12-00-0 — (Ac. 2ª T., 4.12.2008) — Red. Desig. Juíza Sandra Márcia Wambier — Disp. TRT-SC/DOE 30.1.2009 — Data de Publ. 2.2.2009 — *Apud LTr Sup. Jurisp.* 16/2009, p. 128]

Vale-transporte. Pagamento em espécie. Princípio da condição mais benéfica. Art. 468 da CLT

"*Vale-transporte — Pagamento em espécie — Princípio da condição mais benéfica — Art. 468 da CLT.* O art. 5º do Decreto n. 95.247/1987 proíbe ao empregador substituir o vale-transporte por antecipação em dinheiro. Tal restrição legal exclui a vantagem paga em espécie dos benefícios previstos na Lei n. 7.418/1985, cujo art. 2º afasta a natureza salarial do vale-transporte, tão somente, quando concedido nas condições e limites ali previstos. O empregador que opta pelo pagamento em espécie de quantia destinada a prover o transporte de seus empregados, sem amparo em norma coletiva, institui condição mais benéfica, que se agrega ao contrato de trabalho e não mais poderá ser alterada em prejuízo dos trabalhadores. (CR, art. 5º, XXXVI; CLT, art. 468, TST, Súmulas ns. 51, I e 288)." [TRT 3ª Reg. RO 00957-2008-006-03-00-3 — (Ac. 7ª T.) — Relª Desª Alice Monteiro de Barros — Publicado em: 28.5.2009]

Desconstituição de multas aplicadas pela delegacia regional do trabalho, impostas em razão do reconhecimento da natureza salarial do vale-transporte concedido aos empregados em dinheiro, sem o recolhimento para o FGTS e sem a consideração da parcela para efeito de pagamento do 13º salário. Existência de expressa disposição legal acerca da natureza indenizatória da parcela e de sua não constituição como base de incidência do FGTS. Violação ao art. 2º da Lei n. 7.418/1985. Configuração

"Recurso de revista — Desconstituição de multas aplicadas pela delegacia regional do trabalho, impostas em razão do reconhecimento da natureza salarial do vale-transporte concedido aos empregados em dinheiro, sem o recolhimento para o FGTS e sem a consideração da parcela para efeito de pagamento do 13º salário — Existência de expressa disposição legal acerca da natureza indenizatória da parcela e de sua não constituição como base de incidência do FGTS. Violação ao art. 2º da Lei n. 7.418/ 1985. Configuração. Dispõe o art. 2º da Lei n. 7.418/1985 que o vale-transporte — não tem natureza salarial, nem se incorpora à remuneração para quaisquer efeitos — (alínea *a*) e — não constitui base de incidência de contribuição previdenciária ou de Fundo de Garantia Por Tempo de Serviço (alínea *b*). Essa natureza indenizatória e a inaptidão do vale-transporte para constituir base de incidência para o INSS e o FGTS foram confirmadas no art. 6º do Decreto n. 95.247/1987, ao regulamentar a concessão do referido benefício. De igual forma, o art. 458, § 2º, III, da CLT exclui do — salário — a utilidade concedida pelo empregador para o transporte destinado ao deslocamento para o trabalho e retorno, em percurso servido ou não por transporte público. A controvérsia instaurada nos autos diz respeito à transmudação da natureza jurídica da parcela — de indenizatória para salarial — quando o benefício é concedido aos empregados em pecúnia. Não obstante, reconhece a jurisprudência que a mera concessão do benefício em dinheiro não tem o condão de transmudar a natureza jurídica do vale-transporte, que, por disposição legal, é indenizatória e não constitui base de incidência para a contribuição previdenciária e para o FGTS. Precedentes da Corte. De par com isso, o pagamento do vale-transporte em pecúnia era previsto nas normas coletivas, que devem ser privilegiadas, a teor do disposto no art. 7º, XXVI, da CF. E, à luz do princípio da adequação setorial negociada, a previsão normativa de pagamento do vale-transporte em dinheiro não afronta direito irrenunciável do trabalhador nem reduz o padrão geral oriundo da legislação estatal, já que cumprida a finalidade legal, qual seja, o fornecimento de meios para o empregado se deslocar da residência para o trabalho e vice-versa. Nesse contexto, e havendo, repita-se, expressa disposição legal acerca da natureza indenizatória do vale-transporte e de que a referida verba não constitui base de incidência da contribuição previdenciária ou do Fundo de Garantia por Tempo de Serviço (alíneas *a* e *b* do art. 2º da Lei n. 7.418/1985), a imposição de multas pela Delegacia Regional do Trabalho, pela ausência de recolhimento para o FGTS e pela desconsideração da parcela para efeito de pagamento do 13º salário dos empregados, implicou violação a direito líquido e certo da Impetrante, autorizando a concessão da segurança pretendida, nos termos do art. 1º da Lei n. 1.533/1951. Decisão em sentido contrário constitui afronta ao art. 2º da Lei n. 7.418/1985. Recurso de revista conhecido e provido." [TST-RR-246200-28.2005.5.02.0066 — (Ac. 6ª T.) — Rel. Min. Mauricio Godinho Delgado — DEJT 28.8.2009 — In *Revista LTr* 73-09/1122]

Vale-transporte. Indenização substitutiva. Dedução da parte do empregado (6%). Possibilidade

Ementa: *Vale-transporte — Indenização substitutiva — Dedução da parte do empregado (6%) — Possibilidade.* O fato de o vale-transporte ter sido sonegado no curso da relação de emprego, gerando a condenação da empresa à indenização substitutiva, não torna indevido o desconto de 6% a título de participação pelo empregado, porquanto esta decorre de mero cumprimento do que determina a legislação. De se observar que a indenização não pode representar, para o lesado, algo além do que receberia não fosse violado o seu direito, o que representa axioma básico do instituto da reparação. [TRT 3ª Reg. RO-28500-25.2009.5.03.0011 (RO-285/2009-011-03-00.2) — (Ac. 6ª T.) — Rel. Des. Marcelo Lamego Pertence — DJe/TRT 3ª Reg. n. 472/10, 5.5.2010, p. 57 — *Apud LTr Sup. Jurisp.* 32/2010, p. 256]

TABELA DOS VALORES DO SALÁRIO MÍNIMO[47]

VIGÊNCIA	FUNDAMENTO LEGAL	VALOR
4.7.1940	Decreto-Lei n. 2.162/1940	240 mil réis
1º.1.1913	Decreto-Lei n. 5.670/1943	Cr$ 300,00
1º.12.1943	Decreto-Lei n. 5.977/1943	Cr$ 380,00
1º.1.1952	Decreto n. 30.342/1951	Cr$ 1.200,00
4.7.1954	Decreto n. 35.450/1954	Cr$ 2.400,00
1º.8.1956	Decreto n. 39.604/1956	Cr$ 3.800,00
1º.1.1959	Decreto n. 45.106-A/1958	Cr$ 6.000,00
18.10.1960	Decreto n. 49.119-A/1960	Cr$ 9.600,00
16.10.1961	Decreto n. 51.336/1961	Cr$ 13.440,00
1º.1.1963	Decreto n. 51.631/1962	Cr$ 21.000,00
24.2.1964	Decreto n. 53.578/1964	Cr$ 42.000,00
1º.2.1965	Decreto n. 55.803/1965	Cr$ 66.000,00
1º.3.1966	Decreto n. 57.900/1966	Cr$ 84.000,00
1º.3.1967	Decreto n. 60.231/1967	NCr$ 105,00
26.3.1968	Decreto n. 62.461/1968	NCr$ 129,60
1º.5.1969	Decreto n. 64.442/1969	NCr$ 156,00
1º.5.1970	Decreto n. 66.523/1970	NCr$ 187,20
1º.5.1971	Decreto n. 68.576/1971	Cr$ 225,60
1º.5.1972	Decreto n. 70.465/1972	Cr$ 268,80
1º.5.1973	Decreto n. 72.148/1973	Cr$ 312,00
1º.5.1974	Decreto n. 73.995/1974	Cr$ 376,80
1º.12.1974	Lei n. 6.147/1974	Cr$ 415,20
1º.5.1975	Decreto n. 75.679/1975	Cr$ 532,80
1º.5.1976	Decreto n. 77.510/1976	Cr$ 768,00
1º.5.1977	Decreto n. 79.610/1977	Cr$ 1.106,40
1º.5.1978	Decreto n. 81.615/1978	Cr$ 1.560,00
1º.5.1979	Decreto n. 84.135/1979	Cr$ 2.268,00

(47) Dados extraídos do *site* (http://www.portalbrasil.net/salariominimo.htm).

VIGÊNCIA	FUNDAMENTO LEGAL	VALOR
1º.11.1979	Decreto n. 84.135/1979	Cr$ 2.932,80
1º.5.1980	Decreto n. 84.674/1980	Cr$ 4.149,60
1º.11.1980	Decreto n. 85.310/1980	Cr$ 5.788,80
1º.5.1981	Decreto n. 85.950/1981	Cr$ 8.464,80
1º.11.1981	Decreto n. 86.514/1981	Cr$ 11.928,00
1º.5.1982	Decreto n. 87.139/1982	Cr$ 16.608,00
1º.11.1982	Decreto n. 87.743/1982	Cr$ 23.568,00
1º.5.1983	Decreto n. 88.267/1983	Cr$ 34.776,00
1º.11.1983	Decreto n. 88.930/1983	Cr$ 57.120,00
1º.5.1984	Decreto n. 89.589/1984	Cr$ 97.176,00
1º.11.1984	Decreto n. 90.301/1984	Cr$ 166.560,00
1º.5.1985	Decreto n. 91.213/1985	Cr$ 333.120,00
1º.11.1985	Decreto n. 91.861/1985	Cr$ 600.000,00
1º.3.1986	Decreto-Lei n. 2.284/1986	Cz$ 804,00
1º.10.1987	Portaria n. 3.019/1987	Cz$ 964,80
1º.3.1987	Decreto n. 94.062/1987	Cz$ 1.368,00
1º.5.1987	Portaria n. 3.149/1987	Cz$ 1.641,60
1º.6.1987	Portaria n. 3.175/1987	Cz$ 1.969,92
10.8.1987	Decreto-Lei n. 2.351/1987	Cz$ 1.970,00
1º.9.1987	Decreto n. 94.815/1987	Cz$ 2.400,00
1º.10.1987	Decreto n. 94.989/1987	Cz$ 2.640,00
1º.11.1987	Decreto n. 95.092/1987	Cz$ 3.000,00
1º.12.1987	Decreto n. 95.307/1987	Cz$ 3.600,00
1º.10.1988	Decreto n. 95.479/1987	Cz$ 4.500,00
1º.2.1988	Decreto n. 95.686/1988	Cz$ 5.280,00
1º.3.1988	Decreto n. 95.758/1988	Cz$ 6.240,00
1º.4.1988	Decreto n. 95.884/1988	Cz$ 7.260,00
1º.5.1988	Decreto n. 95.987/1988	Cz$ 8.712,00
1º.6.1988	Decreto n. 96.107/1988	Cz$ 10.368,00
1º.7.1988	Decreto n. 96.235/1988	Cz$ 12.444,00
1º.8.1988	Decreto n. 96.442/1988	Cz$ 15.552,00
1º.9.1988	Decreto n. 96.625/1988	Cz$ 18.960,00
1º.10.1988	Decreto n. 96.857/1988	Cz$ 23.700,00
1º.11.1988	Decreto n. 97.024/1988	Cz$ 30.800,00
1º.12.1988	Decreto n. 97.151/1988	Cz$ 40.425,00

VIGÊNCIA	FUNDAMENTO LEGAL	VALOR
1º.10.1989	Decreto n. 97.385/1988	NCz$ 63,90
1º.5.1989	Decreto n. 97.696/1989	NCz$ 81,40
1º.6.1989	Lei n. 7.789/1989	NCz$ 120,00
3.7.1989	Decreto n. 97.915/1989	NCz$ 149,80
1º.8.1989	Decreto n. 98.006/1989	NCz$ 192,88
1º.9.1989	Decreto n. 98.108/1989	NCz$ 249,48
1º.10.1989	Decreto n. 98.211/1989	NCz$ 381,73
1º.11.1989	Decreto n. 98.346/1989	NCz$ 557,31
1º.12.1989	Decreto n. 98.456/1989	NCz$ 788,12
1º.10.1990	Decreto n. 98.783/1989	NCz$ 1.283,95
1º.2.1990	Decreto n. 98.900/1990	NCz$ 2.004,37
1º.3.1990	Decreto n. 98.985/1990	NCz$ 3.674,06
1º.4.1990	Portaria n. 191-A/1990	Cr$ 3.674,06
1º.5.1990	Portaria n. 289/1990	Cr$ 3.674,06
1º.6.1990	Portaria n. 308/1990	Cr$ 3.857,66
1º.7.1990	Portaria n. 415/1990	Cr$ 4.904,76
1º.8.1990	Portarias ns. 429/1990 e 3.557/1990	Cr$ 5.203,46
1º.9.1990	Portaria n. 512/1990	Cr$ 6.056,31
1º.10.1990	Portaria n. 561/1990	Cr$ 6.425,14
1º.11.1990	Portaria n. 631/1990	Cr$ 8.329,55
1º.12.1990	Portaria n. 729/1990	Cr$ 8.836,82
1º.10.1991	Portaria n. 854/1990	Cr$ 12.325,60
1º.2.1991	MP n. 295/1991 (Lei n. 8.178/1991)	Cr$ 15.895,46
1º.3.1991	Lei n. 8.178/1991	Cr$ 17.000,00
1º.9.1991	Lei n. 8.222/1991	Cr$ 42.000,00
1º.10.1992	Lei n. 8.222/1991 e Port. n. 42/1992 – MEFP	Cr$ 96.037,33
1º.5.1992	Lei n. 8.419/1992	Cr$ 230.000,00
1º.9.1992	Lei n. 8.419/1992 e Port. n. 601/1992 – MEFP	Cr$ 522.186,94
1º.1º.1993	Lei n. 8.542/1992	Cr$ 1.250.700,00
1º.3.1993	Port. Interministerial n. 4/1993	Cr$ 1.709.400,00
1º.5.1993	Port. Interministerial n. 7/1993	Cr$ 3.303.300,00
1º.7.1993	Port. Interministerial n. 11/1993	Cr$ 4.639.800,00
1º.8.1993	Port. Interministerial n. 12/1993	CR$ 5.534,00
1º.9.1993	Port. Interministerial n. 14/1994	CR$ 9.606,00
1º.10.1993	Port. Interministerial n. 15/1993	CR$ 12.024,00
1º.11.1993	Port. Interministerial n. 17/1993	CR$ 15.021,00

VIGÊNCIA	FUNDAMENTO LEGAL	VALOR
1º.12.1993	Port. Interministerial n. 19/1993	CR$ 18.760,00
1º.10.1994	Port. Interministerial n. 20/1993	CR$ 32.882,00
1º.2.1994	Port. Interministerial n. 2/1994	CR$ 42.829,00
1º.3.1994	Port. Interministerial n. 4/1994	URV 64,79 = R$ 64,79
1º.7.1994	MP n. 566/1994	R$ 64,79
1º.9.1994	MP n. 637/1994	R$ 70,00
1º.5.1995	Lei n. 9.032/1995	R$ 100,00
1º.5.1996		R$ 112,00
1º.5.1997		R$ 120,00
1º.5.1998		R$ 130,00
1º.5.1999		R$ 136,00
3.4.2000	MP ns. 2.019, de 23.3.2000 e 2.019-1 de 20.4.2000 convertidas na Lei n. 9.971, de 18.5.2000	R$ 151,00
1º.4.2001		R$ 180,00
1º.4.2002	Medida Provisória n. 35 publicada no DOU em 28.3.2002	R$ 200,00
1º.4.2003	Lei n. 10.699, de 9.7.2003	R$ 240,00
1º.5.2004	Lei n. 10.888, de 24.6.2004	R$ 260,00
1º.5.2005	Lei n. 11.164, de 18.8.2005	R$ 300,00
1º.4.2006	Lei n. 11.321, de 7.7.2006	R$ 350,00
1º.4.2007	Lei n. 11.498, de 28.6.2007	R$ 380,00
1º.3.2008	Lei n. 11.709, de 19.6.2008	R$ 415,00
1º.2.2009	Lei n. 11.944, de 28.5.2009	R$ 465,00
1º.1.2010	Lei n. 12.255, de 15.6.2010	R$ 510,00
1º.1.2011	MP n. 516, de 30.12.2010 (DOU 31.12.2010)	R$ 540,00
1º.2.2011	Lei n. 12.382, de 25.2.2011	R$ 545,00